Als Marcel Proust 1922 starb, setzte ein wahrer Sturm auf Céleste Albaret ein, ihre Erinnerungen an den damals schon weltberühmten Dichter niederzuschreiben. Denn diese Frau kannte Einzelheiten aus seinem Leben, die sonst niemand wissen konnte. Über acht Jahre hatte sie den seit frühester Kindheit an Asthma Leidenden umsorgt und war seine geduldige und wißbegierige Zuhörerin gewesen. Erst fünfzig Jahre nach seinem Tod war Madame Albaret bereit, über ihre Zeit mit Proust zu berichten; ihr Buch wurde sogleich als literarisches Ereignis gefeiert.

Céleste Albaret wurde 1891 in Auxillac im Departement Lozère geboren. Im März 1913 heiratete sie Odilon Albaret, den Fahrer Marcel Prousts, folgte ihm nach Paris und übernahm wenig später die Funktion einer Haushälterin in der Wohnung des Dichters, wo sie bis zu seinem Tode wohnte. Ihre Erinnerungen geben aufschlußreiche Einblicke in Arbeitsweise und Lebensführung, Ansichten und Eigenheiten, den Humor und die Liebenswürdigkeit Prousts – und sie zeugen von der außergewöhnlichen Aufopferungsbereitschaft einer jungen und unerfahrenen Frau, die doch Prousts Größe als Mensch und Autor vom ersten Tag an erkannt und bewundert hatte.

»Man hat von einem literarischen Ereignis gesprochen. Und ein Ereignis ist dieses Buch wohl wirklich. Was man bisher nur gewußt hat, das sieht man jetzt.« Neue Zürcher Zeitung insel taschenbuch 3047

Céleste Albaret

Monsieur Proust

Céleste Albaret

Céleste Albaret
Monsieur Proust

Erinnerungen, aufgezeichnet
von Georges Belmont
Aus dem Französischen von
Margret Carroux
Insel Verlag

insel taschenbuch 3047
Erste Auflage 2004
Insel Verlag Frankfurt am Main und Leipzig

Hinweise zu dieser Ausgabe am Schluß des Bandes
Vertrieb durch den Suhrkamp Taschenbuch Verlag
Umschlag nach Entwürfen von Willy Fleckhaus
Satz: Hümmer GmbH, Waldbüttelbrunn
Druck: Druckhaus Nomos, Sinzheim
Printed in Germany
ISBN 978-3-458-34747-7

2 3 4 5 6 7 – 14 13 12 11 10 09

Inhalt

Monsieur Proust

Meiner Tochter Odile

Vorwort

Als Marcel Proust, schon weltberühmt, 1922 starb, setzte ein wahrer Sturm auf seine »liebe Céleste« ein, wie er sie stets genannt hatte, um ihr Erinnerungen zu entlocken. Genug Menschen wußten, daß sie (weil sie in den acht entscheidenden Jahren seines Lebens Tag für Tag bei ihm gelebt hatte) die einzige war, der wichtige Tatsachen über die Persönlichkeit, die Vergangenheit, die Freundschaften, die Liebesaffären, das Weltbild, die Denkweise und das Werk dieses schwerkranken, genialen Schriftstellers bekannt waren. Sie wußten auch, daß in den Nächten, die für Marcel Proust Tage waren – mit seiner verkehrten Zeiteinteilung begann für ihn nachmittags um vier Uhr der Morgen –, Céleste Albaret das außerordentliche Vorrecht besessen hatte, ihn stundenlang von sich und seinen Erinnerungen reden zu hören; aber er erzählte ihr auch von den Gesellschaften, auf denen er den Abend verbracht hatte, spielte ihr Theater vor, er lachte wie ein Kind und sprach schon laut dieses oder jenes Kapitel seiner Bücher – kurz, er war und verhielt sich so, wie ihn sonst niemand sah.

Céleste war die wichtigste Zeugin, auf die sich das Interesse konzentrierte. Aber fünfzig Jahre lang wollte sie nichts sagen. Ihr Leben, fand sie, sei mit Monsieur Proust dahingegangen. Da er sich wie ein Einsiedler in sein Werk zurückgezogen hatte, wollte auch sie nur noch als Einsiedlerin in der Erinnerung an ihn leben. Allein auf diese Weise, glaubte sie, würde er der strahlende Monarch des Geistes und das tyrannische und gütige Ungeheuer bleiben, das sie, wie sie heute sagt, »geliebt, ertragen und ausgekostet« hat. Der Versuch, all das in Worte zu fassen – und es unbeholfen in

Worte zu fassen, wie sie meinte –, wäre ein Verrat an ihm gewesen.

Wenn sie mit zweiundachtzig Jahren anderen Sinnes geworden ist, dann in der Hauptsache darum, weil sie findet, daß andere, die es weniger genau nahmen, Marcel Proust zuviel Unrecht getan haben, sei es, weil sie nicht wie Madame Albaret die Wirklichkeit kannten, sei es, weil sie allzu erfinderisch waren oder der Versuchung erlagen, ihre kleinen interessanten (oder interessierten) Hypothesen als Thesen hinzustellen.

An dieser Stelle bitte ich um Entschuldigung, wenn ich mich persönlich einschalte. Aber um selbst glaubwürdig zu sein, muß ich sagen, daß ich mich nicht zum Sprachrohr von Madame Albaret gemacht hätte, wenn ich nicht nach einigen Wochen – insgesamt erstreckten sich unsere Gespräche über fünf Monate – überzeugt gewesen wäre, daß ihre Aussagen nicht nur aufrichtig, sondern auch absolut exakt waren. Denn dieses Buch wird in der Tat vielen allgemein anerkannten Vorstellungen widersprechen und einiges Zähneknirschen hervorrufen, und ich wollte sicher sein, daß ich mich meinerseits nicht zu einem Verrat anderer Art hergebe: nämlich, wie ich eines Tages zu Madame Albaret gesagt habe, eine Ikone zu errichten.

Gespräche, die siebzig Stunden dauerten, haben mir schließlich durch Proben und Gegenproben den Beweis geliefert. Manchmal bin ich sieben- bis achtmal auf verschiedenen Wegen und durch Überrumpelungen auf diesen oder jenen Punkt zurückgekommen und habe niemals einen Widerspruch entdecken können. Außerdem ist das mindeste, was man sagen kann, daß es einen untrüglichen Tonfall gibt. Wenn man beim Lesen dieses Buches das heraushört, was ich vernommen habe, dann bin ich sicher, daß man hier nur die aufrichtigste aller Stimmen erkennen wird: die Stimme des Herzens.

Meine ganze Arbeit bestand darin, bei der Niederschrift des Gesprochenen diese Stimme zu respektieren und das, was sie gesagt hatte, thematisch zu ordnen und in Kapitel einzuteilen. Und noch etwas muß ich erwähnen, denn für mich war es letztlich überzeugend: In den Monaten nach unseren Gesprächen, in denen das Buch entstand, war dank dieser Stimme mein Leben nicht nur von Marcel Proust erfüllt, sondern ich habe ihn so deutlich *gesehen* und *gehört,* daß es zu manchen Zeiten an Halluzinationen grenzte. Nicht ein einziges Mal ist mir ein Zweifel gekommen, daß das der *wahre* Proust sei. Bisher hatte ich kein Buch über ihn gelesen, das mich ihn so wirklich erleben ließ.

Georges Belmont

Es muß hier auch besonders drei Mitarbeiterinnen gedankt werden, deren Beistand bei den Nachforschungen und Nachprüfungen, die diese Arbeit erforderte, von unschätzbarem Wert war; es sind Odile Gévaudan, Madame Albarets Tochter, Suzanne Kadar und Hortense Chabrier. Durch ihre Hilfe sind sie dem Werk eng verbunden.

Ich sehe einen Grandseigneur hereinkommen

Es ist jetzt sechzig Jahre her, daß ich ihn zum erstenmal gesehen habe, und dennoch kommt es mir vor, als sei es erst gestern gewesen. Oft sagte er zu mir: »Wenn ich tot bin, werden Sie immer an den kleinen Marcel denken, denn einen Menschen wie ihn werden Sie nie wieder finden.« Und heute sehe ich ganz genau, daß er wie immer recht hatte. Ich habe ihn nie verlassen; ich habe nie aufgehört, an ihn zu denken und ihn mir zum Vorbild zu nehmen. Nachts, wenn ich nicht schlafe, ist es mir bisweilen, als spräche er mit mir. Ereignet sich etwas, das ein Problem für mich darstellt, dann frage ich mich: »Wenn er da wäre, was würde er mir raten?« Ich höre seine Stimme: »Liebe Celeste ...«, und dann weiß ich, was er sagen würde. Bei allen erfreulichen Dingen, die mir widerfahren, sage ich mir, daß er sie mir schickt, denn er wollte immer nur mein Bestes. Jedesmal, wenn mir zu seinen Lebzeiten etwas Erfreuliches widerfuhr oder ihm jemand ein Kompliment über mich machte, freute er sich. Wenn jemand auf der Welt einen so starken Eindruck hinterlassen hat wie er, kann es gar nicht anders sein, als daß es auch nachher so bleibt, und ich bin sicher, daß er noch im Jenseits zu mir hält.

Zehn Jahre, das ist keine sehr lange Zeit. Aber es war Monsieur Proust, und diese zehn Jahre bei ihm und mit ihm sind für mich ein ganzes Leben. Ich danke dem Schicksal, das ihn mir gegeben hat, denn ich hätte mir kein schöneres Leben erträumen können. Wie sehr, darüber war ich mir gar nicht klar. Ich erledigte das tägliche Allerlei und war es zufrieden, bei ihm zu sein. Als ich ihm dies sagte, sah er mich forschend an, wie es seine Art war, zugleich nekkend und freundlich, dann antwortete er: »Aber, liebe Céleste, ständig nachts zu leben mit einem Kranken, das muß doch recht traurig sein?«

Ich protestierte. Er machte sich darüber lustig, aber er hatte lange vor mir erraten, was dieses Dasein für mich bedeutete. Es läßt sich schwer ausdrücken. Es lag wohl an seinem Charme, seinem Lächeln, seiner Art zu reden, wobei er seine kleine Hand auf die Wange zu legen pflegte. Bei ihm machte der Ton die Musik. Als das Leben für ihn aufhörte, hat es auch für mich aufgehört. Aber die Musik ist geblieben.

Ja, daß ich ihn kennenlernte, hat gewiß das Schicksal so gewollt. Konnte ich, als ich heiratete, ahnen, daß mich das zu ihm bringen würde?

Es war 1913. Ich war noch nicht zweiundzwanzig Jahre alt und noch nie aus meinem Dorf Auxillac im Departement Lozère herausgekommen. Ich war eine geborene Gineste, und wir hatten ein großes Haus. Ich liebte meine Mutter, meinen Vater, meine Schwester, meine Brüder, und ich dachte nicht daran, mich zu verheiraten oder wegzugehen. Odilon Albaret, der dann mein Mann werden sollte, kam in den Ferien immer zu Verwandten von mir. Er war ein sehr netter junger Mann mit einem hübschen, rundlichen Gesicht und einem schönen Schnurrbart, wie er damals Mode war. Er lebte in Paris und war, wie ich wußte, Taxichauffeur. Er war zehn Jahre älter als ich, 1881 geboren. Ich wußte auch, daß er seine Mutter früh verloren hatte, und vielleicht haben uns die zärtliche Liebe, die ich für meine Mutter empfand, und seine Trauer um die seine einander nähergebracht.

Seine verheiratete Schwester, die sehr energisch und autorität war, hatte an ihren Brüdern Mutterstelle vertreten und führte damals in Paris an der Ecke Rue Montmartre und Rue Feydeau ein Lokal. Sie hieß Adèle und war Madame Larivière geworden – Monsieur Proust hat sie, glaube ich, in seinem Buch ›Die wiedergefundene Zeit‹ erwähnt. Und meine Kusine, zu der Odilon Albaret in den Ferien kam, sagte mir, daß Adèle es gern sehen würde, wenn ihr Bruder mich heiratet. Ich kannte Odilon gut und mochte ihn gern, wir schrieben uns, aber wir sahen uns nicht oft, und auf den Gedanken, ihn zu heiraten, war ich noch nicht gekommen. Außerdem hatte meine Familie Odilon gegenüber gewisse Vorbehalte. Noch zehn Tage vor meiner Hochzeit sagte mein Vater zu meiner Mutter, daß dies kein Mann für mich sei. Zweifellos waren Paris und die mit seinem Beruf verbundene weite Entfernung der Grund; in der Provinz und auf dem Lande lebten die Mitglieder einer Familie damals noch sehr eng beisammen. Wenn jemand heiratete, entfernte er sich deshalb nicht gleich aus seiner angestammten Umgebung. Ich meinerseits sah allerdings keine große Zukunft für mich in Auxillac. Wie dem auch sei, Odilon machte mir einen Antrag, der schließlich angenommen wurde.

Am 27. März haben wir dann geheiratet. Und genau in dem Augenblick, als wir mit der ganzen Familie in die Kirche gehen wollten, kam der Briefträger und brachte Odilon ein Telegramm. Ich sah, daß mein Mann sehr gerührt war.

»Was ist los?« fragte ich ihn.

»Das ist von einem meiner Kunden in Paris, der mir gratuliert und alles Gute wünscht«, antwortete er.

Er kam gar nicht darüber hinweg. »Na, so etwas. Ich weiß natürlich, daß das ein ungewöhnlicher Kunde ist, ein

Mensch, der nicht wie alle anderen ist, aber ich hätte nie geglaubt, daß er daran denken würde, mir zu telegrafieren.«

Es ging ihm sichtlich sehr nahe. Er hat mir das Telegramm gezeigt, das lang und wirklich außerordentlich liebenswürdig war; ich habe es aufgehoben. Es lautete: »Meine besten Glückwünsche, ich schreibe nicht ausführlicher, weil ich Grippe habe und sehr müde bin, aber ich spreche Ihnen meine besten Wünsche aus für Sie und die Ihren.« Unterzeichnet war es: »Marcel Proust«.

Es war das erstemal, daß ich von ihm hörte. Niemals, seit ich Odilon kennengelernt hatte, hat er von ihm gesprochen, auch nicht in der Verlobungszeit. An jenem Tag erzählte er mir dann, daß es sich um einen guten Kunden handle, den er kurz vor der Abreise in Paris verständigt habe, daß er auf zwei oder drei Wochen wegfahre und daher nicht wie üblich kommen könne, wenn er anruft, um mit dem Taxi irgendwo hingefahren zu werden. Und er hatte ihm auch den Grund für seine Reise genannt. Monsieur Proust hat ihn gefragt: »Ach, und wo heiraten Sie?«

»In meiner Heimat.«

»Und wo ist Ihre Heimat?«

Odilon erklärte es ihm. Monsieur Proust hat daraufhin gefragt: »Und an welchem Tag?«

Als ich ihn dann später kennenlernte, wurde mir klar, daß er schon in dem Augenblick, als er diese Fragen stellte, daran dachte, das Glückwunschtelegramm zu schicken.

Nach der Hochzeit, die auf Ostern gelegt war, damit die Familie daran teilnehmen konnte, sind wir alle nach Paris gefahren, um die Feiertage dort gemeinsam zu verbringen. Wir allein belegten fast einen ganzen Eisenbahnwagen. Ich habe in dieser Nacht nicht geschlafen und war wütend, weil mein Mann wie die anderen schlief und sich niemand um mich kümmerte. Als wir morgens an der Gare de Lyon ausstiegen und ich all diesen Rauch sah und die vielen Menschen, die herumliefen, um ein Taxi zu finden, da bin ich mir ganz verloren vorgekommen. Odilon fand schließlich einen Wagen. Ich erinnere mich, daß wir am Théâtre Français vorbeikamen, das mir mein Mann zeigte.

»Schau, da drüben, das ist die Oper«, sagte er.

Ich habe hingeschaut, ein grünliches Dach gesehen und gemeint: »So?«

Wir kamen in unsere kleine Wohnung in einem neuen Haus in Levallois, die zu finden Odilon sehr viel Mühe gemacht hatte. Wie er mir in den nächsten Tagen erklärte, bestand die Schwierigkeit darin, daß unbedingt ein Café in der Nähe sein mußte, das nachts möglichst lange geöffnet war, und zwar wegen »seines« Monsieur Proust, der ihn manchmal abends um zehn oder elf oder sogar um Mitternacht anrief oder ihm eine Nachricht hinterließ, er solle vorbeikommen und ihn mit dem Wagen abholen. Bisher hatte Odilons Schwester Adèle, Madame Larivière, in ihrem Lokal an der Ecke Rue Montmartre und Rue Feydeau die Gespräche für ihn entgegengenommen; aber mein Mann hatte für uns Levallois vorgezogen, weil es dort einfacher war, sein Taxi zu parken; und dann gab es ganz in der Nähe eine Kneipe mit Telefon, die lange geöffnet war, genau das, was er suchte.

Alles war ganz neu, sehr sauber und sehr gut eingerichtet in dieser kleinen Wohnung; aber ich weiß nicht, warum – zweifellos aus Müdigkeit und wegen der Aufregung und Ortsveränderung –, jedenfalls fing ich, kaum angekommen, zu weinen an. Dann bin ich auf der Stelle eingeschlafen.

So haben wir etwa vierzehn Tage verbracht. Es fiel mir sehr schwer, zu schlafen und mich an dieses neue Leben zu gewöhnen. Zum Glück hatte ich noch meine andere Schwägerin, Julie Albaret, die wie eine Mutter zu mir war. Ich konnte überhaupt nichts; zu Hause, in Auxillac, hatte meine Mutter uns verwöhnt, meine Schwester und mich; sie war es, die immer alles erledigte. Ich konnte nicht einmal Feuer machen. Meine Schwägerin hat es mir beigebracht, und auch das Einkaufen; ich ging für sie auf den Markt. Sie hatte eine Tochter, die vier Jahre jünger war als ich und mich dann begleitete. Und außerdem bewies mein Mann bei allem ein solches Zartgefühl, eine solche Sanftmut und Geduld ... Auf dem Lande war ich gewöhnt, daß man nie die Tür zuschließt. Also habe ich eines Tages in Levallois meine Tür nur zugezogen, und da war der Schlüssel drinnen und ich draußen. Ich bin dann zur Concierge gelaufen, und wir sind beide hinausgegangen, weil wir glaubten, man könne vielleicht durch das Fenster in die Küche klettern. Gerade in dem Augenblick kam mein Mann. Er hatte zwar seinen Schlüssel, aber da meiner im Schloß steckte, mußte er durch das Fenster einsteigen. Nachher hat er sich nur zu mir umgedreht und sehr sanft gesagt: »Weißt du, Kleines, hier sind wir nicht auf dem Land. Du mußt daran denken, den Schlüssel nicht zu vergessen.«

Ich habe das als einen Vorwurf aufgefaßt und zu weinen angefangen. Alles brachte mich aus der Fassung. Und dabei dachte er nur daran, wie er mir möglichst viel Freude machen könnte. Dauernd brachte er mir Blumen mit, um mich aufzuheitern. Und einmal hat er durch meine Schwägerin Adèle, deren Café das Stammlokal von Sängern aus der Nachbarschaft war, die ihr oft Eintrittskarten besorgten, Plätze für ›Mignon‹ in der Opéra-Comique bekommen.

Während der Vorstellung fragt er mich: »Gefällt es dir? Da siehst du, wie schön das ist.«

Und ich, ermüdet von all dem Gesang, antwortete: »Wird bald Schluß sein?«

Darüber hat er sein Leben lang gelacht. Ich war so jung. Aber niemals ist er auch nur im mindesten barsch zu mir gewesen. Er hat geduldig abgewartet, daß ich mich ein bißchen eingewöhne. In diesen ersten zwei Wochen sagte er zu mir: »Du wirst dich schon allmählich einleben, und erst, wenn du dich eingelebt hast, nehme ich meine Arbeit wieder auf, nicht vorher.«

So kam es, daß er nach etwa vierzehn Tagen, also im April, zu mir sagte: »Wenn du heute mit mir mitkommen willst, dann machen wir eine Spazierfahrt bis zum Boulevard Haussmann, zu Monsieur Proust, um ihn zu verständigen, daß er mich von jetzt an wieder rufen kann, falls er mich braucht; ich nehme meine Arbeit wieder auf.«

Wir sind also zu Fuß hinspaziert. Wir kamen zum Boulevard Haussmann Nr. 102 – ich weiß nicht einmal, ob ich mir damals die Hausnummer gemerkt habe. Wir sind beide die Dienstbotentreppe hinaufgestiegen bis zum ersten Stock. Auf dem Treppenabsatz befand sich die Tür zur Küche. Nicolas Cottin, der Kammerdiener, hat uns aufgemacht. Auch seine Frau Céline war da, die gleichfalls zum Personal von Monsieur Proust gehörte. Sie waren reizend, besonders Nicolas, und sie schienen froh zu sein, daß mein Mann wieder da war. Ich war nicht allzusehr entzückt von diesen neuen Gesichtern, zweifellos aus Schüchternheit. Ich war da, weil es sein mußte und meinem Mann zuliebe; aber ich hatte keinen anderen Wunsch, als möglichst schnell wieder zu gehen. Ich erinnere mich, daß mir der große Herd aufgefallen ist und die Sauberkeit in dieser rot schimmernden Küche; da war ein prasselndes Feuer. Mein Mann wollte Monsieur Proust nicht stören – Nicolas möge ihn nur verständigen, daß er wieder da sei und die Arbeit wiederaufnehme. Aber Nicolas bestand darauf, zu ihm zu gehen und ihm zu sagen, daß Odilon da sei.

Monsieur Proust ist in die Küche gekommen. Ich sehe ihn noch heute vor mir. Er trug nur eine Hose und eine Hausjacke über seinem weißen Hemd. Aber sofort hat er Eindruck auf mich gemacht. Ich sehe diesen Grandseigneur hereinkommen. Er wirkte sehr jung – schlank, aber nicht mager, mit einer sehr schönen Haut, überaus weißen Zähnen und mit der kleinen Locke auf der Stirn, die ich immer bei ihm sehen sollte. Und dann diese unerhörte Eleganz und diese merkwürdige Haltung, diese Art von Gemessenheit, die mir später bei vielen Asthmatikern aufgefallen ist, als ob sie haushälterisch mit ihrer Kraft und ihrem Atem umgehen müßten. Wegen seiner Anmut haben sich viele Leute ihn ziemlich klein vorgestellt; aber er war so groß wie ich, und ich bin nicht klein – fast einen Meter zweiundsiebzig.

Mein Mann begrüßt ihn, und da er sieht, wer ich bin, sagt Monsieur Proust zu mir, während er mir die Hand gibt: »Madame, ich stelle Ihnen Marcel Proust vor, im Negligé, ungekämmt und ohne Bart.«

Ich war so eingeschüchtert, daß ich nicht wagte, ihn anzusehen. Er hat mit meinem Mann noch ein paar Worte gewechselt, die ich nicht verstand, denn während er sprach, ging er um mich herum, und ich spürte, daß er mich beobachtete; aber gleichzeitig spürte ich bei ihm soviel Freundlichkeit und Feingefühl mir gegenüber, daß ich noch eingeschüchterter wurde. Was er dann sagte, habe ich verstanden: »Da Sie nun wieder da sind, Albaret, werde ich mich wie früher bei Ihnen melden, wenn ich Sie brauche, einverstanden?«

Damit ging er. Auch wir sind dann aufgebrochen. Als wir die kleine Treppe hinuntergegangen waren, habe ich Odilon gefragt: »Warum hat er gesagt ›ohne Bart‹?«

Er lachte und antwortete: »Weil er einen prächtigen schwarzen Bart hatte, der ihm sehr gut stand, aber du hast nicht zugehört, als er dir sagte, daß er ihn sich erst gestern abend hat abrasieren lassen. Er hat dir dies gesagt, weil es für ihn etwas Neues ist.«

Kurz und gut, mein Mann hat seine Arbeit wiederaufgenommen. Monsieur Proust bestellte ihn wieder zu sich, wenn er gefahren werden wollte. Er ließ anrufen. Wenn Odilon zu Hause war, ging er selbst in die kleine Kneipe hinunter, um das Gespräch abzunehmen; wenn nicht, nahm das Café die Nachricht für ihn entgegen.

Mein Mann arbeitete sehr viel. Er hatte das Recht, jederzeit Fahrten zu übernehmen. Er war nicht an bestimmte Stunden gebunden; wenn er einen guten Kunden hatte, ließ er ihn nie warten, denn er wollte unbedingt genug Geld für uns verdienen und weiterhin etwas auf die hohe Kante legen. Als wir heirateten, hatte er schon Ersparnisse, und sein Plan war, möglichst rasch ein eigenes Geschäft oder ein Lokal für uns zu kaufen, sobald ich mich in Paris eingelebt hatte. Wenn er zu den Mahlzeiten nach Hause kam, wußte er es immer so einzurichten, daß ich vorher verständigt wurde. Allmählich gewöhnte ich mich an unser Leben; ich wartete auf ihn. Dennoch war es hart für mich; ich blieb eine kleine Landpomeranze. Nicht, daß ich mich wirklich einsam gefühlt hätte – eher isoliert. Meine Schwägerin war ja da; aber mir gefiel die Café-Atmosphäre nicht allzusehr.

Dann war mein Schwager Jean da, Odilons jüngerer Bruder, der ebenfalls nach Paris gekommen war und zusammen mit seiner Frau ein Lokal an der Ecke Rue de la Victoire und Rue Laffitte führte. Mein Mann und er liebten sich sehr, und Jean war sehr nett und witzig. Odilon sagte manchmal zu mir: »Geh doch in die Rue Laffitte zu Jean. Dann gewöhnst du dich schon für später ans Geschäft.« Aber auch da fand ich nur eine Café-Atmosphäre. Ich wartete lieber. Und da mein Mann nachts arbeitete und oft sehr spät – zwischen zehn Uhr abends und Mitternacht – von zu Hause wegging und dementsprechend heimkam, habe ich im großen und ganzen weiterhin nicht viel geschlafen. Ohne es zu wissen, bereitete ich mich schon auf mein späteres Leben vor. Aber nicht im entferntesten ahnte ich, daß wir drei – Monsieur Proust, mein Mann und ich – in den kommenden Jahren gemeinsam die Nacht zum Tage machen würden.

Der Sommer war vergangen. Monsieur Proust war nach Cabourg gefahren, was er, wie mir mein Mann sagte, bisher fast jedes Jahr getan hatte. Im September ist er zurückgekommen und hat Odilon dann wieder rufen lassen.

Es muß gegen Ende Oktober gewesen sein, als er meinen Mann fragte, wie sich seine junge Frau eingelebt habe.

»Nicht sehr gut«, hat Odilon geantwortet. »Ich weiß nicht, was daraus werden soll, aber sie hat gar keine Lust, aus dem Haus zu gehen. Ich sage ihr dauernd, sie soll doch die Familie besuchen, um sich abzulenken und nicht immer nur auf mich zu warten. Manchmal geht sie hin, aber nicht sehr oft. Ich arbeite, und Sie wissen ja, wie das ist: Zu den Mahlzeiten bin ich nicht immer da und komme nie zu einer bestimmten Zeit nach Hause. Infolgedessen ißt und schläft sie kaum. Ich glaube nicht, daß es nur an der Luftveränderung liegen kann.«

Monsieur Proust hat ihm zugehört und dann gesagt: »Ihre junge Frau hat Sehnsucht nach ihrer Mutter, Albaret, das ist alles.«

Wenn man bedenkt, daß er mich nur ein einziges Mal gesehen hatte – wie hat er es dann gemerkt? Das habe ich mich damals gefragt, denn ich kannte ihn ja noch nicht.

Aber das ist nicht alles. Er hat noch zu Odilon gesagt: »Da Ihre Familie nicht genügt, muß man noch etwas anderes finden, um zu erreichen, daß sie ausgeht, und ich habe, glaube ich, eine Idee. Mein Buch ›In Swanns Welt‹ wird demnächst bei Grasset erscheinen, und ich bin gerade dabei, die Freiexemplare für meine Freunde zu signieren. Wenn es Ihrer Frau zusagt, könnte sie kommen, die Exemplare mit Widmung abholen und sie den Empfängern bringen. Das würde sie vielleicht zerstreuen.«

Mein Mann hat mir von diesem Gespräch berichtet und hinzugefügt: »Wenn dir der Vorschlag gefällt, machst du es. Wenn nicht, dann gehst du eben nicht hin. Was immer er auch sagt, ich glaube, er will dir nur eine Freude machen. Aber gleichzeitig würde es vielleicht auch ihm Freude bereiten.«

Er hat mir ein bißchen zugesetzt, den Auftrag zu übernehmen. Schließlich habe ich gesagt: »Gut, ich gehe hin.«

Ich erinnere mich, daß er nachher noch zu mir sagte: »Du wirst sehen, Monsieur Proust ist ein sehr netter Mann. Man muß nur aufpassen, daß man nicht sein Mißfallen erregt, denn er merkt alles. Aber einen charmanteren Mann als ihn wirst du nie wieder finden.«

So hat es angefangen. Aber was ich nie vergessen habe, nachdem ich ihn besser kennengelernt hatte, ist die Tatsache, daß er mich sofort durchschaut hat. Es war mir ganz und gar nicht bewußt, daß ich mich bei meinem täglichen Allerlei oder auch in meiner Einsamkeit langweilte, wenn mein Mann nicht da war. Und ich hatte auch nicht den Eindruck, daß meine Mutter und meine Familie mir so sehr fehlten; ich schrieb ihnen, und sie schrieben mir. Odilon ließ es nicht an Aufmerksamkeiten fehlen; er machte sich auf seine Weise Sorgen, denn er war ein guter Mensch. Nur Monsieur Proust hatte vorausgesehen, daß die Langeweile noch kommen würde, selbst wenn ich mich nicht wirklich langweilte. Und seine Bemerkung über meine Mutter war im Grunde richtig. Mein Mann konnte mich noch so sehr verwöhnen, es war nicht dasselbe. Unsere kleine Wohnung in Levallois ging auf den Hof hinaus, während das Haus in Auxillac nicht nur groß war, sondern auch mitten im Dorf lag, ganz umgeben von unseren eigenen Wiesen, die von einer Mauer eingefaßt waren; das Haus war erfüllt von Leben und fröhlichen Stimmen. All das hatte Monsieur Proust gespürt.

Deswegen und aufgrund vieler anderer Dinge, die er bei mir und anderen beobachtet hatte, nannte ich ihn später einen Zauberer. Oft sagte ich zu ihm: »Monsieur, Sie sind nicht nur bezaubernd, Sie sind auch ein Zauberer.«

Dann richtete er seinen durchdringenden, forschenden Blick auf mich, um zu sehen, ob ich es ernst meinte.

»Glauben Sie, Céleste?« sagte er.

Aber ich meine, im Grunde hat ihm das trotzdem Freude gemacht.

Ich bin also hingegangen, um die Pakete mit den Widmungsexemplaren auszutragen. Ich kam aus meinem Levallois – das war nicht anstrengend, wir wohnten nicht sehr weit von der Porte d'Asnières. Ich stieg die kleine Treppe hinauf. Ein Paket lag in der Küche für mich bereit. Monsieur Proust sah ich nie. Nur Nicolas Cottin, den Kammerdiener.

Seine Frau Céline war nicht da. Monsieur Proust hatte gefunden, daß sie nervös sei, und angeregt, daß sie sich eine Zeitlang erholen sollte.

Zu dieser Zeit lebte in der Wohnung am Boulevard Haussmann noch ein junges Ehepaar: Alfred Agostinelli, von dem im Zusammenhang mit Monsieur Proust viel die Rede war – darauf komme ich zu gegebener Zeit noch zurück –, und seine Frau. Damals wußte ich aus den Erzählungen Odilons nur, daß Agostinelli wie mein Mann einer der Chauffeure Monsieur Prousts gewesen und dann wieder an die Côte d'Azur gegangen war (er stammte aus Monaco). Vor kurzem war er verheiratet zurückgekommen, aber jetzt als Sekretär, um die Manuskripte Monsieur Prousts auf der Maschine zu tippen. Jedenfalls kannte ich ihn und seine Frau kaum, denn ich habe sie nur einmal zu Gesicht bekommen.

Nicolas packte die Bücherpakete. Sie waren außerordentlich gut verpackt, denn er war ein ordentlicher Mann. Das Papier zum Einwickeln war unterschiedlich – rosa, wenn das signierte Buch für eine Frau bestimmt war, blau für Männer. Nicolas sagte mir: »So hat es Monsieur Marcel angeordnet.«

Dann erklärte er mir meinen Auftrag: »Sie geben es bei der Concierge ab.«

Oder aber: »Dies hier ist eigenhändig zu übergeben.«

Und manchmal hieß es: »Hier ist noch ein Brief, den Sie gleichzeitig abgeben.«

Er hatte mir gleich empfohlen, einen Wagen zu nehmen – was mir sehr angenehm war, denn ich kannte Paris noch gar nicht. Damals gab es noch sehr viel Pferde, Droschken, kleine Kutschen; das gefiel mir ausnehmend gut; es war so schön, daß ich fast nie ein Taxi nahm. Nur einmal habe ich, soweit ich mich erinnere, eins genommen, und das war, als ich ›In Swanns Welt‹ zugleich mit einem Brief bei der Gräfin Greffulhe abgeben sollte. Wenn ich mich recht erinnere, habe ich mich hinterher sehr geschämt und war ganz verlegen, denn die Gräfin wohnte in der Rue d'Astorg, gerade auf der anderen Seite vom Boulevard Haussmann; aber ich wußte nicht, wo es war, und der Chauffeur hat sich nicht gerührt. Als ich Nicolas diese Geschichte erzählte, fand er sie sehr lustig und erklärte, das mache gar nichts, und er hat mich bezahlt wie immer. Wenn ich fertig war, kam ich immer zum Boulevard Haussmann zurück.

»Wieviel Fahrtkosten haben Sie gehabt?« fragte er dann.

Ich sagte es ihm, und er erstattete mir den Betrag, ohne Fragen zu stellen; das war offenbar im Haus so üblich.

Zu guter Letzt waren keine Bücher mehr auszutragen. Und da zeigte sich die Freundlichkeit und Güte von Monsieur Proust; er dachte an alles und vergaß nichts und niemanden; denn da sagte er zu meinem Mann: »Ihre Frau kann weiterhin kommen, wenn sie will, falls einmal im Laufe des Tages ein Brief zu überbringen ist.«

Aber da er sehr feinfühlig war, erkundigt er sich zuerst bei Odilon: »Gefällt es Ihrer jungen Frau, diese Botengänge zu machen? Ist es nicht langweilig für sie? Lenkt es sie ab, wie wir angenommen haben?«

Und erst, als mein Mann ihm sagte, daß es mich nicht langweile, ganz im Gegenteil, und ihm für sein Entgegenkommen dankte, da hat er einen weiteren Vorschlag gemacht: »Nun gut, dann soll sie von jetzt an jeden Tag kommen. Wenn ein Brief oder etwas anderes auszutragen ist, dann erledigt sie das. Liegt nichts vor, kann sie gleich wieder heimfahren. Jedenfalls ist sie auf diese Weise aus dem Haus gekommen.«

Und von dem Augenblick an bin ich jeden Tag hingefahren.

Inzwischen waren wir innerhalb des Hauses in Levallois umgezogen. Die neue Wohnung ging auf die Straße hinaus, sie war luftiger, und ich sah den Sonnenaufgang; vielleicht war das der Grund, warum ich besser schlief. Ich fuhr mit dem Autobus von der Porte d'Asnières bis zum Bahnhof Saint-Lazare; von dort ging ich dann zu Fuß durch die Rue de la Pépinière und die Rue d'Anjou zum Boulevard Haussmann, was nicht weit war. Wenn keine Briefe auszutragen waren, fuhr ich nicht unbedingt gleich wieder nach Hause; da ich schon einmal in der Stadt war, nahm ich öfter die Gelegenheit wahr, die eine oder andere meiner Schwägerinnen zu besuchen. Mit anderen Worten, Monsieur Proust hatte es wieder einmal verstanden, seine Gedanken durchzusetzen. Ich sah ihn ebensowenig wie vorher, aber es war, als ob er mich von seiner Wohnung aus geleitet hätte.

Mein Leben hat sich so sehr geändert seit dem Tage, an dem ich ihn kennenlernte oder seitdem ich bei ihm wohnte. Diese neun oder zehn Jahre, von 1913 bis zu seinem Tode

1922, eben die Jahre, in denen er sein Werk geschrieben hat, sind in meiner Vorstellung so sehr zu einem einzigen Jahr oder vielmehr zu einem ganzen Leben geworden, daß diese erste Periode vor meinem eigentlichen Dienstantritt mir immer einmal lang erscheint, als habe es mich mit Ungeduld erfüllt, dort zu sein, und dann wieder sehr kurz, was tatsächlich stimmt.

Deshalb würde ich zweifellos lügen, wenn ich behauptete, ich könne beschwören, daß Ereignisse in dieser Periode, die sich von Ende 1913 bis zur Kriegserklärung 1914 erstreckte, genau an dem Tag, in der Woche oder auch nur in dem Monat stattgefunden haben. Aber den Ablauf der Geschehnisse habe ich noch lebhaft im Gedächtnis, und allein darauf kommt es ja an. Ob ich nun weiß, daß es ein Montag oder ein Dienstag war, an dem ich zum erstenmal das Zimmer von Monsieur Proust betrat, ändert nichts am Lauf der Dinge und macht meinen Bericht nicht wahrer oder weniger wahr.

Aufgrund eines festen Vorsatzes habe ich mich fünfzig Jahre lang geweigert, die Geschichte meines Lebens bei Monsieur Proust niederzuschreiben. Wenn ich mich nun doch dazu entschlossen habe, dann geschieht es deshalb, weil über ihn so viele ungenaue oder sogar völlig falsche Dinge von Leuten geschrieben wurden, die ihn weniger gut als ich oder überhaupt nicht gekannt haben, außer durch Bibliotheken und Klatsch. Je weiter das ging, um so mehr wurde sein Bild verfälscht, manchmal ganz aufrichtig, weil man eben diese Vorstellung von ihm hatte, aber oft auch, um sich interessant zu machen. Wenn eine alte Frau wie ich mit einundachtzig Jahren beschließt, alles zu sagen, was sie weiß – welches Interesse könnte sie dann haben, die Unwahrheit zu sagen? Zu seinen Lebzeiten habe ich ihm gegenüber nie lügen können; das werde ich auch jetzt nicht anfangen – denn ich würde ja ihn belügen. Ehe ich nun meinerseits von dieser Welt gehe, will ich nur, soweit ich dazu in der Lage bin, sein Bild wieder ins rechte Licht rücken. Das ist alles. Es mußte gesagt werden.

Um auf jene erste Periode zurückzukommen, so war ich eine Zeitlang die »Botin«, wie er das in seinen Büchern genannt hat. Das Verfahren war dasselbe wie bei den Paketen: ich kam; die Sendung lag bereit; ich ging damit los; ich kam zurück. Nicolas bezahlte mich, ich fuhr wieder nach Hause oder machte einen Besuch.

Dann, etwa im Dezember 1913, überstürzten sich die Ereignisse am Boulevard Haussmann ein bißchen. Das Buch von Monsieur Proust war gerade im Buchhandel; man sprach darüber, aber ich war nicht im Bilde. Alfred Agostinelli und seine Frau Anna sind zur Côte d'Azur abgereist. Vor allem aber ist Céline, die Frau von Nicolas, krank geworden; sie mußte ins Krankenhaus gebracht und operiert werden. Für mich war das der Wendepunkt. Aber ehe ich erkläre, wie es dazu kam, sollte ich besser sagen, wer das Ehepaar Cottin war. Denn in Anbetracht des Charakters von Monsieur Proust und der Anteilnahme, die er stets bewies, auch in Anbetracht des höchst eigenartigen Lebens, das er führte, nämlich das Leben eines Kranken und weitgehend schon das Leben eines Einsiedlers, das unerhört viel Betreuung, Sorgfalt und Genauigkeit erforderte, und auch in Anbetracht der Tatsache, daß er sich persönlich um alles kümmerte, war die Wohnung am Boulevard Haussmann eine in sich abgeschlossene kleine Welt, in der das Leben der Menschen in seiner Umgebung sehr viel zählte, denn er wurde zwangsläufig mit hineingezogen.

Vor dem Ehepaar Cottin war Félicie dagewesen, die alte

Hausangestellte der Familie; wenn sie auch die Geburt von Monsieur Proust und seinem Bruder Robert nicht miterlebt hatte, so doch beinahe. Ich habe sie nicht gekannt, abgesehen von dem, was Monsieur Proust mir später von ihr erzählt hat. Sie scheint eine vorzügliche Köchin gewesen zu sein und die Familie mit ihren guten Rezepten verwöhnt zu haben. Er hat mir oft von ihrem Rinderschmorbraten erzählt: »Die Sülze war geradezu durchsichtig! Das schmeckte gut, Céleste! Sie können es sich nicht vorstellen!« Dieser Rinderschmorbraten war so vorzüglich, daß er es in seinen Roman aufgenommen hat. Félicie war groß, schlank und stattlich; manchmal zog sie Trachtenkleider an: »Wenn Sie sie gesehen hätten, sie war großartig in der Tracht ihrer Heimat«, sagte er zu mir. Nach dem Tode von Monsieur Prousts Mutter, die seinen Vater nicht lange überlebte, hat Félicie Monsieur Proust zuerst in das Hôtel des Réservoirs in Versailles begleitet, wohin er sich für einige Zeit zurückzog. Dann hat sie die Wohnung am Boulevard Haussmann für ihn eingerichtet und ist bei ihm geblieben, bis Nicolas kam.

Auch Nicolas Cottin hatte vorher schon im Dienste der Familie gestanden. Er hatte aber die Stellung aufgegeben, um in einem eleganten Club, dem Cercle Anglais, als Croupier zu arbeiten. Madame Proust hatte ihrem Sohn immer gesagt, er solle ihn nicht wieder bei sich aufnehmen.

»Mein lieber Marcel«, hatte sie gesagt, »wenn Nicolas zurückkommen will, nimm ihn ja nicht wieder auf. Er war charmant und angenehm, aber bei diesem Beruf als Croupier wird er es sich angewöhnt haben, alle angebrochenen Flaschen auszutrinken, und er wird nicht mehr derselbe sein.«

Als der Tag kam, an dem Nicolas Monsieur Proust bat,

ihn wieder bei sich aufzunehmen – wie Madame Proust, die eine kluge Frau war, es vorausgesehen hatte –, da wiederholte Félicie die Warnung und fügte hinzu, sie würde gehen, wenn er kommt. Und das hat sie auch getan. Ich bin sicher, daß Monsieur Proust sich entschlossen hatte, Nicolas wieder zu sich zu nehmen, um den Lebensstil wie zur Zeit seiner Eltern beizubehalten; das war eine Zeit, an der er sehr hing. Und dann war Félicie auch recht alt geworden, und Nicolas war der vollendete Kammerdiener: gewandt, umsichtig, immer seiner Stellung eingedenk und ihrer würdig. Aber dann fand Monsieur Proust ihn doch sehr verändert. Später hat er mir erzählt: »Ich glaubte zuerst, er sei sehr krank oder sogar tuberkulös, so daß ich Angst hatte, er würde mich anstecken; ich ließ den Arzt kommen, um ihn untersuchen zu lassen.«

Der Arzt war Dr. Bize, »sein« Arzt. Er hat Nicolas untersucht und Monsieur Proust beruhigt: Nicolas sei weder krank noch ansteckend; er habe nur ein Herz wie ein alter Mann und müsse es schonen. Das ist um so merkwürdiger, als er während der ganzen Zeit, in der ich ihn kannte, munter wie ein Fisch im Wasser war. Jedenfalls hat Monsieur Proust ihn wieder zu sich genommen, und da Félicie weggegangen war und Nicolas sich inzwischen verheiratet hatte, ist auch seine Frau Céline mitgekommen. Seit 1907 bewohnten sie ein Zimmer am Boulevard Haussmann. Später habe ich erfahren, daß Monsieur Proust zu Nicolas gesagt hatte, als er zurückkam: »Ich nehme Sie wieder, aber nur unter einer Bedingung, an der mir sehr viel liegt. Sie müssen sich darauf einrichten, daß ich bestimmt immer ausgehen kann, wann ich will.«

Damit meinte er, daß Nicolas immer dasein müsse. Nicolas hatte den Sinn des Satzes nicht richtig verstanden und daher sehr verletzt geantwortet: »Aber, Monsieur Marcel, Sie können sich doch denken, daß Ihnen das immer unbenommen ist!«

Soweit ich mich erinnere, fiel mir sofort auf, daß Nicolas stets »Monsieur Marcel« sagte, wenn er von Monsieur Proust sprach. Als ich ihn danach fragte, hat er es mir erklärt: »Als ich in der Familie war, nannte man Professor Adrien Proust, den Vater, ›Monsieur‹; um nun zwischen ihm und seinen Söhnen zu unterscheiden, wurden sie ›Monsieur Marcel‹ und ›Monsieur Robert‹ genannt. Ich habe diese Gewohnheit beibehalten.«

Nicolas hatte eine gewisse Dreistigkeit an sich, die noch von dem Umgangston herrührte, der zur Zeit von Monsieur Prousts Eltern unter dem Personal üblich war. Ich erinnere mich an einen Tag, an dem ich vorbeigekommen war; ich war in der Küche; er kam wütend herein, eine Hose über dem Arm, und zeigte mir die Hose, deren eines Hosenbein hochgekrempelt war, und sagte: »Wenn man sich vorstellt, daß ich sie tadellos gebügelt hatte, mit Bügelfalte und allem, und dieser Trottel macht sie naß, als er sein Fußbad nimmt; und nun muß ich wieder von vorne anfangen.«

Dieses Benehmen erschien mir seltsam, erstaunte mich sehr und schockierte mich manchmal ein bißchen, weil ich damals die Verhältnisse nicht kannte.

Es gab noch andere Dinge, die mich verwunderten. Zum Beispiel fragte mich Nicolas oft, wenn ich aufbrach: »Würde es Ihnen etwas ausmachen, im Vorbeigehen bei La Beaujolaise etwas abzugeben?«

La Beaujolaise war eine Weinhandlung in der Rue de l'Arcade. Der Inhaber, ein dicker, nicht sehr höflicher Mann, nahm den Umschlag, den Nicolas mir mitgegeben hatte, und warf ihn in eine Art Korb, in dem schon mehrere Briefe lagen. Ich verstand nicht ganz, was das bedeutete, aber ich zerbrach mir darüber nicht den Kopf, denn ich war Nicolas gern gefällig, und es belastete mich nicht. Ich merkte auch, daß Nicolas am Spätnachmittag immer nervös wurde. Dauernd zupfte er an der Haarsträhne, die ihm in die Stirn fiel, und schaute auf die Uhr. Dann sagte er: »Ich hole rasch die Abendzeitung, es dauert nur eine Minute. Wenn er läutet, ich bin gleich zurück ...«

Und tatsächlich kam er immer gleich wieder angerannt und schlug jeden Tag dieselbe Seite der Zeitung auf.

Erst viel später, als ich es Monsieur Proust gegenüber einmal erwähnte, hat er mich aufgeklärt und sehr darüber gelacht: »Das hatten Sie nicht begriffen, Céleste? Sie überbrachten seine Wetten, und der Inhaber von La Beaujolaise war das, was man einen Buchmacher nennt. Der arme Nicolas hatte nicht nur gelernt, die angebrochenen Flaschen zu leeren, als er Croupier war, sondern er ist auch ein Spieler geworden.«

Nichtsdestoweniger war Nicolas wirklich charmant und anhänglich, und ich kann es verstehen, daß Monsieur Proust ihm sehr zugetan war. Ich selbst habe mich nie über ihn beklagen können. Mit Céline verhielt es sich etwas anders.

Als sie ins Krankenhaus mußte, war es Professor Robert Proust, als Assistent von Professor Pozzi schon ein bekannter Arzt und Chirurg, der sie auf Empfehlung seines Bruders im Krankenhaus Broca selbst operierte. Und natürlich hat Monsieur Proust sofort zu Nicolas gesagt: »Wir müssen Vorkehrungen treffen, damit Sie jeden Tag Ihre Frau besuchen können. Wollen wir nicht Madame Albaret fragen, ob sie es einrichten könnte, jeden Tag hier zu sein, während Sie ins Krankenhaus gehen?«

Ich habe Nicolas geantwortet, daß es mir eine Freude wäre, ihm gefällig zu sein. Und so fügte sich eins zum anderen.

Es war abgesprochen worden, daß ich nachmittags um zwei Uhr kommen sollte; Monsieur Proust würde Nicolas dann freigeben; ich sollte in der Küche warten, falls ich bis zu seiner Rückkehr gegen vier oder fünf Uhr gebraucht wurde; danach könnte ich dann nach Hause gehen.

Nicolas hatte mir alles sehr genau erklärt. Wenn ich kam, würde Monsieur Proust den Milchkaffee und die Croissants, die er beim Aufwachen verlangte, schon bekommen haben. Darüber brauchte ich mir also keine Sorgen zu machen. Es könnte allerdings passieren, daß »Monsieur Marcel« nach der ersten Tasse Kaffee, zu der er zwei Croissants aß, noch eine zweite Tasse trank, und dafür wurde ein drittes Croissant warm gehalten; wenn er das dritte Croissant nicht verlangt hatte, ehe Nicolas wegging, sollte ich es ihm auf einer ganz bestimmten Untertasse bringen, die bereitstände und zur Tasse paßte, wie ich schon sehen würde, wenn es dazu käme.

Es gab Tage, an denen das Croissant übrigblieb. Aber für den Fall, daß er es noch verlangte oder »Monsieur Marcel« mich aus irgendeinem Grunde brauchte, hatte Nicolas mir den großen Flur gezeigt, der von der Küche ausging; an der Wand war ein Kasten mit schwarzen Punkten, einer für jedes Zimmer; ich würde es zweimal schellen hören, und dann würde einer der Punkte weiß werden – immer derselbe, der das Zimmer anzeigte. Wenn das Croissant noch da sei, wisse ich, was ich zu tun hätte; andernfalls sollte ich hingehen und fragen. Er hatte mir auch genau eingeschärft: »Sobald er geläutet hat, gehen Sie hin. Und zwar über den Flur. Sie haben die Wohnung nie gesehen, aber es ist ganz einfach. Sie können sich nicht verlaufen. Sie gehen den Korridor entlang, dann durch die Diele und den großen Salon, und da gibt es noch eine Tür, sozusagen die vierte. Wenn Sie an diese Tür gelangt sind, klopfen Sie unter keinen Umständen an. Sie gehen direkt hinein. Er hat Sie gerufen und weiß, daß Sie kommen. Wenn es wegen des Croissants ist, dann werden Sie auf einem Tisch neben dem Bett ein großes silbernes Tablett mit einer kleinen, ebenfalls silbernen Kaffeekanne, der Tasse, der Zuckerdose und dem Milchkännchen sehen. Sie stellen die Untertasse mit dem Croissant auf das Tablett und gehen wieder.«

Und sehr nachdrücklich hatte er hinzugefügt: »Und vor allem, reden Sie nicht mit ihm, es sei denn, er fragt Sie etwas.«

Ich bin gekommen und habe in der Küche gewartet. Ich konnte mich einer gewissen Ängstlichkeit in der Stille dieser großen, unbekannten Wohnung nicht erwehren, die ich nicht betreten durfte; ich wußte nur, daß er darin war, wenn auch unsichtbar und sogar unhörbar. Das Komischste ist, daß ich mich nicht erinnere, mich in all den Stunden des Wartens gelangweilt zu haben. Ich tat nichts und las nicht einmal. Und es wurde nicht geläutet. Auch keine Besucher. Nichts. Niemand.

Das ist tagelang so gegangen, und ich glaubte schon, er würde mich niemals rufen. Nicolas kam nach Hause und fragte: »Hat er nicht gerufen?«

»Nein«, sagte ich, wir plauderten ein wenig, und dann ging ich.

Und dann eines Tages, bums!, wurde zweimal geklingelt. »Zweimal, das ist für das Croissant«, hatte Nicolas mir eingeschärft. Ich nehme das Croissant. Ich lege es auf die Untertasse und mache mich auf den Weg. Ich folge den Anweisungen und gehe durch die Diele und den großen Salon; ich habe diesmal nicht viel bemerkt. Ich komme zur vierten Tür; ich öffne sie, ohne zu klopfen, schiebe den großen Vorhang beiseite, wie Nicolas es mir gesagt hatte, und trete ein.

Da war ein Rauch, den man mit dem Messer schneiden konnte, unglaublich. Zwar hatte Nicolas mich auch davon in Kenntnis gesetzt, daß Monsieur Proust manchmal nach dem Aufwachen ein Räucherpulver verbrennt, weil er entsetzlich an Asthma litt, aber auf eine solche Wolke war ich nicht gefaßt gewesen. Das Zimmer war sehr groß, und trotzdem war es ganz erfüllt von dieser undurchdringlichen Wolke. Er hatte lediglich eine Nachttischlampe angeknipst; sie verbreitete nur spärliches Licht, das grün durch den Lampenschirm schimmerte. Ich sah ein Messingbett und ein Stück Laken, wo das grüne Licht auf Weiß fiel. Von Monsieur Proust konnte ich nur das weiße Hemd unter einem dicken Pullover und den durch zwei Kissen gestützten Oberkörper erkennen. Das Gesicht blieb im Schatten und in den Rauchschwaden völlig unsichtbar, mit Ausnahme der Augen, die mich ansahen – ich spürte sie mehr, als daß ich sie sah. Zum Glück leuchteten das silberne Tablett und die kleine Kaffeekanne auf dem Tisch neben dem Bett. Darauf bin ich zugegangen, ohne mich umzuschauen; als ich hinausging, wäre ich wohl nicht imstande gewesen, die mir später so vertraute Einrichtung des Zimmers zu beschreiben; alles verschwamm in der Düsternis, und ich war zu sehr beeindruckt von seinen Augen. Ich habe diesem unsichtbaren Gesicht zugenickt und die Untertasse mit dem Croissant auf das Tablett gestellt. Er hat nur eine Handbewegung gemacht, die wohl ein Zeichen des Dankes sein sollte, aber kein Wort gesprochen. Und ich bin wieder gegangen.

Ich muß sagen, daß ich damals nicht sehr mutig war, eher ängstlich und trotz meiner zweiundzwanzig Jahre fast wie ein Kind, vor allem seit ich nicht mehr in der Obhut meiner Mutter lebte. Und dann war diese Wohnung so geheimnisvoll, dieser Mann in seinem Bett, in der Stille und dem Rauch, das Zimmer wirkte um vieles größer, weil alles darin so hoch war: die Fenster, die langen blauen Vorhänge, die am hellichten Nachmittag zugezogen waren, die Zimmerdecke, die meterhoch zu sein schien, und der nicht brennende Kronleuchter, der da im Nebel hing.

Erst später, als ich wieder auf meinem Stuhl in der Küche saß, wurde mir klar, was mich am stärksten beeindruckt hatte, als mir das Bild der Zimmerwände wieder vor Augen stand. Sie hatten bei mir die Vorstellung erweckt, als ob ich mich im Inneren eines riesigen Korkens befände; das lag an den Korkplatten, die ringsum an den Wänden mit Leisten festgenagelt waren, um alle Geräusche fernzuhalten. Und ich war noch verblüffter, weil dieses Bild eine Kindheitserinnerung wachrief, die sehr stark auf mich gewirkt hatte. Als ich klein war, besuchte ich in meiner Heimat Lozère eine von Nonnen geleitete Schule, und sonntags gingen die Nonnen immer mit uns spazieren. Einmal sind sie mit uns zu einem neu eröffneten Steinbruch gegangen. Er lag etwa zwei oder drei Kilometer vom Dorf entfernt. Die ersten Stollen waren schon gegraben worden. Vielleicht war ich neugieriger als die anderen, jedenfalls bin ich ganz allein in einen dieser Stollen eingedrungen. Da herrschte Stille; ich hörte kein Rufen mehr, höchstens ganz leise. Vor allem fiel mir die Farbe der Erde in dem schwachen Tageslicht dort unten auf. Es war genau die Farbe von Kork, und ich habe mir damals schon gesagt: »Es ist, als ob du in einen Korken eintrittst.« Das war abenteuerlich, wie Kindern vieles vorkommt, aber gleichzeitig war ich beeindruckt; doch ebenso wie bei Monsieur Proust hätte ich es mir nicht anmerken lassen.

Sehr gut erinnere ich mich, daß ich schon bei diesem ersten Besuch von seinem Zimmer fasziniert war. Ich sah mich wieder in den Stollen zurückversetzt mit der Farbe der senkrecht abgestochenen Erde und den Geräuschen, die am Eingang aufhörten. Ich muß wie ein erstauntes Kind ausgesehen haben. Ich bin überzeugt, daß seine Augen in dem im Dunkeln unsichtbaren Gesicht mich beobachteten. Ich bin sogar sicher, daß er an diesem Tag absichtlich gewartet hat, bis Nicolas ins Krankenhaus gegangen war, ehe er sein drittes Croissant verlangte. Um zu sehen, wie ich sei. Schon als ich die Pakete und dann die Briefe austrug, ließ er den Concierge heraufkommen, obwohl kein Grund mehr dafür bestand; vorher hatten der Concierge und Céline diese Gänge erledigt, aber jetzt war ich die »Botin«. Wenn er ihn unter diesen Umständen heraufkommen ließ, dann konnte es nur sein, um sich zu erkundigen, wie ich mich verhielt, ob ich schwatzte, ob ich mich anbiederte. Natürlich hatte ich davon ebensowenig eine Ahnung wie von dem, was sich daraus ergeben sollte.

Immerhin hatte ich, ohne es zu wissen, den ersten Schritt getan. Es war nicht so sehr die Tatsache, daß ich das Zimmer betreten und die Ehre gehabt hatte, das Croissant zu bringen. Auch war es nicht Neugier wie damals, als ich in den Stollen des Steinbruchs hineinging, um zu sehen, was es da gab. Nein, es war etwas, dessen ich mir im Augenblick gewiß nicht bewußt war und das von ihm ausging. Ich kannte ihn ja kaum, und was Nicolas und mein Mann mir von ihm erzählt hatten, war so gut wie nichts, zumal Odilon immer die Diskretion in Person war. Wenn man es sich richtig überlegt, ist es merkwürdig, daß mir in dieser ersten Periode nicht ein einziges Mal der Gedanke kam, es sei etwas Geheimnisvolles an diesem Mann und der verkehrten Welt, die sein Leben war. Im Gegenteil, ich fühlte mich davon angezogen. Selbst alle Eindrücke, die er später täglich bei mir hinterließ, konnten diesen ersten Eindruck nicht auslöschen, den er auf mich machte, als er da in seinem Messingbett lag, mit diesem Gesicht, das ich nicht sah, und dieser Reglosigkeit bis auf den Blick und die leichte, kleine Handbewegung, die viel zartfühlender war als jedes Wort des Dankes. Überhaupt hatte er eine unerhörte Haltung. Das kam von seiner vornehmen Veranlagung und war der Grund, warum nicht nur sein Genie gewaltig war, sondern auch der Mensch Größe und Herz besaß.

Er hatte in diesem Augenblick keinerlei Gründe, weitere Pläne in bezug auf mich zu schmieden, und auch ich hatte meinerseits nicht daran gedacht, bald in seinem Dienst zu stehen. Wahrscheinlich habe ich in Wirklichkeit überhaupt nichts gedacht, außer daß alles wie früher sein würde, sobald Céline wieder gesund war: sie würde zurückkommen, und zumindest brauchte Nicolas nicht mehr wegzugehen.

Es handelte sich auch nicht darum, Célines Platz wieder zu räumen, denn ich hatte ihr den Platz nicht weggenommen. Und zweifellos erst in dem Augenblick, in dem man mir gesagt hätte, ich brauchte überhaupt nicht mehr zum Boulevard Haussmann zu kommen, wäre ich mir darüber klargeworden, wie sehr mir danach der Sinn stand und wie weitgehend das schon zu meinem Leben gehörte.

Plötzlich ist Krieg

Ich glaube, es muß Anfang des Jahres 1914 gewesen sein, wohl im Januar, als Céline Cottin aus dem Krankenhaus entlassen wurde; allerdings kam sie sozusagen nur am Boulevard Haussmann vorbei und ging dann gleich wieder, um sich in einem Häuschen in Champignysur-Marne bei Paris zu erholen, das ihrer Mutter gehörte.

Während der ganzen Zeit ihrer Rekonvaleszenz setzte ich auf seinen Wunsch meine Tätigkeit bei Monsieur Proust fort. Da Nicolas nicht mehr ins Krankenhaus zu gehen brauchte, fand ich allerdings keine Gelegenheit mehr, ihm den Kaffee ins Zimmer zu bringen. Ich bin also wieder wie zuvor die »Botin« geworden. Das lange Sitzen auf meinem Stuhl in der Küche, um auf sein Läuten zu warten, hörte auf; wenn ich kam, und es gab keine Briefe auszutragen oder andere Besorgungen zu machen, um Nicolas zu entlasten, dann war vereinbart worden, daß ich nicht wie zu Anfang wieder nach Hause gehen, sondern dableiben sollte, um Näh- oder Flickarbeiten zu erledigen; während Célines Abwesenheit sollte ich mich auch mit der Instandhaltung der Hauswäsche befassen – das war, wenn ich so sagen darf, der weniger intime Teil ihres Amtes als Kammerdienerin.

Wiederum sah ich Monsieur Proust nicht; Nicolas war der Vermittler. Die einzige Veränderung bestand darin – man könnte das vielleicht einen Fortschritt nennen, für den ich aber gar nichts konnte, daß ich jetzt zur selben Zeit wie Nicolas da war und nicht umhin konnte, während ich mit meinen Obliegenheiten beschäftigt war, von meiner Ecke aus zu beobachten, wie er dieses oder jenes vorbereitete, den Kaffee, das Fußbad und dergleichen. Und da das immer ganz besondere Vorbereitungen waren, die mit nichts zu vergleichen waren, was ich bisher gesehen hatte, sperrte ich natürlich neugierig die Augen auf, bemerkte vieles mehr und lernte, ohne mir darüber klar zu sein.

Von Monsieur Proust selbst wußte ich kaum mehr als das, was ich die beiden Male, als ich ihn zu Gesicht bekommen hatte, feststellen konnte, abgesehen von Bemerkungen, die Nicolas dann und wann in der Küche über Belanglosigkeiten im Zusammenhang mit seiner Arbeit als Kammerdiener machte – etwa die Geschichte von der Bügelfalte –, und abgesehen von dem wenigen, das mein Mann mir erzählte, der über ihn genausowenig klatschte wie über seine anderen Kunden. Höchstens sagte er mir, er habe ihn an diesen oder jenen Ort gefahren, ins Restaurant oder zu Leuten, deren Namen mir damals gar nichts sagten, und er habe so und so lange gewartet, um ihn zurückzufahren; oder auch ganz selten einmal, daß sie nachmittags eine Spazierfahrt im Bois de Boulogne oder in der Umgebung von Paris gemacht hatten, weil Monsieur Proust gern eine bestimmte Gegend wiedersehen wollte. Aber ich glaube, das ist damals nicht öfter als ein- oder zweimal vorgekommen.

Selbst wenn ich gern zum Boulevard Haussmann kam und es mir gefehlt hätte, nicht mehr dorthin zu gehen, so hielt ich das im Grunde doch für eine vorübergehende Sache. Aber ich stellte mir keine Fragen – das ist das Merkwürdige dabei. Ich lebte einfach so dahin. Wahrscheinlich wollte ich nicht, daß es aufhöre; darum fragte ich mich auch nicht, wann es aufhören würde. Nur hatte ich mir damals überhaupt nicht vorstellen können, daß etwas Endgültiges daraus entstehen würde; ich hatte keinen Grund, mich besonders für das Tun und Lassen von jemandem zu interessieren, dessen Leben, wie ich meinte, mir immer fern bleiben würde.

Außerdem ist Céline vom Land zurückgekommen. Fast sofort sind dann die Dinge in Fluß gekommen. Es hat tatsächlich nicht lange gedauert. Sie war eine Frau, die Charakter besaß, aber einen komischen Charakter. Von Monsieur Proust selbst habe ich einige Monate später die Einzelheiten der Angelegenheit erfahren. Er sagte: »Wissen Sie, sie hat sich in alles eingemischt, sie wollte alles beherrschen.«

Vielleicht hatten die Krankheit und ihre Operation diesen Wesenszug bei ihr noch verstärkt. Aber es ist auch möglich, daß meine Anwesenheit – vor allem, weil dadurch eine zweite Frau im Hause war – eine Rolle dabei spielte. Wie dem auch sei, kurz nach ihrer Rückkehr haben die Dinge zum erstenmal eine schlimme Wendung genommen. Monsieur Proust hatte gleich davon genug. Später hat er es mir erzählt: »Ich habe zu ihr gesagt: ›Céline, zu meinem großen Bedauern muß ich Sie davon in Kenntnis setzen, daß Sie sich unbedingt ändern müssen, wenn Sie bei mir bleiben wollen. Ich brauche Ihre Ratschläge nicht, und es steht Ihnen nicht zu, mir zu erklären, daß ich zuviel Geld ausgebe oder dies oder jenes tue. Aber ich kann mich auch nicht mit Ihrer Erziehung befassen; ich bin zu beschäftigt, um dafür Zeit zu haben. Wenn Sie wollen, können Sie also ein oder zwei oder notfalls drei Monate auf Erholung gehen. Und wenn Sie sich gut ausgeruht haben, wird es besser gehen, denke und hoffe ich. Denn wenn Sie so weitermachen sollten, sage ich es Ihnen lieber gleich: ich könnte Sie nicht behalten.‹«

Und Céline ist wieder abgefahren – wenn er schon eine Entscheidung traf, dann pflegte er das auf die höfliche Art zu machen, indem er sagte: »Wenn Sie wollen«, und das war wirkungsvoller als ein ausgesprochener Befehl.

Sie ist also wieder in ihr Häuschen in Champigny zurückgekehrt. Da mir Monsieur Proust sogar als sie da war durch Nicolas hatte ausrichten lassen, ich sei nicht überflüssig, änderte sich dadurch nichts für mich.

Als sie nach einigen Wochen zurückkam, konnte man glauben, daß die Erholung sie tatsächlich beruhigt und vernünftiger gemacht habe. Sie war musterhaft sanft und ruhig. Aber auch diesmal hat es nicht lange angehalten. Ihre Veranlagung hat bald wieder die Oberhand gewonnen. Vielleicht war sie in diesem Augenblick wirklich eifersüchtig auf mich – vielleicht hat sie zu Monsieur Proust etwas gesagt oder ihm sogar meinetwegen Szenen gemacht und erklärt, ich sei nur eine »kleine Intrigantin«, wie manche Leute berichtet haben. Über diesen letzten Punkt hat Monsieur Proust später niemals eine Andeutung mir gegenüber gemacht, er hat nur bestätigt: »Sie war eifersüchtig auf Sie.« Das ist ein Beweis, daß es an ihrem Charakter lag, denn was hatte sie von mir zu befürchten? Ich hatte keinen Streit mit Nicolas, der immer sehr nett und keineswegs argwöhnisch war wegen meiner Anwesenheit. Vielleicht war es aber gerade das, was Céline ärgerte, abgesehen von der Tatsache, daß Monsieur Proust mich hatte bitten lassen, weiterhin zu kommen, während man bisher ohne Hilfe ausgekommen war.

Fest steht jedenfalls, daß Monsieur Proust sehr bald wieder genug hatte. Später hat er es mir dann auch erzählt: »Sie wurde so teuflisch, daß mir das schließlich die Augen öffnete und ich mir gar nicht mehr vorzustellen vermochte, wie ich sie so lange hatte ertragen können. Und diesmal habe ich zu ihr gesagt: ›Hören Sie, Céline, ich sehe, daß die

Erholung entgegen meinen Erwartungen nichts genützt hat. Ich habe Ihnen ja schon erklärt, daß ich Ihre Ratschläge nicht nötig habe und Ruhe zum Arbeiten brauche. Ich habe alles versucht, und ich sehe leider, daß es zu nichts führt. Wenn es Ihnen nicht gelingt, in Ihren Schranken zu bleiben, dann hat es keinen Zweck; ich kann Sie hier nicht länger dulden, verlassen Sie das Haus.‹«

Und um das Ganze zu vervollständigen, hat er noch hinzugefügt: »Wenn Nicolas mit Ihnen mitgehen will, kann er es; wenn er bleiben will, kann er bleiben. Mit ihm bin ich nicht unzufrieden, und ich bin bereit, ihn zu behalten. Aber daß ich Sie behalte, kommt nicht mehr in Frage. Ich wiederhole: ich habe zuviel zu tun und bin zu erschöpft.«

Für Céline war das eine wahre Revolution. Sie hat das Haus Boulevard Haussmann 102 für immer verlassen. Aber Nicolas ist geblieben, und Monsieur Proust hat ihn gebeten, sich mit mir zu einigen: von nun an sollte ich regelmäßig jeden Tag kommen.

Ich glaube, ganz abgesehen von seiner Anhänglichkeit für Monsieur Proust, daß sich Nicolas über den Charakter seiner Frau und die Lage durchaus klar war. Und er war sehr taktvoll; es gab also keine Schwierigkeiten zwischen Monsieur Proust und ihm. Auch nicht zwischen ihm und mir: das Weggehen seiner Frau hat nichts an unseren Beziehungen geändert, die nach wie vor ausgezeichnet waren. Sie sind auch später unter dem Einfluß von Céline nicht schlechter geworden, nachdem er seinerseits den Boulevard Haussmann hatte verlassen müssen, aber unter dem Zwang der Verhältnisse.

Die Verhältnisse: das war der Krieg von 1914. Aber zum Glück habe ich in den Wochen vor Kriegsausbruch, als ich jeden Tag kam, um Nicolas zu helfen, unfreiwillig die Gewohnheiten Monsieur Prousts besser kennengelernt.

Am meisten fasziniert war ich, wenn ich ihm nachmittags bei der Bereitung des starken Kaffees für das Frühstück von Monsieur Proust zusah, aus dem fast seine ganze Mahlzeit bestand. Und das sollte bald Bedeutung für mich erlangen.

Es war ein ganzer Ritus. Zuerst einmal kam es gar nicht in Frage, einen anderen Kaffee als den von Corcellet zu servieren. Und außerdem mußte er dort geholt werden, wo er geröstet wurde, in einem Laden im XVII. Arrondissement, Rue de Lévin, um ganz sicher zu sein, daß er frisch, gut und voller Aroma war. Dann gab es den Filter, der auch ein Corcellet-Filter war, und es kam ebenfalls nicht in Frage, einen anderen zu nehmen – selbst der kleine Untersatz war von Corcellet. Der sehr fein gemahlene Kaffee wurde in den Filter gefüllt und festgedrückt; damit der Kaffee so stark wurde, wie Monsieur Proust ihn wünschte, mußte das Wasser sehr lange und langsam, Tropfen für Tropfen, durchlaufen, während der Filter natürlich im Wasserbad warm gehalten wurde. Und das Wasser mußte abgemessen werden, genau zwei Tassen, soviel faßte die kleine silberne Kaffeekanne; denn ein kleiner Rest mußte dasein, wie ich schon erwähnt habe, falls Monsieur Proust nach der ersten großen Tasse, die unerläßlich war, noch etwas trinken wollte.

Das war nicht alles. Im allgemeinen bestimmte Monsieur Proust am Tag zuvor die Kaffeezeit, und am nächsten Tag wurde er dann ein wenig eher bereitet, falls er früher läuten sollte. Nur kam es auch vor, daß er später läutete. Wenn er zum Beispiel angekündigt hatte, daß er seinen Kaffee gegen vier Uhr wünsche – er sagte nie eine genaue Zeit, sondern immer *gegen* –, dann konnte es jederzeit geschehen, daß er nicht vor sechs Uhr läutete, weil er beschlossen hatte, sich noch ein wenig auszuruhen, oder weil er an diesem Tag besonders unter seinem Asthma litt und die Räucherung, die er beim Aufwachen machte, verlängern mußte. War also die angegebene Zeit überschritten worden und er hatte noch nicht geläutet, dann mußte man von neuem mit dem Filtern beginnen und die Zeit berechnen, um früh genug damit anzufangen, denn wenn der Kaffee zu schnell durchgelaufen war oder zu lange im Wasserbad gestanden hatte, sagte Monsieur Proust, wie Nicolas mir erzählte, unweigerlich: »Der Kaffee ist miserabel; das ganze Aroma ist weg.«

Und schließlich die Milch. Sie wurde jeden Morgen von einem Milchgeschäft in der Nähe geliefert. Ebenso wie der Kaffee mußte sie frisch sein. Sie wurde auf dem Absatz der kleinen Dienstbotentreppe vor der Küchentür abgestellt, um zu garantieren, daß kein Schellen, kein sonstiges Geräusch den Schlaf oder die Ruhe von Monsieur Proust störten. Punkt zwölf kam die Milchfrau wieder, um zu sehen, ob die Flaschen hereingeholt worden waren. Wenn nicht, nahm sie sie wieder mit und stellte neue hin.

Drei oder vielleicht vier Monate sind so vergangen. Und dann kam Odilon eines Abends früher nach Levallois zurück, als ich erwartet hatte. Am Morgen hatte er sein Taxi aus der Garage geholt und die Arbeit aufgenommen, ohne zu wissen, was geschehen war. Der Krieg war erklärt und die allgemeine Mobilmachung angeordnet worden. Die Bekanntmachungen waren schon angeschlagen, als er es dann während des Tages erfuhr. Sein Mobilmachungsbefehl besagte, daß er sich sofort zu seiner Sammelstelle, der Militärschule in Paris, zu begeben habe. Und »sofort« hieß am nächsten Morgen um sechs Uhr. Das bedeutete zwei aus der Bahn geschleuderte Leben, doch so erging es Tausenden und Abertausenden.

Aber erstaunlich war unter solchen Umständen die Art von Anziehungskraft, die Monsieur Proust auf die Menschen in seiner Umgebung ausübte, und die Rücksicht, die sie auf ihn nahmen. Denn das erste Anliegen meines Mannes – ehe er auch nur daran dachte, nach Hause zu kommen, um mich, seine Frau, zu verständigen – war, zum Boulevard Haussmann zu fahren, denn er fürchtete, daß er später keine Zeit mehr haben würde, Monsieur Proust zu sehen. Und das kam uns allen beiden ganz natürlich vor, denn er hat es mir sofort gesagt, und ich meinerseits habe nicht eine Sekunde lang daran gedacht, ihm daraus einen Vorwurf zu machen.

Wie anderthalb Jahre zuvor, als er wegen unserer Hochzeit wegfahren mußte, ist er also hingegangen, um Monsieur Proust davon zu unterrichten, daß er auf unbestimmte Zeit nicht mit ihm rechnen könne. Es muß schon ziemlich spät gewesen sein, da ich ja schon wieder in Levallois war, als Odilon mir die Neuigkeit verkündete. Aber es war gewiß noch zu früh, um Monsieur Proust zu sehen – oft war das nicht vor zehn oder elf Uhr abends oder sogar erst um Mitternacht möglich, es sei denn, er hatte selbst angerufen. Und ebenso wie beim erstenmal hätte mein Mann ihn nicht gestört, wenn Nicolas in seiner üblichen Freundlichkeit nicht darauf gedrängt hätte, die Vorschriften zu durchbrechen. Kaum war er verständigt worden, da ließ Monsieur Proust Odilon bitten, unverzüglich in sein Zimmer zu kommen. Und dort, im Bett liegend, hat er gesagt: »Lieber Albaret, was höre ich da? Sie sind einberufen worden? Und schon morgen?«

Nach einigen freundlichen Worten, wie leid ihm das tue, dachte er dann gleich an etwas anderes: »Was wird aus Ihrer Frau werden? Wird sie zurück in ihr Dorf zu ihrer Mutter gehen oder hat sie vor, in Paris zu bleiben?«

»Ich weiß es nicht«, antwortete Odilon. Und er hat ihm erklärt, daß er gerade erst von der Mobilmachung erfahren und mich aus dem Grunde noch nicht gesehen habe, weil er gleich hierhergekommen sei.

Monsieur Proust hat ihm dafür gedankt und gesagt, er sei sehr gerührt, und er hat hinzugefügt: »Glauben Sie mir, es tut mir sehr leid für Sie beide, lieber Albaret. Und vor allem sagen Sie sich, daß ich – falls Ihre Frau in Paris bleiben will – Ihnen hiermit verspreche, daß ich bei Gefahr immer für sie dasein werde. Wenn ich irgend etwas für sie tun kann, weiß sie immer, wo ich zu finden bin. Sagen Sie es ihr auch. Und vorläufig kann sie weiterhin zu mir kommen, wenn sie will.«

Mein Mann war ganz gerührt darüber und gleichzeitig beruhigt, wie er mir sagte, denn er kannte Monsieur Proust gut genug, um mir versichern zu können, daß das keine leere Versprechung war. Ich habe daher beschlossen abzuwarten und vorläufig nicht aus Paris wegzugehen.

Das war ein Glück, denn Odilon ist zuerst in Paris geblieben. Dazu ist zu sagen, daß er als junger Mann sofort Gefallen an Automobilen gefunden hatte und einer der ersten Chauffeure gewesen war; daher hatte man ihn bei seiner letzten Wehrübung als Reservist der aktiven Armee der Kraftfahrzeugtruppe zugeteilt. Die Folge davon war, daß man ihn, nachdem er sich in der Militärschule gemeldet hatte, in die Rue de Lourmel im XV. Arrondissement schickte und ihn für die Versorgung der Front mit frischem Fleisch einsetzte. Zu diesem Zweck waren die Pariser Autobusse requiriert und in der Rue de Lourmel abgestellt worden, wo sie für ihre neue Aufgabe hergerichtet wurden. Jeden Tag wurde der Abmarsch für den nächsten Tag angekündigt; aber die Front verschob sich offenbar so schnell, daß man nicht mehr wußte, wo die Autobusse hingeschickt werden sollten, und so kam es, daß mein Mann einen ganzen Monat oder vielleicht sogar noch länger sich nicht vom Fleck rührte. Ich war froh, daß ich nicht weggefahren war, denn obgleich ich ihn nicht sehen konnte – es gelang mir nur zwei- oder dreimal –, fühlte ich mich ihm doch nahe. Und daß ich regelmäßig zum Boulevard Haussmann ging, stellte für mich ebenfalls eine Verbindung zwischen uns dar, die nicht abgerissen war.

Aber die Dinge entwickelten sich rasch. Viele Jahre später bin ich, wenn ich über diese Anfangsperiode nachdachte, zu der Überzeugung gelangt, daß Monsieur Proust sich diese Entwicklung so vorgestellt hatte – daß er den Tag vorausgesehen hatte, an dem er niemanden mehr haben würde. Denn er selbst hat mir später gesagt, er habe im Gegensatz zu den meisten Menschen immer geglaubt, daß der Krieg lange dauern würde und er früher oder später mit Nicolas nicht mehr werde rechnen können.

Nicolas, der Landsturmmann war, glaubte, ihm könne nichts passieren. Die Mobilmachung berührte ihn nicht. Er wiederholte mir gegenüber ständig: »Das wird nicht lange dauern. Ich bin beim Landsturm, mich wird man frühestens in vierzehn Tagen einberufen. Und bis dahin werden wir sie schon alle umgebracht haben und in Berlin sein, und Sie werden sehen, daß ich nicht weg muß.«

Dieselben Überlegungen äußerte er Monsieur Proust gegenüber, der nichts sagte, sich aber sein Teil dachte.

Jedenfalls sind die vierzehn Tage rasch vergangen, und Nicolas wurde dann sehr wohl eingezogen.

Schon als mein Mann eingezogen wurde, hatte Monsieur Proust mir brieflich vorgeschlagen, bei ihm am Boulevard Haussmann zu wohnen und ganz in seinen Dienst zu treten. Ich hatte geantwortet, ich würde weiterhin jeden Tag kommen, zöge es aber vor, immer nach Levallois zurückzufahren und in unserer kleinen Wohnung zu bleiben. Er hat mir wieder geschrieben: »Halten Sie es, wie Sie wollen. Bleiben Sie bei sich. Kommen Sie, wann Sie wollen. Man kann die Menschen nicht zu ihrem Glück zwingen.«

Gleich darauf mußte Nicolas weg, und Monsieur Proust hat sein Angebot, diesmal mündlich, wiederholt.

»Madame«, sagte er zu mir, »was kommen mußte, ist eingetreten. Sie sehen, daß ich allein bin; ich habe niemanden mehr. Sie würden Nicolas' Zimmer nehmen. Ich verhehle Ihnen nicht, daß ich sehr froh wäre, wenn Sie hier einziehen würden.«

Er hat mit solcher Vornehmheit und gleichzeitig mit soviel Gefühl darum gebeten, daß ich nicht ablehnen konnte. Und so habe ich angenommen.

Daraufhin hat er gesagt: »Madame, ich bin Ihnen unendlich dankbar, daß Sie sich dazu verstehen wollen, einen Kranken zu pflegen. Sie erweisen mir einen großen Dienst, und ich kann Ihnen nicht dankbar genug dafür sein. Aber seien Sie unbesorgt: es kommt gar nicht in Frage, daß Sie lange hierbleiben, denn es ist nicht schicklich, daß ein Mann, der so lebt wie ich, bettlägerig und krank, eine Frau bei sich hat, und noch weniger eine junge Frau. Es ist also nur eine Übergangslösung, bis ich jemanden gefunden habe, der Nicolas ersetzt. Immerhin ist Ihnen nicht unbekannt, daß man einen wie ihn nicht findet – besonders unter den gegenwärtigen Umständen.«

Dann hatte er hinzugefügt und mich dabei scharf fixiert,

und diesen Blick werde ich nie vergessen: »Madame, ich sage Ihnen nichts Neues, wenn ich behaupte, daß Sie nichts wissen und nichts können, das weiß ich. Aber seien Sie auch da unbesorgt: ich werde nichts von Ihnen verlangen, ich werde keine Hilfe brauchen und mich selbst um meine Angelegenheiten kümmern. Sie werden mir nur meinen Kaffee machen, was das Allerwichtigste ist.«

Und dann hat er noch gesagt und mich dabei wieder scharf angeschaut: »Sie können nicht einmal in der dritten Person sprechen.«

Darauf habe ich ihm geantwortet: »Nein, Monsieur, und das werde ich niemals können.« Das hatte seinen Grund: ich wußte gar nicht, was die dritte Person ist. Er hat das bestimmt gemerkt und sich sehr amüsiert.

»Und ich, Madame, werde es niemals von Ihnen verlangen«, sagte er.

Ich war immer sehr natürlich und geradeheraus gewesen. Und wenn mich auch die Großartigkeit seines Auftretens noch so sehr beeindruckte, obwohl er ja im Bett lag, so fühlte ich mich doch frei; schließlich war es ja nicht mein Wunsch gewesen, dort zu sein. Ich erinnere mich, daß ich mir sogar ein Herz faßte und ihn fragte: »Monsieur, warum nennen Sie mich nicht Céleste? Es macht mich verlegen, wenn Sie mich ›Madame‹ rufen.«

Das war die reine Wahrheit. Aber er hat geantwortet: »Weil ich nicht anders kann, Madame.«

Dagegen ließ sich nichts einwenden, und so blieb ich still.

Die letzte Reise nach Cabourg

Er hat mich weiterhin »Madame« genannt. Ich habe mich in dem Zimmer von Nicolas eingerichtet. Und mit dem Servieren des Kaffees begonnen, was keine Schwierigkeiten bot – ich hatte oft genug gesehen, wie Nicolas es machte. Allmählich fügte ich mich in den Rahmen der Wohnung und des Lebens von Monsieur Proust ein. Ich habe mich an den Rauch gewöhnt, wenn ich sein Zimmer betrat und auf dem großen silbernen Tablett die kleine Kaffeekanne, die Tasse, das Milchkännchen, die Zuckerdose und die Croissants brachte.

Ich wußte von Nicolas, daß Monsieur Proust beim Aufwachen oft sehr an Atemnot litt, zweifellos wegen der Ansammlung des Asthmas während des Schlafs. Als erstes machte er eine Räucherung mit Hilfe eines besonderen Pulvers, das er auf einer Untertasse anzündete. Aber da der Geruch eines Streichholzes einen Erstickungsanfall hätte hervorrufen können, zündete er das Pulver mit einem Stückchen weißen Papiers an, das seinerseits an einer Kerze in einem Leuchter in Brand gesetzt wurde. Und als eine der ersten Einzelheiten lernte ich damals, daß Tag und Nacht ein brennender Leuchter in der Nähe des Zimmers stehen mußte, und zwar auf einem kleinen Tisch in einem Korridor hinter dem Kopfende seines Bettes, in den man durch eine andere Tür als jene gelangte, die in den großen Salon führte, und durch die man, wie ich schon erwähnt habe, regelmäßig ging.

Ich kam herein und stellte das Tablett hin, wobei er gewöhnlich nicht das Wort an mich richtete – abgesehen von dieser wunderbar weichen Handbewegung – »Danke« – wie beim erstenmal, um die Anstrengung des Redens zu vermeiden. Dann ging ich wieder. In dieser ersten Zeit rührte er den Kaffee nicht an, ehe ich gegangen war. Niemals sah ich ihn auch nur nach einem Stück Zucker greifen oder eine Bewegung machen, um sich aufzurichten und sich im Bett ein wenig aufzusetzen. Nein, er blieb liegen, den Oberkörper leicht erhöht durch die Kopfkissen, gleichsam in sich selbst zurückgezogen und nur mit der Handbewegung und dem Blick, den er einem schenkte, aus sich herausgehend.

Auch bei anderen Dingen war ich auf dem laufenden, sei es, daß ich gesehen hatte, wie Nicolas sie erledigte, sei es, daß er vor seinem Weggehen noch Zeit gefunden hatte, sie mir zu erklären, denn er ist nicht so plötzlich abgerückt wie mein Mann, so daß ich die Zügel direkt von ihm übernehmen konnte und Monsieur Proust nicht einen Augenblick allein war.

Dagegen lernte ich, für Stille zu sorgen, während er ruhte oder arbeitete, und nachmittags auf sein Erwachen und nachts auf seine Rückkehr zu warten, wenn er ausgegangen war. Damals begann die erste Einübung in die Nachtwachen: noch nicht bis acht oder neun Uhr morgens, wie später, aber schon damals ging ich gewöhnlich nicht vor Mitternacht oder ein Uhr morgens ins Bett.

All das ist mir so im Gedächtnis geblieben, wie es sich damals abgespielt haben mußte: eine Art Bestürzung, wie wenn man in ein Leben eintritt, das völlig anders ist als alles, was man bisher gekannt hat. Hinzu kam noch die Faszination durch eine Persönlichkeit, von der man sich nicht hatte vorstellen können, daß es sie gebe, und die mit einer Sanftheit, die stärker war als aller Zwang, der Mittelpunkt dieses Lebens wurde – einmal ganz nah durch seine Güte und sein Feingefühl, dann wieder ganz fern, wenn er seinen Gedanken nachhing.

Wenn ich wieder in der Küche oder in meinem Zimmer war, dachte ich darüber nach, daß er zu mir gesagt hatte, es sei nicht schicklich, bei seinem Zustand eine Frau bei sich zu haben, und wie sehr er darauf achtete, in meiner Gegenwart reglos im Bett zu bleiben, sicherlich mehr, als seine Krankheit erforderte. Ich glaubte, daß er, um seinen Kaffee zu trinken, sich gewiß etwas aufsetzen, wenn nicht gar auf den Bettrand setzen müßte. Aber wenn ich da war, geschah nichts, er lag da und hatte die Arme auf der Decke ausgestreckt. Nur der Blick, mit dem er mich beobachtete, war lebendig.

Da ich annahm, daß ich nur vorübergehend bleiben würde, hat er sich natürlich bei seinem folgerichtigen Denken bemüht, einen Kammerdiener als Ersatz für Nicolas zu finden, wie er es mir gesagt hatte. Und weil er nicht den ersten besten nehmen wollte, hat er sich an seine Freunde gewandt, damit er sich auf die Referenzen verlassen konnte. Einer von ihnen, der Graf Gautier-Vignal, der seine Schriften bewunderte, hat seine Kammerfrau damit beauftragt, und nach einiger Zeit hat sich ein kleiner junger Mann vorgestellt – sehr ordentlich, das muß ich schon sagen, voll guten Willens, aber sehr schüchtern. Ich erinnere mich, daß er, als ich ihm die Tür öffnete, mich für die Dame des Hauses gehalten hat, wie er mir später sagte. Er war sehr verlegen. Er hatte die Musterung hinter sich und war zurückgestellt worden, nicht etwa, weil er krank war – Monsieur Proust hat mir selbst gesagt: »Graf Gautier-Vignal hat mir versichert, daß er gesund ist« –, sondern nur, weil er so zart und schmächtig war.

Monsieur Proust hat ihn genommen, mich aber gebeten,

noch ein wenig dazubleiben und nichts zu ändern. Ich habe sehr genau gespürt, daß er neue Gesichter und Veränderungen nicht sehr schätzte. Er hat dann auch gleich gesagt: »Madame, Sie sind schon eingewöhnt, und auch ich habe mich jetzt an Sie gewöhnt. Und dann wagt dieser kleine junge Mann kaum zu reden; ich muß ihm alles sagen, und das strengt mich an. Wenn ich läute, kommen Sie doch bitte weiterhin. Wir werden ein wenig abwarten, ob er sich genügend einarbeitet.«

Dazu hatte der arme junge Mann gar keine Zeit mehr gehabt: bis es soweit war, konnte er nicht mehr anfangen. Es war jetzt Mitte August 1914, und an der Front ging es nicht gut; für uns stand es sogar ausgesprochen schlecht. Man bot alles auf. Er wurde noch einmal zur Musterung bestellt und diesmal für tauglich befunden. Jetzt war er an der Reihe, und er mußte von heute auf morgen weg.

Monsieur Proust hat die Suche wiederaufgenommen und einen anderen engagiert: einen Schweden; vielleicht hatte er geglaubt, wenn er einen Neutralen nimmt, daß er ihn länger behalten würde. Dieser war ganz anders als der vorige: so eingebildet, daß er sich wohl mindestens für den König von Schweden, wenn nicht gar für Gott gehalten hat.

Kurz, Monsieur Proust hat mich gebeten, noch etwas abzuwarten. Und dann ganz plötzlich, in den ersten Septembertagen, hat er beschlossen, trotz des Krieges, der für uns immer noch nicht sehr gut ging, nach Cabourg zu reisen, an die normannische Küste, wie er es bisher jeden Sommer getan hatte. Er fühlte sich in Paris zu verlassen. Infolge des Krieges war keiner seiner Freunde mehr in Paris. Die Jüngeren waren eingezogen und an der Front – er selbst war dienstuntauglich wegen seines allgemeinen

Gesundheitszustandes; er war so krank, daß man ihn selbst, wenn er sich freiwillig gemeldet hätte, nirgends hätte gebrauchen können, nicht einmal in der Etappe. Die anderen, die Frauen und jene Männer, die zu alt waren für den Heeresdienst, waren aus der Hauptstadt geflüchtet, von der es hieß, daß sie von der deutschen Armee unmittelbar bedroht sei.

Ich erinnere mich an das Gepäck. Das war keine Kleinigkeit. Ich habe nach Anweisung von Monsieur Proust gepackt, denn das war etwas, was ich nicht konnte. Später hat Antoine, der Portier des Hauses Boulevard Haussmann 102, es übernommen, die Koffer aufzugeben; die Eisenbahn holte sie ab. Für Monsieur Proust war da zuerst ein großer Koffer, sehr alt und abgenutzt, aber noch sehr stabil, aus stahlhartem Karton, mit einem beigen Stoff bezogen. Auf den ersten Blick sah man, daß der Koffer eine Reise nach der anderen gemacht haben mußte. In ihn wurden die Manuskripte gepackt. Auf Reisen, hat er mir gesagt, nahm er sie immer alle mit. Es war sein kostbarstes Gut. Er trennte sich niemals davon; der Koffer reiste immer mit ihm.

Als zweiten nahm er stets einen riesigen Koffer auf Rollen mit, der dann in den Gepäckwagen kam. In ihn wurden die Kleider, die Wäsche und die Pullover gepackt. Da Monsieur Proust sich immer sehr warm anzog, selbst im Sommer, wechselte er regelmäßig die Wäsche – niemals zog er zweimal dieselbe an –, und das ergab einen ganz schönen Haufen. Unter den Kleidungsstücken befanden sich zwei Mäntel.

»Ich habe sie mir extra für die Reisen ans Meer anfertigen lassen«, sagte er mir.

Das stimmte; ich habe nie gesehen, daß er sie in Paris trug. Beide waren aus Vigognewolle – der eine war sehr leicht, grauweiß und lila gefüttert; der andere kastanienbraun. Zu jedem hatte er einen passenden runden Hut.

Außerdem mußten seine Bettdecken in diesem Koffer mitgenommen werden.

»Wissen Sie«, sagte er zu mir, »das Hotel schließt im Winter. Wenn ihre Decken auch noch so gut gelüftet sind, sie riechen doch nach Naphtalin, und das würde mich belästigen.«

Schließlich mußte die ganze Apotheke für die Behandlung seines Asthmas mitgenommen werden.

Zu guter Letzt saßen wir drei im Zug – Monsieur Proust und ich sowie der Schwede (ich glaube, er hieß Ernest), der im Nebenabteil saß. Im Verkehrswesen herrschte Panik: wir brauchten unendlich viel länger als erwartet und vor allem, als Monsieur Proust es aus der Vorkriegszeit gewöhnt war. Er war sehr erschöpft bei der Ankunft, aber auch froh, wieder in seinem Grand Hôtel und in seinem Zimmer zu sein, das er jedes Jahr bewohnt hatte – Nr. 137, wenn ich mich recht erinnere.

Im Hotel veranstaltete man ein wahres Fest zu seiner Begrüßung. Es war unschwer zu sehen, daß er geschätzt, bewundert und geliebt wurde. Alle lagen ihm zu Füßen und wußten nicht, was sie anstellen sollten, um ihm gefällig zu sein. Er war hier zu Hause. Sie hätten alle Betten ausgeräumt, um eines zu finden, das ihm zusagte, wenn er es verlangt hätte.

Sofort hat er mir den Hotelbetrieb erklärt. Es war alles wie in den anderen Jahren; und viele Leute waren gekommen, die wegen der Ereignisse ihr Schloß oder ihr Haus verlassen hatten.

Die große leere Terrasse unten mit dem Blick aufs Meer sehe ich noch vor mir. Dann sind wir, wie ich mich erinnere, sofort nach oben gegangen. Er hatte sich drei Zimmer nebeneinander im obersten Stockwerk reservieren lassen, gleichfalls mit Blick aufs Meer. Über diesen Zimmern befand sich noch eine Terrasse, die während des ganzen Aufenthalts von Monsieur Proust für die anderen Gäste gesperrt war.

»Ich will keine Nachbarn haben und auch niemanden, der über meinem Kopf herumläuft«, hat er zu mir gesagt. »Madame, Sie nehmen dieses Zimmer hier, neben meinem, wie Nicolas früher. Ernest nimmt das andere.«

Der Eingang jedes Zimmers war abgeschlossen durch das Bad, so daß das Zimmer gegen alle Geräusche des Korridors abgeschirmt war. Sein Zimmer – das erste ganz links, dann kam meins, dann das von Ernest – war ganz einfach, sehr viel weniger schön als meins: ein großes Bett ohne irgend etwas Besonderes, ein paar Sessel und Tische, auf die er seine Hefte und Bücher legte. Kein Kamin – der war auch nicht nötig, weil das Hotel nur im Sommer geöffnet war. Vom Fenster aus sah man die Hotelterrasse nicht, aber man hatte den Blick auf die Mole.

Bei ihm durfte es keine Unterbrechung seiner Gewohnheiten geben. Er sagte zu mir: »Sie werden sich um meinen Kaffee kümmern.«

Wir hatten dafür nichts mitgebracht. Aber am Ende des Korridors der Etage war eine Teeküche für die Hotelangestellten, und dort bereitete ich ihm wie üblich jeden Tag mit dem Geschirr und den Gerätschaften des Hotels seinen Kaffee; alle sorgten dafür, daß mir zur gegebenen Zeit alles Notwendige zur Verfügung stand. Er hatte mir gesagt: »Da es keine Klingel von einem Zimmer zum anderen gibt, werde ich, um Sie zu rufen, an die Wand klopfen.«

So ging das Leben ungefähr wie in Paris vor sich. Vormittags herrschte die große Stille, er ruhte. Wenn er mich brauchte, klopfte er an die Wand. So hatte er das schon bei früheren Aufenthalten in Cabourg mit seiner Großmutter gemacht, wie er in ›Sodom und Gomorrha‹ erzählt. Er brauchte sich dafür nicht von der Stelle zu rühren: mein Bett stand, durch die Wand getrennt, direkt neben seinem. Er hatte seine Räucherei hinter sich; ich brachte den Kaffee. Danach ruhte er sich noch aus oder arbeitete an seinen Heften. Er blieb meist im Bett, wie auch in Paris. Abends, zur Essenszeit, ging er manchmal hinunter, aber er dinierte nicht.

Ich nahm das Mittagessen im Speisesaal des Hotels ein und beeilte mich immer, wieder hinaufzugehen, weil ich fürchtete, er könne mich rufen. An manchen Abenden sagte er zu mir: »Morgen gehen Sie nicht zum Mittagessen hinunter, denn ich bin müde. Bitten Sie den Oberkellner, Ihnen das Essen in Ihrem Zimmer zu servieren, für den Fall, daß ich Sie brauche.«

Während des ganzen Aufenthalts habe ich nicht gesehen, daß er eine Verabredung traf oder ein Diner im Hotel gab. Abends ging er nicht viel aus. Es gab auch das Kasino nicht mehr, es war geschlossen, wo er früher, wie er mir sagte, gern hinging, »aber ich habe nie gespielt, einzig und allein, weil es mich interessierte, alles zu beobachten«. Ich kann mich auch nicht erinnern, daß er viele seiner Freunde gesehen hat, obwohl mehrere in der Gegend waren: Gräfin Greffulhe in Deauville, Graf Robert de Montesquiou in Trouville, Madame de Clermont-Tonnerre in Bénerville und eine seiner ältesten und besten Freundinnen, Madame Straus, ganz in der Nähe auf ihrer Besitzung »Clos des Mûriers«.

Dort bin ich mir auch über einen Charakterzug Monsieur Prousts klargeworden, daß er nämlich immer in der Nähe von Leuten sein wollte, für den Fall, daß er sie aus irgendwelchen Gründen zu sehen wünschte. Andererseits wollte er aber keinerlei Verpflichtungen, die durch sie entstehen könnten, auf sich nehmen, wenn er sie nicht brauchte. So glaube ich, daß die Gräfin Greffulhe und der Graf Montesquiou eines Tages im Grand Hôtel erschienen sind und sich angemeldet haben, ohne daß er sie empfangen hat.

Und dennoch war es dort, daß unsere Beziehungen einen bedeutenden Fortschritt machten.

In Cabourg war er kein so großer Stubenhocker mehr. Am Boulevard Haussmann wurden die Vorhänge nie aufgezogen, geschweige denn die Fenster seines Zimmers geöffnet, solange er da war. Im Grand Hôtel wurden nachmittags die Vorhänge aufgezogen. Und er selbst gab sich auch viel aufgeschlossener.

Dort geschah es auch, daß er nach einiger Zeit aufhörte, mich mit »Madame« anzureden. Er nannte mich Céleste. In dem Augenblick hat er auch angefangen, mich dann und wann zum Plaudern dazubehalten. Oder wenn er sich auf der Hotelterrasse erging und sah, daß auch ich draußen war, um ein wenig Luft zu schnappen, dann winkte er mich zu sich, und wir unterhielten uns, während wir promenierten oder das Meer betrachteten. Aber das ist nicht mehr als zwei- oder dreimal vorgekommen, denn ich hatte genug zu tun, um in seinem Zimmer Ordnung zu machen, wenn er nicht da war.

Ich spürte, daß er mehr Vertrauen zu mir hatte, und ich war damals schon weniger befangen und ungezwungener im Sprechen und in meinem Benehmen – was nichts daran änderte, daß jeder von uns beiden wußte, wo er hingehörte.

Ich glaube, daß Ernest mit seiner Eingebildetheit sehr

dazu beigetragen hat, die Beziehungen zwischen uns zu lockern. Das war ungefähr alles, wozu er nütze war. Getan habe ich alles. Er war nicht gerade sehr beschäftigt und muß sich bei dem ewigen Warten sehr gelangweilt haben; Monsieur Proust verlangte fast nichts von ihm. Er sagte zu mir: »Wissen Sie, Céleste, er geht mir auf die Nerven, dieser Ernest.«

Jedenfalls ist er für uns ein großartiges Gesprächsthema geworden. Wenn wir zusammen waren, redeten wir die ganze Zeit von ihm; ich machte seine steife Art nach, Monsieur Proust auch, und wir lachten.

Wenn wir so unseren Spaß hatten, gewann die Freimütigkeit meines Wesens und meiner dreiundzwanzig Jahre die Oberhand; ich blieb ihm keine Antwort schuldig, und da ich an seinem ungezwungenen Lachen merkte, daß es ihn belustigte, ermutigte mich das, damit fortzufahren. Er seinerseits muß meinen Wunsch gespürt haben, dem entgegenzukommen, was ihm Vergnügen machte; und er wußte auch, daß mir seine Gesellschaft zusagte; ich glaube, daß er sich darüber freute.

Er gab sich Mühe, mich für Cabourg und die Umgebung zu interessieren. Oft machte er mir Vorwürfe, daß ich die Sehenswürdigkeiten des Landes nicht besichtigen und auch keine Spaziergänge machen wollte. Eines Tages rühmte er ein Lokal, wo es vorzügliche Crêpes gebe. Er kannte es, weil er früher dort gewesen war.

»Warum gehen Sie da nicht einen Nachmittag hin?« fragte er. »Sie brauchen bloß einen Wagen zu nehmen, ich bezahle ihn.«

»Aber, Monsieur«, antwortete ich, »ich habe gar keine Lust dazu. Ich fühle mich hier sehr wohl mit Ihnen.«

Ich erinnere mich, daß wir auf der Terrasse auf und ab

gingen; er hatte seinen grauweißen Mantel an. Er ist stehengeblieben und hat mir ein sonniges Lächeln geschenkt.

»Danke, Céleste«, sagte er.

In Cabourg hat er auch angefangen, mir von der Vergangenheit und von sich zu erzählen, von früheren Aufenthalten, zuerst als Kind mit seiner Großmutter mütterlicherseits. Er sprach davon, daß er auch später wieder hingefahren war, teils, weil ihm diese Erinnerung lieb war und sein Vater und die anderen Ärzte damals erklärt hatten, die Luftveränderung sei gut für sein Asthma; teils auch, weil viele seiner Pariser Freunde sich im Sommer in dieser Gegend aufhielten. So habe ich Namen gehört, die mir mit der Zeit vertraut wurden: der Bankier Horace Finaly, Madame Straus, die die Frau des Komponisten der Oper ›Carmen‹, Georges Bizet, gewesen war, und viele andere.

Er sprach davon wie von einer Frühlingszeit, in der er oft mit dem Wagen über Land gefahren war. Er erzählte mir, daß er damals mit meinem Mann bekannt geworden sei, denn Jacques Bizet, der Sohn von Madame Straus und dem Komponisten, ein ehemaliger Mitschüler am Lycée Condorcet, war Direktor einer der ersten Mietwagenfirmen; im Winter waren seine Autos in Monte Carlo; im Sommer schickte er sie nach Cabourg, und da Monsieur Proust immer das Bedürfnis hatte, ganz sicherzugehen, hatte er ihn gebeten, ihm die vertrauenswürdigsten Chauffeure zu nennen, wenn er Besuche oder Ausflüge machen wollte. Jacques Bizet hatte ihm drei genannt, von denen zwei sozusagen seine Leibkutscher wurden: Alfred Agostinelli und mein Mann.

Ich nahm das alles begierig auf, jung, wie ich war, und staunte. Die Verzauberung, in die er mich allmählich versetzte, begann.

Eines Abends war ich in seinem Zimmer. Er war an jenem Tag aufgestanden. Mit der Miene eines Verschwörers sagte er: »Ich will Ihnen etwas zeigen, das Sie noch nie gesehen haben. Aber zuerst gehen Sie hinaus und schauen nach, ob jemand im Korridor ist, denn ich bin nicht angezogen und kann mich so nicht sehen lassen.«

Er hatte, wie es seine Gewohnheit in solchen Fällen war, Hemd und Hose, Hausjacke und Pantoffeln an.

Ich ging hinaus. Niemand war da.

»Kommen Sie mit«, sagte er.

Er nahm mich an der Hand wie ein kleines Mädchen und ging mit mir zum Ende des Korridors, wo ein rundes Fenster war. Und in diesem runden Fenster sah man die ganze untergehende Sonne und darunter das Meer, das leuchtete, als stünde es in Flammen. Und während ich das betrachtete, ebenso bewegt durch die Geste wie durch das ungewöhnliche Schauspiel, sagte er: »Nicht wahr? Schauen Sie sich diesen Widerschein an. Gott, ist das schön! Ich finde das immer hinreißend.«

Und das hat er in einem so schwärmerischen Ton gesagt, daß es dem kleinen Mädchen, das ich war, sehr zu Herzen ging. Er hat mich öfter zu diesem runden Fenster mitgenommen; aber niemals war ich so bewegt wie beim erstenmal.

Gegen Ende unseres Aufenthalts war, wie ich mich erinnere, Tagundnachtgleiche. Auch an diesem Abend war er aufgestanden. Er schaute durch die Scheiben seines geschlossenen Fensters hinaus und rief mich: »Céleste, kommen Sie und sehen Sie sich das an. Man bringt alles auf den Deich, damit es nicht weggeschwemmt und zertrümmert wird.«

Ich hatte schon aus meinem Fenster hinausgeschaut und zitterte vor Angst. Er hatte mich zwar darauf vorbereitet, aber ich kannte das Meer nicht und hatte mir das nicht vorstellen können – dieses tobende Wasser und der ganze Krach und die Wellen, die aussahen, als wollten sie das Hotel überfluten und ihre Gischt bis an die Fensterscheiben spritzen. Ich habe zu ihm gesagt, mir stehe der Sinn noch nicht nach dem Jüngsten Gericht. Er hat nicht lockergelassen, über meine Angst gelacht und ist zu mir gekommen und hat mich am Arm genommen.

»Sie werden sehen, wie schön das ist! Wissen Sie, es ist nämlich gar nichts. Was würden Sie erst sagen, wenn Sie die Bretagne sähen!«

Und er hat mir erzählt, daß er einmal mit seinem guten Freund, dem Komponisten Reynaldo Hahn, in die Bretagne gereist ist, bloß um die große Flut bei der Tagundnachtgleiche an der Pointe du Raz zu sehen.

»Das war großartig, Céleste! Wie gern würde ich noch einmal dort hinfahren!«

Und zum erstenmal hat er etwas gesagt, das später in unseren Unterhaltungen oft wieder auftauchen sollte: »Vielleicht eines Tages, wenn es mir bessergeht ... Und Sie nehme ich mit. Ich möchte unbedingt, daß Sie das sehen.«

Und auch da lag in seiner Stimme all die fast kindliche Sehnsucht nach Bildern, die er gern wiedergesehen hätte.

Es war ein wunderbarer Ferienaufenthalt, aber er hat nicht lange gedauert. Der Krieg brachte Schwierigkeiten mit sich. Die erste Schwierigkeit für uns war, daß das Hotel für die Armee beschlagnahmt wurde, um Verwundete von der Front aufzunehmen; es mangelte an Unterkünften für sie, denn es war die Zeit der großen Schlachten, zum Beispiel der Marneschlacht – Monsieur Proust machte sich große Sorgen um seinen Bruder Robert, der wie mein Mann am Tag nach der Mobilmachung eingezogen worden war; er war in Verdun und operierte in den Lazaretten an der vordersten Front.

Fast alle Hotelgäste reisten ab. Einige, die zu bleiben beabsichtigten, zogen in ein Nebengebäude um. Monsieur Proust ist die besondere Vergünstigung zuteil geworden, daß er nicht umzuziehen brauchte: es waren noch keine Verwundeten angekommen. Tatsächlich haben wir bis zum letzten Tag keinen einzigen gesehen. Ich weiß, daß später das Gegenteil behauptet wurde – daß Monsieur Proust die von der Front abtransportierten Soldaten besucht und sich mit Geschenken von Zigaretten und Leckereien ruiniert habe, und das sei der Grund gewesen, warum er dann abreisen mußte. Das ist ein Märchen.

Das Geld war allerdings die zweite Schwierigkeit, das ist richtig. Aber der Grund dafür war das Durcheinander bei den Banken infolge der Ereignisse. Es war der Augenblick, in dem die Regierung von Panik ergriffen wurde; alle waren nach Bordeaux geflohen – auch viele Freunde von Monsieur Proust, manche sogar noch weiter südlich, nach Biarritz. Die Bankgeschäfte waren mehr oder weniger eingestellt worden, weil die Verbindungen unterbrochen waren. Monsieur Proust hatte von Paris Bargeld mitgebracht, und als es alle war, konnte er kein neues besorgen.

»Meine Papiere sind jetzt bei der Bank in Bordeaux«, sagte er zu mir. »Céleste, ich habe mein ganzes Geld ausgegeben.«

Aber daß es ausgegeben war, ging einzig und allein auf die Lebensweise zurück, die bei aller Einfachheit doch ziemlich kostspielig gewesen sein mußte, und sei es bloß wegen all dieser Zimmer und der großen Trinkgelder, die nach allen Seiten zu verteilen er gewöhnt war.

Kurz und gut, gegen Ende September sind wir abgereist. Die Deutschen waren zum Stehen gebracht worden; man atmete etwas auf; die Eisenbahn beförderte wieder Zivilisten.

Diese Rückfahrt werde ich nie vergessen. Sie war dramatisch. Wir sind aufgebrochen, und alles ging gut, doch dann erlitt er einen entsetzlichen Erstickungsanfall. Wir waren auf der Höhe von Mézidon im Calvados, und zwischen zwei Erstickungsanfällen hat er mir erklärt, daß ihm das auf seinen Reisen von Cabourg immer dort passiere – immer, wenn er durch Mézidon komme, niemals auf der Hinfahrt, immer auf der Rückfahrt. Ich erinnere mich sehr gut, daß er mir während seines Anfalls erklärte: »Jedesmal überfällt mich das hier. Sicher ist irgend etwas in der Luft, das ich nicht vertragen kann ... vielleicht, weil es die Zeit der Heuernte ist. Wenn man auf der Hinfahrt durch diese Gegend kommt, ist man fast angekommen, und die Geschichte hat keine Zeit, sich zu entwickeln, weil man nur durchfährt. Aber auf der Rückfahrt ... die Vorstellung, daß man die ganze Reise noch vor sich hat ...«

Ich war entsetzt, denn ich wußte nichts davon und hatte dummerweise vergessen, in den Koffer mit den Manuskripten seine Medikamente und Räucherpulver für den Zug einzupacken. Alles war in dem Koffer auf Rollen, der aufgegeben worden war.

Auf der ersten Station bin ich auf den Bahnsteig gesprungen und zum Gepäckwagen am Ende des Zuges gerannt. Ich habe dem Zugschaffner den Fall erklärt. Ich war so aufgeregt, daß er nicht annehmen konnte, ich würde Theater spielen; er war sehr nett; wir haben den Koffer gefunden, und ich konnte alles, was für die Räucherung notwendig war, herausnehmen; Monsieur Proust hat sie dann gleich im Abteil gemacht.

Ich weiß nicht, wie wir schließlich zum Boulevard Haussmann gekommen sind. Aber dort erwartete uns etwas anderes.

Jedes Jahr ließ er während seiner Abwesenheit, wenn er in Cabourg weilte, die Wohnung gründlich saubermachen mit großen Staubsaugern, die den Staub vom Parkett, den Teppichen, den Möbeln und Wänden absaugten – und besonders von den mit Kork verkleideten Wänden in seinem Zimmer. Und das Unglück wollte es, daß wir gerade in dem Augenblick ankamen, als die Operation in vollem Gange war.

Für mich war es in diesem Augenblick klar, daß ich mit einem Sterbenden nach Hause kam. Als er dieses Theater sah, sagte er zu mir mit einer entsprechenden Handbewegung: »Sie sollen verschwinden, Céleste, sie sollen verschwinden, damit ich ins Bett gehen kann.«

Ich habe die ganzen Leute weggeschickt, dann habe ich ihn in sein Zimmer begleitet und ihn gefragt, was ich tun solle.

»Machen Sie mir Wärmflaschen, sofort.«

Ich habe ihm die Wärmflaschen gebracht, den angezündeten Leuchter hingestellt mit den kleinen Papieren zum Anzünden und die Schachtel, in der sein Räucherpulver war. Dann habe ich ihn gefragt, was ich noch tun könne. Er hat geantwortet: »Lassen Sie mich allein, rufen Sie niemanden. Ich brauche nichts als mein Bett. Und vor allem kommen Sie nur, wenn ich läute.«

Ich habe ihn allein gelassen. Ich sehe noch, wie er ausschaute, als ich hinausging: Er war schweißgebadet und rang immer noch nach Luft, zusammengekrümmt im Bett über den Rauchschwaden. Ich war voller Angst. Ich habe in der Küche gewartet, überzeugt, daß ich ihn nicht lebend wiedersehen würde. Aber allmählich hat der Anfall nachgelassen. Im Laufe des Abends hat er mich gerufen. Er lag im Bett und sagte: »Meine liebe Céleste, Sie haben große Angst gehabt. Ich danke Ihnen und verstehe es. Das ist etwas, das Sie noch nie gesehen haben. Aber wissen Sie, als ich jung war, hatte ich noch viel schlimmere Anfälle als diesen.«

Dann hat er über Haushaltsdinge gesprochen und mir seine Gedanken dargelegt: »Ich will Ernest nicht behalten und habe keine Lust, wieder mit Suchen anzufangen, das ist zu ermüdend. Ich hätte gern, daß wir uns so einrichten, wie wir jetzt sind. Ist Ihnen das recht?«

Und als ob das ganz natürlich sei, habe ich geantwortet: »Warum nicht, Monsieur?«

Er sah erfreut aus und sprach weiter, um den ganzen Gedanken abzuschließen, den er offenbar erwogen hatte, nachdem der Anfall fast vorbei war.

»Meine liebe Céleste, etwas muß ich Ihnen noch sagen. Ich habe diese Reise nach Cabourg mit Ihnen gemacht, aber damit ist Schluß: ich werde das Haus nie mehr verlassen. Ich werde nie mehr nach Cabourg oder woandershin fahren. Die Soldaten tun ihre Pflicht; da ich nicht wie sie kämpfen kann, ist es meine Pflicht, mein Buch zu schreiben, mein Werk zu vollenden. Die Zeit drängt zu sehr, als daß ich mich noch anderen Dingen widmen könnte.«

Und an eben diesem Abend im September 1914 hat er für die letzten acht Jahre seines Lebens und seines Werkes freiwillig das Leben eines Einsiedlers auf sich genommen. Obwohl ich nichts verstand und obwohl es nach seinen eigenen Worten nicht schicklich war, habe ich dieses Leben ebenfalls auf mich genommen und habe es, ohne etwas davon zu ahnen, bis zum Ende mit ihm geteilt.

Ich passe mich seinem Einsiedlerleben an

Am Tag nach der Rückkehr aus Cabourg wurden die Koffer ausgepackt, die Bücher eingeräumt, die Hefte und Manuskripte wieder auf ihren Tisch im Korkzimmer gelegt und die Reise- und Sommermäntel in den Schrank gehängt, in dem sie für immer blieben. Und allmählich hat sich der Lebensablauf eingependelt und sich nie wieder geändert, abgesehen von einigen kleinen Vorfällen in der ersten Zeit, die dazu beigetragen haben, daß ich sofort erkannte, wie gutmütig Monsieur Proust war.

Er bewahrte immer ein gewisses Wohlwollen und Treue gegenüber denjenigen, die in seinem Dienst gestanden und ihn verlassen hatten, aus welchem Grunde auch immer. Félicie zum Beispiel, die alte Köchin, hat er nicht nur nicht vergessen, sondern ihr von Zeit zu Zeit regelmäßig auch ein wenig Geld und ein Briefchen geschickt, und jedesmal hat sie ihm gedankt; sie schrieb »Lieber Monsieur Marcel« (wie Nicolas nannte sie ihn so). Gegen Ende hat sie nicht mehr geantwortet, und Monsieur Proust hat sich Sorgen um sie gemacht, obwohl die Briefe nicht zurückkamen. Da ich häufig mit dem Schreiben beauftragt war und das Briefchen in den Umschlag steckte, wenn er müde war, hat er eines Tages zu mir gesagt: »Liebe Céleste, sind Sie sicher, daß Sie den Brief abgeschickt haben? Ja? Dann fürchte ich, daß unsere Félicie tot ist.«

Sie war nicht tot. Leider habe ich es zu spät erfahren, um ihn beruhigen zu können, denn es quälte ihn. Sie war in ihre Heimat zurückgekehrt, ins Departement Gers, um in der Nähe ihrer Familie zu leben. Sie hatte es einfach übersehen, sich zu bedanken, oder es war ihr mit der Zeit lästig geworden. Als sie von Monsieur Prousts Tod erfuhr, hat sie sich gemeldet; sie hat an die Familie geschrieben und ihr Beileid ausgesprochen.

Auch Céline hat nach ihrer Entlassung noch von Monsieur Prousts Gutmütigkeit profitiert, vor allem, seit Nicolas eingezogen worden war.

Unter keinen Umständen hätte Monsieur Proust gewollt, daß sie deswegen in Not geriet. Er ließ ihr daher Geld zukommen und verständigte mich gleichzeitig, daß er ihr erlaubt habe, sich den Kellerschlüssel zu holen und sich zu nehmen, was sie wollte – abgesehen von anderen Vorräten waren da insbesondere Kohlen, die infolge des Krieges knapp und teuer geworden waren. Sie meldete sich also bei mir, und ich nahm sie auf, als ob nichts geschehen sei, erstens, weil sie mir leid tat, denn ich wußte, wie es ist, wenn der Ehemann Soldat ist, und zweitens, weil ich jung und ohne Arg war und auch keinen erkennbaren Grund hatte, ihr zu mißtrauen.

Aber die Dinge nahmen eine schlechte Wendung. Das hat mit den Portiersleuten angefangen, vor allem mit Antoine, einem Bretonen. Madame Proust hatte sie immer protegiert, seine Frau und ihn. Antoine muß wohl ihr Hausknecht und ihr Vertrauter gewesen sein. Eine Zeitlang hatte er durch sie eine Stelle am Bahnhof Saint-Lazare erhalten, dann hatte sie die beiden in der Pförtnerwohnung am Boulevard Haussmann 102 untergebracht, nachdem sie das Haus von ihrem Onkel Louis Weil geerbt hatte.

Antoine hat versucht, mich zum Tratschen zu veranlassen, aber gleichzeitig hat er, zweifellos um zu sehen, wie ich reagiere, und um mir angst zu machen, gesagt, das sei kein Leben für mich, eingesperrt zu sein mit einem Kranken, und vor allem abends stundenlang in dieser großen Wohnung allein zu bleiben. Zuerst habe ich dazu geschwiegen; ich bin allem Klatsch aus dem Weg gegangen, weil ich ahnte, daß Monsieur so etwas haßte. Bis zu dem Tag, an dem Antoine zu weit ging. Am selben Abend habe ich mit Monsieur Proust gesprochen, der sehr gelacht hat.

»Ach, Céleste«, sagte er, »Sie werden alle Leute gegen mich aufbringen. Jetzt werden sich Antoine und seine Frau verstecken, wenn sie mich sehen, statt aus der Portiersloge herauszustürzen und mir einen Stuhl anzubieten, wenn ich auf einen Wagen warte.«

Und tatsächlich, statt hinter ihrer Scheibe zu lauern, um es ja nicht zu verpassen, ihn zu begrüßen und ihm zu schmeicheln, sind sie eine Zeitlang in ihrer Loge geblieben, wenn sie sahen, daß ich hinausging, um ein Taxi zu rufen. Monsieur Proust hat dann selbst die Initiative ergriffen und ist eines Tages in die Loge gegangen. Sie sind aus ihrer Küche gekommen, haben ihm den Sessel angeboten, und alles war wieder in Ordnung.

Aber an jenem Abend, als ich ihm von dem Vorfall mit Antoine berichtet hatte, nannte er mir auch den wahren Grund: »Céleste, das ist ein Streich, den Céline Ihnen gespielt hat. Sie gibt nicht auf. Sie hofft immer noch, daß sie wiederkommen kann. Jedesmal, wenn sie mich besucht hat, seit sie weggegangen ist, hat sie mir erklärt, ich sei viel zu vertrauensvoll Ihnen gegenüber, und hat es sich angelegen sein lassen, Antoine und seine Frau gleichermaßen eifersüchtig auf Sie zu machen. Sie haben sich verbündet, um gegen Sie Krieg zu führen. Das Komischste ist, daß sie, ehe ich Céline vor die Tür setzte, ihre Zeit damit verbrachten, sich gegenseitig bei mir anzuschwärzen; Céline beschuldigte Antoine, ihre Briefe geöffnet zu haben. Sie waren sich spinnefeind. Sie hätten sich umbringen können!«

Und er lachte, als er das zu mir sagte.

Später gab es dann den Zwischenfall mit dem Brief. Er war von einer Unbekannten und absichtlich geheimnisvoll gehalten; die Verfasserin gab vor, jemandem geholfen zu haben, der Monsieur Proust sehr genau kannte und dem sie versprechen mußte, ihn aufzusuchen, um ihm gewisse Dinge mitzuteilen, die sich nicht schriftlich berichten ließen. Monsieur Proust hat mir den Brief gezeigt und mir dann erklärt: »Das ist wieder so eine Geschichte von Céline, dessen bin ich sicher. Sie ist verrückt. Sie hat ihr Streben immer noch nicht aufgegeben, wieder zurückzukommen, und sicher hat sie sich das ausgedacht, um mich zu beschwatzen. Wahrscheinlich handelt es sich um eine Frau, die ihr Geld abgeschwindelt hat, indem sie ihr versprach, ihr zum Erfolg zu verhelfen. Ich weiß nicht, was diese Person mir erzählen will, und ich will es auch nicht wissen; ebensowenig wünsche ich sie zu sehen. Nehmen Sie Papier und einen Federhalter. Ich werde Ihnen diktieren, was Sie Céline schreiben sollen.«

Und er hat mir einen abschlägigen Bescheid diktiert. Ich habe den Brief in den Kasten geworfen.

Am nächsten Tag erschien Céline. Ich habe sie hineingeführt, und als sie bei Monsieur Proust war, hat sie gleich das große Wort geführt und geschrien: »Hatte ich nicht recht, als ich Ihnen sagte, daß Sie sie nicht kennen, diese falsche Katze! Sehen Sie nur, Monsieur! Sehen Sie sich den Brief an, den zu schreiben sie sich erdreistet hat!«

Die »falsche Katze« war ich natürlich. Aber Monsieur Proust hat ihr geantwortet: »Schweigen Sie, Céline. Ich habe ihr diese Antwort diktiert. Und von meiner Meinung werden Sie mich nicht abbringen. Sie sind verrückt, wenn Sie sich einbilden, daß ich mit dieser Frau in Verbindung treten werde.«

Sie ist wütend abgezogen.

Daraufhin kam sie an einem anderen Tag in Begleitung einer Dame an die Küchentür. Es war abends, zu einer Zeit, da sie wußte, daß sie Aussicht hatte, empfangen zu werden. Sie fragte mich: »Könnte ich Monsieur sprechen?«

Ich gehe, um sie anzumelden, ich komme zurück. In dem Augenblick, in dem sie sich in das Zimmer von Monsieur Proust begeben will, dreht sie sich um und sagt zu dieser Frau, die sie begleitet hatte: »Du bleibst hier und wartest auf mich.«

Nach ganz kurzer Zeit läutet Monsieur Proust plötzlich. Ich gehe hin. Ich finde eine Furie und Monsieur Proust, sehr bleich, der zu mir sagt: »Céleste, wie ich höre, ist jemand in der Küche, eine Frau. Gehen Sie bitte hin und ersuchen Sie sie, sofort hinunterzugehen, und sagen Sie ihr, Céline werde sie unten wieder treffen. Und vergessen Sie nicht, die Tür abzuschließen. Dann kommen Sie wieder her.«

Schon als sie mich sah, fing Céline zu weinen an. Als ich zurückkomme, schreit sie Zeter und Mordio: »Sehen Sie sie, diese falsche Katze? Diese Frau ist zu allem fähig!« Und dies und jenes. Dann hat sich Monsieur Proust plötzlich im Bett aufgerichtet und seinerseits geschrien – das Bild steht mir immer noch vor Augen, denn es war das einzige Mal, daß ich ihn in einer solchen Erregung gesehen habe: »Wollen Sie bitte gehen! Hören Sie, Céline? Ich weise Sie aus dem Haus, und diesmal endgültig. Verschwinden Sie und lassen Sie sich nie wieder sehen, auch nicht, um den Kellerschlüssel zu holen, ich verbiete es Ihnen! Gehen Sie über die große Treppe, das ist kürzer! Damit endlich Schluß ist!«

Daß sie ihn einmal wirklich zornig gesehen hat, muß auf Céline Eindruck gemacht haben, denn sie gehorchte. Wir haben gehört, wie die große Wohnungstür zuschlug; aber er wollte sich noch vergewissern und sagte zu mir: »Und jetzt gehen Sie hin und schauen nach, ob sie wirklich fort ist.«

Nachdem Ruhe eingekehrt war, hat er mich davon unterrichtet, was vorgegangen war.

»Stellen Sie sich vor, Céleste, sie hatte es sich in den Kopf gesetzt und auch den Concierges eingeredet, Sie wollten bei mir durchsetzen, daß ich die beiden fortjage und ihr endgültig das Haus verbiete. Jedenfalls kann sie sich rühmen, in diesem zweiten Punkt ganz allein den Erfolg herbeigeführt zu haben: ich will sie nicht mehr sehen. Aber das ist nicht alles. Wissen Sie, warum sie diese Frau mitgebracht hat? Sie hatte sie aufgefordert, ihr zu helfen, es Ihnen heimzuzahlen! Kaum war sie hereingekommen, da sagte sie: ›Ich möchte Sie davon in Kenntnis setzen, daß ich jemanden mitgebracht habe, und die kann sich auf eine schöne Tracht Prügel gefaßt machen, Ihre Céleste.‹ Darum habe ich geläutet, ich hatte Angst, sie würde Ihnen etwas zuleide tun. Aber ich kann Ihnen versichern, daß sich das nicht wiederholen wird.«

Ich spürte, daß er bestürzt war. Ich war es auch. Ich war wie ein Kind angesichts einer Ungerechtigkeit aus allen Wolken gefallen; ich hatte mich immer bemüht, mich aus allem herauszuhalten; niemandem hatte ich etwas getan, nie etwas gegen jemanden gesagt; ich war gefällig, selbst Céline gegenüber, wenn sie kam. Die ganze Nacht habe ich über die Sache nachgedacht. Ich vermochte einfach nicht zu begreifen, wie Céline so boshaft mir gegenüber sein konnte, und ich litt ebenso unter der Szene, die sie Monsieur Proust gemacht hatte, wie unter dem Gedanken, daß er das meinetwegen hatte über sich ergehen lassen müssen. Am nächsten Tag war ich noch so erregt, daß ich es ihm gesagt habe. Ich war jetzt meinerseits so wütend und erklärte ihm, daß ich mich am Vorabend wahrscheinlich in meiner Harmlosigkeit und Überraschung nicht gewehrt hätte, daß ich aber, falls es von neuem losgehen und Céline sich unterstehen sollte, mit solchen Absichten noch einmal an der Tür zu läuten, sie die Treppe hinunterwerfen würde wie einen nassen Lumpen. Ich erinnere mich, daß ich dann noch gesagt habe, ich fände es widerlich, mir solche Fallen zu stellen. Und ich war so erregt, daß ich zu guter Letzt sagte: »Jedenfalls würde ich lieber weggehen, als daß Sie meinetwegen Intrigen und Szenen dieser Art ausgesetzt werden. Ich habe mich nie darum beworben, hierherzukommen, und ich habe auch nie die Absicht gehabt, ein Leben dieser Art zu führen. Die ganze Familie meines Mannes ist selbständig, und er selbst hat geheiratet, um sich auch ein Lokal zu kaufen, sobald wir dazu in der Lage sind. Ich fühle mich hier wohl, es gefällt mir, und ich stehe Ihnen gern zu Diensten, aber für mich ist es nicht unbedingt notwendig, hierzubleiben. Sie wissen sehr wohl, daß ich nicht Nicolas' Posten übernommen habe, um ihn zu behalten. Wenn sich die Dinge so entwickeln, dann nehmen Sie lieber wieder Céline, ich glaube, das ist das Beste.«

Er hat mich ausreden lassen, dann hat er mich sehr sanft getadelt und auf seine Einsamkeit, seine Krankheit und die Tatsache hingewiesen, daß wir doch offenbar sehr gut miteinander auskommen. Dann wiederholte er noch einmal, daß das Problem Céline erledigt sei: er wolle nie wieder etwas darüber hören.

Tatsächlich war damit das Ende des Ehepaares Cottin gekommen. Nicolas haben wir nur ein einziges Mal wiedergesehen. Vom Feld aus hatte er an Monsieur Proust geschrieben und ihm seine Photographie als Soldat geschickt. Ich erinnere mich, daß es in seinem Brief hieß: »Mir geht es hier sehr gut, ich bin der Koch von General Joffre. Alle Offiziere sind begeistert, weil ich so gut für sie koche, und wie Sie selbst feststellen können, geht es mir sehr gut.« Aber Monsieur Proust hat zu mir gesagt, als er den Brief las: »Ach, Céleste, um ihn ist es geschehen! Statt die Sauce mit Madeira oder Portwein zu machen, wird er ihn trinken. Sehen Sie nur, wie ungesund dick er geworden ist.«

Und eines Tages ist Nicolas auf Urlaub gekommen. Diesmal war er spindeldürr und gelb wie eine Zitrone – so, daß ich ihn zuerst gar nicht erkannt habe. Er benahm sich auch mir gegenüber anders, Céline wird ihm wohl sehr viel über mich vorgelogen haben. Er hat mich nicht einmal begrüßt, sondern nur schüchtern gefragt, ob er »Monsieur Marcel« sehen könne. Monsieur Proust war wach und hat ihn gleich empfangen. Später hat er mir dann erzählt, Nicolas habe geklagt, er sei sehr krank, und ihn angefleht, er möge sich seiner annehmen und ihn behandeln lassen. Monsieur Proust hat ihn zu dem bekannten Herzspezialisten Dr. Netter geschickt und ihn warm empfohlen. Nach der Untersuchung hat Dr. Netter an Monsieur Proust geschrieben, man dürfe leider nicht damit rechnen, ihn retten zu können. Monsieur Proust hat an jenem Tag zu mir gesagt: »Sehen Sie, Céleste, das war ein Mann, dem es hier sehr gut ging, denn er brauchte eine ruhige Lebensweise, und ebenso wie ich verträgt er keine Umstellung. Nur, wie ich Ihnen gesagt habe, man kann die Leute nicht zu ihrem Glück zwingen. Sehen Sie sich Céline an ...«

Auch Céline haben wir nur noch einmal am Boulevard

Haussmann wiedergesehen, als Nicolas im Krankenhaus lag. Sie kam eines Tages weinend an und sagte, ihr Mann friere, und ob Monsieur Proust ihm nicht eine Decke geben könne. Er hat zu mir gesagt, ich solle ihnen tatsächlich eine geben – eine Steppdecke aus rotem Satin, die er nie gebraucht hatte, obwohl er sie schon jahrelang besaß; es war das Geschenk eines kleinen, sehr hübschen Hausmädchens seiner Eltern gewesen, sie hieß Marie, eine seiner großen Lieben, als er noch ein junger Mann war. Marie hatte die Decke für ihn genäht und sie ihm dann geschickt.

Nachdem Céline und Nicolas für immer vom Boulevard Haussmann verschwunden waren und Ernest fast unmittelbar nach der Rückkehr aus Cabourg gegangen war, begann jenes Einsiedlerleben, das Monsieur Proust um seines Werkes willen auf sich genommen hatte und das ich mit ihm teilte. Es wurde acht Jahre lang, bis zum Schluß, durch nichts gestört.

Es ist erzählt worden, er habe mehrmals daran gedacht, wieder zu reisen und sich woanders niederzulassen – in Nizza, Venedig, was weiß ich. Es ist sogar behauptet worden, ich hätte ihn zu einer Zeit während des Krieges, als die Flugzeugbombardements auf Paris sehr heftig waren, gedrängt, wieder nach Cabourg oder an die Côte d'Azur zu einer alten Freundin seiner Mutter, Madame Catusse, zu fahren. Das stimmt nicht. Es ist zwar vorgekommen, daß er manchmal Lust hatte, Urlaub zu machen, den er auch gebraucht hätte, oder daß er gern etwas wiedergesehen hätte, eine Stadt, eine Landschaft, ein Bild, eine Kirche – wie in Cabourg, als er davon gesprochen hatte, er wolle mir die Springfluten an der Landspitze in der Bretagne zeigen –, aber immer hieß es: »Wenn ich mein Buch fertig habe, dann fahren wir da hin, liebe Céleste, und Sie werden sehen, wie schön das ist ...«

Sein Buch fertig zu schreiben, nur das zählte noch. Und seit dem Herbst 1914 war sein ganzes Leben mehr denn je einzig und allein darauf ausgerichtet.

Er hat alle Verbindungen abgebrochen und vor Jahresschluß sogar beschlossen, sein Telefon aufzugeben. Nach außen hin hat er es vielleicht, wie berichtet wurde, damit erklärt, daß er ruiniert sei. Das war eine Ausrede. Gewiß hat die finanzielle Lage ihn nicht gehindert, für andere Dinge weiterhin Geld nach Belieben auszugeben. In Wirklichkeit wünschte er nicht gestört zu werden, oder nur dann, wenn ihm der Sinn danach stand. Er wollte selbst bestimmen, wann er ausging, wer ihn besuchte und zu wem er Beziehungen unterhielt.

Seine einzige Sorge war es geworden, Ruhe zum Schreiben zu finden. Und dafür brauchte er Einsamkeit. Deshalb hat er mich nach seinem Lebensstil geformt. Ebenso, wie man Kindern das Gehen beibringt, hat er mir Schritt für Schritt beigebracht, ihn zu bedienen.

Noch heute bin ich verwundert, mit welcher Leichtigkeit ich mich dieser Lebensweise, auf die ich in keiner Weise vorbereitet war, gefügt und angepaßt habe. Meine ganze Kindheit hatte sich in der Ungezwungenheit des Landlebens und der liebevollen Fürsorge meiner Mutter abgespielt. Wir gingen mit den Hühnern schlafen und wachten sozusagen mit den Hähnen auf. Und jetzt begann ich, als ob es ganz natürlich sei, des Nachts zu leben wie er. Und ich lebte nicht nur in seinem Rhythmus, sondern man kann auch sagen, von vierundzwanzig Stunden lebte ich vierundzwanzig Stunden und von sieben Tagen sieben nur für ihn. Sein Buch, das er ›Die Gefangene‹ nannte, hat nichts mit mir zu tun, und dennoch hätte ich diesen Titel durchaus verdient.

Ich entsinne mich einer kleinen Episode zu Anfang, die

andere ausgeschmückt haben. Man behauptete, am ersten Sonntag unseres Einsiedlerlebens sei ich für die Messe angezogen gewesen – was lächerlich ist, denn damals am Boulevard Haussmann wäre ich ja den ganzen Tag über für die Messe angezogen gewesen. In Wirklichkeit war es ein Tag wie jeder andere, und ich erinnere mich genau, wie es gekommen ist – bei Monsieur Proust konnte es nur abends gewesen sein und demnach bestimmt keine Kirchzeit, vor allem damals nicht; vielleicht hatte er mich über meine Person, meine Familie und meine Kindheit ausgefragt. Kurz und gut, ich weiß, daß ich folgende Bemerkung ihm gegenüber gemacht habe: »Sehen Sie, so ist das nun, Monsieur. Ich bin bei Ihnen, ich gehe nicht aus, ich gehe überhaupt nirgends hin, außer wenn Sie mich um etwas bitten und nicht schreiben wollen. Dabei hat mich meine Mutter so erzogen, daß ich jeden Sonntag zur Messe gehen müsse. Und hier gehe ich nicht nur nicht, sondern ich denke auch kaum daran.«

Ich hatte das in meiner Unbedarftheit ganz wie ein kleines Mädchen und ohne jeden Vorwurf gesagt. Er hat mich von seinem Bett aus mit großartiger Gelassenheit angesehen und sehr sanft gesagt: »Céleste, wissen Sie, daß Sie etwas viel Edleres und Wertvolleres tun, als zur Messe zu gehen? Sie widmen Ihre Zeit der Pflege eines Kranken. Das ist unendlich viel schöner.«

Und das stimmte. Übrigens war es meines Wissens sicherlich das einzige Mal, daß es so ausgesehen haben könnte, als beklagte ich mich, obwohl ich es nicht tat.

Wenn ich mir den Anfang meines Dienstes wieder vor Augen führe, dann sehe ich den Hauptunterschied zwischen Nicolas und mir darin, daß er seine Aufträge automatisch und weil es sein mußte erledigte. Ich dagegen ging und kam, tat dieses und jenes, bereitete den Kaffee zu, machte sauber, ging telefonieren, brachte einen Brief weg, bereitete die Wärmflasche vor und räumte alle Zeitungen und Papiere weg, die er haufenweise auf dem Bett liegen ließ – und die mußten weggeräumt werden, sonst wäre zu guter Letzt eines Tages kein Platz mehr für ihn in seinem Bett gewesen, so viel lag da herum. Ich zündete das Holzfeuer in seinem Zimmer an und hielt es in Gang, ich bereitete das Wasser für die Fußbäder vor – aber was immer ich tat, ich tat es gleichsam jubilierend, wie ein Vogel, der sich von einem Zweig auf einen anderen schwingt. Es kam vor, daß ich todmüde war, aber ich spürte die Müdigkeit nicht oder dachte genausowenig daran wie an den Kirchgang, denn ich langweilte mich nicht eine Sekunde. Einerseits war es ein Leben pünktlich wie die Maurer, andererseits gab es immer etwas Unvorhergesehenes, den Zauber einer Geste oder einer Unterhaltung, die Freude, die er empfand, wenn er gut gearbeitet oder ich etwas gut gemacht hatte. Und dann war ich vielleicht deshalb so unbeschwert, weil ich darin nie einen Beruf für mich gesehen habe. Nicht ein einziges Mal in diesen acht Jahren ist davon die Rede gewesen, daß ich für immer dableiben würde, weder von Monsieur Prousts Seite noch von meiner. Als Odilon aus dem Krieg zurückkam, sagte er: »Wer hätte gedacht, daß ich dich da wiederfinde?« Es war immer sozusagen ein Mietvertrag, der stillschweigend verlängert wurde.

Ich habe schon erwähnt, daß ich den Rhythmus sehr schnell angenommen habe. Und der Rhythmus war seine besondere, einzigartige Zeiteinteilung. Ich glaube nicht, daß ein anderer jemals so gelebt hat. Es war eine Zeiteinteilung, bei der es keine festen Zeiten gab – nichts als jeden Tag eine gewisse Zahl von ganz präzisen Dingen; das übrige hing von seiner Arbeit ab, davon, daß er sich über sein Werk Gedanken machte oder etwas dafür brauchte, von irgendeinem Gelüst, das ihn überfiel, von dem Vergnügen oder Mißvergnügen, das ihm eine Abendgesellschaft, eine Begegnung, ein Besuch bereitet hatte, und von der gesunden oder ungesunden Müdigkeit durch Ausgehen oder Schreiben mit allen Konsequenzen, die das für seine Sensibilität und seine Krankheit hatte.

Anfangs bin ich immer noch ziemlich früh aufgestanden, aus Gewohnheit und weil er mich nicht zu sehr später Stunde in Anspruch nahm. Damals sagte er mir im allgemeinen gegen Mitternacht oder ein Uhr morgens, ich möge zur Ruhe gehen. Ehe ich ihn verließ, erledigte ich alles, was getan werden mußte, wie ich es von Nicolas gelernt hatte; ich nahm das silberne Tablett vom Nachttisch und stellte für die Nacht ein Lacktablett hin sowie Lindenblütentee, eine Flasche Evian-Wasser, seine kleine Tasse und die Zuckerdose, falls er nachts das Verlangen hätte, sich in seinem elektrischen Kessel einen Aufguß zu machen – was er nie getan hat; in den acht Jahren habe ich nicht eine einzige geöffnete Flasche Evian-Wasser wieder hinausgetragen.

Dagegen war der elektrische Wasserkessel Anlaß für nicht wenige Zwischenfälle. Er betätigte ihn mit einem Schalter – er hatte drei Schalter in Reichweite, die beiden anderen waren für die Klingel und seine Nachttischlampe. Mehrmals hat er aus Zerstreutheit, oder weil er mit seiner Arbeit beschäftigt war, den Schalter für den Wasserkessel betätigt und geglaubt, geläutet zu haben, doch dann hat er es wieder vergessen. Plötzlich überfiel ihn dann der Geruch des Kessels, der ohne Wasser brannte – ein Gestank! Gerade er, der keine Gerüche vertragen konnte! Das war eine Aufregung. Ich kam angerannt. Und ich, die ich heute dazu gar nicht fähig wäre, war damals sehr findig, wenn es galt, einen durchgeschmorten Draht oder Stecker zu reparieren, und wenn es mit dem Kessel nicht mehr klappte, brachte ich ihn zur Überprüfung zu einer bestimmten Firma, Morse, oben in der Rue de la Bienfaisance.

Aber abgesehen von solchen Zwischenfällen zog ich mich im allgemeinen zurück, wenn ich alles für die Nacht vorbereitet hatte. Allerdings rief er mich schon damals, nachdem er mir gute Nacht gesagt hatte, manchmal zwei Minuten oder eine Stunde später noch einmal. Je nachdem, ob kurz danach oder später, war ich manchmal schon ausgezogen und lag im Bett. Ich zog meinen Morgenrock über und kam mit nicht aufgestecktem Haar. Er sagte dann: »Céleste, Sie Arme, Sie waren schon im Bett? Entschuldigen Sie ...«

Er wußte genau, daß ich schon im Bett gewesen war, aber er kleidete das in so viel Liebenswürdigkeit, daß ich antwortete: »Das macht nichts, Monsieur. Ich komme gern, um nachzuschauen, was Sie möchten.«

Und das war ganz aufrichtig. Ich erinnerte mich, daß Nicolas zu der Zeit, als er noch da war, immer nörgelte, wenn geläutet wurde: »Gerade bin ich bei ihm gewesen. Was will er denn jetzt schon wieder von mir?« Ich ärgerte mich nicht. Und das ist wahrscheinlich ein Grund, der am meisten zu seinem Vertrauen und unserer späteren Intimität beigetragen hat, nämlich, daß ich immer lächelte, wenn ich sein Zimmer betrat.

Manchmal war es gar nichts Wichtiges, weswegen er mich noch einmal rief – etwa, um sich zu vergewissern, daß irgend etwas für seine Nacht nicht vergessen worden war. Ein andermal hatte er zwischendurch nachgedacht und hielt mich einen Augenblick zurück, um darüber zu reden: »Liebe Céleste, ich weiß nicht, ob ich nicht im Gegensatz zu dem, was ich Ihnen gesagt habe, morgen ausgehen werde. Da ist jemand, den ich gern wiedersehen würde, wenn ich mich kräftig genug fühle.«

Er sagte auch, wer es war und warum er ihn sehen wollte. Dann schickte er mich wieder weg: »Wir werden das morgen zusammen überlegen. Vielleicht werde ich Sie auch bitten, den Betreffenden anzurufen, um sicher zu sein, daß man ihn sehen kann.«

Oder er bat mich auch, zu telefonieren, ehe er aufwachte.

Es kam auch vor, daß er mich noch einmal rief, weil er seinen Kaffee zu einer anderen Zeit haben wollte: »Liebe Céleste, vielleicht werde ich Sie morgen etwas früher um meinen Kaffee bitten.«

Fast immer hieß es »vielleicht«. Und im Laufe der Nacht oder am nächsten Tage beim Aufwachen konnte er auch beschlossen haben, daß ich nicht telefonieren sollte, daß er nicht ausgehen würde, oder er läutete nach seinem Kaffee nicht vor sechs oder acht Uhr abends. Aber ich war auf und angezogen, ich wartete und bereitete, wenn nötig, neuen Kaffee.

Um mich während der Wartezeit abzulenken, nähte ich Spitzen. Eines Tages hat er mich gefragt, womit ich mich in der arbeitslosen Zeit beschäftigte. Ich habe es ihm gesagt. Da hat er sich ereifert: »Aber Céleste, man muß lesen!«

Ich erinnere mich sogar, daß er mir ›Die drei Musketiere‹ empfohlen hat. Ich habe das Buch mit Begeisterung gelesen. Wir haben abends mehrmals darüber gesprochen. Ich, naiv und einfältig, habe Bemerkungen gemacht wie: »Monsieur, ich frage mich, wie diese Frau, diese Mylady, es fertiggebracht hat, immer einen Dreh zu finden, um die Leute zu täuschen.«

Er hat ganz erstaunt und entzückt ausgesehen. Er hat gelacht und gesagt: »Das ist sehr richtig und sehr wahr, Céleste.«

Er hat mir geraten, anschließend die Romane von Balzac zu lesen: »Sie werden sehen, wie schön das ist. Wir reden dann darüber.«

Aber ich – jung, wie ich war – nähte lieber. Gott weiß, wie sehr ich das später bereut habe, wenn ich daran dachte, was er mir an unseren Abenden alles gesagt und wie er mich belehrt hätte.

Denn bald haben wir immer mehr die Gewohnheit angenommen, uns zu unterhalten. Und für mich gab es überhaupt keine festen Zeiten mehr. Ich stand auf je nachdem, wann ich ins Bett gegangen war, und der einzige Anhaltspunkt für das Aufwachen war der Kaffee. Das heißt, meistens stand ich nicht vor ein oder zwei Uhr nachmittags auf. Und wenn er dann aufgewacht war und wir davon sprachen, was zu tun sei, kam es mir ganz natürlich vor zu sagen: »Monsieur, gestern abend haben Sie mir gesagt ...«

Und »gestern abend« bedeutete manchmal acht oder neun Uhr morgens desselben Tages, den wir gerade begannen.

Es war ein völlig verdrehtes Leben, selbst bei den einfachsten Dingen. Zum Beispiel konnte ich den Haushalt und sein Zimmer nur machen, wenn er ausgegangen war, und da er selten, wenn überhaupt, vor zehn Uhr abends ausging, heißt das praktisch, daß ich den Haushalt nur nachts besorgt und nur nachts die Fenster der Wohnung geöffnet habe.

In der Küche und in meinem Zimmer sah ich noch, ob es Tag war, wenn ich aufstand. Aber in die ganze übrige Wohnung drang das Tageslicht niemals ein, denn die Vorhänge blieben stets hermetisch zugezogen. Im Korkzimmer waren immer die Fensterläden geschlossen und außerdem die blauen, dick gefütterten Vorhänge zugezogen. Dazwischen befanden sich Doppelfenster gegen den Lärm – man hörte nicht einmal die Straßenbahn unten auf dem Boulevard fahren. Wir lebten mit elektrischem Licht oder in ewiger Nacht.

Heute ist mir klargeworden, daß die ganze Suche Monsieur Prousts, seine ganze Aufopferung für sein Werk, darin bestand, sich über die Zeit hinwegzusetzen, um sie wiederzufinden. Wenn es keine Zeit mehr gibt, dann herrscht Stille. Und diese Stille brauchte er, um die Stimmen zu hören, die er hören wollte, die Stimmen in seinen Büchern. Damals habe ich mir das nicht überlegt. Aber jetzt, des Nachts, wenn ich allein bin und nicht schlafe und nachdenke, dann glaube ich ihn zu sehen, wie er in seinem Zimmer lag, nachdem ich ihn verlassen hatte, auch er allein, aber in seiner eigenen Nacht, während draußen schon lange Tag war, an seinen Heften arbeitend. Und ich denke daran, daß ich da war und bis zuletzt oder fast bis zuletzt nicht ahnte, daß er diese Einsamkeit und diese Stille suchte, obwohl er wußte, daß ihn das umbringen würde. Aber dann erinnere ich mich auch daran, was Professor Robert Proust mir später gesagt hat: »Mein Bruder hätte länger leben können, wenn er bereit gewesen wäre, so zu leben, wie alle Menschen leben. Aber er hat es nicht anders gewollt, er hat es um seines Werkes willen nicht anders gewollt; damit müssen wir uns abfinden.« Und vor allem höre ich die Stimme von Monsieur Proust: »Ich bin sehr müde, liebe Céleste. Aber es muß sein, es muß sein ...«

Selbst in der Krankheit sondert er sich ab

Wie ich höre, glauben und sagen noch heute viele Leute, Monsieur Proust sei, wenn nicht gerade ein Verrückter, so zumindest doch ein bißchen verrückt gewesen; er habe seine Krankheit beliebig aufgebauscht und sei keineswegs so asthmatisch gewesen, wie er es hinzustellen versuchte – er sei nicht nur ein zum Teil eingebildeter Kranker gewesen, sondern habe die Sache hochgespielt, um sich bedauern zu lassen. Ich glaube, es ist sogar gesagt worden, das sei auf seine Mutter zurückzuführen, auf seine große und ausschließliche Liebe zu ihr während seiner Kindheit; er habe ihr diese Liebe immer bewahrt, und hinzu sei noch die Eifersucht durch die Geburt seines jüngeren Bruders Robert gekommen. Fast hätte man sich zu der Behauptung verstiegen, er habe sein Asthma erfunden – zuerst aus unbewußter kindlicher Raffinesse, um die Aufmerksamkeit seiner Mutter auf sich zu ziehen, und später habe er das fortgesetzt, um sich bei anderen interessant zu machen.

All das ist lächerlich, um nicht zu sagen erlogen. Diejenigen, die es behaupten, haben es um ihrer eigenen Motive willen getan; sie vor allem sind es, die sich interessant machen wollen. Wenn man, wie ich, Monsieur Proust bei seinem Anfall auf der Rückreise von Cabourg gesehen hat, leichenblaß, über sein Räucherpulver gebeugt und nach Luft ringend, dann würde das allein genügen, um sich den Gedanken an ein Theaterspielen aus dem Kopf zu schlagen.

Es ist richtig, daß ich nie wieder einen solchen Anfall bei ihm erlebt habe. Aber das liegt vielleicht daran, daß wir Paris nicht mehr verlassen haben. Wären wir wieder nach Cabourg gefahren, hätte er wahrscheinlich in der Gegend von Mézidon zur Zeit der Heuernte dieselben Erstickungsanfälle bekommen.

Wahrscheinlich liegt es auch an der Ähnlichkeit seiner Symptome mit dem Heuschnupfen, daß berichtet wurde, er habe besonders unter dem Wechsel der Jahreszeiten gelitten. Vielleicht traf das zu in der Zeit, ehe ich ihn kannte. Solange ich bei ihm war, habe ich jedenfalls weder dergleichen bemerkt, noch hat er etwas in diesem Sinne zu mir gesagt. Ich erinnere mich, daß er wiederholt erklärt hat: »Das Wachsen der Pflanzen ist schlecht für mich.«

Aber ich erinnere mich nicht an besonders schlimme Anfälle im Frühjahr. Ich entsinne mich insbesondere eines Briefes, ich glaube, er war an seinen Freund, den Schriftsteller Jean-Louis Vaudoyer gerichtet, in dem er sagte : »Nichts kündigt mir einen bevorstehenden Anfall an, und nichts sein Ende.« Das entsprach eher der Wirklichkeit.

Um es zu wiederholen: Seit er ab September 1914 Paris nicht mehr verlassen und sich ganz in die Wohnung am Boulevard Haussmann zurückgezogen hat und nur ausging, um Freunde zu besuchen oder wenn er sich mit jemandem treffen mußte, immer zu einem ganz bestimmten Zweck, habe ich bei ihm bestimmt keine so entsetzlichen Anfälle mehr erlebt, wie er sie früher gehabt haben muß. Er selbst sagte zu mir: »Céleste, seit ich dieses Einsiedlerleben führe, habe ich tatsächlich weniger Anfälle.«

Als ich ihn fragte, woher diese Krankheit gekommen sein könne, antwortete er: »Niemand hat das je sagen können, nicht einmal mein Vater, der doch ein guter Arzt war. Nur eins ist sicher, meinen ersten Anfall hatte ich schon als Kind, als ich eines Tages im Park der Champs-Elysées spielte, und schon damals hat man ebenso wie später nichts dagegen tun können.«

Und er sagte auch, wenn er von dieser Zeit sprach: »Im Vergleich zu damals geht es mir jetzt gut. Sie können es sich nicht vorstellen! Meine Eltern waren entsetzt, wenn mich das überfiel. Es kam vor, daß meine Mutter und mein Vater eine ganze Nacht an meinem Bett wachten und glaubten, ich würde sterben, wie Sie es auf der Rückreise von Cabourg geglaubt haben.«

Und ich erinnere mich, daß er mir erzählte: »In einer dieser Nächte mußte Papa in sein Arbeitszimmer gehen und alle seine großen medizinischen Lexika holen, um sie mir hinter den beiden Kopfkissen in den Rücken zu stopfen, damit ich mich möglichst aufrecht hielt, denn ich war schier am Ersticken und konnte kaum noch atmen. Und als nichts half, hat er einen seiner Kollegen an mein Bett gerufen. Der ist gekommen und hat nichts Besseres gewußt, als mir Morphium zu spritzen. Das einzige Ergebnis war, daß der Anfall schlimmer wurde.«

Ich erinnere mich, daß er dann leise lachte, mich lächelnd ansah und hinzufügte: »Liebe Céleste, wenn Sie wüßten, wie dankbar ich dem Himmel bin, daß diese Spritze keine andere Wirkung gehabt hat! Denn da ich mein Asthma nie losgeworden bin, wäre ich gewiß, wenn ich das Pech gehabt hätte, durch die Spritze Erleichterung zu verspüren, später schwach geworden und hätte mir bei jedem Anfall selbst eine Spritze gemacht, und wer weiß? Vielleicht wäre ich Morphinist geworden. Welch ein entsetzlicher Gedanke! Ja, ich hätte ein menschliches Wrack werden können wie einer meiner Freunde.« Obwohl er damals den Namen nicht nannte, ist mir später klargeworden, daß es sich um seinen Schulfreund Jacques Bizet handelte, der sich erschossen hatte.

Diese Worte erhalten ihre volle Bedeutung, wenn man

wie ich, die ich ihn in diesen acht Jahren beobachtet habe, weiß, daß er in dieser Zeit zwar weniger an seiner Krankheit litt, aber nichtsdestoweniger sehr krank und Tag für Tag der Gefahr eines neuen Anfalls ausgesetzt war. Denn wenn ich auch nicht allzu schlimme Anfälle bei ihm erlebt habe, so habe ich doch gesehen, daß er ständig leidend war.

Bewundernswert war es daher, wie er sich zusammennahm, wenn er unter Schmerzen litt. Niemals habe ich gehört, daß ihm eine Klage über die Lippen kam. Und er hat sich nicht nur nicht beklagt, er wollte auch nicht bedauert werden. In diesen Augenblicken war er nur von einem Gedanken erfüllt: daß man ihm aus dem Wege gehen und ihn in seinem Leiden allein lassen möge. Wenn er mich rief, dann nur, um mir mit seiner üblichen Sanftheit, die keine Widerrede duldete, zu sagen: »Céleste, ich fühle mich nicht gut; ich kann nicht mit Ihnen reden und muß mich ruhig halten. Stellen Sie mir mein Pulver und den Leuchter hin und lassen Sie mich bitte allein.«

Und das war alles.

Nach einem lang anhaltenden und qualvollen Anfall war Monsieur Proust schweißgebadet; in dem Erschöpfungszustand, der dem Anfall folgte, fror er. Um sich gegen die Kälte zu schützen, bat er mich, seine Wärmflasche neu zu füllen, und zog sich einen alten Pelzmantel über die Beine, der nur noch für diesen Zweck verwendet wurde. Er besaß noch einen anderen, sehr schönen Pelzmantel, einen Nerz mit Otterkragen, den er nur anzog, wenn er bei kaltem Wetter in die Stadt ging. Aber der alte Pelz durfte niemals von der Messingstange am Fußende seines Bettes entfernt werden, ebenso wie ein prachtvoller schwarzer Überzieher, mit schwarzweiß kariertem Tuch gefüttert, sehr elegant und keineswegs abgetragen, den seine Mutter ihm einst hatte arbeiten lassen und der jetzt gleichfalls für den Hausgebrauch reserviert war als Morgenrock – denn er besaß keinen Morgenrock, nichts als diesen Überzieher, den er über das anzog, was er im Bett trug, wenn er allein war und aufstand und in seinen vier Wänden etwas zu erledigen hatte, oder wenn der Friseur kam, ehe er angezogen war.

Ich glaube, es wäre gut, wenn ich jetzt etwas über sein Zimmer sagte, denn es war sein ganzes Reich und im Laufe dieser Jahre auch ein wenig das meine. Selbst als wir später umgezogen sind, hat er alles getan, um es als eine feststehende Szenerie zu erhalten. Er hat dafür gesorgt, daß er auch danach von seinen Möbeln und den Dingen, an die er gewöhnt war, umgeben blieb, denn sich von ihnen zu trennen, wäre sehr schmerzlich für ihn gewesen.

Ich habe schon gesagt, daß es sehr groß und sehr hoch war, vier Meter etwa; es hatte zwei Fenster, ebenfalls groß, doppelt verglast und immer hermetisch verschlossen, wenn er da war. Auch die Gardinen und Vorhänge aus blauem Satin, mit Molton gefüttert, waren stets zugezogen. Die großen Korkplatten, mit denen die Wände und die Decke verkleidet waren, sorgten für Schallschutz.

Wenn man hereinkam, fiel einem, abgesehen von den Korkplatten, vor allem die blaue Farbe auf. Genau gesagt, das Blau der Vorhänge. Es wiederholte sich in einem großen Kronleuchter, einer Art Kelch, der in einer Spitze auslief und dessen Birnen mit mehreren Schaltern angeknipst wurden, was aber nie geschah, außer wenn ein Gast da war oder ich in Monsieur Prousts Abwesenheit das Zimmer saubermachte. Auf dem Kamin mit seiner Verkleidung aus weißem Marmor standen noch zwei Kandelaber mit blauen Glaskugeln, passend zu einer Bronze-Stutzuhr zwischen ihnen. Die Kandelaber wurden auch nie angezündet. Die einzige Lichtquelle war, wie ich bereits erwähnt habe, die kleine Nachttischlampe mit einem ziemlich hohen Fuß – ähnlich dem einer Schreibtischlampe –, damit er für seine Arbeit im Bett Licht hatte, das Gesicht aber im Schatten blieb; sie hatte einen grünen Lampenschirm aus gefälteltem Stoff, mit weißer Seide gefüttert, und wurde mit einem Schlüssel an- oder abgeschaltet.

Das Zimmer mußte groß sein, um alle vorhandenen Möbel aufzunehmen, die aus der Teilung mit seinem Bruder Robert nach dem Tod der Eltern stammten und die Madame Proust, wie ich erwähnt habe, von ihrem Onkel Weil geerbt hatte. Obwohl er seinem jüngeren Bruder großzügig den Löwenanteil überlassen hatte, quoll die Wohnung von Möbeln über; das Eßzimmer, das nie benutzt wurde, stand gerammelt voll, und seit 1906 hatte er drei große Abteilungen im Möbellager der Firma Bailly gemietet und vollgestellt. Nur der große und der kleine Salon waren eingerichtet.

Die ganze Wand zwischen den Fenstern seines Zimmers nahm ein Spiegelschrank aus Palisander mit Bronzeleisten in sehr schönen Proportionen ein, versehen mit einem großen Armleuchter an der Krone, dessen Schalter außen an dem Möbelstück angebracht war. Vor dem Schrank stand der Flügel seiner Mutter, auf dem Monsieur Proust manchmal spielte – selten, und gelegentlich auch sein Freund, der Komponist Reynaldo Hahn. Der Flügel stand so dicht an dem Schrank, daß der Schrank nie geöffnet wurde. Der Schlüssel lag in einer Schublade, und Monsieur Proust hatte verboten, ihn zu benützen. Tatsächlich ist er erst nach seinem Tod von mir geöffnet worden, und ich habe nur ein wenig Wäsche darin gefunden, einige Sachen, die seiner Mutter gehört hatten, darunter eine Schachtel mit Taschentüchern, mit Valenciennespitze eingefaßt und bestickt mit dem Monogramm J. P., gekauft bei Trois Quartiers; sie waren noch mit einem Band zusammengebunden.

Links vom Flügel, wenn man auf die Fenster blickte, stand noch ein schwerer Eichen-Schreibtisch voller Bücher. Die Wand links von den Fenstern war die Wand mit dem Kamin, den Kandelabern und der Stutzuhr. In der Wand rechts befanden sich zwei hohe, zweiflügelige Türen, eine nach jedem Ende, die in den großen Salon führten. Durch die Tür nahe dem Fenster betrat man normalerweise das Zimmer, indem man eine Portiere beiseite schob; der eine der Türflügel blieb immer geschlossen. Die andere Tür wurde niemals benutzt; im übrigen war sie versperrt durch zwei drehbare Bücherschränke, die ebenso voller Bücher waren wie der große Eichentisch. An der Wand links von der Tür, die man benutzte, kam zuerst ein sehr hübsches kleines chinesisches Möbel, auf dem Photographien standen, vor allem Kinderbilder von seinem Bruder und ihm; es hatte Schubladen, in denen er sein Geld und seine Bankauszüge aufbewahrte – wenn er ausging, bat er mich im allgemeinen, das Geld, das er brauchte, dort herauszunehmen und ihm zu geben. Anschließend an dieses kleine Möbel kam eine große Kommode in Palisander, passend zu dem Spiegelschrank und bedeckt mit einer weißen Marmorplatte, auf der zwei weiße Schalen mit ausgezacktem Rand standen; sie rahmten eine ebenfalls weiße kleine Statue eines Jesuskindes, mit Weintrauben bekränzt, ein. Dahinter erhob sich ein großer Spiegel bis zur Decke. Auf der Kommode lagen außerdem die zweiunddreißig in Moleskin gebundenen Hefte mit der ersten Fassung seines Werkes, die er immer dort liegen ließ. Und in der oberen Schublade der Kommode lagen alle möglichen Photographien und Souvenirs, die sich im Laufe der Jahre angesammelt hatten.

Schließlich stand vor den beiden drehbaren Bücherschränken ein Nähtisch – eine Boulle-Kopie – mit den Initialen seiner Mutter: »JP«, Jeanne Proust.

Und dann kam »seine« Wand; zuerst, neben der immer geschlossenen großen Doppeltür und gleich nach der Ecke eine einflügelige Tür, die auf einen Flur führte und ihm Zugang gewährte zu seinem Ankleidezimmer, einem umgewandelten großen Zimmer, direkt gegenüber, sowie zur Toilette. Im Prinzip war diese Tür ihm allein vorbehalten. Mit der Zeit durfte ich sie auch benutzen, wenn er nach mir läutete. Aber ich habe sie nie von mir aus benutzt. Wie immer war er es, der bestimmte: »Sie kommen durch die kleine Tür, Céleste.«

Dann betrat man sein Zimmer zwischen dem Nähtisch seiner Mutter und dem Fußende seines Bettes.

Seine Wand war also die den Fenstern gegenüberliegende. Und das Bett stand der Länge nach davor.

Frappierend war der Gegensatz zwischen all den großen Möbelstücken mit ihren vergoldeten Bronzebeschlägen und den anderen Möbeln, die in dem Winkel zwischen seiner Wand und der Kaminwand seine Ecke bildeten. Abgesehen von einem sehr schönen, fünfteiligen Paravent mit chinesischen Motiven hinter dem Kopfende des Bettes war alles einfach. Erstens das Bett aus Messingstangen, die trübe geworden waren durch den Niederschlag des Räucherpulvers Legras. Dann seine drei Tische, in Reichweite aufgestellt. Einer aus geschnitztem Bambus mit zwei Tischplatten, auf dem er einen Haufen Bücher liegen hatte und auf den die Wärmflaschen kamen. Ständig lag dort ein Stoß Taschentücher. Dann war da noch ein altmodischer Nachttisch aus Palisander mit Tischklappen, auf dem immer die Sachen für seine Arbeit lagen – seine Manuskripte, seine Notizbücher, sein Schüler-Tintenfaß, seine Federhalter, seine Uhr, die Nachttischlampe und später mehrere Brillen. Schließlich ein dritter Tisch aus Nußbaum für sein Kaffeetablett oder das Evian-Wasser und den Lindenblütentee für die Nacht. Und all das war, wie gesagt, sehr bescheiden und klein – fast wie ein geschützter Winkel in diesem riesigen Zimmer und im Vergleich zu den riesigen Ausmaßen des übrigen Mobiliars.

An Sitzgelegenheiten gab es in dem Zimmer nur den Klavierhocker und einen Sessel am Bett, mit Genueser Samt in Blau und Gelb bezogen, der aus dem Arbeitszimmer seines Vaters stammte und für Besucher vorgesehen war.

Was den Fußboden betrifft, so war das Eichenparkett kahl bis auf einen Orientteppich, der ihm als Bettvorleger diente. Er hatte von seinen Eltern sehr viele schöne Teppiche geerbt, die nur in den anderen Räumen ausgelegt waren, im großen Salon, im Eßzimmer, und ein Läufer über dem Mokett in der Diele. Seit der Rückkehr aus Cabourg, als wir die Arbeiter mit ihren Saugern am Werk gefunden hatten, wie bis dahin jedes Jahr während seiner Abwesenheit – es war eine darauf spezialisierte Firma, deren Dienste schon seine Mutter in Anspruch genommen hatte –, war nie wieder etwas Derartiges unternommen worden. Ich benutzte die Gelegenheit, wenn er ausging, um mit der Kehrmaschine durch die Räume zu gehen, das war alles. Mir war sogar verboten worden, das Parkett zu bohnern, weil er Angst hatte, der Geruch könnte ihn belästigen, wie er mir gleich zu Anfang ein für allemal gesagt hatte. Und im übrigen konnte ich gar nicht bohnern: bei meinen Eltern wurde der Fußboden aufgewischt oder mit einem Reisstrohbesen gekehrt.

Diese starke Empfindlichkeit, die mit seiner Krankheit zusammenhing, zeigte sich bei allen möglichen Dingen.

Die Prinzessin Marthe Bibesco berichtet in einem Buch, das sie über ihn geschrieben hat, daß er mir eines Tages erklärt habe, er könne sie nicht empfangen, weil sie sich gewöhnlich zu stark parfümiere. Ich weiß nicht, woher sie diese Geschichte hat, die falsch ist, jedenfalls, was sie betrifft. Aber es ist richtig, daß Monsieur Proust keine Parfums, weder natürliche noch künstliche, ertragen konnte, ohne daß die Gefahr eines Asthma-Anfalls bestand. Auch konnte er nicht einmal Blumen ertragen, selbst wenn sie gar nicht oder nur schwach dufteten. Bei den seltenen Gelegenheiten, da er zu meiner Zeit meinen Mann gebeten hat, ihn in das Tal von Chevreuse zu fahren, um die Apfelblüte oder den blühenden Weißdorn zu sehen, ist das, wie mir Odilon erzählte, folgendermaßen vor sich gegangen: Monsieur Proust blieb im Wagen und bewunderte lange die blühenden Bäume und Sträucher; dann bat er Odilon, einen Zweig abzuschneiden und ihm zu bringen. Er betrachtete ihn durch die Fensterscheibe, manchmal sehr lange, und gewöhnlich sagte er Odilon, er solle den Zweig in den Kofferraum legen und mit zum Boulevard Haussmann nehmen. Aber er schärfte ihm ein, er solle ihn auf dem Treppenabsatz der Dienstbotentreppe lassen, draußen, nicht einmal in der Küche, falls Monsieur Proust ihn noch einmal sehen wolle.

Ich erinnere mich auch an eine Unterhaltung zwischen uns über den Weißdorn nach einer seiner Ausfahrten. Als er mir erklärte, daß er diese Blüte ganz besonders liebe, sagte ich höflich und vielleicht ein bißchen zerstreut: »Ja, Monsieur, das stimmt, das ist eine sehr hübsche Blüte.«

»Aber kennen Sie ihn wirklich genau, Céleste, den Weißdorn?«

Ich fuhr im selben Ton fort: »Ich glaube, ja, Monsieur. Bei meinen Eltern war ein Feld von einer Weißdornhecke eingefaßt. Wenn sie blühte, habe ich es natürlich gesehen.«

»Aber ich liebe diese Blüten so sehr, daß ich einen Artikel darüber geschrieben habe, Rotdorn und Weißdorn. Ich bin sicher, daß Sie sie niemals aufmerksam betrachtet haben. Es stehen welche auf der Dienstbotentreppe, Odilon hat sie mitgebracht. Bitte gehen Sie hin und schauen Sie sie an. Wenn Sie diese kleinen Rosen aus der Nähe bewundern, werden Sie sehen, was für ein Wunder das ist, klein, wie es ist. Für mich gibt es nichts Hübscheres.«

Und ich mußte hingehen. Aber er selbst hat sie sich nicht mehr angesehen.

Er liebte alle Blumen, und oft denke ich, wie schwer es für ihn gewesen sein mußte, daß er keine Blumen in seiner Wohnung und noch weniger in seinem Zimmer haben konnte. Seine Freunde wußten, daß keine da sein durften, wenn er sie besuchte. Aber er selbst schenkte unablässig Blumen. Dauernd schickte er mich zu »seinem« Blumengeschäft, Lemaître, am Boulevard Haussmann – nie zu einem anderen –, um Blumen zu bestellen, und dann sagte er: »Und denken Sie daran, Céleste, sie müssen sehr schön sein.«

Oder auch: »Céleste, gehen Sie und bestellen Sie Orchideen für Madame Sowieso. Die sind sehr teuer, das weiß ich, aber es macht nichts, ich möchte, daß sie schön sind.«

Man könnte meinen, daß er sich mit diesen Geschenken dafür entschädigte, daß er solche Schönheit nicht bei sich bewundern konnte.

Für die Geruchsempfindlichkeit gibt es noch ein anderes Beispiel. Eines Abends, an dem er im Frack ausging, hatte ich ihm sehr elegante weiße Handschuhe zurechtgelegt, ganz sauber, denn ich hatte sie erst reinigen lassen; es war zu Anfang, als ich es noch nicht wußte. Ich reiche ihm seinen Pelz, er schlüpft hinein. Er war sehr guter Stimmung und lachte, wahrscheinlich hatte ich eine Bemerkung gemacht, die ihn amüsierte. Plötzlich, als er die Handschuhe nimmt, die wie immer auf einem kleinen silbernen Tablett lagen, hört er auf zu lachen und sieht mich forschend an.

»Diese Handschuhe sind gereinigt worden, Céleste.«

Mir schwante, daß ich etwas falsch gemacht hatte, und ich versuchte, mich dumm zu stellen.

»Ich glaube nicht, Monsieur.«

»Aber hören Sie, Céleste, Sie wissen doch genau, ob Sie sie haben reinigen lassen oder nicht! Ich jedenfalls sage Ihnen, sie sind gereinigt worden: sie riechen nach Benzin.«

Obwohl ich ihn schon ein wenig kannte, habe ich mich dennoch vergewissert, an allen Nähten geschnüffelt und nichts gerochen. Da habe ich das Spiel von neuem begonnen und gesagt: »Monsieur, ich versichere Ihnen, sie sind einwandfrei.«

»Und ich wiederhole, daß sie nach Benzin riechen. Bringen Sie mir andere.«

Ich habe mich geschlagen gegeben und nie wieder gesündigt. »Gut, Monsieur«, sagte ich.

Aber es waren nicht nur die Gerüche. Wie alle Asthmatiker mußte er bei einem Anfall niesen und sich ununterbrochen schneuzen. Vorsorglich mußten also immer ganze Stöße von Taschentüchern auf dem kleinen Nachttisch bereitliegen. Wenn er sich die Nase einmal mit einem

Taschentuch abgewischt hatte, ohne sich überhaupt geschneuzt zu haben, warf er es auf den Boden. Und so eins nach dem anderen. Schon gleich, als ich zum Boulevard Haussmann gekommen war und mich bewundernd über die Feinheit des Gewebes äußerte, hatte er mir erklärt, daß er es anders nicht ertragen könne, weil seine Schleimhäute so überaus empfindlich seien. Eines Tages, es war kurz nach dem Krieg von 1914, zu einer Zeit, als auf Vorschlag von Monsieur Proust meine Schwester Marie gekommen war, um mir ein wenig zu helfen, da hat er mich gebeten, ihm Taschentücher zu kaufen. Ich sagte zu meiner Schwester: »Geh zum Bon Marché und suche sehr schöne aus, die allerfeinsten.«

Marie kam wirklich mit sehr hübschen Taschentüchern zurück, sehr fein gewebt und mit einem schönen Monogramm eingestickt, aber sie machten mir gleich den Eindruck, als ob sie trotz allem ein bißchen zu fest seien. Ich zeigte sie Monsieur Proust. Er warf einen kritischen Blick darauf und sagte: »Das ist zwecklos, Céleste. Diese Taschentücher werde ich nie gebrauchen. Machen Sie damit, was Sie wollen.«

»Aber, Monsieur, Sie werden sehen: wenn sie einmal gewaschen und gebügelt sind, dann verspreche ich Ihnen, daß sie weicher werden.«

Er sagte nichts. Ich habe sie gewaschen und sehr sorgfältig gebügelt, und eines Tages habe ich sie unter den Stoß der schon gebrauchten Taschentücher gemischt. Nachdem er eins davon benutzt hatte, rief er mich: »Céleste, ich habe Ihnen doch gesagt, daß ich diese Taschentücher nicht gebrauchen kann. Bitte verstehen Sie, daß das keine Einbildung oder Laune ist. Sie sind nicht weich genug. Sie verursachen mir eine Art Kitzeln in den Nasenlöchern, und dann muß ich niesen, was für mein Asthma sehr schlecht ist. Also geben Sie sie mir bitte nicht mehr.«

Ich wollte es noch einmal versuchen. Ich habe sie gewaschen und wieder gewaschen und wieder gebügelt und wieder zwischen die alten gelegt. Zuerst hat er sich nicht gemeldet; er hat abgewartet, bis ich wegen etwas anderem gekommen bin. Als ich ins Zimmer trat, hielt er in einer Hand die Taschentücher und in der anderen eine kleine Schere, mit der er sich die Nägel schnitt. Er sah mich an, dann sagte er mit seiner unwandelbaren Liebenswürdigkeit: »Meine liebe Céleste, ich sehe, daß Sie es ganz und gar nicht begriffen haben. Also werde ich es Ihnen zeigen.«

Und schon schickte er sich an, ein Taschentuch mit der Schere zu zerschneiden. Er hörte nicht auf, bis alles in Fetzen war. Dann fügte er hinzu: »Haben Sie es jetzt begriffen? Merken Sie es sich ein für allemal, Céleste. Taschentücher sind erst angenehm, wenn sie verschlissen sind, genau wie abgetragene Schuhe erst bequem sind. Von nun an werden wir uns mit den alten Taschentüchern begnügen.«

Wenn er ein eingebildeter Kranker gewesen wäre, wie manche Leute behaupten, oder ein Kranker, der sich interessant machen wollte, dann hätte er ständig alle möglichen Ärzte an sein Bett gerufen und eine ganze Apotheke auf dem Nachttisch gehabt. In diesen acht Jahren hat er indes nie einen anderen praktischen Arzt gerufen als den, an den er gewöhnt war und zu dem er Vertrauen hatte: Dr. Bize.

»Er ist tüchtig«, sagte er zu mir. »Vielleicht verschreibt er ein wenig zuviel Medikamente, aber ihn brauche ich nicht, um zu wissen, ob ich sie nehmen soll oder nicht.«

Man darf nicht vergessen, daß er aus einer Medizinerfamilie stammte und das Beispiel seines Vater vor Augen hatte. Es gibt eine Geschichte in diesem Zusammenhang, über die er immer sehr lachte; er hat sie mir mehrmals erzählt.

»Eines Tages, als mein Vater gerade mit dem Mittagessen fertig war, wird ihm ein Herr gemeldet, der unbedingt darauf bestand, ihn zu sehen. Mein Vater lehnte das zuerst ab und ließ ausrichten, er wolle in Frieden zu Mittag essen und anschließend sei er bereits verabredet. Der Kranke müsse noch einmal wiederkommen, man werde dann einen Termin mit ihm ausmachen. Der Herr fleht und bittet. Ärgerlich wirft mein Vater seine Serviette auf den Tisch und geht in den Salon, um ihn dort zu empfangen. Er untersucht ihn und läßt ihn reden. Plötzlich unterbricht er ihn, steht auf und ruft: ›Retten Sie sich, Monsieur, rasch, rennen Sie, es brennt!‹ Und der Kranke ist wie ein Hase davongesprungen und hat keinen Ton mehr gesagt. Mein Vater hatte sofort gesehen, daß es sich um rein nervöse Störungen handelte.«

Und er schloß mit seinem feinen Lächeln: »Verstehen Sie, meine liebe Céleste, das war immer so. Bei Tisch läutete das Telefon für meinen Vater; am Abend wurde er gerufen; er kam nach Hause und sagte: ›Ich war bei Sowieso, er hat dies oder das, ich habe ihm folgende Behandlung verordnet‹ – und die beschrieb er dann. So hat man gelernt. Darum weiß ich ganz genau, was für mich gut ist und was nicht, glauben Sie mir.«

Das ist gewiß auch der Grund, warum er allen anderen Dr. Bize vorzog, der ein angegrauter kleiner Mann war, sehr ruhig, sehr seriös, sehr nett, sehr höflich – er sagte »Meister« zu Monsieur Proust. Er verdankte Dr. Bize seinem Bruder Robert, der wie sein Vater ein großer Professor war und ihm diesen Arzt empfohlen und erklärt hatte, er sei ein ausgezeichneter Arzt für allgemeine Medizin – sie hatten zusammen studiert. Aber niemals hat Monsieur Proust seinen Bruder konsultiert, bis ganz zum Schluß, und auch da haben Dr. Bize und ich es auf uns genommen, ihn zu rufen, nicht er.

In Wirklichkeit hörte Monsieur Proust nicht auf Dr. Bize, oder vielmehr machte es ihm ein teuflisches Vergnügen, ihn ein wenig zu necken. Er erzählte mir: »Ich habe zu ihm gesagt: ›Lieber Doktor, heute wollen Sie, daß ich dieses Medikament nehme, und neulich meinten Sie, es könne mich vergiften. Wie erklären Sie sich das? Bin ich nicht mehr derselbe?‹«

Das fand er so lustig, daß er es in sein Buch ›Die Gefangene‹ aufgenommen hat.

Er befolgte nur Anordnungen, die er billigte. Und im Gegensatz zu dem, was erzählt worden ist, kann man bestimmt nicht sagen, daß er ein Freund von Medikamenten war. Er mußte immer in Reichweite auf dem Tisch Tabletten haben, das ist richtig. Aber er nahm nur zwei Sorten: Veronal und Koffein. Es ist absolut falsch zu behaupten – wie es geschehen ist –, daß er sie *regelmäßig* nahm. Die einzige Regelmäßigkeit war, daß sie da liegen mußten für den Fall, daß er sie brauchte. Aber die einen erforderten die anderen: damit will ich sagen, daß er, wenn sein Herz abends wie bei allen Asthmatikern stark angegriffen war – zum Beispiel nach einem Anfall oder wenn er noch sehr viel arbeiten wollte –, eine Koffeintablette schluckte. Um das Gleichgewicht wiederherzustellen, wenn er das Bedürfnis verspürte, sich auszuruhen, oder wenn er morgens mit Arbeiten aufhörte, dann nahm er natürlich Veronal. Aber all das in sehr kleinen und genau kalkulierten Dosen; er trieb nie Mißbrauch mit Medikamenten. Und jedenfalls waren das die einzigen Tabletten, die er nahm. Es ist von Adrenalin die Rede gewesen; das ist eine weitere Lüge.

Tatsache ist, daß er Dr. Bize oft gerufen hat – obwohl es oft auch ich war, die darauf bestand.

»Ich werde sehen, ich werde sehen«, sagte er in solchen Fällen. Und dann, ein oder zwei Tage später: »Nun gut. Rufen Sie Dr. Bize.«

Denn er mußte immer alles selbst entscheiden.

Wenn er ihn kommen ließ – und Dr. Bize eilte immer sofort herbei –, geschah es meist wegen einer solchen Kleinigkeit, daß ich mir lange Zeit die Frage vorlegte, was der wahre Grund sei. Sie blieben viel länger zusammen, als es irgendeine Konsultation erfordert hätte. Monsieur Proust hat nie mit mir darüber gesprochen, aber da ich ihn kannte, bin ich zu dem Schluß gekommen, daß er den Arzt hauptsächlich kommen ließ, um mit ihm zu reden, meist zu einem ganz bestimmten Zweck, nämlich seines Buches wegen, und weil er bei ihm wußte, daß die Auskünfte, die er ihm zu entlocken versuchte, zuverlässig waren. Sah ich ihn nach diesen Sitzungen, dann machte er im allgemeinen einen hochbefriedigten Eindruck und lächelte manchmal auch maliziös, wenn er sich gut amüsiert hatte. Ja, ich habe ihn oft genug bei der Arbeit gesehen und bin sicher, daß er den guten Dr. Bize hauptsächlich kommen ließ, um ihn mit allen möglichen Fragen zu belästigen und in die Enge zu treiben.

Sein Hauptheilmittel gegen das Asthma – das einzige, das er regelmäßig anwandte – waren in Wirklichkeit die Räucherungen, also das, was wir unter uns »rauchen« nannten – ich glaube sogar, daß er den Ausdruck von mir übernommen hatte. Ich entsinne mich, daß er zu mir sagte, das

Gesicht noch ganz bleich und verkrampft, nachdem er sich lange über seinen Rauch gebeugt hatte: »Das ist das einzige, was mir wirklich jemals Erleichterung verschafft hat. Ich habe es früher mit diesen Zigaretten versucht, die mit demselben Legras-Pulver, das ich benutze, hergestellt werden; aber ich bin sicher, daß ihr Papier, selbst wenn es sehr dünn und fein ist, für mich schlecht ist. Ich ziehe den Rauch im Reinzustand vor.«

Es war ein grau-schwarzes Pulver, das angezündet wurde; er hat nie ein anderes verwendet. Es wurden immer mehrere Packungen auf einmal bestellt, jede enthielt zehn Schachteln, und jeweils bei demselben Lieferanten, der Apotheke Leclerc in der Rue Vignon, Ecke Rue de Sèze. Und alles war für die Prozedur eingerichtet. Wie ich schon gesagt habe, befand sich hinter der Wand, an der sein Bett stand, ein Korridor mit einer Tür, die in das Zimmer führte. In diesem Korridor, auf dessen anderer Seite das Ankleidezimmer lag, standen auf einem kleinen Tisch immer zwei Leuchter; der eine brannte ständig, der zweite enthielt eine Ersatzkerze. Ich kaufte die Kerzen in der Rue Saint-Lazare in Kartons von je fünf Kilo, denn man kann sich vorstellen, wie viele gebraucht wurden. Und es waren große Kerzen. Angezündet wurden sie in der Küche, da es in der Nähe seines Zimmers auch nicht im mindesten nach Schwefel und auch nicht nach Streichhölzern riechen durfte. Sobald er den Leuchter nicht mehr brauchte, mußte ich ihn wegtragen.

Jeden Morgen – was für ihn Morgen war, also nachmittags –, wenn er aufwachte und noch ehe er seinen Kaffee trank, »rauchte« er. Wenn ich da war, brachte ich ihm den Leuchter. Aber er selbst schüttete das Pulver aus, um es nach seinem Wunsch zu dosieren. Ich reichte ihm die kleine Schachtel; er öffnete sie und schüttete etwas auf die

Untertasse, dann zündete er es mit einem Stückchen weißen Papier an, das er an der Kerze in Brand gesetzt hatte. Es war ganz gewöhnliches geripptes Briefpapier, das auch kartonweise, immer fünfzehn oder zwanzig auf einmal, im »Printemps« gekauft wurde, und ich sorgte ständig für einen Vorrat auf seinem Nachttisch, der aus Angst vor Staub in eine fest verschlossene Schachtel gelegt wurde – denn vor Staub und der damit verbundenen Gefahr des Niesens fürchtete er sich.

Manchmal zündete er nur zwei oder drei Prisen Pulver an, gerade genug, um eine Zeitlang Rauch zu erzeugen. Dann wieder brauchte er für längere Zeit Rauch, für eine halbe Stunde, eine Stunde, mehrere Stunden; er tat zu der ersten Menge noch etwas hinzu, und es kam sogar vor, daß er immer wieder Pulver ausschüttete und zum Brennen brachte, bis er schließlich um eine neue Schachtel bitten mußte; dann war die Luft im Zimmer voller Rauch und zum Schneiden, wie beim ersten Mal, als ich es betreten habe. Oder es kam auch vor, daß er mich rief, nachdem alles vorbereitet war, auf die offene Schachtel deutete und sagte: »Nehmen Sie sie mit, Céleste. Ich habe es mir anders überlegt, ich glaube, ich werde versuchen, nicht zu rauchen.«

Wenn er aufhörte, war die angebrochene Schachtel selten leer. Er machte sie niemals selbst zu; ich trug sie weg. Nach seiner Vorstellung konnte eine Schachtel, wenn sie einmal angebrochen war, nur weggeworfen werden. Zu der Zeit, als Nicolas und ich zusammen da waren, hob Nicolas die angebrochenen Schachteln in der Küche auf, um sie irgendeinem Asthmatiker aus seinem Bekanntenkreis zu schenken, der sie dann abholte. Nicolas wußte, daß Monsieur Proust sich niemals aus einer bereits geöffneten Schachtel bedienen würde.

Aber nach dem Kaffee war mit den Räucherungen Schluß. Während des Tages »rauchte« Monsieur Proust nicht mehr. Auch nicht des Nachts, wenn er ausgegangen war und sehr müde nach Hause kam.

Natürlich stellte dieser ganze Rauch Legras ein Problem dar, da es nicht in Frage kam, die Fenster zu öffnen, solange Monsieur Proust da war. Zum Glück gab es in dem Haus am Boulevard Haussmann große, tiefe Kamine mit einem ausgezeichneten Zug. Es wurde also jeden Tag gleich nach den Räucherungen Feuer gemacht, sogar mitten im Sommer – selbstverständlich nur Holzfeuer, denn den Geruch von Kohle hätte er nicht ertragen –, und auf diese Weise verflog der Rauch Legras sehr schnell. Er gab mir das Zeichen, das Feuer anzuzünden, ohne ein Wort, mit einer Handbewegung – er sprach nicht nach dem Räuchern, oder er nahm einen der kleinen Zettel zur Hand und begann zu schreiben: »Wollen Sie bitte ...«, aber ehe er fertig war, wußte ich schon Bescheid, und er nickte mir lächelnd ein »Danke« zu. Wenn es draußen zu warm war, begnügten wir uns mit einem ganz kleinen Feuer, gerade ausreichend, um den Rauch zu vertreiben. War es kalt, hielt ich das Feuer mit großen Scheiten in Gang. Nachts, wenn er arbeitete und merkte, daß das Feuer heruntergebrannt war, läutete er und sagte: »Seien Sie so gut, Céleste, und legen Sie bitte ein paar Scheite nach.«

Abgesehen von meinem Herd, der in der Küche bullerte, war das Feuer in seinem Kamin die einzige Wärmequelle in der Wohnung. Es gab zwar eine Zentralheizung, die sehr sorgfältig installiert war; aber auch sie konnte er, wie er sagte, nicht ertragen, weil sie die Luft und die Nasenschleimhäute und die Bronchien austrocknete.

Aber das Schlimmste war, daß in der ganzen Zeit, die wir

am Boulevard Haussmann lebten, niemals der Kamin in seinem Zimmer gekehrt wurde. Damals habe ich nicht daran gedacht. Heute sage ich mir, es war ein Glück, daß der angesammelte Ruß nie Feuer gefangen hat. Aber er hätte ebensowenig den Kamin gekehrt wie das Parkett gebohnert haben wollen. Das hätte ein schönes Theater gegeben mit all dem Staub!

Und ich, die ich ihm alles zu Gefallen tat, fand an diesen Wintern in der Wohnung nichts auszusetzen.

Dabei war er, weiß Gott, verfroren. Das war ebenso eine Folge der Krankheit wie des absichtlichen Nahrungsmangels und der Bewegungslosigkeit im Bett.

Auf dem Bett hatte er nicht sehr viele Decken – bloß zwei: eine wollene und eine ländliche, gesteppte Tagesdecke mit gelben Apfelblüten auf rotem Grund, die er bei Céline gesehen hatte, als das Ehepaar Cottin noch am Boulevard Haussmann wohnte; er hatte sie gebeten, ihm die Decke zu verkaufen, denn er fand sie hübsch wegen der Apfelblüten – sie erinnerten ihn an die Sommer seiner Kindheit in Illiers. Vor allem aber, wie er mir eines Tages erzählte, ähnelte diese Tagesdecke einer Decke, die er als Kind auf dem Bett einer seiner Tanten gesehen hatte, eben jener Tante, aus der er in seinem Buch die »Tante Léonie« gemacht hatte und die er sehr liebte. Weggeräumt lag in einem Schrank auch noch ein Federbett, das er sich für viel Geld extra bei Liberty, Boulevard des Capucines, hatte anfertigen lassen. Er legte es aber rasch wieder weg, weil die Federn für sein Asthma schlecht waren.

Seine Wärmequellen waren vor allem die Wärmflaschen und seine Pullover.

Man muß ihn in seinem Bett gesehen haben, fast ganz flach ausgestreckt, obwohl er im Rücken zwei Kopfkissen übereinander hatte. Er hatte seinen weißen Schlafanzug an – nur das Oberteil. Anstelle der Hose eine lange wollene Unterhose, immer von Rasurel. Ich habe ihn nie in der Unterhose gesehen, aber von der Wäsche her wußte ich es. Und unter der Pyjamajacke trug er einen Pullover aus Pyrenäen-Wolle. Er besaß eine Menge von diesen Hauspullovern, die eigentlich sehr dicke Strickjacken waren, zum Zuknöpfen und mit einer kleinen Seidentresse eingefaßt. Auf dem Sessel im Zimmer lag immer ein ganzer Stoß (ich ließ sie verschwinden, wenn Besuch kam, und brachte sie ins Ankleidezimmer). Er rief mich und sagte: »Liebe Céleste, entschuldigen Sie, daß ich Sie störe, aber mir ist ein wenig kühl. Würden Sie so gut sein und mir einen Pullover reichen, damit ich ihn mir über die Schultern legen kann.«

Er nahm ihn und warf ihn sich selbst über den Rücken, wie eine Pelerine, ohne ihn je anzuziehen. Manchmal sagte ich: »Monsieur, erlauben Sie mir, daß ich ihn unten ein bißchen zurechtziehe.«

»Nein, nein, unter keinen Umständen! Rühren Sie ihn nicht an; Sie würden es mir wieder kalt machen.«

Weil sie ihm hinten herunterrutschten, kam es vor, daß sich im Laufe der Zeit vier oder fünf in seinem Rücken ansammelten; das ergab dann fast einen Lehnsessel.

Und was die Wärmflaschen betraf – seine »Bollen«, wie er sie nannte –, so war es dasselbe. Zu Anfang hatte er immer zwei, um die der Schlafanzug, die wollene Unterhose und der Pullover zum Unterziehen gewickelt wurden, damit sie warm waren, wenn er ins Bett ging. Eine der Wärmflaschen lag an den Füßen, die andere an der Seite. Aber es kam oft vor, daß er mich rief: »Liebe Céleste, ich fürchte, meine Bolle ist nicht mehr sehr warm.«

Ich entfernte mich dann und machte ihm je nachdem ein

oder zwei weitere fertig; ich brachte sie ihm, er nahm sie und legte sie selbst ins Bett, nachdem ich wieder gegangen war. Und es kam gar nicht in Frage, die kühl gewordenen mitzunehmen; er behielt sie alle.

Wenn ich mir überlege, wieviel »Bollen« ich ihm in acht Jahren zurechtgemacht habe! Und wenn ich an all die Wärmflaschen denke, die ich auch für meinen Mann zurechtgemacht habe, denn der Arme hatte Eiweiß im Urin und fror dauernd und verlangte ständig welche, dann sage ich mir, daß ich wohl dafür geboren war, mein ganzes Leben lang Wärmflaschen zu bereiten!

Das Wunder bei Monsieur Proust war gewiß seine Willenskraft. Und die brauchte er für sein Buch. Sein Organismus war bereits erschöpft durch das anhaltende Asthma.

»Wenn Sie wüßten, Céleste«, sagte er zu mir. »Meine Bronchien sind wie gekochter Gummi, der seine Elastizität durch alles, was man ihm abverlangt, verloren hat.«

Diese ganze ständige Anstrengung, die er aufbringen mußte, um zu atmen, schwächte sein Herz. Dennoch hat er sich, abgesehen von seinen Atembeschwerden, die er nicht verbergen konnte, mir gegenüber nie etwas von seinem Zustand anmerken lassen. Er sprach von seiner Müdigkeit, ja – ich höre noch seine Stimme, seine Art, die Silben langzuziehen: »Ach Céleste, ich bin müüüde ...« Manchmal machte er eine Andeutung, etwa in bezug auf seine Bronchien. Aber das war auch alles. Ich sah ihn ausgestreckt auf seinem Bett liegen, reglos, die Augen geschlossen; er gab mir ein Zeichen, nicht zu reden. Und zwei oder drei Stunden später war er angezogen, er ging aus, er war imstande, mindestens zwölf Stunden aufzubleiben. Wenn er nach Hause kam, manchmal um vier oder fünf Uhr morgens, dann unterhielt er sich noch drei oder vier Stunden mit mir wie ein junger Herr von zwanzig Jahren!

Ich habe mich oft gefragt, wie er das aushalten konnte, wie er es fertigbrachte, aus seiner Stille, seiner Ruhe, seiner einsamen Arbeit und dem Schein seiner kleinen Lampe heraus unter Menschen zu gehen, in blendende Helligkeit und eine geräuschvolle Umgebung, die für ihn voller Mikroben sein mußte. Jedesmal, wenn ich ihm die Frage stellte, war die Antwort die gleiche: »Es muß sein, Céleste ...« Für sein Buch, wollte er damit sagen. Um Material für sein Buch zu sammeln, hätte er alles gemacht. Das trieb ihn an.

Ich weiß sehr wohl, daß es alle möglichen Geschichten gibt von unzähligen Leiden, über die er in Gesprächen geklagt oder von denen er sogar in seinen Briefen gesprochen haben soll. So hieß es zum Beispiel, er habe an Schwindelanfällen gelitten und sei zu Hause auf den Boden gestürzt. Erstens glaube ich nicht, daß ihm das jemals außer Haus passiert ist – er hätte es mir erzählt; und wäre er in der Wohnung gestürzt, so hätte ich es gesehen oder es als erste erfahren, denn er hätte nicht versäumt, mich zu rufen. Daß er sich in den letzten Monaten seines Lebens vor Schwindelanfällen gefürchtet hat, ja, das hat er mir gesagt. Aber gewiß hat er keine gehabt, die zu Stürzen führten.

Das ist so wie mit der Geschichte von der Mittelohrentzündung, die er nach der Verwendung von Oropax, um sich zusätzlich gegen Geräusche zu schützen, bekommen haben soll und die ein berühmter Hals-, Nasen- und Ohrenarzt, Dr. Wicart, angeblich geheilt hat. Das ist ein Märchen. Über das Oropax bin ich im Bilde. Eine gute Freundin von ihm, die Herzogin von Guiche, hatte es ihm empfohlen. Er hat es mir erzählt, als er nach Hause kam, und darüber gelacht.

»Wissen Sie was, Céleste? Der Herzog geht aus und trifft

sich mit seinen Freunden. Die Herzogin bleibt zu Hause und nimmt Oropax. So weiß sie bestimmt nicht, wann ihr Mann nach Hause kommt; und alles ist bestens.«

Er hat eine Zeitlang Oropax verwendet; dann hat er darauf verzichtet – es hat ihn nervös gemacht, aber er hat nie eine Mittelohrentzündung gehabt, weder vorher noch nachher. Und wenn er einmal von Dr. Wicart gesprochen hat, dann nur, wie ich mich erinnere, um beiläufig zu erwähnen, daß er ihn zwar früher gekannt, aber nicht mehr wiedergesehen habe.

Ich weiß auch, daß einmal behauptet wurde, er habe an Urämie gelitten; dann hieß es wieder, er habe gefürchtet, einen Gehirntumor zu haben, und über Sprachstörungen und Symptome von Gesichtslähmung geklagt. Ich kann versichern, daß ich ihn nie habe taumeln sehen, ganz im Gegenteil, man mußte gesehen haben, wie er durch die Wohnung tänzelte, wenn er einmal aufstand, er flatterte umher wie ein Schmetterling. Und Urämie, Tumor, Gesichtslähmung und Sprachstörungen – all das ist ebenso falsch. Ich habe nie gehört, daß er stotterte oder auch nur über ein Wort stolperte; es war immer dieselbe sanfte und gleichmäßige, aber gleichzeitig lebendige und männliche Stimme – und jedes Wort klar und deutlich.

Wenn er dagegen an Dr. Babinski geschrieben hat, der ein renommierter Facharzt war und seine Mutter behandelt hatte, um Auskünfte für sein Buch zu erhalten, in dem jemand an einem Gehirntumor stirbt, wie die Symptome genau waren und wie man daran stirbt, und wenn er, um ganz sicher zu sein, daß seine Anfrage auch ernst genommen wird, so getan hat, als ob es sich um ihn selbst handele, dann würde mich das nicht wundern. Dazu war er imstande, ebenso wie er Dr. Bize stundenlang mit seinen Fragen belästigt hat, sobald er etwas für sein Werk brauchte. In Wirklichkeit hat er sich, glaube ich, der Außenwelt gegenüber sogar seiner Krankheit bedient, um sich noch mehr in seinem Einsiedlerleben und seiner Arbeit zu vergraben. Vor der Krankheit hat er sich nicht gefürchtet. Seine einzige Angst war, er könnte vor der Vollendung seines Werkes sterben. Und er hat alles getan, um sich zu schonen und möglichst viele Barrieren um sich zu errichten.

Ich bin sicher, daß er sich bei anderen für kränker ausgab als mir gegenüber: das war sozusagen ein Mittel, in Frieden gelassen zu werden, wenn er es wünschte; nur auszugehen, wenn ihm der Sinn danach stand, und zwar immer aus demselben Bedürfnis heraus – etwas nachzuprüfen, eins der Vorbilder für eine Person in seinen Büchern wiederzusehen –, oder nur diejenigen zu empfangen, die er sehen wollte. Wenn er an Jean-Louis Vaudoyer, den er an sich sehr gern hatte, in jenem Brief schrieb, an den ich mich erinnere und den ich schon erwähnt habe: »Ich mache jeden Tag Räucherungen, die sich über sieben oder acht Stunden hintereinander erstrecken. Wie könnte ich da jemanden empfangen?« – dann hat er, fürchte ich, das nur geschrieben, um ihn in diesem Augenblick los zu sein, weil er nicht von seiner Arbeit weg wollte oder weil Jean-Louis Vaudoyer gerade zu der Zeit nicht hineinpaßte.

Auch bei mir kam es vor, daß er plötzlich die Augen schloß und sagte: »Céleste, entschuldigen Sie, wenn ich die Augen schließe und nicht rede. Ich brauche Ruhe.«

Und ich wußte sehr wohl, was das bedeutete. Es war keine Lüge – das Wort wäre mir gar nicht in den Sinn gekommen. Wenn er Ruhe haben wollte, dann wußte ich ganz genau, daß er, reglos im Bett liegend, durch sein Buch und die wiedergefundene Zeit wanderte.

Erinnerte Genüsse

Das Erstaunlichste von allem ist, daß er durchhalten und arbeiten konnte, krank, wie er war, ohne nennenswerte Nahrung zu sich zu nehmen. Oder vielmehr wäre es richtiger zu sagen, daß er lediglich winzige Mengen von einstigen Leibgerichten aß.

Ich entsinne mich eines Tages, an dem ich an einer Nebenhöhlenentzündung litt und er darauf bestand, daß ich Dr. Bize bitte, er möge kommen, um mich zu untersuchen und zu behandeln. Dr. Bize war anschließend zu ihm gegangen und hatte mich als Vorwand benutzt, um in Gegenwart von Monsieur Proust zu sagen: »Und außerdem müssen Sie sich richtig ernähren, Céleste. Sie essen nicht genug. Machen Sie es nicht wie Monsieur Proust.«

Und dann hatte er sich zu ihm umgewandt und hinzugefügt: »Das stimmt, Meister, Sie arbeiten so schwer wie ein Bauer und essen nicht genug.«

Als er gegangen war, hat Monsieur Proust zu mir gesagt: »Sie haben es gehört, Céleste, ›wie ein Bauer‹ ...«

Und dann hat er gelächelt und mir amüsiert zugezwinkert: »Er erweist mir Ehre ...«

Und dennoch hatte Dr. Bize recht.

Ich frage mich noch heute, woher Monsieur Proust die Willenskraft nahm, so zu leben, wie er lebte, ohne je eine Pause einzulegen. Ich habe nie gewußt, wieviel Stunden er schlief, nicht einmal, ob er überhaupt schlief. Denn das spielte sich allein zwischen ihm und seinen vier Wänden ab. Er ruhte sich aus, das ist richtig. Er schloß die Augen und sprach nicht, wie ich schon erwähnt habe, und dann verließ er einen. In solchen Augenblicken war er von einer erschreckenden Reglosigkeit; kaum, daß er atmete. Jemand, der hereingekommen wäre, hätte ihn im Schein der kleinen grünen Lampe, angetan mit dem weißen Pyjama und mit ausgestreckten Armen und zusammengepreßten Nasenflügeln auf dem weißen Laken liegend, für tot halten können. Auch in Gegenwart eines Besuchers zog er sich auf diese Weise in sich selbst zurück, und niemand hätte gewagt, ihn zu stören, so sehr wirkte er wie ein Fürst.

Aber wenn man bedenkt, welche Anstrengungen er andererseits auf sich nahm, bei der Arbeit, wenn er ausging und in den vielen Stunden, in denen er mit mir plauderte, dann konnte die Krafteinsparung, wenn er den halben Tag im Bett blieb, kaum ausreichen, um das wieder wettzumachen. Vielleicht nützte er den Motor seines Organismus in dieser Zeit nicht ab, aber woher nahm er zu anderen Zeiten die Energie?

Wenn ich sage, daß er nichts aß, dann ist das keine Übertreibung. Ich habe nie von jemand anderem gehört, der jahrelang von zwei Tassen Milchkaffee und zwei Croissants pro Tag gelebt hätte. Und dabei begnügte er sich manchmal mit einem einzigen Croissant!

Und nicht nur das: selbst diese einzige Mahlzeit – wenn man sie so nennen kann – wurde mit der Zeit immer dürftiger. Schon während des Krieges von 1914-18 hat er die Croissants gestrichen und sie auch später nie wieder haben wollen. Ich habe versucht, ihm statt dessen Sandkuchen schmackhaft zu machen, weil er leicht ist und dabei nicht viel zu kauen gibt. Mir war ein Koch aus einem feinen Haus genannt worden, der ausgezeichneten Sandkuchen selbst backte. Auf meine Bitte hat er welche für uns gemacht; sie waren köstlich. Ich habe sie auf dem Tablett hineingetragen. Monsieur Proust hat sie gekostet; er hat sich erkundigt, woher sie seien, dann hat er gesagt: »Danken Sie diesem Mann für seine Mühe, und Ihnen danke ich auch, daß Sie daran gedacht haben, liebe Céleste.«

Aber er hat sie nicht angerührt, und ich habe die Sandkuchen ebenso abgeschrieben wie alles übrige.

Warum ist der Kaffee sein einziges Nahrungsmittel geblieben? Ich habe ihn nie danach gefragt. Ich hütete mich, zu viele Fragen zu stellen. Aber er verlangte einen guten Kaffee. Sobald man einmal genau wußte, wie stark er ihn haben wollte, war es kein Problem mehr und die Gefahr gering, daß er mißriet. Das hinderte ihn nicht, manchmal zu seufzen: »Céleste, was haben Sie gemacht? Der Kaffee ist regelrecht ungenießbar. Ist er vielleicht ein bißchen alt? Sind Sie sicher, daß es der gute ist?«

»Ich weiß es nicht, Monsieur, aber es ist derselbe wie immer.«

Ich wagte nicht, ihm zu sagen, daß es vielleicht an ihm lag, daß ihm der Kaffee an diesem Tag nicht schmeckte.

Da für ihn immer alles sofort sein mußte, wenn er etwas verlangte, kam es nicht in Frage, ihm anzubieten, neuen Kaffee zu machen. Er trank ihn, und über den Tassenrand hinweg entschuldigten sich seine Augen für das, was er gesagt hatte – niemals habe ich gesehen, daß er das Gesicht verzog.

Ich bin überzeugt, daß er am Kaffee insbesondere als Anregungsmittel festhielt. Denn der Kaffee, wie er ihn verlangte, war wirklich stark, auch wenn er ihn mit Milch verdünnte.

In Wirklichkeit war seine Kaffeemahlzeit als eine Ergänzung gedacht. Seine eigentliche Nahrung war die Milch, und manchmal trank er bis zu einem Liter täglich. Wenn er es allein auf das Anregungsmittel abgesehen hätte, dann hätte er den Kaffee schwarz getrunken. In der ganzen Zeit, in der ich bei ihm war, hat er nicht eine einzige Tasse ohne Milch getrunken.

Mir steht noch alles vor Augen: die silberne Kaffeekanne mit seinem Monogramm, die Porzellan-Teekanne mit Dekkel für die Milch, um sie gut warm zu halten, wenn sie frisch gekocht war, und die große henkellose Tasse mit Goldrand und dem Monogramm der Familie; daneben das Croissant auf der Untertasse, das aus einer Bäckerei und Konditorei in der Rue de la Pépinière, gegenüber der Rue d'Anjou, kam.

Er schenkte sich selbst ein. Immer wartete er damit, bis er allein war. Er gab mir ein Zeichen mit der Hand, und ich verließ ihn. Zum Beispiel vermag ich nicht zu sagen, ob er zum Milchkaffee wenig oder viel Zucker nahm. Dagegen war es einfach, sich über die Kaffeemenge klarzuwerden. Von den zwei Tassen, die die Kaffeekanne enthielt, nahm er das erstemal ungefähr anderthalb; die henkellose Tasse, die etwa einen halben Liter faßte, füllte er dann mit Milch auf. Die Milch mußte kochend heiß sein. Wollte er mehr trinken, dann meist kurz darauf. Er goß den restlichen Kaffee ein, der inzwischen lauwarm geworden war; aber die Milch mußte frisch sein – es kam nicht in Frage, sie wieder anzuwärmen; ich kochte frische Milch ab und brachte sie ihm mit dem zweiten Croissant, wenn er danach verlangte.

All das war genau vorgeschrieben und dosiert. Niemals habe ich erlebt, daß er über die zwei kleinen Tassen der Kaffeekanne hinausging. Von einem bestimmten Zeitpunkt an trank er sogar die letzte halbe Tasse nicht mehr. Es ist vorgekommen, wenn auch sehr selten, daß er noch etwas zu sich nehmen wollte, ehe er abends oder in der Nacht ausging, sei es, um sich ein wenig zu stärken, sei es, daß er Appetit hatte. In diesen Fällen verlangte er keinen frischen Kaffee; er trank das, was übriggeblieben war. Ich servierte ihm den Rest, kalt, aber mit frisch abgekochter Milch.

Viele Menschen bilden sich ein, er habe verrückt viel Kaffee getrunken. Nein, wenn es eine Maßlosigkeit bei ihm gab, dann in der Bescheidenheit der Ernährung einerseits und der Vorrangigkeit der Arbeit andererseits. Aber das wahre Anregungsmittel für die Arbeit war ein geistiges.

Natürlich spreche ich von der ganzen Zeit, in der ich bei ihm gelebt habe. Und gewiß bezeichneten die Rückkehr aus Cabourg und auch der Krieg einen Wendepunkt in seinem Leben und seiner Lebensweise, selbst auf diesem Gebiet.

Ganz zu Anfang, vor dem Krieg, nahm er dann und wann ein wenig Nahrung zu sich. Er ließ sich von Nicolas eine Scholle zubereiten, ein Menü oder eine Leckerei aus einem Restaurant holen. Im übrigen kam mit ganz seltenen Ausnahmen für Nicolas und Céline, solange sie da waren, alles aus dem Restaurant, weil er sich vor Küchengerüchen fürchtete. Es gab ganz in der Nähe am Boulevard Haussmann ein gutbürgerliches Restaurant, Louis XVI., das für sie lieferte. Für Monsieur Proust war es das Restaurant Larue, das es heute nicht mehr gibt und das er ziemlich lange bevorzugt hatte; es war sehr bekannt und mondän und lag an der Ecke der Rue Royale und der Place de la Madeleine – er dinierte und soupierte dort häufig mit Freunden. Und schließlich wurde während des Krieges das Restaurant im Hotel Ritz sein Stammlokal.

Bat er Nicolas um derlei Dinge, dann geschah es nach dem Kaffee, den er gegen zwei oder drei Uhr nachmittags getrunken hatte. Nicolas servierte die Scholle oder das Menü um Punkt fünf oder sechs Uhr. Aber schon damals kam es selten vor – einmal im Monat, höchstens alle vierzehn Tage, wenn ihm gerade der Sinn danach stand, manchmal auch aus Vernunftsgründen, zum Beispiel weil er sich stärken mußte, ehe er ausging.

Aber vor allem waren es seine Gelüste. Nachdem ich die Nachfolge von Nicolas angetreten hatte, hörte das nicht auf, wenn es sich auch immer seltener ereignete. Er verlangte nicht, daß ich kochte. Schon zur Zeit von Nicolas hatte sich das Kochen auf ein Minimum beschränkt. Als ich eingezogen war, gab es einen weiteren Grund dafür: ich konnte nämlich nichts anderes als den Herd anheizen, seit meine Schwägerin mir das beigebracht hatte, und schlecht und recht für meinen Mann kochen. Er hatte es sofort gespürt, und es stimmte.

Aber es kam der Moment, da gab es kein Restaurant Louis XVI. mehr – wenn ich mich recht erinnere, wurde es geschlossen und abgerissen wie der ganze Häuserblock für den Neubau der Banque d'Indochine. Monsieur Proust hat mir daher erlaubt, für mich zu kochen, und gelegentlich auch für ihn oder einen Gast. Das Kochen ist mir nicht allzu schwergefallen: Ich sperre die Augen auf und lerne aus Neugier, und ebenso wie beim Kaffee habe ich Zeit genug gehabt, Nicolas zuzuschauen. Und im übrigen verlangte Monsieur Proust keine komplizierten Gerichte. Darin, wie in allem, war er einfach. Es mußte nur völlig nach seinem Geschmack sein. Er war ein Feinschmecker, oder war es vielmehr gewesen. Ich merkte sehr genau, daß die Gelüste ihn überkamen wie plötzliche Erinnerungen.

Er war in eine gute Schule gegangen bei seiner Mutter und Félicie, der Köchin seiner Eltern. Ich habe schon davon gesprochen, wie genau er sich an den Rinderschmorbraten von Félicie erinnerte.

»Ach, Céleste«, sagte er. »Kalt! Kalt hatte ich ihn am liebsten, mit der Sülze und den kleinen Karotten ...«

Und seine Augen funkelten vor Naschhaftigkeit und Freude. Manchmal fügte er hinzu: »Da habe ich einen Heißhunger drauf, das würde ich jetzt gern essen.« Und er lachte.

»Monsieur, wenn Sie wünschen, gehe ich welchen holen.« Aber er schüttelte den Kopf; und dabei blieb es. Wenn ich nicht locker ließ, antwortete er: »Nein, nein, Céleste, lieber nicht.«

Nicht, daß er keinen Hunger hatte, ich glaube vielmehr, daß er nicht nur fürchtete, sondern sicher war, eine Enttäuschung zu erleben. Er wollte den Rinderschmorbraten lieber in der Erinnerung essen.

Es war auch die Rede von dem kleinen Schmortopf. Das erstemal, als er ihn erwähnte, wußte ich gar nicht, was er damit meinte. Und er, der es wußte, weil er das Gericht gegessen hatte, war hinsichtlich des Rezepts ungefähr in derselben Lage.

»Ich kann es Ihnen nicht sehr gut erklären«, sagte er. »Ich glaube, da kommen ausgewählte Stücke Rindfleisch hinein und Hühnermägen und eine Menge anderer kleiner Dinge. Und das muß lange auf kleinem Feuer schmoren. Aber es schmeckt köstlich.«

Das habe ich manchmal bei Larue bestellt. Ich habe es ihm in der Schüssel gebracht, und er aß gleich daraus – nie vom Teller. Er pickte sich ein paar Stückchen heraus, aß aber nicht richtig. Zwei, drei Bissen, und fertig. Er sagte auch nicht etwa, wenn die Schüssel aufgedeckt wurde: »Das ist zuviel, nehmen Sie etwas davon weg«, oder: »Behalten Sie etwas für sich, wenn Sie wollen.« Nein, er stocherte ein bißchen darin herum, zwei- oder dreimal, dann mußte die Schüssel gleich abgetragen werden. Bei den ersten Malen erlaubte ich mir, ihm gut zuzureden: »Noch ein wenig, Monsieur. Was soll ich mit dem ganzen Rest machen?«

»Aber werfen Sie ihn doch weg, Céleste.«

Und ich warf ihn weg.

Fleisch war sowieso nicht seine Stärke. Höchstens ein bißchen Huhn, aber auch das nur selten.

Aber auf Schollen, ja, darauf hatte er manchmal Appetit.

»Liebe Céleste, ich glaube wirklich, ich würde gern eine gebratene Scholle essen. Wie lange, glauben Sie, wird es dauern, bis ich sie haben könnte, wenn es Ihnen nicht ungelegen kommt?«

»Aber sofort, Monsieur.«

»Das ist sehr freundlich von Ihnen, Céleste!«

Es gab ganz in der Nähe bei Félix Potin an der Place Saint-Augustin ein sehr gutes Fischgeschäft. Ich flitzte hin, ich rannte mit der Scholle zurück, ich briet sie und beeilte mich, sie ihm zu bringen, angerichtet auf einer großen Porzellanschüssel auf einer ganz sauberen, doppelt gefalteten Damastserviette, damit das Öl gut aufgesaugt werde, und mit einer halben Zitrone an allen vier Zipfeln der Serviette – wie ich es bei Nicolas gesehen hatte.

Schollen waren ungefähr das einzige, bei dem er nichts übrigließ. Bei allem anderen war ihm, sobald die Schüssel vor ihm stand, im allgemeinen der Appetit vergangen; er hatte inzwischen an anderes gedacht. Entweder kostete er und pickte sich ein bißchen heraus, oder er rief mich, und wenn ich kam, mußte ich das Ganze abtragen, ohne daß er es angerührt hatte.

Abgesehen von dem kleinen Schmortopf, Huhn und Schollen habe ich ihn in acht Jahren an folgendem herumpicken sehen: einmal an Seebarben, zweimal an Stint, zweimal an Eiern und einige Male an russischem Salat und Pommes frites. Aber niemals habe ich ihn zum Beispiel auch nur einen Bissen Brot essen sehen.

Den russischen Salat zu bereiten hätte ich nicht gewagt, und außerdem war es unmöglich, wenn man weiß, was dazugehört, die kleinen Gemüse, die Mayonnaise; dazu hätte ich keine Zeit gehabt – der Salat mußte immer gleich dasein; darum kam er von Larue.

Alles übrige war meine Küche.

Die Seebarben mußten klein und aus Marseille sein, ich durfte sie nur in einem bestimmten Geschäft kaufen – bei Prunier in der Nähe der Madeleine, denn er hatte mir gesagt, nirgends sonst in Paris seien sie so frisch, in der richtigen Größe und so saftig. Das war ihm in Erinnerung geblieben, weil sein Vater ihn oft mitnahm, um dort mit ihm zu essen. Prunier hatte auch ein Restaurant, und zwar ein sehr gutes.

Was die Stinte betrifft, so erinnere ich mich an das erstemal, als er mich darum gebeten hat. Er tat es in seiner maliziös-netten Art.

»Ich würde gern gebratene Stinte essen, Céleste. Aber ich nehme an, Sie wissen nicht, wie man sie zubereitet?«

Und natürlich zwinkerte er mir dabei zu.

Ich war beleidigt und antwortete, natürlich wisse ich das. Und dann bin ich in das Fischgeschäft gegangen. Als ich diese kleinen Fische sah, die mir wie kleine Schlangen vorkamen, habe ich mir alle möglichen Fragen vorgelegt: Was macht man damit? Nimmt man sie aus? Als ich dann zurückkam, habe ich gar nichts gemacht, sondern bin bei den Nachbarn unten im Erdgeschoß, Dr. und Madame Gagey, zur Köchin gegangen, Madame Chevalier, die ich kannte. Das war eine sehr nette Frau, eine ausgezeichnete Köchin und sehr gefällig – der einzige Mensch im Haus, mit dem ich mich angefreundet habe. Und ich habe sie gebeten, mir zu sagen, wie ich sie zubereiten müsse. Schließlich habe ich die gebratenen Stinte aufgetragen und bin von Monsieur Proust gelobt worden.

Noch ein zweites Mal hat er Stint gegessen, und als er mich ein drittes Mal darum bat, hat er hinzugefügt: »Wenn Sie einmal keine bekommen sollten, können Sie Gründlinge nehmen. Aber sie müssen vor allem frisch sein.«

Bei der Art von Zauberei, über die er verfügte, hätte man glauben können, er habe es erraten: es gab keine Stinte. Ich habe also Gründlinge gebraten. Als es dann soweit war, hat er sie nicht mehr gemocht: sie waren zu groß. Er hat sie sich wahrscheinlich ebenso klein vorgestellt wie die Stinte.

Mit den Eiern, das war eine andere Geschichte. Eines Tages sagte er zu mir: »Céleste, können Sie Rühreier machen?«

Ich antwortete: »Aber gewiß, Monsieur. Warum nicht?«

»Dann würde ich gern zwei Rühreier essen.«

»Sehr wohl, Monsieur. Sofort.«

Ich gehe rasch in die Küche, ganz selbstsicher. Ich schlage zwei Eier in die Pfanne, die mir wunderbar erschienen, und bringe sie ihm auf dem Tablett, nicht nur selbstsicher, sondern auch stolz. Er schaut die Eier an, dann mich.

»Liebe Céleste, das sind Rühreier?«

»Aber ja, Monsieur«, sage ich ganz arglos, aber schon ein wenig kleinlaut.

»Sind Sie davon wirklich überzeugt?«

Ich war von gar nichts mehr überzeugt; ich antwortete: »Monsieur, ich habe geglaubt, daß Sie das so wollten.«

»Daran zweifle ich nicht«, sagte er und sah aus, als ob er sich amüsierte. »Aber ich nenne das Spiegeleier. Nächstes Mal werde ich mich klarer ausdrücken.«

Zweifellos weil er sah, wie zerknirscht ich war, hat er den Teller dabehalten und darin herumgestochert. Ich aber war so wütend, daß ich zu meiner Freundin, der Köchin von unten, gestürzt bin und ihr die Geschichte erzählt und sie gebeten habe, mir zu zeigen, wie man Rühreier zubereitet. Sie hat sehr gelacht und es mir vorgemacht. Anschließend habe ich Monsieur Proust verkündet, daß ich es jetzt könne. Er hat nichts gesagt, aber ich erinnere mich, daß er eines Tages, zweifellos lange Zeit später, Appetit auf Rühreier verspürt hat, und diesmal waren sie zu seiner Zufriedenheit ausgefallen.

Die Male, an denen er Pommes frites von mir verlangte, könnte ich an meinen zehn Fingern abzählen. Es war gewöhnlich spät, wenn er nicht ausging, ein- oder zweimal auch, als er einen Gast hatte. Ich servierte sie auf einer doppelt gefalteten Serviette wie die Scholle und den Bratfisch, gut abgetropft. Er aß sie sehr gern; ich machte sie, wie ich es bei Nicolas gesehen hatte.

Heute glaube ich, daß diese plötzlichen Gelüste den Augenblicken entsprachen, in denen er der Zeit nachrannte, die er verloren hatte – aber verloren, wie man es von einem Paradies sagt. Und jedes Gelüst bezog sich auf einen bestimmten Lieferanten aus seiner Jugend oder aus der Zeit, als er noch bei seinen Eltern lebte. Und all das war natürlich auf seine Mutter zurückzuführen, die viel Wert auf einen guten Tisch und einen gepflegten Haushalt legte.

Manchmal fiel ihm irgendeine Leckerei ein. Wenn es Petits Fours waren, durften sie nur von Rebattet sein, denn seine Mutter war der Meinung gewesen, das seien die besten von Paris. Er erzählte mir: »Eines Tages, als mein Freund Reynaldo Hahn, der Komponist, mich zu Hause besuchte und wir mit Mama Tee tranken, hat Reynaldo sie auf nette Weise mit ihren Petits Fours aufgezogen und gesagt: ›Ich wette, liebe gnädige Frau, was Ihre berühmten Petits Fours von Rebattet betrifft, wenn ich Ihnen einmal welche von Potin mitbrächte, würden Sie es nicht merken!‹ Sie hätten Mama hören müssen: ›Einverstanden, mein lieber Reynaldo, machen Sie sich das Vergnügen, dann werden Sie das Weitere wissen.‹«

Eines Abends sagte Monsieur Proust plötzlich zu mir: »Ich glaube, ich würde gern eine Brioche von Bourbonneux essen ... Aber Sie haben es gehört, Céleste? Von *Bourbonneux.*«

Das war in der Rue de Rome. Ich bin hingegangen. Ich legte die Brioche auf eine Untertasse auf dem Tablett. Er aß ein paar Bissen, und ich trug den Rest ab.

Oder aber: »Céleste, ich hätte Appetit auf etwas mit Schokolade.«

»Und was hätten Sie gern, Monsieur?«

»Suchen Sie selbst etwas aus.«

Manchmal war es zehn oder elf Uhr abends, wenn er um so etwas bat. Ich rannte fast zu Latinville in der Rue la Boëtie, der zum Glück lange aufhatte. Ich brachte ihm eine Süßspeise – es brauchte kein Teig dabei zu sein. Er aß davon ein oder zwei Teelöffel voll, und das war alles.

Oder es war eine Poire Bourdaloue, die ich im Restaurant Larue bestellte. Dieselbe Geschichte. Oder plötzlich verspürte er Appetit auf Konfitüre oder Fruchtsaft oder ein Eis oder Obst.

Obst kaufte ich bei Auger am Boulevard Haussmann. Dort fand ich bestimmt schönes Obst, im Sommer wie im

Winter – was damals noch eine Seltenheit war –, und vor allem die Früchte, die er im Augenblick gerade wollte: eine Birne oder Trauben im allgemeinen. Und natürlich einzig und allein, um daran herumzupicken. Aber seine Vorliebe für rohes Obst büßte er im Laufe der Jahre ein. Manchmal verlangte er ein Kompott, sehr wenig gezuckert, das ich genau soundso viele Minuten kochen mußte, wie er mir erklärte. Ich fand es meist kaum angerührt auf dem Tablett, und er sagte, vermutlich um seine eigene Enttäuschung zu verbergen: »Meine liebe Céleste, ich weiß nicht, was Sie mit diesem Kompott gemacht haben, aber es ist ungenießbar.«

Appetit auf Eis bekam er fast immer sehr spät am Abend. Als der Krieg vorbei und Odilon zurückgekommen war, mußte er es im Ritz holen – Himbeer- oder Erdbeereis, niemals ein anderes. Und das manchmal mitten in der Nacht, wenn Monsieur Proust ausgegangen war und spät zurückkam.

Ein- oder zweimal, nicht öfter, hat er Konfitüre oder Fruchtsaft verlangt.

»Sie holen das bei Tanrade in der Rue de Sèze, hinter der Madeleine. Da hat Mama immer eingekauft.«

Er hat von der Konfitüre gekostet; und damit hatte es sich.

Einmal war es Johannisbeersaft, den er haben wollte, wie ich mich erinnere. Als ich später wieder in sein Zimmer gekommen bin, war das Glas kaum angerührt. Ich habe mich erkundigt: »Hat es Ihnen geschmeckt, Monsieur?«

Er hat mich angeschaut und seufzend geantwortet: »Nicht sehr, Céleste. Es ist merkwürdig. Ich glaubte, er sei besser.«

Er lächelte, als er das sagte, aber in seinem Blick lag ein trauriger Kindertraum.

Im übrigen war das Trinken aufs höchste vereinfacht. Alle Tage trug ich die Flasche Evian-Wasser für die Nacht wieder weg, ohne daß er auch nur einen Schluck getrunken hatte. Aber sobald sie geöffnet war, durfte ich sie ihm nicht noch einmal hinstellen. Abgesehen von seinem Kaffee trank er nichts – vor allem keinen Wein, nicht einen Tropfen – außer Bier, auf das er sich plötzlich kaprizierte. Der Schriftsteller Ramon Fernandez, der damals noch ganz jung war, hatte ihn auf die Idee gebracht, als er ihm vorschwärmte, wie frisch das Bier der Brauerei Lipp am Boulevard Saint-Germain sei. Zu Anfang – das war während des Krieges – holten wir es dort in einer Flasche, die am Zapfhahn gefüllt wurde. Ich schickte meine Schwester im Taxi hin, nachdem sie zu mir zum Boulevard Haussmann gekommen war. Später, als Odilon zurück war, wurde das Bier im Ritz geholt. Odilon nahm seinen Wagen und fuhr los, um eine kleine, gut gekühlte Karaffe zurückzubringen. Da es fast immer mitten in der Nacht war, hatte Odilon ein Abkommen mit Olivier Dabescat, dem Direktor des Restaurants, getroffen, da die Küche zu der Zeit oft schon geschlossen war. Die Küchenchefs hatten ihm gezeigt, wo Bier und Eis verwahrt wurden, und da es sich bei Monsieur Proust um einen guten Kunden handelte, ging mein Mann einfach hinein und bediente sich selbst, wenn niemand mehr da war.

Es gibt eine lächerliche Geschichte, die irgend jemand erzählt hat und die, wie ich gehört habe, sogar in einem Buch auftaucht. Danach habe Monsieur Proust bei einem Souper eben im Ritz Champagner getrunken und »eine Hammelkeule verschlungen«. Das ist ein absolutes Unding.

Natürlich war ich nicht dabei, wenn er in der Stadt dinierte oder soupierte. Aber ich bin überzeugt, daß er außer Haus den Gerichten und Getränken nicht mehr zusprach als zu Hause, ob er nun eingeladen oder der Gastgeber war. Wenn er heimkam, zählte er die ganze Speisenfolge auf, aber nicht aus Eßlust, sondern eher zum Zeitvertreib und aus diesem ständigen Streben nach Unterrichtung, das ihm eigen und ganz einzigartig war. Außerdem erwähnte er manchmal von selbst, oder weil ich mich danach erkundigte, daß er nichts gegessen habe. Ich wüßte nicht, warum er auswärts mehr gegessen haben sollte als zum Beispiel zu Hause, wenn er einen Gast hatte.

Er hatte nicht oft Gäste, und niemals mehr als einen auf einmal. Das war mir sehr recht, denn ich war nicht versessen aufs Kochen: es war mir eher lästig.

Bei solchen Gelegenheiten blieb er in seinem sehr sauberen Pyjama im Bett. Ich räumte den kleinen Tisch ab, auf dem gewöhnlich das Tablett abgestellt wurde, und legte eine Serviette und das Gedeck für den Gast hin, und nur für ihn. Monsieur Proust bestimmte das Menü; es war fast immer dasselbe – ich glaube, er paßte es meinen Möglichkeiten an. Im allgemeinen waren es Schollenfilets und Huhn und ein Eis oder Obst. Ich entsinne mich zum Beispiel eines Abendessens mit einem seiner Freunde, dem Bankier Henri Gans: Ich hatte das Hähnchen sehr ordentlich tranchiert, um es ohne Knochen zu servieren; Monsieur Gans hat das »Pfaffenbißchen« verlangt; ich kannte den Ausdruck gar nicht.

Die einzige vollständige Mahlzeit, an die ich mich erinnere, war diejenige, die Monsieur Proust seinem Bruder Robert vorsetzte, als er in die Ehrenlegion aufgenommen worden war. Er hatte mich Melone, ein Huhn, Gebäck und Früchte vorbereiten lassen.

Es ist allenthalben erzählt worden, es sei häufig vorgekommen, daß ich mitten in der Nacht Pommes frites machen mußte, um sie mit Cidre jemandem zu servieren, den er mitgebracht hatte. Es ist zwei- oder dreimal vorgekommen, ebenso wie er selbst manchmal Appetit auf etwas hatte. Aber Cidre wurde selten angeboten.

Wenn er abends Gäste empfing, ließ er mich gute Weine kaufen, rot oder weiß, je nachdem, ob es Fleisch gab oder Fisch oder beides. Abgesehen von den Abendessen gab es Champagner – nur Veuve Cliquot – oder Portwein mit den Petits Fours von Rebattet.

Für mich war wichtig, daß Monsieur Proust, mehr noch als der Gast, zufrieden war. Man mußte ihn sehen, wenn ihm ein Kompliment über mein Huhn gemacht wurde. Er sagte es mir und war stolz auf mich.

Wenn ich mir heute diese Dinge vor Augen führe und sie so sehe, wie ich sie damals noch nicht zu sehen vermochte, dann sage ich mir, daß mir bei ihm in bezug auf den Menschen und das Leben einerseits dieser Sinn für Qualität und Perfektion auffiel, den er bei allem bewies – aber der Sinn für eine Perfektion, welche die seiner Vergangenheit gewesen war, wie es auch sein Festhalten an den alten Lieferanten zeigte. Es ist um so erstaunlicher, daß er in seinem täglichen Leben so an dieser Vergangenheit festgehalten hat, wenn man bedenkt, wie weitblickend er in seinen Büchern war – wenn man an all das denkt, was er darin über die Verderbnis einer gewissen Welt und einer gewissen Gesellschaft schrieb und wie prophetisch er deren Ende voraussagte.

Andererseits war der Wille zum Werk da, dem er seine ganze Gesundheit opferte. Oft, wenn ich ihn so erschöpft sah, war ich bekümmert und besorgt; angesichts des Tabletts, das er nicht angerührt hatte, sagte ich: »Warum essen Sie nicht, Monsieur? Wie wollen Sie bei dieser Lebensweise durchhalten?«

»Céleste, überlegen Sie sich das. Denken Sie daran, wenn man eine gute Mahlzeit eingenommen hat, ist man träge; man hat den Kopf nicht klar, verstehen Sie? Und ich muß den Kopf klar haben.«

Eines Tages habe ich ihm erzählt, wie ich mich erinnere: »Als meine Mutter in die Schule ging, war dort eine Laienschwester, die immer Angst hatte, sie würde den Schülerinnen zuviel zu essen geben. Dauernd wiederholte sie: ›Genug, genug, ihr Kinder, eßt nicht zu viel, dann werdet ihr einen klaren Kopf behalten und gesund bleiben.‹ Nun ja, Monsieur, die Laienschwester, das sind Sie!«

Er hat so gelacht, daß er mich noch mehrmals um diese Geschichte gebeten hat: »Erzählen Sie mir von der Laienschwester«, sagte er zu mir.

Nichtsdestoweniger entsprach das der Wirklichkeit, und er wußte es.

Aber vielleicht kamen die beiden Aspekte einander entgegen – das Werk, das drängte, und dieser Hang zur Vergangenheit. Wenn er auf diese Weise gegen die Zeit kämpfte, um möglichst schnell fertig zu werden, dann hat er vielleicht das Ende so vieler Dinge geahnt, die er liebte und die nur noch schattenhafte Erinnerungen waren, während der Tod ihn schon bedrängte.

Seine Schamhaftigkeit

Der Perfektion befleißigte er sich gleichermaßen in seiner ganzen Haltung. Er blieb seiner Art sich zu kleiden ebenso treu wie seinen anderen Neigungen. Auch da zeigte sich, wie sehr er an seiner Vergangenheit hing. Ich weiß, daß in den letzten Jahren die Meinung vertreten wurde – vor allem von denen, die ihn entdeckt hatten –, er habe offenbar einer anderen Zeit angehört, da sich die Mode ja seit dem Krieg sehr geändert hatte, während er den alten Schnitt seiner Anzüge und die hohen und steifen Kragen beibehielt. Aber es können nur Dummköpfe gewesen sein, die ihn lächerlich fanden und seinen ungewöhnlichen natürlichen Charme nicht erkannten, der alles andere in den Hintergrund treten ließ. Ich bin überzeugt, daß er für die meisten Menschen, die ihn kannten oder ihm begegneten, bis zuletzt der Grandseigneur gewesen ist, als der er mir beim erstenmal erschienen war, und das ist er für mich geblieben. Er besaß jene unnachahmliche Eleganz, die darin besteht, einfach man selbst zu sein.

Zuerst einmal seine Figur. Ich habe schon erwähnt, daß er groß war. Dabei war er aber schlank und hielt sich sehr aufrecht, den Kopf ganz ungezwungen und voller Würde, was ihn noch größer erscheinen ließ. Nicht, daß er sich willkürlich und affektiert in die Brust geworfen hätte. Diese Haltung ist gang und gäbe bei Asthmatikern, als ob sie sich dadurch von der Beklemmung beim Atmen befreien wollten.

Tatsächlich war er das Gegenteil von steif. Es war sogar verwunderlich, wenn man bedenkt, daß dieser Mann, der mehr als die Hälfte seines Lebens liegend verbrachte und bei dem man eher eine Gelenkversteifung erwartet hätte, auch bei den geringsten seiner Gebärden und Bewegungen soviel Geschmeidigkeit und Anmut an den Tag legte. Selbst im Bett, wenn er Gäste empfing und einen anschaute mit der kleinen rebellischen Haarsträhne in der Stirn, den Kopf leicht zur Seite geneigt und die Wange auf seine schmale Hand gestützt, dann habe ich immer bemerkt, daß neue Besucher sofort von seinem Charme gepackt waren; und für mich war es ein immer wieder neues Vergnügen, dessen ich nie müde wurde.

Ich erinnere mich, als er sich nach dem Krieg, etwa 1919, endlich bereit erklärte, Mr. und Mrs. Sydney Schiff zu empfangen, die beide Engländer und große Bewunderer seines Werks waren und ihn sehr gern kennenlernen wollten, da hat er für diese erste Begegnung einen kleinen Salon im Ritz reservieren lassen; und er erzählte mir, daß Mrs. Schiff, als sie ihn im Smoking hereinkommen sah, fast einen Schrei ausgestoßen hätte.

»Und wissen Sie, was sie zu mir gesagt hat, Céleste? ›Ich glaubte einen alten Mann mit weißen Haaren zu finden, und nun sehe ich einen jungen!‹«

Er war damals achtundvierzig Jahre alt.

Noch etwas Überraschendes bei diesem sehr kranken Menschen muß man erwähnen, und zwar seinen Teint. Ja, manchmal im Bett sah er aus wie ein Toter. Aber sobald er in Stimmung kam oder ausgehen wollte, und auch beim Nachhausekommen, selbst wenn er müde war, hatte er einen herrlichen Teint, der noch frischer wirkte durch seine schwarzen Haare, den schwarzen Schnurrbart, die funkelnden schwarzen Augen und die außerordentlich weißen, sehr schönen Zähne – und auch das allein ist schon ungewöhnlich: daß er, krank, wie er war, und ohne richtig zu essen, so schöne und heile Zähne behalten hat. Niemals habe ich bei ihm Zahnschmerzen oder auch nur einen einzigen schlechten Zahn erlebt. Das Komischste ist, daß ein ausgezeichneter Zahnarzt genau über uns am Boulevard Haussmann, in der zweiten Etage, seine Praxis hatte, Monsieur Williams, ein Amerikaner. Und eine gute Freundin von Monsieur Proust, Madame Straus, ließ sich von ihm behandeln. Zwei- oder dreimal, wenn sie von der Behandlung kam, hat sie bei uns hereingeschaut, um sich nach ihrem »lieben Marcel« zu erkundigen, und auch wenn er sie besuchte, drängte sie darauf, daß Monsieur Proust – er hat es mir lachend erzählt – oben seine Zähne untersuchen lassen solle: »Machen Sie sich das zunutze, Marcel, selbst wenn Sie keine Schmerzen haben. Versprechen Sie es mir. Er ist ein so guter Zahnarzt! Der beste von Paris!« Und er versprach es, aber er schlug den Rat in den Wind; er ist nie hingegangen.

Es ist viel Blödsinn über seine Eitelkeit erzählt worden, zum Beispiel, daß er sich die Haare färben ließ und sich sogar das Gesicht und die Augen anmalte. Mit solchem Klatsch wird nur die Wahrheit bemäntelt. Die schwarzen Ringe um seine Augen kamen von den schlaflosen Nächten, von der Arbeit und der Krankheit, mit seiner Haut machte er nichts: sie war sehr zart, sehr hübsch und von gesunder Farbe, genau wie man es auf dem Porträt sieht, das Jacques-Emile Blanche von ihm gemalt hat und das ihm ähnlicher ist als viele Photographien, weil es farbig ist und die Haut lebendiger wirkt. Und was sein Haar und seinen Schnurrbart betrifft, so brauchten sie nie gefärbt zu werden, um schwarz zu bleiben.

Die Form des Schnurrbarts hat er einmal geändert, ebenso wie er sich den Vollbart abnehmen ließ, kurz bevor ich ihn kennenlernte. Nach dem Vollbart hatte er einen ziemlich langen Knebelbart, der mit der Schere gebrannt wurde. Dann hat er eines Tages nach dem Krieg – das war gewiß die einzige Konzession, wenn es eine war, die er der Mode gemacht hat – beschlossen (war es ein Rat seines Friseurs oder seiner Freunde vom Ritz?), ihn sich mehr oder weniger als Chaplinbürste schneiden zu lassen, aber nicht, ohne sich und auch mir die Frage vorzulegen: »Was meinen Sie, Céleste? Man hat mir geraten, mir einen Charlie-Chaplin-Schnurrbart schneiden zu lassen. Dann würde ich jünger aussehen, wurde behauptet.«

Als es passiert war, überzeugte ihn der Erfolg nicht so recht.

»Liebe Céleste, finden Sie nicht, daß ich lächerlich aussehe mit diesem Pinsel von Schnurrbart unter der Nase?«

»Aber nein, Monsieur, ganz und gar nicht; im Gegenteil. Es macht Sie wirklich jünger.«

Und er war entzückt. Außerdem hatte ich nicht gelogen; er wirkte tatsächlich jünger.

Man kann nicht sagen, daß er in seiner Kleidung im eigentlichen Sinne eitel war. Seine Garderobe war sehr einfach, sehr korrekt, das war alles. Er schaffte wenig Neues an – jedenfalls in der Zeit, in der ich ihn kannte. Er brauchte es auch nicht: da er immer im Bett lag, trug er nichts ab. Abgesehen von den Cabourg-Mänteln aus Vigognewolle, die er nicht mehr anzog, besaß er außer dem Überzieher für den Hausgebrauch, der auf der Stange seines Bettes lag, den neuen Pelz aus Nerz mit einem Kragen aus schwarzem Otterfell und den schwarzen Mantel, den ich erwähnt habe. Und an Anzügen hat er sich zu meiner Zeit zwei oder drei machen lassen, mehr nicht.

Schon immer hatte er bei Carnaval de Venise auf den Boulevards, nicht weit von der Oper, arbeiten lassen. Die Anproben fanden in der Wohnung statt. Er mochte den alten Zuschneider gern, der ihn stets bediente und sehr nett war. Ich erinnere mich sehr gut an ihn, denn es ist mehrmals vorgekommen, daß er geläutet hat und ich von Monsieur Proust den Auftrag bekam, ihm zu sagen, daß er ihn aus diesem oder jenem Grunde – Müdigkeit, Asthma oder Arbeit – nicht empfangen könne. Der gute Zuschneider war schon daran gewöhnt. Er verabschiedete sich sehr freundlich und sagte höflich mit seinem englischen Akzent: »Wann immer es Monsieur Proust paßt«, und dann ging er wieder. Offenbar wußte er mittlerweile, daß es zu guter Letzt immer ein Trinkgeld und entgegenkommende Worte geben würde: diese Kunst beherrschte Monsieur Proust.

Abgesehen von Frack und Smoking besaß er mehrere Cutaways, die er mit gestreiften Hosen trug, und dazu kam noch eine schwarze, paspelierte Jacke, natürlich alles Maßarbeit.

Er besaß eine ganze Kollektion von Westen aus kostbarem Material, aber schlicht und einfarbig. Ich erinnere mich, daß er sich eine Weste machen ließ, weil ihm der Stoff besonders gut gefallen hatte. Sie war aus roter Seide, mit weißer Seide gefüttert. Er hat sie anprobiert und mir vorgeführt. Ich sehe ihn noch vor mir, wie er sich vor dem Spiegel hin und her drehte und dann sagte: »Kommt nicht in Frage. Sie wäre schön und gut für einen Dandy wie Boni de Castellane. Aber ich will mich nicht lächerlich machen.«

Und er hat sie nie angezogen. Ich habe sie im Wandschrank verwahrt.

Genauso war es mit seiner Krawattensammlung. Abgesehen von den schwarzen Querbindern zum Smoking und den weißen zum Frack waren die anderen von großer Schlichtheit. Er hatte eine einzige sehr bunte: opernfarbig, das heißt heller als dunkelrot. Er trug sie sehr selten. Früher hatte er einmal Lavallieren getragen, die er bei Liberty kaufte; aber er hatte das aufgegeben; ich habe sie nur in einer Schachtel liegen sehen, wo er sie aufbewahrte.

Und was die Schuhe betrifft, so besaß er mehrere Paare geknöpfter Halbstiefel, die er immer trug, und nur einmal in acht Jahren hat er mich weggeschickt, ihm ein neues Paar zu kaufen. Er hatte mich gebeten, dieselben schwarzen Lackstiefel zu kaufen, die er gewöhnlich trug, und mir das Geschäft angegeben, von dem er sie bezog: Old England an der Ecke des Boulevard des Capucines und der Rue Scribe. Ich hatte die Adressenangabe nicht genau verstanden und bin zu einem kleinen, sehr schicken Schuhmacher gegangen, dessen Laden auf dem Boulevard des Capucines war, aber zwischen dem Old England und dem berühmten Café de la Paix. Und dort habe ich ihm ein Paar Lackstiefel mit Schäften aus beigem Stoff gekauft, allerdings unter dem Vorbehalt, sie bei Nichtgefallen zurückzugeben, denn schließlich waren sie nicht ganz schwarz. Als Monsieur Proust sie sah, fand er sie wirklich und wahrhaftig sehr hübsch.

»Wir werden sehen, ich werde sie anprobieren«, sagte er.

Sie haben ihm gefallen. Er fand sie sogar so elegant, daß er sie immer trug, natürlich nur, wenn er nicht im Frack ausging. Er nutzte die Stiefel ebensowenig ab wie die Anzüge: wenn er das Haus verließ, dann nur im Wagen; im übrigen bewegte er sich nur auf Teppichen und Parkett. Und dann war er ein Gewohnheitsmensch; Veränderungen waren ihm zuwider. Er fühlte sich besonders wohl in lange getragenen Sachen. Außerdem kosteten Aussuchen, Kaufen und Anprobieren Zeit und Anstrengung. Und vor allem darf man nicht vergessen, daß er nur ausging, wenn alle Geschäfte geschlossen waren. Er kaufte nichts selbst; er bestellte alles.

Seine Toilette zu machen war schon ein gewaltiger Umstand und strengte ihn sehr an, zumal die einzige Hilfe, die er sich gefallen ließ, die des Friseurs war.

Ich sah ihn oft, wenn er sich im Bett mit einer kleinen Schere die Nägel schnitt, sehr geschickt und sehr schnell, wie alles, was er tat, aber mit wahrer Pedanterie! Dagegen rasierte er sich nie selbst. Wenn er nicht ausging und keinen Besuch erwartete, rasierte er sich auch nicht. Wenn er ausging, verständigte ich den Friseur, daß er möglichst schnell kommen solle – er hieß Monsieur François und war leicht erreichbar: er wohnte am Boulevard Malesherbes. Ich glaube, er war schon der Friseur von Monsieur Prousts Vater und Monsieur Proust gewesen, als er noch bei seinen Eltern wohnte. Monsieur François kam sofort. Es war immer abends; er hatte keine feste Arbeitszeit. Eine ganze Garnitur seines Handwerkszeugs hatte er ständig am Boulevard Haussmann – Bürsten, Scheren, Rasierpinsel und Messer. War ein Haarschnitt nötig, erledigte er auch das an Ort und Stelle.

Aber alles übrige an der Toilette blieb ein Geheimnis. Alles wurde vorbereitet – der Rest war ein verbotener Bereich. Ebenso wie es nicht in Frage kam, wenn er im Bett lag, ihm eine Wärmflasche hineinzuschieben oder auch nur ihm dabei zu helfen, sich die Strickjacke über den Rükken zu legen, war er von äußerster Schamhaftigkeit im intimen Bereich. Und ich glaube, die Tatsache, daß ich eine Frau war, machte dabei nicht im mindesten etwas aus: ich habe beobachtet, daß es schon zur Zeit von Nicolas so war.

Nie und nimmer hat jemand sein Ankleidezimmer betreten, solange er darin war.

Sehr lustig fand ich immer die Leute, die alles, was Monsieur Proust in seinem Buch dem »Erzähler« zuschreibt, für Wirklichkeit halten, als ob er es unbedingt selbst erlebt haben müsse. Weil er von dem Dienstmädchen redet, das ohne anzuklopfen das Zimmer betritt und den »Erzähler« bei seinen Intimitäten mit Albertine überrascht, die noch dazu nackt war, und weil man weiß, daß ihm Félicie, Céline und ich als Modell für dieses Dienstmädchen Françoise gedient haben, folgern diese Leute, daß ich auf dieselbe Weise unangemeldet sein Zimmer betreten und alles mögliche gesehen hätte. Ich kann nur sagen, daß die Betreffenden Monsieur Proust offenbar nicht gekannt haben. Es war strikt verboten, seine Räume zu betreten, wenn man nicht gerufen worden war! Und was das Sehen von allem möglichen betrifft, so ist das ein ganzes Kapitel; darauf komme ich zu gegebener Zeit zurück. Aber wer glaubt, die ›Recherche‹ sei ein Tatsachenbericht von Monsieur Prousts Leben, der unterschätzt seine Phantasie.

Ganz zu Anfang, kurz nachdem ich am Boulevard Haussmann eingezogen war und noch ehe Monsieur Proust seinen Telefonanschluß aufgegeben hatte, das heißt, vor Ende 1914, ist es bisweilen vorgekommen, daß die Tür seines Zimmers und die Tür des Ankleidezimmers zum Flur offenblieben und ich einige Einzelheiten seiner Toilette bemerkte. Damals stand der Apparat ja noch in seinem Zimmer, und ich mußte in seinem Auftrag oft Telefongespräche führen, ehe er ausging; er legte auch großen Wert darauf, die Ausführung seiner Aufträge selbst zu überwachen.

Aber das ging nur so weit, daß ich auf diese Weise erfuhr, daß sein Zähneputzen schier kein Ende nehmen wollte und er keine Toilettenseife benutzte, um sich zu waschen – er tupfte sich lediglich das Gesicht wegen der außerordentlichen Zartheit seiner Haut gründlich mit feuchten Handtüchern ab, wie er mir später erklärte. Seine Haut hätte weder das Frottieren noch das Soda der Toilettenseife vertragen. Aber wenn ich ihn so gesehen habe, dann war die Toilette fast beendet: er hatte bereits die Hose, das wollene Unterhemd und sein Hemd an; das Gesicht war das letzte Stadium.

Ich weiß, es wird Leute geben, die glauben, man dürfe sich nicht die Frage entgehen lassen: Wie konnte er auf diese Weise sauber sein? Ebenso wie vorschnell behauptet wurde, er sei schlampig, weil zufällig ein Stückchen Baumwolle, die er sich manchmal unter der Kleidung um Brust und Rücken wickelte, aus dem Hemdkragen hervorschaute.

In Wirklichkeit war er von peinlicher Sauberkeit. Es muß daran erinnert werden, daß sein Vater nicht nur ein großer Arzt, sondern auch ein Spezialist für Hygiene war. Daher hat Monsieur Proust eine Angst vor Mikroben zurückbehalten, die allein für einen Reinlichkeitsfimmel ausgereicht hätte.

Schließlich ist er nicht der einzige, der niemals Seife oder Toilettenseife verwendete. Wie ich gehört habe, hat der große englische Schriftsteller Bernard Shaw sich immer gegen Seife gesträubt, weil er sie unnatürlich und schlecht für die Haut fand; er wusch sich nur mit reinem, kaltem Wasser.

So weit ging Monsieur Proust nicht. Er brauchte warmes Wasser, sogar sehr warmes. Und wenn er auch nie irgendwelche Toilettenartikel benützte, weder Eau de Cologne noch Creme oder sonst etwas, so machte er bei allem reichlich von dem Desinfektionsmittel Tercinol Gebrauch. Er spülte sich nicht nur damit den Mund aus, sondern verwendete es alle Augenblicke. Beim kleinsten Kratzen im Hals gurgelte er damit.

Ich erinnere mich, daß er einmal ausnahmsweise einen Pickel auf der Nase hatte. Ohne etwas zu sagen, hat er ihn mit unverdünntem Tercinol betupft. Der Pickel hat sich entzündet und ist sehr schlimm geworden – eine der wenigen Gelegenheiten, bei denen ich gesehen habe, daß er sich um eine gesundheitliche Frage Sorgen machte.

»Das wird größer und scheint sich auszubreiten«, hat er schließlich zu mir gesagt. »Ich glaube, es wäre besser, wenn Sie Dr. Bize rufen.«

Dr. Bize ist gekommen und hat, nachdem Monsieur Proust ihm die Sache erklärt hatte, ausgerufen: »Welche Unvorsichtigkeit! Sie hätten eine schwere Infektion hervorrufen können, eine sogenannte Karbolvergiftung. Es ist schon vorgekommen, daß das Gehirn davon befallen wird.«

Monsieur Proust hat mir das erzählt. Als die Gefahr vorbei war, hat er gelacht und den ernsten und erschreckten Ausdruck des guten Doktors nachgemacht.

Jedenfalls würde es mich nicht wundern, wenn er sich auch beim Händewaschen Tercinol ins Wasser geschüttet hätte.

Die ganze Toilette war natürlich ein ebenso strenger Ritus wie alles andere. Zuerst einmal das Fußbad, dann zwei Kannen heißes Wasser – alles kam aus dem Wasserschiff des großen Herdes in der Küche. Fließendes Wasser war damals noch selten; wir hatten am Boulevard Haussmann keins, abgesehen von dem Hahn in der Küche.

Er hatte eine sehr schöne Fußbadewanne aus weißem Emaille mit breiten, vergoldeten Streifen. Sie und eine Bürstengarnitur mit seinem Monogramm in Silber auf Ebenholz stellten den einzigen Luxus in seinem Ankleidezimmer dar.

In der ersten Zeit war ich entsetzt über die Wassertemperatur, die er verlangte: fast fünfzig Grad. Dann ist mir klargeworden, daß auch das genau einkalkuliert war. Er kannte sich gut: Bis er soweit sein würde, war der größte Teil der Hitze verdampft und damit auch die gewünschte Temperatur erreicht.

Ebenso verhielt es sich mit der Leibwäsche. Wenn er ausging, zog er sich völlig um. Direkt auf dem Körper trug er einen Pullover und eine ebenfalls wollene, lange Unterhose, beide aus Rasurel-Wollen. Ich habe ihm einmal andere gekauft, die mir gleich gut und schön erschienen; es waren keine Rasurel; er hat sie nie gemocht.

Pullover, Unterhose, Hemd durften wie das Wasser nicht kalt sein. In der Küche brannte im großen Herd Tag und Nacht ein gewaltiges Feuer; der gemauerte Backofen war immer bereit. Eingewickelt in Frottiertücher legte ich die Wäsche in die Bratröhre, und da briet sie, damit sie schön warm war, wenn er sie verlangte. Ich legte sie dann auf einen Stuhl.

Denn wenn er sich anschickte, sich anzukleiden, dann mußte alles bereit sein – Wasser, Anzüge, Wäsche, Handtücher, alles dort hingelegt, wo es hingehörte, auf den Waschtisch, auf die Stühle, jedenfalls in Reichweite. Ich zog mich dann zurück. Er brauchte nur aufzustehen, um über die Pyjamajacke, den Pullover aus Pyrenäenwolle und die lange Unterhose seinen schwarzen Mantel mit dem schwarzweiß karierten Futter überzuziehen, wenn ihm kalt war. Stand er auf, ohne auszugehen, brauchte er nur die kleinen Filzsokken, die er im Bett anbehielt, gegen Hausschuhe oder große Pantoffeln aus dickem Flausch zu vertauschen, die einen Schnallenverschluß hatten und zu seiner Hauskleidung gehörten.

Die Zeremonie mit den Handtüchern muß man sich einmal ausmalen. Es waren feine Handtücher mit Gerstenkornmuster aus Leinen. Jedesmal legte ich ihm einen Stoß von zwanzig oder zweiundzwanzig Stück auf seinen Waschtisch. An den Seiten seines Waschtisches waren Haken, um sie aufzuhängen; die benutzte er aber nie. Er hätte es auch nicht gekonnt, denn fast alle Handtücher wurden gebraucht. Mit jedem tupfte er sich einmal ab, um sich entweder damit zu waschen oder abzutrocknen, dann warf er es weg. Es waren enorme Mengen von Handtüchern vorhanden, und all das ging in die Wäscherei Lavigne (die ehemalige Firma Bleue), bei der schon seine Mutter Kundin gewesen war, und die wollenen Pullover in die chemische Reinigung Garobi auf dem Boulevard Haussmann. In der Wohnung wurde nichts gewaschen.

Manchmal, wenn ich dieses Durcheinander sah – später, nach seinem Tode, hatte ich ein Hotel in der Rue des Canettes in Paris mit etwa fünfzig Zimmern, und ich gab nicht mehr Wäsche in die Wäscherei als bei Monsieur Proust –, konnte ich mich nicht enthalten, zu sagen: »Monsieur, wenn ich an all das Geld denke, das Sie so verschwenden, dann bekümmert mich das.«

»Aber was verschwende ich denn, Céleste?«

»All die Wäsche, die so gut wie sauber ist und die Sie da hinwerfen!«

»Meine liebe Céleste, Sie verstehen eben nicht, daß meine Haut aufspringt und ich sogar Schrunden bekomme, wenn ich ein zu feuchtes Handtuch ein zweites Mal benutze.«

Auch sein Zähneputzen war eine Pracht. Er benutzte einzig und allein Zahnpulver, immer dasselbe, sehr weiß und sehr fein, das nach einem alten Rezept seines Vaters extra für ihn hergestellt wurde und das ich in der Apotheke Leclerc in großen runden Flakons kaufte. Er nahm davon eine Menge und mußte offenbar bürsten und bürsten, mindestens fünfzigmal; nachher war alles vollgespritzt, der Spiegel, der Waschtisch und er auch.

Daher habe ich gewußt, daß er ziemlich häufig seine Toilette mit dem Gesicht und den Zähnen beendete, wenn er schon angezogen war. Sah ich ihn dann wieder, zum Ausgehen bereit, dann sagte ich manchmal: »Oh, Monsieur, Sie haben Ihren Hemdkragen naßgemacht. Das ist schlecht für Ihren Hals, und der Kragen wird sich umbiegen.«

Oder auch: »Monsieur, Sie haben sich die Krawatte bespritzt. Sie ist ganz weiß gesprenkelt.«

»Dabei hatte ich mir ein Handtuch darübergelegt.«

Und wenn ich darauf bestand, die Flecke zu entfernen, sagte er: »Nein, nein, lassen Sie es nur, liebe Céleste. Es ist schon gut so. Glauben Sie, die Leute wollen mich meiner Krawatte wegen sehen?«

Aber schließlich gestand er mir dann zu, daß ich ihm das Weiße wegwischen durfte.

Das war auch ungefähr alles, was er mir zugestand. Es ist erzählt worden, ich hätte ihm die Krawatten gebunden. Niemals! Er hätte es nicht erlaubt. Und außerdem hätte ich es gar nicht gekonnt. Er dagegen – man mußte gesehen haben, mit welcher Geschwindigkeit er seine Schlipse oder Querbinder knotete: man hätte geglaubt, daß er es den ganzen Tag tut! Die einzige Hilfe, die er manchmal von mir erbat, war bei der Hemdbrust, wenn die Frackknöpfe ihm Schwierigkeiten bereiteten.

Ein einziges Mal, an einem Abend schon gegen sein Ende zu, als er sehr müde war und trotzdem beschlossen hatte auszugehen, sah ich ihn zusammengesackt auf seinem Stuhl sitzen; da er mich wegen etwas anderem gerufen hatte und ich gerade da war, sagte er: »Wollen Sie so nett sein und mir meine Stiefel geben, Céleste, damit ich sie anziehen kann.«

Ich reiche ihm die Stiefel; er nimmt sie und schlüpft hinein; aber ehe er Zeit gehabt hat, es selbst zu machen, war ich schon auf den Knien wie ein kleines Mädchen, und ruck! zuck! hatte ich sie zugeknöpft, ohne ihn auch nur um seine Meinung gefragt zu haben.

Er hat sich fast zurückgeworfen und mit schmerzerfüllter Stimme gesagt: »Oh, nein, nein, das nicht, Céleste!«

Und ich erwiderte ganz munter: »Aber ja, Monsieur, ich bin sofort fertig. Warum soll mir das unangenehm sein?«

Und als ich wieder aufgestanden war, hatte er fast Tränen in den Augen, und ich höre noch, wie er ganz gerührt sagte: »Ach, Céleste, wie lieb Sie sind!«

Denn das war das Schöne bei ihm: Es gab Augenblicke, da kam ich mir wie seine Mutter vor, und zu anderen Zeiten wie sein Kind.

Die dunklen Nächte von Paris

Gewiß hat der Krieg die Vertrautheit zwischen Monsieur Proust und mir sehr gefördert, ebenso wie er wahrscheinlich auch dazu beigetragen hat, daß sich sein Leben in ein Einsiedlerdasein verwandelte, weil sich ein gut Teil seiner Freunde in alle Winde zerstreute. Ohne den Krieg wäre er zwar sicher auch von der Pflicht seinem Werk gegenüber besessen gewesen, doch hätte er nicht so leicht der Versuchung widerstehen können, seinen ganzen Freundeskreis zu sehen. Aber die Festlichkeiten, die Empfänge, die eleganten Diners hatten aufgehört. Die Schlösser dieser Damen auf dem Lande waren geschlossen und teilweise sogar in Lazarette verwandelt worden, und in Paris wäre es nicht anständig gewesen, wie bisher Gesellschaften zu geben – ganz abgesehen von den Personalproblemen. Und wenn viele der Damen zwar nicht ihre Behausungen zur Verfügung stellten, so widmeten sie und ihre Töchter sich doch aus Patriotismus dem Kriegsdienst für die Verwundeten; sie wurden Krankenschwestern. Die Männer, die sich in Friedenszeiten in dieser feinsten Gesellschaft bewegt hatten, waren jetzt fast alle in der Armee. Das Leben hatte seinen Glanz verloren; statt dessen herrschten jetzt Unsicherheit und Trauer.

Monsieur Prousts Bruder Robert war als Chirurg an der Front bei Verdun, wo dank seinen Bemühungen das erste große Operationszentrum eingerichtet worden war. Monsieur Proust lebte nur noch in Gedanken an ihn. Eines Tages sind die Granaten sogar im Operationssaal eingeschlagen; seines Mutes wegen wurde er zum Hauptmann befördert; Monsieur Proust war sehr stolz darauf, aber dennoch zitterte er um ihn.

Viele, die er gekannt hatte, als sie noch ihre Jugend und das gesellschaftliche Leben genossen, befanden sich jetzt in Todesgefahr. Einer von ihnen, mit dem er am längsten befreundet gewesen war, der Komponist Reynaldo Hahn, der dank seiner Beziehungen ruhig in der Etappe hätte leben können, hatte sich freiwillig an die Front gemeldet; er schrieb an Monsieur Proust, er habe für sein Infanterieregiment ein Lied komponiert, als er die Granaten und Kugeln pfeifen hörte, und alle Soldaten sangen es jetzt. Um ihn wie um die anderen, die in Gefahr waren, sorgte sich Monsieur Proust.

»Sehen Sie, Céleste«, sagte er zu mir, als er mir die Briefe zeigte, die sie ihm geschickt hatten. »Sie stehen im Kugelregen, während ich hier bin.«

Im zweiten Kriegssommer hat er einen seiner Vettern verloren. Davor waren zwei seiner Freunde gefallen, die ihm sehr nahegestanden hatten und so etwas wie Spiegel gewesen waren, in denen er eine seiner Romanfiguren, den Chevalier de Saint-Loup, betrachtete. Der erste, seit Ende 1914 vermißt, war Graf Bertrand de Fénelon gewesen. Monsieur Proust hoffte zuerst, daß er in Gefangenschaft geraten sei; er verfolgte aufmerksam alle Nachforschungen, die angestellt wurden; erst Monate später, im März 1915, wenn ich mich recht erinnere, ergab sich aus aufgefundenen Papieren und Photographien, daß er gefallen war. Er erfuhr es aus der Zeitung und war sehr erschüttert darüber.

Der zweite, der ihm sehr lieb gewesen war, Gaston de Caillavet, starb im Januar 1915. Er war nicht im Krieg gefallen, sondern hatte sich sozusagen von einer schweren Krankheit übermannen lassen, die ihn als Folge eines Liebeskummers dahinraffte. Aber wie dem auch sei: all diese Traueranzeigen, die ringsum eintrafen, erweckten bei Monsieur Proust den Eindruck, als habe der Tod diesen Augenblick gewählt, um einen Schlag gegen die von ihm geliebte Welt zu führen, als habe er ihn dazu verdammt, von der Erinnerung zu zehren.

Wenn die Umgebung auch ihren Glanz eingebüßt hatte und keine großen Abendgesellschaften mehr stattfanden, so waren doch so viel Menschen in Paris geblieben, daß es Monsieur Proust, falls er auszugehen und Freunde zu sehen beabsichtigte, nicht an Gelegenheit mangelte; zwar gab es den Prunk der großen herrschaftlichen Häuser nicht mehr, doch immer noch die Restaurants der guten Gesellschaft; und dann wurde viel und sogar immer mehr von dem veröffentlichten Buch gesprochen, so daß sich viele neue Beziehungen anbahnten und wichtig wurden. Und wenn Monsieur Proust Lust hatte, auszugehen, dann wegen der Poire Bourdalou und dergleichen: weder Zeit noch Umstände wären ein Hinderungsgrund für ihn gewesen.

Ich weiß, was man darüber denken wird, wenn ich sage, daß es manchmal eines gewissen Muts bedurfte. Man wird der Meinung sein, es sei im Vergleich mit der wirklichen Gefahr, in der sich die Soldaten an der Front befanden, nicht der Rede wert oder eine Art Unbedachtheit bei ihm gewesen. Indes entsinne ich mich eines bestimmten Falls in der Zeit, als die Deutschen begonnen hatten, Paris zu bombardieren und die Stadt nachts in fast völlige Dunkelheit getaucht war.

Eines Nachts hatte er darauf bestanden, den Dichter Francis Jammes aufzusuchen, einen der ersten, die sehr lobend über sein Buch ›In Swanns Welt‹ geschrieben hatten und der ziemlich weit weg wohnte, in der Nähe der Place des Invalides. Da mein Mann im Krieg war, verfügte Monsieur Proust über keinen ständigen Wagen mehr, und ich mußte ein Taxi holen; die fand man in jenen Jahren nicht so leicht im Dunkeln, und zu wissen, daß er, während ich suchte, da oben bestimmt ungeduldig wurde, machte die Sache nicht einfacher. Aber schließlich ist er dann abgefahren. Und ehe er nach Hause kam, setzte ein Sperrfeuer ein – ich weiß nicht mehr, ob es gegen einen Zeppelin oder einen Angriff ihrer Flugzeuge gerichtet war, die wir Gothas nannten. Ich wurde sehr kleinlaut, teils wegen des Krachs und der Gefahr durch die Bomben, teils bei dem Gedanken, was er wohl machen könnte, wo er sich aufhielt und auf welche Schwierigkeiten er beim Heimweg stoßen würde. Ich machte mir große Sorgen um ihn.

Diesmal – zum zweiten und letzten Mal – bin ich in den Keller gegangen. Plötzlich höre ich die Klingel der großen Haustür. Der Concierge ruft: »Ist das denn zu glauben! Warum ist er draußen? Ich muß hinaufgehen.«

Ich bin über die Dienstbotentreppe bis zur Wohnung gelaufen, damit ich rechtzeitig da war, um ihn zu empfangen. Ich sehe ihn noch vor mir, wie er aus dem Fahrstuhl aussteigt, ruhig, lächelnd und offenbar sehr zufrieden.

»Nun, Céleste, Sie haben mich erwartet?« sagte er zu mir.

Dann: »Ich hatte Ihnen doch geraten, in den Keller zu gehen. Wollen Sie bitte sofort hinuntergehen.«

Ich habe widersprochen und gesagt, ich hätte keine Lust, da ich ja wisse, daß er wegen der Luft, des Staubs und der Gerüche, die man dort einatmet, auch nicht hinunterginge. Aber er bestand darauf. Schließlich bin ich hinuntergegangen. Nur als ich Antoine, den Concierge, und seine Frau gesehen habe, die vor Angst schlotterten, da habe ich gedacht: »Wenn das einstürzt, dann erstickt man sowieso, ob im Keller oder anderswo. Da ist es schon besser, ein bißchen weiter oben zu sterben als ganz unten.« Und ich bin wieder hinaufgegangen. Als ich ihm meine Gründe darlegte, hat er gelacht. Dann habe ich angefangen, die Sachen wegzuräumen, die er beim Nachhausekommen abgelegt hatte, den Pelzmantel, die Handschuhe ... Als ich zum Hut kam, konnte ich einen Ausruf nicht unterdrücken: die Krempe war voller kleiner Eisensplitter, die vom Himmel gefallen waren und vom Artilleriefeuer stammten. Ich sagte: »Oh, Monsieur, sehen Sie sich nur all diesen Eisenkram an, den Sie abbekommen haben! Sie sind also nicht mit dem Wagen gefahren? Haben Sie denn keine Angst gehabt?«

»Nein. Warum, Céleste? Man kann nicht vor etwas Angst haben, das schön ist.«

Und er hat mir die Scheinwerfer beschrieben, das Bersten der Geschosse am Himmel und den Widerschein in der Seine. Dann hat er mir erzählt, daß er einen sehr angenehmen Abend bei Francis Jammes verbracht und Tristan Bernard dort getroffen habe, mit dem er sich sehr gut unterhalten habe. Dann habe er sich in dem Glauben, in einer solchen Nacht sowieso keinen Wagen zu finden, zu Fuß auf den Weg gemacht.

Das sah ihm so wenig ähnlich, daß ich ihn, der sonst nie den Fuß auf die Straße setzte, ganz harmlos fragte: »Und wie haben Sie sich denn zurechtgefunden, Monsieur? Wie sind Sie bloß auf die Idee gekommen, so einfach loszugehen!«

Er hat gelacht.

»Das muß Ihr himmlischer Schutz gewesen sein, der mir an der Place de la Concorde einen Engel geschickt hat.«

Er hat mir dann erzählt, daß ein Mann aus dem Dunkel aufgetaucht sei, als er auf diesen Platz kam, der völlig verlassen war.

»Vielleicht war er mir schon einen Augenblick gefolgt und hatte gesehen, daß ich zögerte oder im Dunkeln stolperte, denn die einzige Beleuchtung für mich war der Schein der platzenden Granaten. Er sagte zu mir: ›Sie scheinen Ihren Weg nicht sehr gut zu kennen. Soll ich Sie begleiten? Wohin gehen Sie?‹ Ich habe ihm erwidert, daß ich zum Boulevard Haussmann wollte, und wir sind nebeneinander gegangen und haben uns unterhalten. Er hat mich gefragt, was ich da in der Nacht treibe. Als ich sagte, ich komme von einem Freund und sei auf dem Nachhauseweg, meinte er, das sei immerhin nicht die richtige Zeit für einen Spaziergang. Wir sind durch die Rue Boissy d'Anglas gegangen, an der Ecke vom Hôtel Crillon, bis zum Boulevard Malesherbes; dort hat er mir geholfen, die Straße zu überqueren, und mich erst auf der anderen Seite losgelassen.«

An dieser Stelle hat er sich unterbrochen und mich zwinkernd und belustigt angeschaut, dann fuhr er fort: »Und wissen Sie, Céleste, um Ihnen alles zu sagen ... na ja, es war ein Ganove. Ich hatte es gleich erraten, aber mir nichts anmerken lassen bis zu dem Augenblick, als wir uns trennten. Ich habe mich sehr bei ihm bedankt und gesagt: ›Wie nett von Ihnen, daß Sie mich begleitet haben‹ und hinzugefügt: ›Gestatten Sie mir eine Frage? Warum haben Sie mich nicht ausgeraubt?‹ Und raten Sie mal, was er mir geantwortet hat: ›O nein, nicht einen Mann wie Sie, Monsieur.‹«

Er war sehr stolz darauf.

Seine Haltung mir gegenüber in dieser Zeit war merkwürdig widersprüchlich. Einerseits war er sehr fürsorglich und bestand darauf, daß ich bei Alarm in den Keller ging. Er begründete das folgendermaßen: »Ich habe Ihnen gesagt, Sie sollen in den Keller gehen, Céleste, denn wenn etwas passiert, dann hätte ich es mir und auch Ihrem Mann gegenüber auf dem Gewissen, dem ich doch versprochen habe, auf Sie achtzugeben. Haben Sie schon einmal daran gedacht, wenn durch eine ihrer Bomben Feuer ausbricht, daß wir in meinem Kork wie Fackeln brennen würden?«

Als ich protestierte und sagte, ich ginge nicht gern in dieses Loch hinunter und würde es vorziehen, mit ihm zusammen zu verbrennen, da erwiderte er mir sehr freundlich: »Für mich wäre das nicht so wichtig; erstens bin ich sehr krank, und zweitens wäre alles, was ich begonnen habe, vernichtet. Sie dagegen sind jung.«

Andererseits vergaß er in seiner Ungeduld, daß die Dinge erledigt werden sollten, so völlig die Gefahr, die er für ganz natürlich hielt, daß er mich mitten in der Nacht auf die in Dunkelheit gehüllten Straßen schickte, ohne auch nur daran zu denken, daß ich eine Frau war.

Aber schließlich fand auch ich das nicht befremdlich, sobald er mich darum gebeten hatte. Ich lebte in einer solchen Seligkeit mit diesem Mann, daß mich das wohl auch ein wenig unbedacht gemacht haben mußte. Und was kannte ich schon vom Leben? Seit ich mein Dorf verlassen hatte, war ich in der ersten Zeit kaum aus dem Haus gegangen, und jetzt verbrachte ich mein Leben praktisch in den vier Wänden am Boulevard Haussmann; selbst da begann ich erst allmählich Erfahrungen zu sammeln; Monsieur Proust war es, der bei mir eine gewisse Lebensklugheit entwickelte. Damals war ich noch von einer Einfältigkeit, die ihn belustigte. Schickte er mich zum Beispiel des Nachts weg, dann traf ich fast jedesmal, wenn ich durch die Rue Tronchet hinter der Madeleine kam, eine dicke Negerin, die mit ihrer Handtasche über dem Arm auf und ab ging. Und eines Tages habe ich in meiner Arglosigkeit mit Monsieur Proust darüber gesprochen: »Was glauben Sie, Monsieur, was sie da macht, daß sie stundenlang im Dunkeln spazierengeht? Sie hat nicht einmal einen kleinen Hund dabei.«

»Aber Céleste, das wissen Sie doch ... Das ist eine der Frauen, die eben ihren Lebensunterhalt damit verdienen, daß sie auf und ab gehen.«

Selten habe ich ihn so lachen sehen. Und er tat es in einer Art, daß man dabei nie das Gefühl hatte, er mache sich über einen lustig, und ich stimmte in sein Gelächter ein.

Wie dem auch sei, ich lief jedenfalls des Nachts durch die Straßen, als ob es hellichter Tag sei. Im übrigen hatte ich mich schon umgestellt. Der Tag war für mich so sehr zur Nacht geworden, daß ich es ebenso natürlich fand wie er, zu diesen Zeiten unterwegs zu sein. Ich erinnere mich auch nicht, jemals Angst gehabt zu haben – außer einmal, als ich am Hôtel Terminus Saint-Lazare vorbeikam und mir ein Mann durch die ganze Rue de la Pépinière auf Schritt und Tritt folgte; es war keine Menschenseele auf der Straße, und ich bin wie ein Hase in die Rue d'Anjou geflitzt. Als ich später, noch mit klopfendem Herzen, Monsieur Proust den Vorfall berichtete, sagte er nur: »Ach, Sie sind kräftig genug, um sich zu verteidigen.«

Hauptsächlich waren es Briefe, die ich wegtragen mußte, damit er sicher sein konnte, daß sie am nächsten Morgen zugestellt würden. Je nachdem, wie spät es war, brachte ich sie zum Boulevard Malesherbes, manchmal auch zu dem großen Postamt in der Rue d'Amsterdam in der Nähe vom Bahnhof Saint-Lazare oder sogar bis zur Börse, wo das Postamt die ganze Nacht geöffnet war. Wenn ich dort hinmußte, nahm ich ein Taxi, weil es weit war.

Oder es handelte sich um ein Buch, das in seinen Bücherstapeln zu suchen er mich gebeten hatte. Da das Licht seiner kleinen Lampe zu schwach war, um das ganze Zimmer zu erhellen, und ich zwar die Erlaubnis hatte, andere Lampen anzuknipsen, es aber aus Gewohnheit oder Rücksichtnahme nie tat, konnte ich es auch nicht finden; er wurde dann leicht ungeduldig und sagte schließlich: »Ich gebe es auf. Mir ist es lieber, Sie gehen zum Buchhändler und kaufen es.«

Und ich ging. Es war eine Buchhandlung in der Nachbarschaft, Rue de Laborde, zwischen der Kirche Saint-Augustin und dem Boulevard Haussmann. Der Buchhändler hieß Monsieur Fontaine. Er war alt und trug ein Käppchen und einen weißen Kittel. Vermutlich liebte er seinen Beruf, denn er konnte sich nie entschließen, sich von seinen Büchern zu trennen: selbst während des Krieges war sein Laden immer bis ein oder zwei Uhr morgens geöffnet. Ich kam und sagte ihm, was Monsieur Proust haben wollte, und meistens antwortete Monsieur Fontaine: »Ich habe das und das, aber leider nicht das Buch, das er haben will. Doch glaube ich, daß dies hier etwas für ihn wäre. Wenn nicht, bringen Sie es zurück.«

Manchmal ging ich mit mehreren Büchern nach Hause. Ich gab sie Monsieur Proust und wiederholte, was der Buchhändler gesagt hatte. Aber in der Zeit, die ich für den Hin- und Zurückweg gebraucht hatte, war es wie mit seinen anderen Gelüsten: entweder war er schon mit etwas anderem beschäftigt, oder er sagte: »Dann werde ich bloß noch mehr Zeit verlieren. Legen Sie sie hin, Céleste.«

Er schaute die Bücher gar nicht an. Aber ich brachte sie dem Buchhändler auch nicht wieder zurück. Wir behielten alles.

Oder ich ging weg, um mitten in der Nacht einem Empfänger einen Brief eigenhändig zu übergeben. Mehr als einen habe ich auf diese Weise aufgeweckt. Ich erinnere mich an einen Fall – ich habe ihn nie vergessen, weil ich auch diesmal Monsieur Proust zum Lachen brachte. Er war sehr entzückt von einem Quartett junger Musiker, die er im Théâtre de l'Odéon mit Gabriel Fauré am Flügel gehört hatte; es war das Poulet-Quartett, und besonders beeindruckt hatte ihn der Geiger Massis. Als er nach Hause kam, sagte er: »Ich habe einen bezaubernden Abend verbracht. Ich habe Gabriel Fauré wiedergesehen, den ich kannte, und er hat eines seiner Werke wunderbar gespielt. Aber da waren noch vier junge Künstler, die so vortrefflich waren, daß ich ihn nach dem Konzert gebeten habe, sie mir vorzustellen.«

Kurz darauf hat er dem jungen Massis geschrieben, um ihm noch einmal seine Bewunderung für sein Spiel und seinen Wunsch zum Ausdruck zu bringen, ihn besser kennenzulernen. Ob er nicht eines Abends zum Boulevard Haussmann kommen wolle? Natürlich mußte Massis diesen Brief sofort ohne Verzögerung durch die Post bekommen. Also machte ich mich auf den Weg.

Massis wohnte ziemlich weit weg am anderen Seine-Ufer in einer Straße hinter dem Panthéon. Ich fand ein Taxi, das mich irgendwo absetzte. Ich wußte überhaupt nicht, wo ich war; ich hatte keine Taschenlampe und nicht einmal ein Streichholz bei mir. Es war vielleicht Mitternacht oder zwei Uhr morgens, und ich irrte stolpernd durch die dunkle Nacht, als ich zum Glück auf einen Polizisten stieß. Ich sprach ihn an: »Bitte schön, Herr Wachtmeister, ich bin in großer Verlegenheit, ich möchte in die und die Straße, Nummer so und so, aber ich fürchte, ich habe mich verlaufen. Würden Sie mir bitte den Weg zeigen und mich vielleicht sogar begleiten?«

Sehr höflich hat mich der Polizist bis zur Tür gebracht,

und da ich nicht wußte, wie ich ihm danken sollte, habe ich aus dem Portemonnaie ein Fünf-Franc-Stück genommen und es ihm gegeben. Dann habe ich die Concierge geweckt, um mich nach dem Stockwerk zu erkundigen, und den Aufstieg begonnen – noch heute spüre ich die Stufen in den Beinen: es war eine höckrige Treppe. Ich habe geklingelt und den Musiker aus dem Schlaf geholt, um ihm die Botschaft zu überbringen; aber mir war es nicht peinlich, es war ja Monsieur Prousts Wunsch. Im übrigen sah der junge Massis auch nicht sehr erstaunt aus, trotz der vorgerückten Stunde.

Wieder am Boulevard Haussmann angelangt, habe ich Monsieur Proust Bericht erstattet und ihm von dem Glück erzählt, den Polizisten zu treffen, und daß ich ihn aus Dankbarkeit bezahlt hatte. Er ist in ein unbändiges Lachen ausgebrochen und konnte sich gar nicht wieder beruhigen. Noch jahrelang, ich weiß nicht wie oft, hat er, wenn ich wieder einmal die »Botin« spielte, zu mir gesagt: »Und vergessen Sie nicht, Céleste, dem Wachtmeister fünf Francs zu geben!«

Von den Kriegszeiten hätte ich angesichts der Art und Weise, wie Monsieur Proust unserem Leben seinen eigenen, immer gleichen Rhythmus aufprägte, gar nichts gemerkt, so wenig hatte sich der Tagesablauf geändert, wäre nicht die Sorge um meinen Mann gewesen.

Ich habe Odilon in diesen fünf Jahren nur vier- oder fünfmal gesehen, wenn er auf Urlaub war. Seinen ersten Urlaub erhielt er 1915, fast ein Jahr nach seiner Einberufung. Kurz vorher hatte ich eine Postkarte von ihm aus einem Frontabschnitt in der Gegend von Amiens erhalten; es war eine Photographie, die ihn mit einem Bart zeigte. Schon damals fand ich das gar nicht sehr hübsch. Und dann – es muß einige Wochen später gewesen sein – kam er mit dem Bart in natura. Der Unglückliche! Ich sehe ihn noch vor mir. An den Füßen hatte er die schweren Soldatenstiefel, und als ich ihm die Tür vom Hintereingang aufmachte und er in die Küche kam, hat er die sauberen Fliesen angeschaut; plötzlich wagte er nicht weiterzugehen, vielleicht wußte er auch nicht mehr, wie ein zivilisierter Mensch auftritt. Ich war hypnotisiert von dem Bart. Ich bin ins Zimmer von Monsieur Proust gelaufen; gewiß, ich freute mich, und dabei fiel mir nichts anderes ein als zu sagen: »Monsieur, wenn Sie Odilon sehen würden! Er ist gerade gekommen, er hat einen Bart, und er sieht scheußlich aus!«

Wie gewöhnlich hat Monsieur Proust gelacht; aber er hat sich ebenfalls gefreut.

»Ah, richten Sie ihm aus, er soll gleich kommen und mir guten Tag sagen.«

Odilon ist gekommen, und sie haben ziemlich lange geplaudert. Monsieur Proust hat sich nach seiner Gesundheit und dem Krieg erkundigt; dann, nachdem er ihn von seinen Kopfkissen aus angeschaut hatte, fragte er ihn nach dem Grund für seinen Bart. Es sei so kalt gewesen, hat Odilon ihm erklärt, und wenn er sich rasierte, dann habe ihm nachher die Haut weh getan und sei ganz aufgesprungen gewesen.

»Das ist nicht so wichtig«, hat Monsieur Proust gesagt. »Ich fürchte, Céleste hat nicht Unrecht. Ich glaube, er steht Ihnen nicht so gut.«

Woraufhin mein Mann sich entschloß, seinen schönen Bart abrasieren zu lassen.

Von seinen anderen Urlauben sind mir vor allem zwei in Erinnerung. Der erste muß im April 1917 gewesen sein;

ich erinnere mich deswegen daran, weil er Eiweiß im Urin hatte, und das sollte er bis an sein Lebensende behalten. An den anderen Urlaub erinnere ich mich, weil es der letzte war, am 17. Oktober 1918, auf zehn Tage; er sprach von Friedensgerüchten, die in den Schützengräben im Umlauf waren, und er sagte: »Wenn es nur wahr wäre!«

Als er dann entlassen wurde, habe ich gesehen, welche Zuneigung Monsieur Proust für ihn empfand. Er kam krank nach Hause, er hatte mehrere Gramm Eiweiß im Urin, so daß er mindestens drei Monate im Lazarett in Le Vesinet gepflegt werden mußte, und noch Ende 1919, als er die Taxifahrten wiederaufnahm, litt er manchmal unter entsetzlichen Schwindelanfällen, wenn er auf der Straße ging; er mußte sich an einer Mauer stützen oder sich an einer Straßenlaterne oder einem Pfosten festhalten. Außerdem war er sehr erschüttert über den Tod seines Lieblingsbruders Jean, der jüngste von allen, der sich durchgeboxt hatte, bis er ein eigenes Lokal an der Ecke Rue de la Victoire und Rue Laffitte besaß. Monsieur Proust hatte dafür gesorgt, daß über Reynaldo Hahn Nachforschungen angestellt wurden, nachdem er als vermißt gemeldet worden war, die aber leider nur die Bestätigung seines Todes erbrachten. Die beiden Brüder hatten sich wie Zwillinge geliebt; bei der Kriegserklärung hatte Jean weinend zu Odilon gesagt: »Komm doch mit mir zur Infanterie; dann werden wir immer zusammensein.« Aber Odilon hatte schon seine Einberufung zur Kraftfahrtruppe, und der Krieg hat sie dann getrennt. Jetzt war Jean am traurigen Chemin des Dames im Argonnerwald gefallen, und Odilon konnte sich nur schwer damit abfinden.

Monsieur Proust wußte das; er hat sehr gütig und mit viel Feingefühl mit ihm darüber gesprochen. Außerdem hat er ihn, sobald er entlassen war, buchstäblich an die Hand genommen. Er hat ihn untersuchen und dann mit Empfehlungen seines Bruders Robert an andere Ärzte überweisen lassen. Nicht genug damit, ließ er noch Dr. Bize kommen. Ich habe noch in Erinnerung, was er mir nach dessen Besuch sagte: »Dr. Bize verordnet eine sehr strenge Diät. Wir haben darüber gesprochen. Odilon muß sehr viel Milch trinken und Brei sowie grünes Gemüse essen, ohne Salz. Aber der gute Doktor hat auch zu mir gesagt: ›Nur wird er das nicht tun. Solche Leute hören niemals auf die Ärzte und halten sich an keine Diätvorschriften.‹ Ich habe ihm geantwortet: ›Das wollen wir mal sehen. Ich werde dafür sorgen, und ich weiß, daß Odilon auf mich hören wird.‹«

Dann bat er mich, meinen Mann zu rufen: »Mein lieber Odilon, Dr. Bize behauptet, Sie würden nicht vernünftig sein, obwohl Sie doch wissen, daß Sie sehr krank sind – was Sie wirklich sind. Ich bin anderer Ansicht als er. Hören Sie zu. Sie haben den guten Willen, und ich bin sicher, daß Sie sich pflegen werden, wenn ich es bin, der Sie darum bittet. Versprechen Sie es mir.«

Odilon hat es versprochen und Wort gehalten; von diesem Tage an hat er drakonisch Diät gehalten. Monsieur Proust hat ihn überwacht und ausführlich Rechenschaft gefordert. Das ging so weit, daß mein Mann, der wieder zu arbeiten begonnen hatte, natürlich auch nachts, auf eine diesbezügliche Frage von Monsieur Proust gestehen mußte, daß er zu seinen Essenszeiten nicht immer Brei bekommen konnte. Daraufhin erklärte ihm Monsieur Proust: »Ich bin froh, daß Sie mir das sagen, mein lieber Odilon, denn es beweist, daß Sie die Sache ernst nehmen. Aber machen Sie sich keine Sorgen; von jetzt an werde ich Céleste bitten, daß in der Küche immer Brei für mich bereitsteht. Wenn

Sie dann nach Hause kommen und etwas essen wollen, können wir sicher sein, daß etwas da ist, und Sie werden nicht gegen Ihre Diätvorschriften verstoßen.«

Auf seine Weise und selbstverständlich ohne seinem Rang etwas zu vergeben, war er meinem Mann ebenso zugetan wie dieser ihm. Im Lauf der Jahre war er im Grunde sein Vertrauter geworden. Und das besagt nicht wenig; denn ehe Monsieur Proust jemandem sein Vertrauen schenkte, konnte man sicher sein, daß er den Betreffenden auf Herz und Nieren geprüft hatte. Seitdem schätzte er vor allem seine Ergebenheit. Ebenso wie mich konnte er ihn zu jeder beliebigen Stunde rufen, und Odilon kam, ohne zu murren, mit seinem Taxi. Zu der Zeit, als wir noch in Levallois wohnten, ist mein Mann, wenn er nach seinen Fahrten mit anderen Kunden müde nach Hause gekommen war und wie ein Sack schlief, sofort aufgestanden, wenn Monsieur Proust ihn mitten in der Nacht rufen ließ. Einmal, als er Stunden nach einem dieser Anrufe wieder heimkam, sagte er mir, er sei automatisch wie ein Schlafwandler gefahren und habe überhaupt nichts gesehen, so müde war er, bis er zum Schlagbaum kam – damals wurde noch Stadtzoll erhoben –, und er sei erst richtig aufgewacht, als der Zöllner aus seinem Wachhäuschen kam und der Form halber fragte, ob er etwas zu verzollen habe.

Abgesehen von seiner Ergebenheit besaß Odilon noch eine Menge anderer Eigenschaften, die ihm die Zuneigung von Monsieur Proust und mir eintrugen. Zuerst einmal sehr viel Zartgefühl und Diskretion, was ich schon erwähnt habe. Wir konnten gut und gern Mann und Frau sein, nie hat er mir gegenüber Bemerkungen über seinen Dienst bei Monsieur Proust gemacht, nicht einmal, als wir dann später nach dem Kriege beide am Boulevard Haussmann wohnten. Er sagte mir, er habe Monsieur Proust da und dort hingefahren und so und so viele Stunden auf ihn gewartet, das Wetter sei schön oder schlecht oder kalt gewesen, und das war alles. Wenn man bedenkt, wie Monsieur Proust selbst mir von seinen Abenden erzählte, dann konnte Odilons Verschwiegenheit mir gegenüber nicht auf eine Anweisung von ihm zurückzuführen sein.

Außerdem war mein Mann außerordentlich ehrlich und aufrichtig. Eines Tages, als ich mich über ihn geärgert hatte, weil er verlangt hatte, ich sollte seine Familie besuchen, die ich gewiß gern mochte, aber doch nicht so gern wie meine Gewohnheiten, von denen ich nicht abgehen wollte, habe ich ihm das gesagt (zumal mir die Café-Atmosphäre immer mißfallen hatte) und bin so weit gegangen, es auch Monsieur Proust gegenüber zu erwähnen, der mir erwiderte: »Aber, Céleste, das ist doch eine Bagatelle, oder vielmehr möchte ich meinen, es gereicht Odilon durchaus zur Ehre. Lassen Sie es sich gesagt sein: er ist ein prachtvoller Mensch und ein prachtvoller Ehemann, der eine Tugend besitzt, die ich vor allem schätze: er hat mich nie angelogen und Sie auch nicht, davon bin ich überzeugt.«

Und ein andermal, als ich mich wieder beklagte: »Aber, meine liebe Céleste, Sie sind sich gar nicht über Ihr Glück klar, Sie haben den besten Ehemann der Welt.«

»Finden Sie, Monsieur?«

Und er, lachend: »Ob ich es finde? Aber sicher. Ich frage mich sogar manchmal, wie er Sie ertragen kann.«

Darauf ich, pikiert: »Monsieur, ich finde dagegen, daß Sie sehr großmütig mir gegenüber sind! Ich möchte gern wissen, was er zu ertragen hat. Ich tue alles, was er will!«

»Worüber beklagen Sie sich dann? Sie lieben ihn doch.«

Und er erklärte mir, wie tüchtig es von Odilon gewesen

sei, sich ganz allein durchs Leben zu schlagen. Das stimmte. Denn er war erst vierzehn Jahre alt, als er nach dem Tod seiner Eltern die Heimat verließ und in Paris als Tellerwäscher in einem Restaurant anfing, bis er eines Tages voll Ekel merkte, daß man ihm zu essen gab, was die Gäste übriggelassen hatten. Er hat gekündigt und ist Droschkenkutscher geworden wie einer seiner Brüder, der schon vor ihm nach Paris gekommen war. Aber er war auch intelligent und beweglich genug, um sofort zu erkennen, welche Revolution das Automobil auslösen würde. Sehr rasch hat er mit bestem Erfolg seinen Führerschein gemacht und ist Taxifahrer geworden. Und so kam es, daß er schließlich in Cabourg Monsieur Proust kennenlernte, denn er war von der Firma Taximètres Unie engagiert worden, um je nach der Jahreszeit in Monaco, Cabourg und Paris zu arbeiten. Diese Firma, von den Rothschilds gegründet, wurde von Jacques Bizet geleitet, einem ehemaligen Mitschüler Monsieur Prousts am Lycée Condorcet, dessen verwitwete Mutter sich wiederverheiratet hatte mit Monsieur Straus, einem weitläufigen Verwandten der Rothschilds.

Unter den drei oder vier Chauffeuren, die ihm Jacques Bizet empfohlen hatte, hatte Monsieur Proust, wie er mir erzählte, ohne sich etwas anmerken zu lassen, aber wie immer mit seiner Fähigkeit, alles vorauszusehen, sich sehr bald für Odilon entschieden. Obwohl er in Cabourg gewöhnlich die Dienste von Agostinelli, einem der drei Empfohlenen, in Anspruch nahm, hatte er Odilon schon dort eines Tages gefragt, was er mache, wenn er nicht im Süden oder an der normannischen Küste sei.

»Dann bin ich Chauffeur in Paris.«

»Wenn ich Sie brauche, wären Sie dann bereit, mich zu fahren?«

»Mit Vergnügen.«

»Wie könnten wir uns miteinander in Verbindung setzen?«

Da hat ihm Odilon die Telefonnummer seiner Schwester an der Ecke Rue Feydeau und Rue Montmartre gegeben, und so hat alles angefangen. Bald entstand ein echtes Vertrauensverhältnis, das nur durch den Krieg unterbrochen wurde. Und der Beweis dafür ist, daß Monsieur Proust, als Odilon einrücken mußte, nicht zögerte, auf seine Empfehlung einen älteren Bruder Odilons, Edmond, als Chauffeur zu nehmen; dieser war ein wenig schwerhörig, aber Monsieur Proust behielt ihn die ganze Zeit über, in der er deswegen vom Heeresdienst zurückgestellt war.

Etwas aus Odilons Lebensgeschichte ging Monsieur Proust ganz besonders nahe – ich weiß es, weil er es mir gesagt hat. Das waren die Umstände des Todes seiner Mutter, als er noch Schüler in La Canourgue im Departement Lozère war. Eines Abends waren sie zusammen nach Hause gekommen, und er hatte einen Knopf an seiner Weste verloren; seine Mutter sagte: »Laß sie auf dem Küchenstuhl liegen, ich nähe dir den Knopf nachher an. Aber erst will ich mich etwas ausruhen, denn ich habe Herzschmerzen.« Am nächsten Morgen stand er auf, sah seine Weste mit dem angenähten Knopf auf dem Stuhl, und im ganzen Haus herrschte Stille. Er glaubte, daß seine Mutter, die so müde gewesen war, noch schlief, und wollte auf Zehenspitzen hinaus und in die Schule gehen. Aber in dem Augenblick, in dem er die Tür hinter sich zuzog, sagte er sich, daß seine Mutter sich Sorgen machen würde, wenn er so ohne ein Wort wegginge; er kam also zurück und fand seine Mutter leblos im Bett ... Monsieur Proust war immer sehr bewegt, wenn er davon sprach; alles, was das Drama der Mütter berührte, erinnerte ihn an seine eigene Mutter und erschütterte ihn.

Bei alledem kannte er die Menschen, mit denen er zu tun hatte, so gut, daß er mir gegenüber mehr als einmal voll Güte und mit der nur ihm eigenen Großherzigkeit zum Ausdruck brachte, wie zugetan er meinem Mann sei, und er fügte hinzu: »Ja, ich habe ihn sehr gern; aber wissen Sie, liebe Céleste, es ist nicht dasselbe. Seine Dienste und die Ihren sind nicht dieselben.«

Ich hätte sehr dumm sein müssen, wenn mich das für meinen Mann gekränkt hätte, denn Monsieur Proust hatte nur die Wirklichkeit geschildert: Odilon hatte noch andere Kunden, während ich ganz in Monsieur Prousts Dienst stand.

Indes wußte er sehr wohl, daß wir etwas gemeinsam hatten, mein Mann und ich, nämlich daß wir uns nie von ihm trennen würden. Als der Krieg zu Ende war und Odilon seine Verwunderung überwunden hatte, daß ich dort war und ein Leben dieser Art auf Kosten meiner Selbständigkeit akzeptiert hatte – denn auch er kannte mich gut –, da hat er sich ohne Murren seinerseits am Boulevard Haussmann niedergelassen. Niemals haben wir untereinander davon gesprochen, ob wir weggehen oder dableiben sollten; niemals hat er auch nur ein Wort davon gesagt, daß er den Wunsch gehegt hatte, ein eigenes Geschäft zu übernehmen. Der einzige Wunsch, den er eine Zeitlang hegte, war die Anschaffung eines neuen Wagens; und zwar eher um Monsieur Prousts als um seiner selbst willen.

Man darf nicht vergessen, daß die Chauffeure in den ersten Autos draußen saßen wie die Kutscher und Regen, Hitze und Kälte ausgesetzt waren. Aber je luxuriöser die Wagen wurden, um so mehr schämte sich mein Mann seines alten Renault. Schließlich hat er mit Monsieur Proust darüber gesprochen, aber aus Taktgefühl für sich behalten, was andere Kunden geäußert hatten. Er tat ihm seine Absicht kund, einen neuen Wagen zu bestellen, der schicklicher wäre, wenn er zum Beispiel vor dem Ritz oder vor herrschaftlichen Häusern auf ihn wartete.

»Nein, nein, Odilon«, hat Monsieur Proust ihm geantwortet. »Ich möchte nicht, daß Sie den Wagen wechseln. Ich mag Ihr Taxi zu gern, fühle mich darin durchaus wohl und bin daran gewöhnt. Es ist nicht nötig, daß ich Aufsehen errege, wenn ich vorüberfahre.«

Mein Mann hat nicht darauf bestanden; er liebte ihn zu sehr, um etwas gegen seinen Willen zu tun. Erst ganz zum Schluß, als sein Renault ein solches Museumsstück geworden war, daß Monsieur Proust eben durch ihn Aufsehen erregte, beschloß er, einen neuen Wagen zu kaufen; doch er hat es Monsieur Proust nicht gesagt, sondern wollte ihn damit überraschen, so überzeugt war er, daß der Wagen ihm Freude machen würde; ich wußte überhaupt nichts davon. Aber Monsieur Proust starb vorher und hat es gar nicht erfahren. Und das Erstaunliche war, daß mein Mann den schönen neuen Wagen nie gefahren hat, als sei das Verlangen danach mit Monsieur Proust gestorben. Wir waren noch nicht aus Monsieur Prousts Wohnung ausgezogen, da hatte er ihn schon wieder verkauft, und zwar mit Verlust. Ich erinnere mich, daß er zweiundzwanzig- oder vierundzwanzigtausend damalige Francs dafür bezahlt hatte. Abgegeben hat er ihn für achtzehntausend Francs. Wir waren uns einig; es gab kein Zögern, als Odilon zu mir sagte: »Nach ihm ist Schluß. Er hat mich die anderen Kunden ertragen lassen.«

»Ihre Mutter ist gestorben«

Ja, diese Kriegsnächte von 1914 bis 1918 haben gewiß die zunehmende Vertrautheit unseres abendlichen Beisammenseins begünstigt – wenn man es abendlich nennen kann, denn es spielte sich fast immer nach Mitternacht ab; auch wenn er nicht ausging.

Zu Anfang sprach ich mehr als er, zweifellos weil es noch meine Probezeit war. Aber ebenso gewiß deshalb, weil er immer das Bedürfnis hatte, zu beobachten und einen Menschen ganz kennenzulernen.

In dieser Zeit begann er, mich gründlich auszufragen. Er wollte alles von mir und meiner Familie wissen, und vor allem von meiner Kindheit:

»... weil das die Zeit ist, in der alles entsteht«, sagte er. »Das Paradies und auch die Hölle.«

Ich erinnere mich sehr gut, daß ich mich einmal beim Erzählen meiner Geschichten plötzlich unterbrach:

»Ach, Monsieur, ich frage mich, warum ich Ihnen das erzähle. Das muß Sie doch langweilen, wenn ich dauernd von meiner Kindheit und meinem Dorf spreche.«

»Aber ganz und gar nicht, Céleste. Ich will Ihnen sogar etwas verraten: ich möchte gern ein Buch über Sie schreiben. Nur dürfen Sie deswegen nicht überheblich werden.«

»Warum sollte ich überheblich werden, Monsieur? Sie machen sich ja über mich lustig!«

»Keineswegs, keineswegs. Und seien Sie nicht beleidigt. Denn sehen Sie, wenn ich dieses Buch schriebe, liebe Céleste, würde man sehr viel daraus lernen. Man würde sehen, daß das, was Sie in sich haben, gar nicht Ihr Eigenes ist. Das ist das Allerspannendste bei den Menschen: herauszufinden, wo das herkommt, was wir sind. Jemand hat eine schöne Seele, aber von wem hat er sie? Von seinem Vater, von seiner Mutter, von seiner Großmutter, von anderen Vorfahren? Das ist etwas, das ich gern wissen möchte.«

Und ich – fasziniert von der Art, wie er zuhörte, die Wange graziös auf die Hand gestützt, die Augen einmal gütig dreinblickend, dann wieder belustigt blinzelnd, aber bei alledem immer aufmerksam, als sei er schon im Begriff, das Gesagte in Schrift zu verwandeln – ich redete und redete ...

Vor allem wollte er aus einem sämtliche Einzelheiten des Charakters, aber auch der Lebensweise herausholen. Ich mußte ihm alle meine Streiche aus der Kinderzeit berichten: daß ich auf Bäume geklettert bin (welche Bäume?), daß wir im Winter, statt zum Mittagessen nach Hause zu gehen, mit unseren Holzpantinen halsbrecherisch auf dem Eis schlitterten, daß ich dreimal so viel Schürzen brauchte wie meine Schwester, weil ich überall damit hängenblieb (wie sahen diese Schürzen aus?).

Er war begeistert: »Aber, Céleste, an Ihnen ist ja wirklich ein Junge verlorengegangen!«

Ich mußte ihm von den verschiedenen Jahreszeiten erzählen, den Blumen, den Früchten, und daß meine Mutter, weil in unserem Haus, einer ehemaligen Mühle, die Zimmer im Winter so eisig waren, uns vor dem Schlafengehen Wärmflaschen ins Bett legte; und da die Schule nicht geheizt war, gab sie jedem von uns einen mit Kohlen gefüllten Fußwärmer mit.

Er war sehr an meinen vier Brüdern interessiert, die alle intelligent und auf unterschiedliche Weise begabt waren. Der älteste war bei den Jesuiten in Rodez erzogen worden und bekam jedes Jahr den Ehrenpreis. Er war sehr geschickt und machte alles mögliche. Als er ganz jung war, hatte er das Gebälk für einen Schuppen konstruiert, und der Dachdecker hatte gesagt, er habe noch nie ein so ausgewogenes Gebälk gesehen. Aber er haßte die Landwirtschaft; für meinen Vater war das eine Katastrophe. Als er volljährig war, kam er nur noch in den Ferien nach Hause, um zu helfen. Er starb mit siebenundzwanzig Jahren an den Folgen eines Fahrradunfalls. Der zweite war das genaue Gegenteil: um nichts in der Welt hätte er in der Stadt leben mögen. Als ich Odilon heiratete, hatte er zu mir gesagt: »Geh nur nach Paris und iß verdorbenes Fleisch und stinkende Hähnchen! Hier ist wenigstens alles bekömmlich!« Er ging so weit, daß er sich sein Mehl selbst mahlte und das von seiner Frau geknetete Brot in einem Ofen buk, den er sich hatte bauen lassen. Das Brotmehl, das man kaufen könne, sei verfälscht und rufe bei ihm Sodbrennen hervor, sagte er. Allerdings war er, nachdem er Scharlach gehabt hatte, immer zart geblieben. Doch was ihm an Gesundheit abging, machte er durch Erfindungsgabe wett. Ich erinnere mich, daß er, statt Ochsen im Kreis laufen zu lassen, um das Korn zu dreschen, eine Dreschmaschine gebaut hatte, die mit Wasserkraft betrieben wurde. Er war sehr stolz darauf: »Die anderen holen sich Leute zum Helfen, und für die Helfer muß man Festmähler geben, das ist teuer. Ich brauche niemanden.« Da er schlecht schlief, wälzte er sich nachts herum und dachte sich Mittel und Wege aus, um die Landwirtschaft zu verbessern.

Ohne ihn zu kennen, mochte ihn Monsieur Proust. Vor meiner Heirat hatte mein Bruder eine Nichte des Erzbischofs von Tours, Mgr. Nègre, geheiratet, und als wir eines Tages von meiner Familie sprachen und ich ihm das erzählte, war er sehr entzückt, und ich glaube, er hätte nicht stolzer sein können, wenn er gewußt hätte, daß seine Großnichte eines Tages einen Sohn von François Mauriac zum Mann haben würde. Ich weiß nicht mehr, ob es am nächsten Tag oder später war, als er mir ein kleines Gedicht zeigte, das er darüber geschrieben hatte. Als er es mir vorlas, schien er sich über mich lustig zu machen:

Grande, fine, belle, un peu maigre,
Tantôt lasse, tantôt allègre,
Charmant les princes et la pègre,
Lançant à Marcel un mot aigre,
Rendant le miel pour le vinaigre,
Spirituelle, agile, intègre,
C'est la presque nièce de Nègre.

Groß, schlank, hübsch, ein wenig mager,
Doch im ganzen durchaus nicht hager,
Bei Fürsten und Gaunern gleich beliebt,
Dem Marcel ein scharfes Wort sie gibt,
Honig will sie mit Essig vergelten,
Ob ihres Witzes darf man sie nicht schelten,
Fast wäre sie des Erzbischofs Nichte.

Es machte ihm solchen Spaß, daß er wie ein Kind dabei lachte.

»Nun, was sagen Sie dazu, Céleste? Es ist gut, nicht wahr? Mir gefällt es jedenfalls; ich schenke es Ihnen.«

Ich habe auch gelacht, weil es lustig war, ihn in seiner Freude zu sehen, und habe gesagt: »Aber, Monsieur, was für ein Porträt von mir – Essig!«

»Ach, Céleste, was wollen Sie: ›hübsch‹ und ›bei Fürsten beliebt‹ und ›witzig‹ – ist das nichts?«

Was ich von meinem jüngsten Bruder erzählte, hat ihn

auch sehr gefesselt, vielleicht wegen einer gewissen Ähnlichkeit. Ich glaube, daß er in diesem Zusammenhang seine ersten Andeutungen über seine eigene Kindheit machte. Mein kleiner Bruder war sehr zart, sehr sensibel und sehr sanft. Wir hingen sehr aneinander. Wenn ich etwas Dummes angestellt hatte, sagte er zu meiner Mutter: »Du wirst doch mit Céleste nicht schimpfen, sonst muß ich weinen.« Er ist mit neun Jahren an akutem Gelenkrheumatismus gestorben. Mein Vater, dessen Liebling er war, hat sich über den Verlust nie getröstet; meine Mutter auch nicht, um so mehr, als sie schon ein siebentes Kind verloren hatte infolge eines Brandes, der unseren ganzen Besitz zerstört hatte. Sie war schwanger zu der Zeit. Die Scheune war voller Stroh, und es wehte ein fürchterlicher Wind, der das Feuer anfachte. Meine Mutter ist mit einem Eimer Wasser zum Löschen hinaufgestiegen; sie fiel, stand wieder auf und wollte weitermachen; als sie dann mit einem zweiten Eimer Wasser hinaufging, fing ihr Rock Feuer. Acht Tage später hat sie das Kind zur Welt gebracht. Es hat unaufhörlich geschrien und ist nach sehr kurzer Zeit gestorben. Mein Vater wäre bald in den Flammen umgekommen, denn das Feuer hatte auf das Haus übergegriffen. Er war hineingestürzt, um Papiere und andere Dinge zu retten; er kam nicht wieder heraus, der Rauch hatte ihn überrascht, und mein ältester Bruder ist gerade noch rechtzeitig durch ein Fenster eingestiegen und hat ihn halb erstickt herausgeholt.

Trotz dieser Tragödie habe ich Monsieur Proust sehr erheitert, als ich ihm erzählte, daß mein Vater, nachdem er alles verloren hatte, sich von einem Nachbarn einen Hut leihen mußte, um Sonntag in die Messe zu gehen. Dieser Hut war zu klein.

Es war vor allem meine Mutter, über die er mich ausfragte: »Man sieht, daß Ihr Vater ein guter Mensch war. Aber bei einem Mann, selbst dem besten, wird die Güte nie so weit gehen wie bei einer Frau, er wird immer etwas Strenges behalten. Ein Mann wird nie die Güte selbst sein, wie Ihre Mutter es zu sein scheint.«

Das war richtig. Meine Mutter besaß unendlich viel Urteilsvermögen, Klugheit und Ausdauer. Sie war sehr gläubig und ertrug alles mit bewundernswerter Geduld und Gelassenheit. Sie waren vier Kinder in ihrer Familie gewesen, drei Mädchen und ein Junge; alle waren tot, bis auf sie. Ihre Mutter hatte zu ihr gesagt: »Meine Tochter, Gott bewahre dich davor, mit ansehen zu müssen, daß deine Kinder vor dir dahingehen.« Und nun waren meine beiden Brüder dahingegangen, ganz zu schweigen von dem anderen Kind, das nicht am Leben geblieben war. Aber das hat nur bewirkt, daß sie anderen gegenüber noch mehr Großzügigkeit und Mitleid bewies. Abgesehen von diesen Unglücksfällen konnten wir uns nicht beklagen; in der Schule gab es Kinder, die zu meiner Schwester Marie und mir sagten: »Ihr da unten in der Mühle, ihr habt alles, was wir nicht haben.«

Tatsächlich gab es Familien mit vier oder fünf Kindern, die ein wahres Hungerleben führten und in kleinen Hütten ohne Licht und Feuer wohnten. Oft legte meine Mutter einen Käse und ein Brot in einen Korb und schickte mich damit zu dieser oder jener Familie, wobei sie mir einschärfte: »Wenn dir unterwegs Fragen gestellt werden, antwortest du nicht. Du gehst hin, gibst den Korb ab und kommst zurück.« Und das geschah immer in der Verschwiegenheit des Abends, zur Stunde des Angelus, um den Leuten die Demütigung zu ersparen, daß jemand sieht, wie sie beschenkt werden. Nicht anders war es, wenn sie zum Beispiel ein Huhn verkaufte. Wir hatten ständig etwa hundert Stück Geflügel; manchmal überraschte mein Vater sie dabei, wenn sie etwas verkaufte, und nachher rief er dann: »Ich verstehe das nicht, du verkaufst das für achtzehn Sous; überall sonst bringt das zwei Francs fünfzig oder drei Francs.« Ich bin überzeugt, daß sie auch Hühner verschenkte und es vor ihm und uns verheimlichte.

Wir hatten auch sehr viel Obst. Meine Mutter ließ Frauen zum Pflücken kommen; sie gab ihnen zu essen; so waren wir manchmal zwölf oder fünfzehn Personen bei Tisch; und abends gingen diese Frauen mit ihren prall gefüllten Körben nach Hause.

Meine Mutter konnte nichts tun, was nicht anständig war, und sie konnte nicht lügen. Sie sagte zu uns: »Wenn jemand etwas Unrechtes getan oder etwas falsch gemacht hat, soll er es eingestehen, man muß bedenken, daß es schon verziehen ist.«

Nachdem er Photographien gesehen hatte, fand Monsieur Proust, daß ich ihr äußerlich sehr ähnlich sei. Er fügte hinzu: »Und charakterlich auch. Sie sind von einer Arglosigkeit, die Sie sicherlich von ihr haben. Ich habe das Gefühl, daß Sie sich mir und auch Ihrem Mann gegenüber nicht verstellen können.«

»Monsieur«, anwortete ich, »das liegt daran, daß ich in Ihnen meine Mutter wiederfinde.«

Womit ich sagen wollte: dieselbe Anteilnahme, dieselbe Gefühlswärme, dieselbe Güte mir gegenüber.

Mit elf Jahren hörte ich auf zu wachsen, ich war so groß wie heute, aber ich litt an Blutarmut, so daß meine Mutter in den folgenden Jahren Angst hatte, ich würde Tuberkulose bekommen.

»Ah, liebe Céleste,« sagte er, »wie muß sie sich um Sie Sorgen gemacht haben, genau wie Mama um mich!«

Und als ich ihm berichtete, daß ich mich mit vierzehn oder fünfzehn Jahren von Grund auf geändert und meine Jungenhaftigkeit abgelegt hatte, nicht mehr ausgehen wollte und im Haus blieb, um zu nähen und zu arbeiten, während meine Schwester Marie spazierenging, ja daß ich sogar, als ich schon verheiratet und in Paris war, am liebsten zu Hause blieb und mich mit irgend etwas beschäftigte, da sah er mich an und schenkte mir sein warmherziges, bestrickendes Lächeln: »Zum Glück haben Sie diese Eigenschaft behalten. Sie waren dazu bestimmt, sich aufzuopfern wie Ihre Mutter, ohne es zu wissen. Sonst wären Sie auch nicht hier.«

Um das Unglück meiner Mutter voll zu machen, ist mein Vater im Herbst 1913 gestorben, im September. Vier Jahre zuvor hatte er einen Schlaganfall gehabt und war seitdem gelähmt gewesen; man mußte ihm beim Gehen helfen, und wenn ein anderer ihn am Arm nahm, dann protestierte er: »Ich möchte deine Mutter haben.« Es war eine sehr gute, sehr liebevolle Ehe. Ich war schon verheiratet, als er starb, und ich bin sofort von Paris aus hingefahren; ich sah, daß meine Mutter sehr erschöpft war, und habe ihr vorgeschlagen: »Mama, wenn du dich etwas erholt hast, mußt du ein paar Tage nach Paris kommen, um dich abzulenken.«

»Nein, mein Kind«, hat sie mir geantwortet. »Mit deinem Vater ist die Hälfte von mir gestorben. Die andere Hälfte muß hierbleiben. Ich werde nie nach Paris fahren. Ob wir uns noch einmal wiedersehen werden?«

Monsieur Proust standen die Tränen in den Augen, als ich ihm erzählte, wie ich sie verlassen habe. Von unserem

Haus führte ein Weg zur Straße, der um die Mauer herumlief und dann noch einmal am Haus vorbeikam. Mein Bruder hat mich mit dem Pferdewagen zum Bahnhof gefahren, der fünf Kilometer entfernt lag. Meine Mutter folgte mir mit den Augen, bis ich ihrem Blick entschwand.

Und dann wurde eines Tages im April 1915 an der Hintertür am Boulevard Haussmann geklopft. Ich öffne und sehe eine meiner Schwägerinnen mit ernster Miene, die zu mir sagt: »Céleste, ich habe ein Telegramm von deinem Bruder bekommen. Du mußt sofort hinfahren, deine Mutter ist krank.«

»Das ist doch nicht möglich«, antwortete ich. »Vor zwei Tagen habe ich einen Brief von Marie bekommen, in dem sie schreibt, daß es Mama sehr gut geht.«

Da sie darauf bestand und Monsieur Proust wach war, bin ich zu ihm gegangen und habe es ihm mitgeteilt. Er hat gleich gefragt: »Woher weiß sie es?«

»Durch ein Telegramm.«

»Haben Sie das Telegramm gesehen?«

»Nein.«

»Also bringen Sie es mir rasch.«

Ich habe es geholt und nicht gewagt, einen Blick darauf zu werfen. Ich sehe noch heute, wie bleich er war, als er mit seiner Hand das blaue Papier auf das Laken legte.

»Meine arme Céleste, Ihre liebe Mama ist tot. In dem Telegramm steht: ›Céleste schonend vorbereiten. Brief folgt.‹«

Und er hat still geweint wie ich. Dann wollte er, daß ich sofort losfahre: »Liebe Céleste, ich verstehe Ihren Schmerz, ich habe dasselbe durchgemacht. Auch wenn Ihre Mutter tot ist, müssen Sie sie noch einmal sehen. Es wäre sonst zu grausam.«

»Aber, Monsieur, ich kann Sie doch nicht ganz allein lassen.«

»Doch, doch, ich werde schon zurechtkommen, kümmern Sie sich nicht um mich. Fahren Sie, fahren Sie.«

Und er hat mich umarmt.

Schließlich haben wir es so eingerichtet, daß eine meiner Schwägerinnen ihn in der Zeit meiner Abwesenheit versorgte.

Es war Krieg, und die Verbindungen waren daher damals schlechter als gewöhnlich; ich mußte unterwegs in Saint-Flour übernachten, ehe ich Anschluß hatte. Ich erinnere mich, daß ich in Eile abgefahren war, ohne mich umzuziehen. Meine leichten Schuhe versanken im Schnee, und ich hatte weißgetüpfelte Strümpfe an; ein Bauer, der Dialekt sprach und glaubte, ich verstehe ihn nicht, hat gesagt: »Die da mit ihren durchbrochenen Strümpfen, der muß warm sein!« Mein Bruder und meine Schwester in Auxillac haben geglaubt, ich würde nicht kommen. Als ich eintraf, war meine Mutter schon beerdigt (sie war innerhalb weniger Stunden an einem Gehirnschlag gestorben). Ich habe sie also nicht noch einmal gesehen, wie Monsieur Proust es gewollt hatte.

Ich bin fast sofort wieder abgefahren; ich war nicht länger als drei Tage fort, obwohl auf der Rückreise dieselben Anschlußschwierigkeiten bestanden. Nach meiner Rückkehr hat Monsieur Proust wiederum geweint, als ich ihm erzählte, was geschehen war. Er hat mich sanft an der Hand genommen und gesagt: »Ich habe Sie in Gedanken die ganze Zeit begleitet.«

Das stimmte wirklich, denn ich erinnere mich, daß etwa zur selben Zeit Odilons Bruder Jean als vermißt gemeldet worden war, ohne daß wir wußten, ob er gefallen war.

Monsieur Proust hatte seinen Freund Reynaldo Hahn gebeten, durch seine Beziehungen zum Stab Nachforschungen anstellen zu lassen. Vor meiner Abreise nach Auxillac hatte er zu mir gesagt: »Machen Sie sich keine Sorgen um Ihren Schwager, Céleste. Wenn ich etwas höre, telegrafiere ich Ihnen.«

Und er hat mir tatsächlich telegrafiert, daß man immer noch nichts wisse.

Während meiner kurzen Abwesenheit hatte meine Schwägerin Léontine alles getan, was in ihrer Macht stand. Aber ich habe gleich gemerkt, daß das nicht genug war. Als er mich wiedersah, hat er erklärt, ihm sei die Zeit lang vorgekommen, und überdies, auch ohne Klatsch und Tratsch habe es meine Schwägerin sich nicht versagen können, sich mit den Leuten im Haus zu unterhalten und es Monsieur Proust wiederzuerzählen, was er haßte. Er hatte sich schon zu sehr an mich gewöhnt, wie ich mich an ihn, um mit einer anderen zufrieden zu sein.

Ich bin ziemlich sicher, daß er während meiner Abwesenheit praktisch nicht aufgestanden ist. Er sagte zu mir, eher belustigt als vorwurfsvoll: »Ihre Schwägerin hat sich in der Wohnung verlaufen und hätte auch mein Bett nicht machen können.«

Das zeigte, daß es Probleme geben würde, wenn ich einmal unpäßlich sein sollte. Aber im Grunde genommen dachte ich da überhaupt nicht daran; ich war zu jung und zu glücklich über das, was ich tat. Und im übrigen bin ich in diesen ganzen Jahren nur ein einziges Mal krank gewesen. Das muß 1917 gewesen sein, zu der Zeit, als die spanische Grippe wütete, die so viel Todesopfer forderte. Ich erinnere mich, daß ich Fieber hatte, ich war schweißgebadet und schleppte mich nur so dahin. Als ich in sein Zimmer kam, hat er, dessen Augen und Nase nichts entging, gefragt: »Was ist los, Céleste? Sind Sie müde? Mir scheint, ich rieche etwas.«

»Nein, nein, Monsieur, ich versichere Ihnen, ich fühle mich sehr gut.«

Aber abends hat mir Madame Chevalier, die Köchin von unten, geraten, vorsichtig zu sein, und sie mußte es wissen, denn sie hatte selbst die spanische Grippe gehabt. Monsieur Proust ging an jenem Abend aus. Ich habe alles vorbereitet, als ob nichts wäre. Nachdem ich dann während eines Teils der Nacht die Zettel und Zeitungen in seinem Schlafzimmer sortiert hatte, bin ich nach seiner Rückkehr schlafen gegangen. Ich habe eine Menge Aspirin genommen und mir ein Nachthemd zum Wechseln auf einen Stuhl am Kopfende meines Bettes bereitgelegt. Als ich nach ein paar Stunden aufwachte, lag ich in einem See und fror entsetzlich; ich vermochte nicht einmal den Arm zu heben. Ich zwang mich, mit einem Ruck mein Nachthemd auszuziehen und das andere zu packen; nachdem ich mich umgezogen hatte, schlief ich wieder ein und stand wie üblich um die Mittagszeit auf, um meinen Dienst zu versehen. Um vier Uhr habe ich den Kaffee serviert. Meine Beine fühlten sich wie Gummi an, aber die Krankheit war zum Stehen gebracht: ich konnte wieder herumwirtschaften und sagte Monsieur Proust nichts. Auch er erwähnte nichts, obwohl er es erraten hat. Allein das war ein Zeichen von Zuneigung. Denn wie oft hatte er zu mir gesagt: »Céleste, Sie dürfen diese Person nicht sehen. Ich fürchte, sie hat eine Mikrobe; es wäre nicht gut für uns, wenn Sie sich ansteckten.«

Das eigentliche Problem war indes die Müdigkeit. Während er schlief oder ruhte, erledigte ich den täglichen Kram;

sobald er wach war, hatte ich keine Ruhe mehr. So kam dann schließlich meine Schwester Marie mir zur Hilfe.

Marie ist drei Jahre älter als ich. Noch heute leben wir zusammen. Wir lieben uns heiß und innig, vielleicht, weil wir sehr verschieden sind. Ich bin sehr aktiv und energisch, und nachher klappe ich zusammen; sie zieht sich bei Schwierigkeiten in sich selbst zurück und kann sich zu nichts aufraffen. Gleich nach dem Tod unserer Mutter hatte sie sich ins Bett gelegt und wollte nicht mehr aufstehen. Als ich in Auxillac eintraf, fand ich sie im Bett, gelb wie eine Zitrone, und ständig wiederholte sie: »Ohne Mama kann ich nicht leben.« Als ich abfuhr, machte ich mir große Sorgen um sie. Wir schrieben uns dauernd. In meinen Briefen beharrte ich immer wieder darauf, sie solle mich in Paris besuchen, um auf andere Gedanken zu kommen, statt sich auf dem Lande im Schmerz um meine Mutter zu verzehren. Sie ist einmal gekommen, aber gleich wieder abgefahren.

Schließlich habe ich mit Monsieur Proust gesprochen und darauf hingewiesen, daß ich nicht hierhin und dorthin laufen und überall zur gleichen Zeit sein könne, und habe ihm versichert, daß meine Schwester ihm ebenso ergeben sein würde wie ich. Er war einverstanden. Marie ist wiedergekommen, diesmal für immer. Da Monsieur Proust nicht von sich aus vorgeschlagen hatte, daß meine Schwester im leerstehenden Mädchenzimmer am Boulevard Haussmann wohnen könne und ich zu stolz war, ihn darum zu bitten, habe ich Marie bei meiner Schwägerin in der Rue Laffitte untergebracht. Vormittags kam sie nicht, sondern erst zum Mittagessen, das wir zusammen in der Küche einnahmen; sie ging abends wieder fort.

In der ersten Zeit – Marie war Anfang Oktober 1918, kurz vor dem Waffenstillstand, gekommen – hegte Monsieur Proust ein gewisses Mißtrauen gegen sie. So unbefangen ich ihm gegenüber war, so verklemmt war Marie nämlich. Einmal sagte er zu mir: »Sie sehen ja, ich muß mich in alles fügen, was Sie wollen. Es war Ihr Wunsch, daß Ihre Schwester hier sei, und sie ist da.«

Ich bin hochgegangen und habe ihn gefragt: »Warum sagen Sie das, Monsieur? Wenn Sie das wirklich glauben, dann ist es ein Zeichen, daß es Ihnen nicht angenehm ist.«

Er schenkte mir sein wunderbares Lächeln: »Aber nein, Céleste, ich habe nur Spaß gemacht.«

Immerhin hatte er es mir gegeben! Diese Einstellung meiner Schwester gegenüber war so etwas wie Eifersucht; es gehörte zu seiner Art, alles für sich haben zu wollen; wenn ich meine Schwester liebte, dann würde ich ihn entsprechend weniger lieben.

Später hat er dann gemerkt, daß Marie sehr feinfühlig ist und ihn nicht weniger gern mochte als ich. Ich erinnere mich, daß er ihr eines Tages in meiner Abwesenheit etwas von seinem Vater, dem Professor Adrien Proust, erzählt hatte, und als ich nach Hause kam, war er ganz beglückt; er sagte zu mir: »Céleste, ich habe Ihrer Schwester von meinem Vater erzählt, und wissen Sie, was sie sagte? ›Ein Leben wie das Ihres Herrn Vater ist ein *geopfertes* Leben.‹ Das ist sehr schön, ich werde es in mein Buch aufnehmen.«

Und es steht darin.

Aber im großen und ganzen hat er Marie nicht viel in Anspruch genommen. Wenn ich weggegangen war, hat er sie gerufen.

»Ist Céleste schon zurück? Sobald sie da ist, schicken Sie sie zu mir.«

Sie erledigte hauptsächlich die Besorgungen und half mir

im Haushalt, wenn er ausging. Wirklichen Kontakt hatte er hauptsächlich mit ihr, wenn ich da war.

In seinem Buch gibt es diese berühmte Szene, in der er uns beide beschreibt, wie wir bei ihm sind, als er seinen Kaffee trinkt; er läßt die Szene in Cabourg stattfinden und macht uns dabei zu »Botinnen«. Sie ist zum Teil wahr, abgesehen von der Phantasie, und ist ein Resümee vieler anderer Szenen an Tagen, an denen er beim Aufwachen fröhlich wie ein kleiner Vogel sein konnte, entweder weil er nachts gut gearbeitet hatte, oder weil ihn sein Asthma nicht zu sehr quälte.

Er läßt mich in dieser Szene sagen: »Oh, dieser kleine dunkle Teufel, mit Haaren wie pechschwarze Häherfedern, wie schlau und boshaft er ist! Ich weiß nicht, woran Ihre Mutter gedacht hat, als sie Sie unter dem Herzen trug, denn Sie haben alles von einem Vogel an sich. Schau nur, Marie, sieht er nicht genauso aus, als ob er sich die Federn glattstreicht? Und wie flink er den Hals wenden kann ...« Es stimmt, daß ich gelegentlich derlei Dinge sagte, ihn etwa mit einem Vogel verglich, der sich aufplustert, weil sein Haar beim Aufwachen immer so zerzaust war und seine schwarzen Augen so boshaft blickten. Er hatte dann hinreißende Bewegungen: wenn er sein Croissant nahm, schien er vor uns den Zieraffen spielen zu wollen.

Ebenso war es mit dem anderen Ausspruch, den er mir in derselben Szene zuschreibt: »Pauvre Ploumissou.« Ich hatte das einmal zu ihm gesagt, und er fragte, was das bedeutet. Ich hatte es ihm erklärt: »Das stammt von meiner Mutter. Als ich klein war, rief sie mich: ›Komm her, mein Ploumissou, damit ich dich kämme‹, womit sie wohl so etwas Ähnliches wie einen Flederwisch meinte. Und Sie, Monsieur, sehen auch wie ein Flederwisch aus.«

Er fand das sehr hübsch und sagte: »Dann wollen wir es so machen, wie ich es in meiner Jugend mit meinem Freund Reynaldo gemacht habe; er nannte mich ›Buncht‹, und ich nannte ihn ›Bunibuls‹. Sie werden Plouplou sein und ich Missou.«

Später hat er dann manchmal, wenn ich in sein Zimmer kam, gefragt: »Wie geht es Ihnen heute, Plouplou?«

Aber ich habe ihn nie Missou genannt; das hätte ich nicht gewagt. Auch kann ich mich nicht erinnern, daß ich jemals wie die Céleste des Buches zu ihm gesagt hätte: »Niemals habe ich jemanden gesehen, der so dumm und so ungeschickt ist wie Sie.« Indes ist es möglich, daß ich im Scherz wirklich den Ausspruch »Verschwender, der Sie sind« getan habe, den er mir in den Mund legt. Denn Bemerkungen dieser Art habe ich oft gemacht: »Monsieur, es ist Ihr Glück, daß Sie reiche Eltern hatten, denn wenn Sie arm geboren worden wären, frage ich mich, wie Sie durchs Leben gekommen wären.«

In solchen Fällen machte er ein Gesicht wie ein gescholtenes Kind.

»Aber, Céleste, ich bin nicht reich.«

»Immerhin, Monsieur, haben Sie so viel, daß Sie tun können, was Ihnen Spaß macht.«

Einmal hat er geantwortet: »Nein, Céleste, ich bin nicht reich. Zu meinem Glück, denn wer reich ist ...«

Er hat den Satz nicht vollendet; aber als er diese Worte sprach, lag so viel Gefühl in seinem Blick, daß ich daraus entnehmen zu können glaubte, daß er an die damit verbundenen Verpflichtungen dachte, denn er war sehr pflichtbewußt.

Um auf die Seiten seines Buches zurückzukommen, von denen ich gesprochen habe, so geht zweifellos aus ihnen hervor, daß er bei uns im Vergleich mit den Kreisen, in denen er verkehrte, eine gewisse natürliche Frische fand. Und bei mir noch mehr als bei Marie, die tatsächlich manchmal an meiner Dreistigkeit Anstoß nahm. Ich bin sogar überzeugt, daß er die Entrüstung meiner Schwester provozierte; er fand das herrlich. Er nannte das meinen »sprudelnden Witz« – auch »flutende Wirbel«, wie er schrieb.

Ja, ich bin sicher, daß er sich mit uns wohl fühlte. Und als Odilon nach dem Krieg zurückkam und dann mit mir am Boulevard Haussmann wohnte und seinen Taxidienst wiederaufnehmen konnte, da war Monsieur Proust, glaube ich, ganz glücklich, denn sein kleiner Kreis hatte sich geschlossen.

Seine Abende in den Salons

Im Grunde genommen waren wir beide ein wenig verwaist – seine Eltern tot, seine Freunde in alle Winde verstreut, meine Familie weit weg, mein Mann im Krieg, und nach meinem Vater war nun auch meine Mutter gestorben. So kam es, daß sich zwischen uns eine gewisse Vertraulichkeit entwickelte, mit dem einzigen Unterschied, daß er dabei nie seine Arbeit aus den Augen verlor, während ich meine Aufgaben vernachlässigte, um mich ganz dieser Wunderwelt hinzugeben.

Wir hatten sozusagen unseren Feierabend, der allerdings, da die Nacht zum Tag geworden war, im allgemeinen zwischen zwei und drei Uhr morgens, kaum früher, begann, nachdem Monsieur Proust nach Hause gekommen war oder mit seiner Arbeit aufgehört hatte, ohne sich aus dem Zimmer zu rühren. Im Laufe der Zeit dehnte sich der Feierabend immer länger aus. Zuerst ließ er mich gegen fünf oder sechs Uhr morgens gehen, manchmal auch erst um sieben; dann hat er es sich angewöhnt, mich noch einmal zu rufen; es wurde acht Uhr, neun Uhr, manchmal halb zehn. Mir war das gleichgültig: sobald er läutete, kam ich sofort, die Haare auf dem Rücken hängend, wie ich schon erwähnt habe, immer lächelnd und bereit, ihm zuzuhören, selbst wenn mich sein Läuten aus dem ersten Schlaf gerissen hatte.

»Ah, da ist sie ja, die Mona Lisa! Liebe Céleste, Sie haben sich nicht ausgeruht, aber da Sie freundlicherweise da sind, möchte ich Sie etwas bitten ...«

»Etwas« war dann jemand, über den er mittlerweile nachgedacht hatte und den ich auf der Stelle anrufen mußte. Er nannte mir denjenigen, den er gerne sehen oder bitten wollte, ihn irgendwohin zu begleiten; meistens fügte er dann hinzu: »Was halten Sie davon? Sie wissen genausogut wie ich, daß ich nur das unternehmen kann, was meine Gesundheit zuläßt. Glauben Sie, es wäre ratsam und klug, wenn ich heute abend ausgehe?«

»Aber, Monsieur, wer weiß das besser als Sie?«

Dann sah er mich prüfend an und bestand entweder darauf, daß ich mich wieder anziehe und telefonieren gehe, oder er verschob die Entscheidung. Aber fast immer benutzte er die Gelegenheit, mich noch etwas bei sich zu behalten und ein Weilchen oder sogar noch eine Stunde mit mir zu plaudern. Wenn wir uns unterhielten, war es bei ihm nicht nur der Wunsch nach Gesellschaft. Er mußte rekapitulieren. Er traf eine Auswahl unter dem, was er gedacht oder gehört hatte. Ich bin überzeugt, daß er es bei mir ausprobierte, um besser zu sehen, was er schreiben wollte, und auch deshalb, weil er beim Erzählen in Fahrt kam: ich löste bei ihm Gedankenblitze aus, wie er bei mir, denn er hatte es gern, wenn ich schlagfertig war.

Sein Ausgehen war ebenso sorgfältig geplant wie sein übriges Leben – jedenfalls in den Jahren, in denen ich ihn kannte. Niemals ging er zwei Abende oder zwei Nächte hintereinander aus. Aber jedesmal brachte er Stoff für mindestens zwei unserer Feierabende mit, und es kam vor, daß er noch Tage später darauf zurückkam, wenn der Zufall ihm erlaubt hatte, die Information zu vervollständigen, oder wenn er sich die Sache überlegt und einen neuen Aspekt entdeckt hatte. In beiden Fällen strahlte er.

»Céleste, erinnern Sie sich, was ich Ihnen neulich über Madame Sowieso gesagt habe? Daß sie die Geliebte von Monsieur X ist? Nun, heute habe ich den Beweis dafür erhalten.«

Und er berichtete es. Oder aber: »Wissen Sie, Céleste, ich habe darüber nachgedacht. Ich glaube nicht, daß es so war, wie ich dachte, sondern eher ...«

Und er entwickelte seinen Gedankengang, um meine Reaktion zu sehen.

Damals war ich mir gar nicht darüber klar, daß er mich provozierte; ich »machte mit«, wie man so sagt. Erst nach seinem Tode habe ich es begriffen. Und ich würde mich nicht zu einer solchen Behauptung versteigen, hätte nicht ein Mann wie der Schriftsteller Jacques de Lacretelle, der ihn gut kannte, mehrmals zu mir gesagt, als ich ihn später wiedersah: »Erinnern Sie sich, Céleste, wieviel er immer auf Ihr Urteil gab?« Monsieur de Lacretelle ist nicht der einzige, der sich so äußerte. Aber ich habe seitdem Zeit genug gehabt, darüber nachzudenken, und heute bin ich überzeugt, daß es nicht so sehr mein Urteil war, auf das er Wert legte, sondern vielmehr meine Reaktion, wie ich schon gesagt habe. Ich hatte eine etwas spöttische Ader; spontan gab ich das Innerste meiner Seele und meines Herzens preis – peng! Und das war es, was er wollte.

Ich erinnere mich, daß er mir einmal Verse vorlas, die er gerade erhalten oder gekauft hatte – ich habe vergessen, ob sie von Paul Valéry oder Saint John Perse waren. Als er geendet hatte, sagte ich: »Monsieur, das sind keine Verse; das sind Rätsel.«

Er brach in ein unbändiges Gelächter aus. In den nächsten Tagen erzählte er mir, daß er diesen Ausspruch überall zitiert hat.

Wenn er sich anschickte auszugehen, lagen seine Handschuhe und seine Taschentücher auf einer Kommode in der Diele bereit, auf einem kleinen silbernen Tablett, auf dem ich ihm auch seine Post brachte, wenn er aufgewacht war. Ebenfalls bereit waren der Pelz oder der Mantel, der Spazierstock und der jeweils zum Anzug passende Hut, der Zylinder, die Melone oder der Filzhut. Ich half ihm, in den Pelz zu schlüpfen, und hielt ihm den Hut hin. Man mußte es gesehen haben, wie er ihn aufsetzte, wie er die Handschuhe und den Stock nahm – wie elegant und graziös seine Bewegungen waren. Es war faszinierend; jedesmal freute ich mich daran. Ich öffnete ihm die Tür und holte den Fahrstuhl herauf. Auf dem Treppenpodest drehte er sich regelmäßig noch einmal nach mir um und lächelte mir zu. Meistens sagte er: »Auf Wiedersehen, Céleste. Danke. Ich bin ziemlich müde; hoffen wir, daß das vergeht. Ich weiß nicht, ob ich früh oder spät nach Hause komme. Denken Sie bitte daran, die Leute anzurufen, die ich Ihnen genannt habe, und meine Papiere wegzuräumen.«

Sobald er fort war, machte ich mich an sein Zimmer. Da er nie etwas weglegte, nie etwas vom Boden aufhob, mußten vom Bett und vom Fußboden Zeitungen, Papiere, hinuntergefallene oder -geworfene Federhalter, Taschentücher und dergleichen aufgesammelt werden. Ich räumte das Zimmer auf, lüftete und legte die Pullover auf den Sessel für den Fall, daß er fror, wenn er nach Hause kam, oder daß er sich umziehen wollte. Die Stunden vergingen rasch.

War die Arbeit getan, wartete ich auf seine Rückkehr. Da es jedenfalls spät war, selbst wenn er früh nach Hause kam, und kein anderer Mieter zu einer solchen Zeit nach Hause kam, konnte mir in der Stille des Hauses seine Ankunft nicht entgehen. Sobald ich den Fahrstuhl hörte, war ich schon auf dem Treppenabsatz, ehe er die Etage erreicht hatte, die Hand auf der Klinke, um ihm die Tür zu öffnen. Ich mußte im übrigen da sein: niemals hatte er einen Schlüssel in der Tasche; ich glaube gar, er hat sich nie darüber Gedanken gemacht, ob es Schlüssel gab und wo sie waren.

Er kam immer mit einem freundlichen Lächeln und einem Dankeschön. Ich hielt ihm die Tür auf, er trat ein, nahm mit derselben charmanten Eleganz den Hut ab – das erste, was er tat. Aber schon, als ich ihn nur halb im Fahrstuhl sah, hatte er mir, ohne es zu wollen, zu verstehen gegeben, ob er von seinem Abend befriedigt oder unbefriedigt war. Allein daran, wie der Hut saß, konnte ich es erkennen. War er befriedigt, dann saß der Hut gut und war etwas aus der Stirn geschoben; die Augen darunter blitzten. War er unbefriedigt, hatte er ihn sich wütend aufgestülpt und etwas ins Gesicht gezogen; sein Lächeln, auch wenn es freundlich war, wirkte doch ein wenig matt. Wie immer seine Stimmung auch war, er wußte, daß ich sie ihm angesehen hatte. Es gab einen kleinen Ritus zwischen uns; er sagte auf dem Treppenabsatz: »Nun?«

Ich antwortete: »Nun, da sind Sie ja, Monsieur.«

In der Diele, nachdem er den Hut abgenommen und ich ihm geholfen hatte, den Pelz auszuziehen, erwartete er, wenn der Abend nicht schön gewesen war, daß ich die Frage stellte: »Hat es Ihnen nicht gefallen, Monsieur?«

»Ach, liebe Céleste, wenn Sie wüßten, wie ich es bereue, da hingegangen zu sein; ich habe mich entsetzlich gelangweilt! Gerade ich, dem die Zeit so knapp bemessen ist – ich hätte lieber arbeiten sollen.«

Aber das Erstaunliche ist, daß er, wie ärgerlich der Abend auch verlaufen sein mochte, mir gegenüber gleichbleibend freundlich war und seine Verstimmung für sich behielt. Nach einem erfreulichen Abend war es großartig – ein wahres Feuerwerk. Sein Gesicht strahlte innere Fröhlichkeit aus.

»Bei mir ist alles fertig, Céleste?«

»Ja, Monsieur, es ist alles bereit.«

»Gut, dann kommen Sie schnell, folgen Sie mir. Ich habe Ihnen viel zu erzählen.«

Ich folgte ihm in sein Zimmer. Er setzte sich gleich aufs Fußende seines Bettes, ich blieb vor ihm stehen, und es ging los.

Wenn ich heute an die vielen Stunden denke, die ich so verbracht habe, vor ihm aufgepflanzt wie ein Polizist! Damals kam mir das gar nicht zum Bewußtsein, und es machte mich auch nicht müde. Wir waren zu sehr beschäftigt. Wenn er mich nie aufgefordert hat, Platz zu nehmen, dann bin ich sicher, daß er ebenfalls nicht daran gedacht hat. Und ich war so gefesselt, daß ich den Sessel für die Besucher, der zwei Schritt von mir entfernt stand, überhaupt nicht gesehen habe. Und er vergaß seine Müdigkeit gleichermaßen. Wenn er da auf seinem Bett saß, sah er aus wie ein junger Prinz, der gerade von seinem schönsten Ball heimgekehrt war. Und das war um so erstaunlicher, wenn man daran dachte, wie er nachmittags ausgesehen hatte, nach seiner Nacht und der Räucherei, in der Blässe und Reglosigkeit der Krankheit, sparsam mit seinen Bewegungen, ohne zu sprechen und nur mit einem Zeichen andeutend, daß man auch schweigen solle.

Jetzt war das ein Jungbrunnen, der alles heraussprudelte: was er an Dummheit und Geist getroffen hatte, daß der und der lächerlich gewesen sei, während die und die den ganzen Abend über eine großartige Figur gemacht habe, und wie sie angezogen gewesen sei. Wenn er mir ein Kleid beschrieb, dann sah ich alle Einzelheiten vor mir, als ob ich einen Modestich betrachtete.

Lange nach seinem Tode hat mich die Tochter von Madame Lanvin, die spätere Fürstin de Polignac, eines Tages besucht; ich habe ihr erzählt, daß ich sie durch die Beschreibung eines ihrer Kleider kenne, welches Monsieur Proust damals so bezaubernd fand. Zu jener Zeit war sie mit dem Enkel von Clemenceau verheiratet, wie mir Monsieur Proust erklärt hatte: »Die Aufschläge ihres Kleides ließen mich von Venedig träumen, sie erinnerten so an Taubenhälse«, hatte er gesagt.

Nach meiner Beschreibung hat sie sich genau an dieses Kleid erinnert.

Jedesmal, wenn ich sah, wie er sich sozusagen in die Bilder einer Abendgesellschaft versenkte, sagte ich etwa zu ihm: »Nun, Monsieur, ich habe das Gefühl, es wird heute eine Analyse geben!«

»Vielleicht, Céleste, vielleicht ...«

Und er lachte.

Manche Leute behaupten, seine Ansichten über andere seien boshaft gewesen. Ich glaube, daß er in erster Linie und insbesondere ein Moralist war. Wonach er bei allem – sei es Tugend oder Laster oder Dünkel – suchte, war die Anständigkeit der Auffassung.

Ich erinnere mich, daß er von einem anderen Kleid sprach, über das er einer Dame ein Kompliment gemacht hatte, weil ihm der Stoff und die Machart wirklich entzükkend erschienen waren – es handelte sich um Brokat oder Silberlamé. Über die Antwort der Dame war er noch ganz entrüstet und bekümmert.

»Sie können sich nicht vorstellen, was sie mir erwidert hat, Céleste. Ganz schnippisch hat sie gesagt: ›Das ist Frankreichs letztes Silber.‹ Und wissen Sie, wer diese Dame ist? Die Frau des Finanzministers! Nun ja, zu guter Letzt bin ich zu dem Schluß gekommen, daß bei einer so unschönen

Seele selbst das hübscheste Kleid nur von schlechtem Geschmack sein kann – von ebenso schlechtem Geschmack wie ihre Worte.«

Denn ihm lag nur daran, den Menschen bis auf den Grund der Seele zu schauen. Wenn das, was er sah, unschön war, dann nahm er ihnen die Maske ab, ohne sich zu scheuen, weiterzuforschen. Die Ironie oder der Spott, die er in seinem Kommentar zum Ausdruck bringen konnte, bezogen sich bei ihm immer nur auf die Persönlichkeit: auf den Menschen selbst, auf das, was er zu sein vorgab, ohne es tatsächlich zu sein.

Gelegentlich sah er auf Gesellschaften einen seiner früheren Vertrauten, Constantin Ullmann, der abends ab und zu in einem sehr schicken Smoking vorbeikam, obgleich seine Besuche nicht sehr lange währten: er wurde schließlich nicht mehr vorgelassen. Lange, bevor ich dort war, hatte Monsieur Proust einmal erwogen, ihn als Sekretär zu beschäftigen, aber er hat darauf verzichtet, weil er der Ansicht war, der junge Mann würde nicht genug Geduld dafür aufbringen. Darüber konnte ich mir kein Urteil erlauben. Aber als wir eines Abends von ihm sprachen, nachdem Monsieur Proust ihn auf einer Gesellschaft wiedergesehen hatte, fragte er mich, was ich von ihm halte.

»Ach, Monsieur, er ist zu bleich, und der Arme ist ja so häßlich!«

Monsieur Proust hat geseufzt und gesagt: »Und er hält sich für so schön!« Nach einer kleinen Pause fuhr er dann fort: »Ja, Céleste, aber es muß Tage geben, an denen er vor seinem Spiegel sehr unglücklich ist, wenn man bedenkt, daß er etwas Besonderes sein will. Das ist der Grund, warum die Menschen oft bösartig sind. Sie verzeihen es den anderen nicht, daß diese weniger häßlich sind als sie.«

Aber der arme junge Mann schien ihm leid zu tun. Er sah es nicht gern, wenn Menschen unglücklich waren.

Zum Beispiel hatte er mich eines Tages mit einer Botschaft zur Herzogin von Clermont-Tonnerre geschickt, und als ich nach Hause kam, erzählte ich ihm, daß ich die Dame, umgeben von einem ganzen Klüngel von Frauen, angetroffen hatte. Zuerst hat er gelacht, dann hat er mir erklärt, daß er die Herzogin sehr schätze wegen ihrer Intelligenz, ihrer Lebensklugheit und ihres Zartgefühls.

»Nur wissen Sie nicht, Céleste, daß ihr Mann sehr jähzornig war und ihr das Leben zur Hölle machte. Er hat ihr nichts erspart. Und dennoch, wenn Sie sie gesehen hätten, sie war bewundernswert, schön und gelassen, als ob sie die glücklichste der Frauen sei. Ich sehe sie noch in ihrem Salon sitzen, die Hand vor die Flamme des Holzfeuers haltend – eine so durchsichtige Hand, wie es nur zwei auf der Welt geben konnte, die ihren.«

Was ihn indes nicht hinderte, sich über den alten Herzog Agénor de Gramont lustig zu machen, den Vater von Madame de Clermont-Tonnerre und des Herzogs von Guiche, eines seiner guten Freunde: »Mit dem Geld seiner zweiten Frau – einer Rothschild, da können Sie sich den Reichtum vorstellen! – hat er sich in der Nähe von Senlis, in Mortefontaine, ein riesiges Schloß bauen lassen, das Schloß Vallières. Dann ist die Rothschild gestorben, und er hat als dritte Frau eine italienische Prinzessin geheiratet. Na ja, Sie können es mir glauben oder nicht, Céleste, aber diese Heirat mit einer Prinzessin hat ihn von dem Neid auf die Gräfin Greffulhe geheilt, die in ihrem Schloß auf dem Lande, das kleiner war als seins, fünfundvierzig Domestiken hatte. Ich frage Sie: wohin kann die Eitelkeit noch führen!«

Ebensowenig verzieh er dem Grafen Pierre de Polignac,

daß er die Herzogin von Valentinois geheiratet hatte, die uneheliche Tochter des Fürsten Louis von Monaco, der sie schließlich anerkannt und ihr einen Titel verliehen hatte. Dem Grafen nahm er übel, daß er dieser Ehe wegen auf seinen eigenen Titel verzichtet und sich bereit erklärt hatte, den seiner Frau zu tragen und Herzog von Valentinois zu werden.

»Wenn man Polignac heißt und auf seinen Namen verzichtet, um eine Wäscherin zu heiraten!« sagte er zu mir. »Denn es ist allseits bekannt, Céleste, daß die Mutter der Herzogin in Monaco Wäsche wusch. Ich will den Grafen Pierre nicht mehr sehen.«

Er hat sich nicht damit begnügt, ihn nicht wiederzusehen: eines Tages schickte der zum Herzog avancierte Graf durch einen Boten eines der Bücher von Monsieur Proust und bat um eine Widmung. Monsieur Proust hat das abgelehnt: »Nein, nein. Ich kann es nicht über mich bringen, seinen Namen zu schreiben. Wenn der Bote noch da ist, geben Sie ihm das Buch wieder mit. Andernfalls schicken Sie es durch die Post zurück, Céleste.«

Er spaßte nicht über derlei Dinge. Eines Abends war er, als er heimkam, wegen einer guten Tat, wie er mir sagte, besonders zufrieden mit sich. Er hatte einen verheirateten Mann, der ihm sehr nahestand, dessen Namen er mir aber verschwieg, gezwungen, das Verhältnis mit einer Frau zu lösen, das er nicht billigte und als des Mannes unwürdig ansah. Er gab mir einen verschlossenen Briefumschlag und sagte: »Das ist sein Abschiedsbrief, den ich ihm diktiert habe. Um ganz sicherzugehen, habe ich ihm gesagt, ich würde es übernehmen, ihn zuzustellen. Sie werden ihn hinbringen und eigenhändig übergeben, noch heute, Céleste.«

Ich habe den Brief hingebracht. Er hatte mich gebeten,

abzuwarten, bis die Dame ihn gelesen habe. Sie hat vor mir geweint. Als ich es Monsieur Proust berichtete, sagte er: »Ich weiß, Céleste, aber es mußte sein.«

Er mochte auch keine Extravaganzen. Einmal kam er von einem Souper bei Larue zurück und erzählte mir: »Stellen Sie sich vor, Jean Cocteau war da mit anderen Leuten, und als er mich hereinkommen sah, ist er auf einen Tisch gesprungen und darauf herumgelaufen und hat geschrien: ›Da ist Marcel! Da ist Marcel!‹ Danach wollte er sich unbedingt neben mich setzen und sich mit mir unterhalten, natürlich um mir Märchen aufzutischen. Ich schätze seinen Witz und seine lustigen Einfälle, aber er lügt das Blaue vom Himmel herunter, um sich interessant zu machen, und mir ist lange nicht so unbehaglich zumute gewesen wie heute abend nach seinem Auftritt.«

So war es fast immer, wenn er einen Abend mit Cocteau verbracht hatte – zum Beispiel die zwei- oder dreimal, als er sich von ihm zum »Bœuf sur le toit« hatte mitschleppen lassen, dem Kabarett, dessen Schirmherrschaft Cocteau übernommen hatte und das bei den Künstlern damals so im Schwange war.

»Sie sind nicht seriös«, sagte er. »Dieses Rind kann es mit dem Rinderbraten von Félicie nicht aufnehmen. Ich kam mir fehl am Platz vor.«

Ebenso erinnere ich mich, daß er mir nach einer Abendgesellschaft bei der Fürstin Murat, die den Grafen de Chambrun, den Botschafter in Rom, geheiratet hatte, erzählte: »Das ist eine der intelligentesten, scharfsinnigsten und amüsantesten Frauen, die ich kenne – und glauben Sie mir, Céleste, ich sage das nicht nur, weil sie unter anderem bewundernswert über meine Bücher spricht. Aber da sie in erster Ehe mit einem Russen verheiratet war, hält sie sich für verpflichtet, die Slawen in allem zu imitieren, und das geht bis zum Seelenzustand und den hohen Schnürstiefeln, die sie sich wohl von da kommen lassen muß und die einen dazu bringen, daß man immer erwartet, sie werde sich in einem Kosakentanz auf einen stürzen.«

Ähnlich war es mit Madame Scheikévitch, mit der er sich, nachdem er sie in den ersten Jahren des Jahrhunderts in Cabourg kennengelernt hatte, sehr gern über russische Literatur und vor allem über Dostojewski unterhielt.

Er sagte: »Das ist eine seltsame Frau. Sie vergeudet ihr Leben in dem törichten Ehrgeiz, über ihre Mittel hinaus Empfänge zu geben. Und sie hat so etwas Wunderliches an sich. Sie war unglücklich verheiratet mit dem Sohn des Malers Carolus-Duran – so unglücklich, daß sie sich eines Tages umbringen wollte. Dafür wollte sie sich erst bei einer unserer gemeinsamen Freundinnen, Madame Arman de Caillavet, Rat holen. Madame de Caillavet, die sehr intim mit Anatole France und entsetzlich eifersüchtig war, hatte schon vor ihr dasselbe vorgehabt, weil France sie auf einer Reise nach Amerika mit einer Tänzerin betrogen hatte. Madame de Caillavet war so mißtrauisch, daß sie ihn durch einen seiner Kammerdiener überwachen ließ, der ihr Bericht erstattete. Erbost über seine Untreue hat sie einen Revolver auf sich abgedrückt, aber danebengeschossen. Sie sehen also, wie so etwas geht. Die arme Marie Scheikévitch hat sich bei ihr Rat geholt und dann auch danebengeschossen! Später hat Madame Scheikévitch dann einen Krüppel geheiratet; aber das war ein Heroismus, der nicht lange angehalten hat.«

An einem anderen Abend hatte er mit ihr in einem Restaurant in der Rue Daunou gespeist und mir darüber erzählt: »Sie trug einen weißen Fuchs und hat den Abend damit verbracht, mir mit dem Fuchsschwanz das Gesicht zu streicheln und dabei gesagt: ›Marcel, ich liebe Sie.‹«

Er lachte, als er daran dachte; plötzlich ist er traurig geworden: »Es ist entsetzlich, Céleste. Die arme Frau ist ein wahres Wrack. Das ist um so grausamer, als sie sich früher für schön und außerordentlich gut gewachsen hielt. Sie ist mitten durch die Gäste gegangen und hat ganz laut verkündet: ›Bei mir ist alles echt. Sehen Sie meine Zähne? Nun, es sind alles meine eigenen!‹«

Ein andermal hatte er sie zusammen mit anderen in einen Salon im Ritz eingeladen: »Sie können es sich nicht vorstellen, Céleste. Plötzlich ist sie ganz allein in eine Ecke des Salons gegangen, hat ihre Haare heruntergelassen und sich auf den Fußboden gesetzt, um auch ganz bestimmt bewundert zu werden. Aber ich wußte vor Verlegenheit nicht aus noch ein.«

Indes änderte das nichts an der Tatsache, daß ihn solche Situationen im Grunde amüsierten, denn er holte immer etwas für sich dabei heraus. Als ich in bezug auf Madame Scheikévitch zu ihm sagte: »Monsieur, das ist eine Komödiantin«, da hat er mich angeschaut: »Glauben Sie, Céleste? Ich würde eher sagen, sie ist eine Persönlichkeit.« Und seine Augen funkelten – wie an dem Abend, als er von einem Empfang beim Grafen Etienne de Beaumont zurückkam, bei dem ein Hypnotiseur die Attraktion war. Alle Anwesenden haben sich einem Versuch unterzogen, einschließlich des Grafen, der dabei einschlief und wollte, daß Monsieur Proust auch mitmachte. Aber der Hypnotiseur hatte es abgelehnt: »O nein, der Herr nicht!« Monsieur Proust war sehr stolz darauf, wie auf sein Abenteuer mit dem Ganoven während des Bombardements.

»Er hatte gespürt, daß das nicht wie beim Grafen gehen

würde, der wie ein Sack eingeschlafen ist, und auch nicht wie bei den anderen«, sagte er. »Wissen Sie, Céleste, ich schätze Monsieur de Beaumont sehr. Als Mensch interessiert und amüsiert er mich. Aber er gehört zu denen, die das bißchen Geist, das sie haben, von anderen entleihen. Deshalb fiel es dem Hypnotiseur nicht schwer, ihm ein wenig von seinem Geist abzugeben. Jedenfalls ist die Sache nicht sehr weit gegangen.«

Niemals war er so glücklich und so gesprächig, wie wenn er jemanden getroffen hatte, bei dem das Liebenswerte die Verschrobenheit überwog. Im übrigen glaube ich, daß er immer einen Unterschied gemacht hat zwischen denjenigen, die er seines Buches wegen schätzte und zu denen er die Verbindung aus diesem Grunde aufrechterhielt, und denjenigen, bei denen er das schätzte, was sie im Leben waren. In diesem Sinne war einer der Menschen, die er am meisten bewundert hat, vielleicht der Abbé Mugnier.

Zuerst Priester an der Kirche Sainte-Clotilde in Paris, in dem eleganten Viertel Faubourg Saint-Germain, hatte der Abbé Mugnier, wie mir Monsieur Proust sagte, Schwierigkeiten bekommen, weil er Anteilnahme am Schicksal eines aus der Kirche ausgetretenen Pfarrers bekundet hatte und ihm helfen wollte; er wurde zum Anstaltsgeistlichen der Nonnen von Saint-François-de-Sales degradiert. Monsieur Proust hatte ihn bei einem Diner bei einer seiner Freundinnen, der Fürstin Soutzo, auf die ich noch zurückkommen werde, kennengelernt. Und sofort hat er seine witzige und geistreiche Art aufs höchste geschätzt.

»Er sieht nicht sehr gut aus«, sagte er. »Er ist sogar häßlich und hat das Gesicht voller Warzen. Aber wenn ich ihn inmitten dieser Leute sehe, in seiner jämmerlichen, abgetragenen Soutane – denn er ist arm wie ein Heiliger –, und er sein graues Haar zwirbelt, während er einen mit seinen kindlich blauen Augen anschaut, dann müßte man des Teufels sein, um ihn nicht gern zu haben. Und welche Konversation!«

Jedesmal, wenn sie sich gesehen hatten, kam Monsieur Proust erfüllt von seinen Aussprüchen zurück. Bei ihrer ersten Begegnung hatte er den Abbé, um ihn ein wenig zu nekken, gefragt, ob er die ›Blumen des Bösen‹ von Baudelaire gelesen habe.

»Niemals werden Sie erraten, was er mir geantwortet hat, Céleste, während er sich auf seine Soutane klopfte. ›Aber, mein Lieber, ich habe sie stets bei mir! Wie könnte man ohne Schwefelgeruch den Duft der Tugenden riechen?‹ Und als wir nach dem Essen, immer noch plaudernd, mit den anderen hinuntergingen, sagte er unten an der Treppe: ›Mein lieber Freund, ich wünschte, daß unsere Unterhaltung nie aufhört; aber ich muß unbedingt nach Hause, denn das ist die Stunde, in der mich meine schwärmerischen Hennen erwarten.‹«

Er war so erfüllt von diesem Ausspruch, daß er ihn wiederholt hat: »›Meine schwärmerischen Hennen‹! Céleste, haben Sie schon einmal so etwas Großartiges gehört?«

Ein anderes Diner fand an einem Karfreitag statt, und es wurden Fleisch und Fisch serviert, je nach Belieben der Gäste. Abbé Mugnier ließ sich Fleisch servieren und sagte nichts.

»Und in eben dem Augenblick, in dem rings um den Tisch nach dem Besteck gegriffen wurde«, erzählte Monsieur Proust, »beugte sich die Nachbarin des Abbé vor: ›Ich hätte angenommen, daß Sie kein Fleisch essen, zumal am Karfreitag, Herr Abbé?‹ Da schob er seinen Teller zurück: ›Ah, was sehe ich? Aber es bestand nicht die Absicht, Madame.‹«

Wahrscheinlich hat er diese Aussprüche deshalb nicht in sein Buch aufgenommen, weil er den Abbé zu sehr bewunderte. Wie oft hat er zu mir gesagt: »Ich möchte, daß Sie ihn kennenlernen, Céleste. Eines Abends werde ich ihn mitbringen oder ihn einladen.«

Und ich erinnere mich, daß er einmal zu mir sagte: »Sie werden ihn sicher noch kennenlernen, liebe Céleste; denn Sie müssen mir versprechen, wenn ich tot bin, daß Sie ihn bitten, herzukommen und an meinem Bett zu beten. Und er wird kommen, Sie werden es sehen, dessen bin ich sicher.«

Ich wollte diesem Wunsch entsprechen. Auf mein Drängen hin hat Professor Robert Proust ein Telegramm an ihn geschickt und ihn gebeten, dem Wunsch seines Bruders zu entsprechen und herzukommen. Leider war Monsieur Proust schon tot, und der Abbé seinerseits war ans Bett gefesselt durch ein Nasenleiden, das überaus schmerzhaft war. Er hat unverzüglich geantwortet, wie untröstlich er sei, daß er diesen Wunsch nicht erfüllen könne. Aber er hat dann getreulich die Seelenmessen am Todestag in Saint-Pierre de Chaillot gelesen.

Wenn ich mich heute dieser Nächte entsinne und Monsieur Proust zu hören und zu sehen glaube, wie er im Schein der kleinen Lampe des Schlafzimmers auf seinem Bett saß und erzählte, das eine oder andere durch Gebärden unterstreichend, glücklich und begeistert lachend oder von plötzlicher Traurigkeit erfüllt, dann sage ich mir, daß dies das schönste Theater war, das er mir bieten konnte, und ich verstehe auch, welches Vergnügen es ihm selbst bereitete. Es war, als ob er durch die Art und Weise, wie er mir die Komödie nahebrachte und vor mir erörterte, die Zeit an den Haaren hätte festhalten wollen, um zu verhindern, daß sie entflieht und seine Romanfiguren mitnimmt.

Die meisten von ihnen habe ich nicht gekannt. Aber diejenigen, die ich zufällig gesehen oder später nach seinem Tod getroffen habe, waren mir auf den ersten Blick vertraut, wie heute diese Leute vom Fernsehen, die man fast persönlich zu kennen glaubt, weil man sie tagtäglich auf dem Bildschirm sieht.

Selbst ehe ich Jean Cocteau gesehen habe – während des Krieges ist er ein paarmal zum Boulevard Haussmann gekommen –, hatte ich ihn mir nach den Beschreibungen von Monsieur Proust so lebhaft vorgestellt, daß ich eines Tages, als von ihm die Rede war, sagte: »Das ist ein Hanswurst.« Ich habe mir nachher auf die Zunge gebissen; aber es ist mir so herausgerutscht, weil ich ihn auf die Tische bei Larue springen sah, wie Monsieur Proust es beschrieben hatte.

Eines Abends, als wir sehr gelacht hatten, sagte er zu mir: »Wenn ich nicht mehr bin, Céleste, werden Sie sehen, was Ihnen am meisten fehlt: daß Sie den kleinen Marcel nicht mehr haben, der Sie unterhält, der Ihnen alles erzählt, um Ihnen einen Salon zu ersetzen.«

Ein andermal sprach er, wie so oft, davon, daß es für mich trübselig sein müsse, bei ihm zu sein, in ständiger Nacht, und er hat hinzugefügt: »Ich muß Sie wirklich aufheitern.«

Aber ich hatte den Tag nicht nötig. Das nächtliche Leben machte mir gar nichts aus. Wenn er nach Hause kam, hätte man sagen können, daß in aller Fröhlichkeit der Tag begann.

Es kam vor, daß er plötzlich sagte: »Mein Gott, bin ich

müde, was habe ich geredet, Céleste! Komisch, daß ich so gern mit Ihnen plaudere, aber Sie strengen mich an.«

»Gut, Monsieur, ich gehe.«

»Aber nein, aber nein, entschuldigen Sie, liebe Céleste. Ich habe doch gewollt, daß Sie hierbleiben.«

Der wahre Grund, dessen bin ich sicher, wie ich schon gesagt habe, war indes, daß er mir den Ball zuspielen wollte.

Es gab Augenblicke, in denen er zwar weitersprach, aber plötzlich weit weg war – ich sah es an seinen Augen. Das war eine merkwürdige Eigenschaft, die er besaß – als ob er die Gabe hätte, zu verschwinden, während sein Mund weitersprach. Und dann kehrte ebenso plötzlich sein Blick zurück und richtete sich wieder auf einen, gleichsam erstaunt, daß man da war. Und dann unterbrach er seine Rede einen Moment, als suche er etwas; dann sagte er: »Ach ja, wir sprachen ja davon, daß ...«

Und er nahm den Bericht dort wieder auf, wo er ihn vor einem Augenblick unterbrochen hatte. Aber es gab dieses sonderbare Zögern, als ob eine Hälfte von ihm weitergesprochen hätte, während sich die andere davonmachte, und als ob es, wenn sie dann zurückkam, einiger Sekunden bedurfte, damit sich die beiden wieder vereinigen konnten.

Wenn er jedenfalls damals für sich, für mich oder für uns beide Theater gespielt hat, dann nahm ich seine Vorstellung auf, wie sie kam. Aber er war mir insofern überlegen, als er alles kannte, was er mir vorspielte.

Eines Abends – es muß gegen Ende des Krieges gewesen sein, als ich schon drei oder vier Jahre bei ihm war – sagte er: »Liebe Céleste, ich frage mich, worauf Sie warten, um Ihr Tagebuch zu schreiben.«

Ich habe angefangen zu lachen: »Ah, ich sehe schon,

Monsieur, Sie machen sich wieder über mich lustig, wie Sie es so gern tun.«

»Ich meine es ernst, Céleste. Niemand außer Ihnen kennt mich wirklich. Niemand weiß so gut wie Sie, was ich tue, niemand kann all das wissen, was ich Ihnen sage. Nach meinem Tode wird sich Ihr Tagebuch besser verkaufen als meine Bücher. Doch, doch, es wird wie warme Semmeln weggehen, und Sie werden ein Vermögen verdienen. Übrigens werde ich noch einen Schritt weitergehen, Céleste: Sie schreiben es, und ich werde einen Kommentar dazu verfassen.«

Ich erinnere mich, daß ich ihm darauf erwiderte: »Da haben wir's ja, Monsieur! Sie erklären dauernd, daß Sie keine Zeit haben, das zu tun, was Sie tun müssen, und jetzt wollen Sie überdies noch einen Kommentar zu meinem Tagebuch schreiben! Sie machen also doch nur Spaß.«

Er hat geseufzt und dann noch gesagt: »Sie haben unrecht, Céleste, und Sie werden es bereuen. Sie können sich nicht vorstellen, wieviel Menschen Sie nach meinem Tode aufsuchen oder Ihnen schreiben werden. Und wie ich Sie kenne, werden Sie denen natürlich nicht antworten.«

Leider ist das alles wahr. Aus der ganzen Welt sind nach seinem Tode Leute zu mir gekommen. Noch heute erhalte ich Briefe, auf die ich nicht antworte. Vor allem aber bereue ich, daß ich dieses Tagebuch nicht geführt habe. Wenn er es kommentiert hätte, besäße ich eine andere Waffe als mein Wort und meine Erinnerung, um gegen die gutgemeinten oder böswilligen Lügen anzukämpfen, die über sein Werk und über ihn verbreitet worden sind.

Seine Mutter

Acht Jahre, Tag für Tag, ohne einen einzigen zu versäumen, das ergibt eine sehr viel längere Zeit als Tausendundeine Nacht. Und wenn ich in der Stille des Alters an all die Persönlichkeiten denke, die in seinen Berichten vorkamen, dann wird mir schwindlig, wenn ich die Augen schließe.

Manchmal gab er die Beschreibungen stückchenweise; er fügte jeweils etwas hinzu, wie wenn man die Verbindungsteile eines Puzzlespiels sucht. Zu anderen Zeiten war es ein ganzes Sittengemälde der Gesellschaft, das er vor mir entrollte. Aber immer spürte man, daß ihn zuallererst die grundlegenden Beziehungen zwischen den Menschen wirklich interessierten.

Ich glaube, das muß an seiner Familie gelegen haben; damit will ich nicht sagen, daß es nur eine ererbte Eigenschaft war, sondern daß es am familiären Vorbild während seiner ganzen Kindheit und Jugend lag.

Er sprach sehr viel von seinen Eltern und betonte immer, wie nahe sie sich standen und wie harmonisch ihr Verhältnis war, bis der Tod sie trennte.

Ich erinnere mich, daß er eines Nachts, als von ihnen die Rede gewesen war, innehielt und einen Augenblick schwieg; dann rezitierte er ein Gedicht aus ›Les Nuits‹ von Musset – das tat er häufig, so daß ich zu guter Letzt Geschmack an diesem Dichter fand. Die Verse von Musset brachten ihn auf einen damals sehr populären Schlager, den er sich von Odilon hatte vorsingen lassen, weil er sich den Text aufschreiben wollte, und der ›Les temps des lilas‹ hieß. Nachdem der Textdichter erklärt hatte, daß alle Menschen auf Erden verlorenen Freundschaften oder erkalteter

Liebe nachtrauern, sagt er: »Moi, je rêve aux couples qui demeurent toujours!«

Das erschien mir so schön, daß ich ausrief: »Monsieur, das ist zu hübsch, er träumt von den Paaren, die es immer bleiben! Sagen Sie mir doch bitte den Text noch einmal.«

Er war so entzückt, daß mir das Lied gefallen hatte, daß er es noch einmal wiederholte und mir den Zettel schenkte, auf dem er die Worte notiert hatte – ich habe ihn aufgehoben. Dann sagte er, und seine Augen schimmerten vor Ergriffenheit: »Wenn Sie darüber nachdenken, Céleste, werden Sie sehen, daß das stimmt. Zuerst herrscht in den Ehen die Liebe. Dann gewinnt das Leben die Oberhand; man arrangiert sich nur miteinander. Dennoch gibt es Ehen, die immer währen, weil sich die Ehepartner gegenseitig schätzen und ein unwiderstehliches Bedürfnis haben, zusammenzubleiben, weil sie eine große Zuneigung füreinander empfinden, die darauf beruht, daß einer den anderen versteht. Und was immer auch geschieht, diese Ehen sind unzerstörbar, vergessen Sie das nie, liebe Céleste.«

Auch den harmonischen Zusammenklang von Verständnis, Sanftmut, Freundlichkeit und Güte, den er bei allem bewies – andererseits diesen eisernen Willen und diese entsetzliche Hartnäckigkeit in der Arbeit –, verdankt er gewiß der Tatsache, daß er in sich all die sehr unterschiedlichen Eigenschaften seines Vaters und seiner Mutter vereinigte.

Er sagte zu mir: »Bei uns waren die Männer immer sehr arbeitsam. Mein Vater war unermüdlich. Er hatte eine Prüfung nach der anderen abgelegt und war nie mit seiner wissenschaftlichen Leistung zufrieden; er wollte immer mehr erreichen; er war ein großer Forscher. Bei seinen sämtlichen Examina war er der Beste oder unter den zwei oder drei Besten. Bei der Ausübung seines Berufs bewies er bewundernswerten Mut und Hingabe. Einerseits stammte er aus der Beauce, und die Bewohner dieses Landstrichs sind bekannt für ihren Arbeitseifer. Andererseits hatte er zuerst den Wunsch gehabt, Priester zu werden; das darf man nicht vergessen, wenn man ihn richtig verstehen will. Priester oder Arzt, da besteht eine Ähnlichkeit in bezug auf den Geist der Nächstenliebe.«

Lachend und voll zärtlicher Erinnerung fügte er hinzu: »Jedenfalls besaß er das, was er brauchte, um zu werden, was er geworden ist: eine hervorragende Begabung.«

Denn das stimmte; Professor Adrien Proust war eine Kapazität auf dem Gebiet der Hygiene, er war so etwas ähnliches wie ein Generalinspektor für das gesamte Sanitätswesen in Frankreich und den Kolonien. Monsieur Prousts Augen blitzten vor Stolz, als er mir erzählte, sein Vater habe eine Unzahl sehr bemerkenswerter und berühmter Werke über Probleme seines Fachgebiets geschrieben.

»Sie wissen es wohl nicht, Céleste, aber er ist es gewesen, der der Cholera in Frankreich, in Marseille, Einhalt geboten hat, als damals Hunderte von Menschen starben. Er hat nicht nur die Cholera-Kranken mit eigener Hand gepflegt und sich dabei selbst angesteckt, sondern man verdankt ihm auch die Entdeckung, daß der Cholera-Virus durch Ratten verbreitet wird, die mit Schiffen eingeschleppt werden. Er war sogar der Anlaß für einen diplomatischen Zwischenfall mit den Engländern, deren Schiffe er unter Quarantäne hatte stellen lassen. Die Engländer waren über ihren blockierten Handel so wütend, daß sie ihn aufgehängt hätten, wenn sie ihn hätten erwischen können.«

Als ein anderes Beispiel für den Mut seines Vaters erzählte er mir: »Er mußte lange Inspektionsreisen unternehmen, und manchmal vertrug er das Klima sehr schlecht. Ich erinnere mich, wie er einmal davon sprach, daß bei einer Fahrt durch das Rote Meer ihn die Hitze und vor allem die Seekrankheit so mitgenommen hatten, daß er entsetzlich litt; das ging so weit, daß er einmal darum bat, man möge ihn über Bord werfen, er könne es nicht mehr aushalten. Mama machte sich solche Sorgen über seine Reisen, daß sie in einem Fall darauf bestand, ihn zu begleiten. Ich erinnere mich daran, weil sie nach ihrer Rückkehr lauter Geschichten über Kamelritte erzählte. Und trotz allem glaube ich, daß mein Vater seinen Beruf nicht für ein Königreich aufgegeben hätte. Und Ausruhen kannte er gar nicht.«

Oft hat er zu mir gesagt: »Ach, Céleste, wenn ich nur sicher wäre, daß ich mit meinen Büchern so viel erreiche, wie Papa für die Kranken getan hat!«

Seine Mutter war völlig anders. Sie war ebenso hingebungsvoll, aber es wirkte sich anders aus. Nach dem, was Monsieur Proust sagte, beruhte das gute Einvernehmen zwischen seinen Eltern hauptsächlich darauf, daß sich seine Mutter um alles kümmerte und ihren Mann von allem entlastete, was nicht seine Arbeit betraf. Gleichzeitig besaß sie aber Scharfsinn und Diplomatie für zwei. Wenn sie das Gefühl hatte, Professor Adrien Proust brauche Unterstützung, dann zögerte sie nicht, ihn zu einer Besprechung im Krankenhaus Hôtel-Dieu oder zu seinen Vorlesungen zu begleiten. Aber sie beherrschte auch die Kunst, Empfänge zu organisieren, wenn es nötig war.

»Sie wußte immer, was sie wollte. Sie hatte sich zur Botschafterin der Karriere von Papa gemacht. Und darin war sie wunderbar.«

Er lachte.

»Denken Sie nur, Céleste, in meiner Jugend gab es eine

Zeit, in der wir regelmäßig einmal in der Woche im Elysée-Palast am Tisch des Präsidenten der Republik zu Mittag aßen. Es war Félix Faure. Mama war mit Madame Faure seit zehn oder zwölf Jahren befreundet, als ihr Mann noch einfacher Abgeordneter gewesen war und ihre beiden Töchter, Lucie, die ältere, und Antoinette, die jüngere, zu meinem kleinen Freundes- und Spielkreis im Park der Champs-Elysées gehörten. Lucie war damals schon fast erblüht, aber Antoinette war erst eine Knospe wie ich; dennoch bewirkte sie mit ihren grauen Augen, daß ich den Kopf so viel drehte wie die kleinen Esel, die uns spazierenfuhren. Jedenfalls ging Mama fast jeden Tag mit Madame Faure im Bois de Boulogne spazieren, nachdem deren Mann Präsident geworden war, und sie war nicht nur eine Freundin, sondern auch eine Vertraute. Madame Faure erzählte Mama all ihre kleinen Kümmernisse, die ebenso zahlreich waren wie die schönen Freundinnen des Präsidenten, und das will bekanntlich viel sagen. Aber sie fanden noch Zeit, gemeinsame Pläne zu schmieden. Jawohl, Céleste, es war die Rede davon, daß ich die grauäugige Antoinette heiraten sollte. Und dann war alles vorbei, als die schöne Madame Steinheil durch die Hintertür entschwand, durch die man sie schickte, nachdem sie laute Schreie ausgestoßen hatte, weil der Präsident im Palast in ihren Armen gestorben war. Aber ich traure dem nicht nach.«

Außerdem, sagte er mir, sei Madame Proust eine unvergleichliche Hausfrau gewesen, und das war auch nötig, denn sowohl am Boulevard Malesherbes als auch in der Rue de Courcelles, wohin sie im Jahr 1900 zogen, führte man ein großes Haus und gab notgedrungen viele Gesellschaften, ganz abgesehen von den Einladungen Monsieur Prousts, seit er erwachsen war.

»Sie hatte ihre Augen überall, vom Keller bis zum Speicher«, sagte er. »Alles mußte blitzen, alles an Ort und Stelle und in Ordnung sein. Und sie war es auch, die Papas Finanzen verwaltete.«

Als Nicolas am Boulevard Haussmann noch in Monsieur Prousts Diensten stand, hat er mir gegenüber zwei- oder dreimal von ihr gesprochen – öfter nicht, denn er war sehr diskret, wie ich schon erwähnt habe –, und zwar im Zusammenhang mit »Monsieur Marcels« Pingeligkeit. Er kannte sie gut, denn er war jahrelang bei ihr gewesen; aus dem, was er mir erzählte, schloß ich, daß sie dem Personal gegenüber in Kleinigkeiten sehr genau war und viel verlangte. »Alles mußte perfekt sein«, sagte Nicolas. Ich habe eine Geschichte behalten, die nicht nur beweist, wie sehr sie sich um alles kümmerte, sondern auch, wie klug sie war. Sie hatte stets ein wachsames Auge auf die Sauberkeit und die Küchenarbeit, und das ging so weit, daß sie sogar überwachte, was auf dem Herd brutzelte. Eines Tages stand ein Schmortopf auf dem prasselnden Feuer, und die Köchin Félicie sagte augenzwinkernd zu Nicolas, während sie den Topflappen wegnahm: »Wie ich Madame kenne, wird sie, wenn sie kommt, es sich nicht versagen können, den Deckel hochzuheben.« Und sie ergänzte: »Sie wird sich verbrennen.« Madame Proust kommt. Ein Blick, dann sagt sie zu Félicie: »Wollen Sie bitte den Schmortopfdeckel für mich abnehmen?« Nicolas amüsierte sich immer noch darüber: »Wenn Félicie rot war, dann nicht nur wegen der Hitze des Herdes!«

Wenn für sie und ihren Mann alles vollkommen sein mußte, dann war es für die Kinder mehr als vollkommen – und besonders für ihren kleinen Marcel, bei dem noch die Krankheit hinzukam.

»Sie können sich nicht vorstellen, wie sie uns verwöhnte, Céleste, und wie sie für mich sorgte«, erzählte mir Monsieur Proust. »Ich müßte eigentlich sagen: verhätschelte. Für Robert und mich war nie etwas zu gut oder zu schön.«

Eines Nachts zeigte er mir eine alte Photographie: »Was halten Sie von diesem Kind, Céleste?«

»Nun, Monsieur, das ist ein kleiner Prinz. Mein Gott, ist er schön, mit seinem kleinen Spazierstock. Das könnten womöglich Sie sein, wenn er nicht blond wäre.«

Da hat er gelacht und gesagt: »Aber, Céleste, ich war als Kind hellblond, ehe ich so schwarz wie heute wurde, mit dieser gebrochenen Nase.«

Jedenfalls war deutlich zu sehen, daß er entzückt war über den »kleinen Prinzen«. Anschließend hat er mir dann erzählt, daß ihre Mutter sehr kritisch in bezug auf ihr Aussehen war; sie durften nie weggehen, ohne vor ihr Revue passiert zu haben.

»Sie dachte an alles. Im Winter, wenn sie uns zum Spazierengehen in die Champs-Elysées schickte, gab sie Félicie Anweisung, große Kartoffeln in der Schale zu kochen – und wissen Sie warum? Wir hatten jeder einen Pelzmuff, und die kochendheißen Kartoffeln wurden hineingesteckt, um unsere Hände warm zu halten.«

Er sagte auch zu mir: »Ich liebte Papa sehr. Aber an dem Tag, an dem Mama starb, hat sie ihren kleinen Marcel mitgenommen.«

Es gab einen Punkt, in dem Professor Adrien Proust und seine Frau gewiß sehr verschieden waren, nämlich was Kunst und Literatur betraf. Der Professor war zuerst durch seine Studien und später durch die Wissenschaft zu sehr in Anspruch genommen, um sich mit anderen Dingen beschäftigen zu können. Madame Proust dagegen interessierte sich sehr dafür; sie liebte alle Kunstgattungen; sie las sehr viel und war auch sehr musikalisch. Behutsam, ohne sich den Anschein zu geben, als wollte sie ihn belehren, unterrichtete sie ihren Mann über alles, was es Neues gab, damit er in Gesellschaft auf dem laufenden sei. Es kam sogar vor, daß sie ihm vorlas.

»... wie mir, wenn ich sehr krank war«, sagte Monsieur Proust, und wehmütig lächelnd fuhr er fort: »Armer Papa, es gab Tage, an denen ihn das nicht die Spur interessierte.«

Madame Proust hatte diese Vorliebe gewiß von ihrer Mutter geerbt, die eine Persönlichkeit war. Wenn sie zusammen waren, zitierten beide auswendig Madame de Sévigne.

Monsieur Proust liebte seine Großmutter innig. Er sprach von ihr als von einer ungewöhnlich intelligenten und kultivierten Person: »Ebenso wie Mama, nur daß sie dauernd den Anschein erweckte, als ob sie aus einem Buch rezitierte, wenn sie sprach. Ihre Beziehungen zueinander waren sehr komisch; sie konnten nie ein Ende finden, von ihrer letzten Lektüre zu schwärmen. Wenn meine Großmutter zu Besuch kam, was sehr häufig der Fall war, dann saßen sie stundenlang im Salon und plauderten. Wollte meine Großmutter dann aufbrechen, begleitete meine Mutter sie. Einen ersten Aufenthalt gab es an der Tür, wo die Unterhaltung fortgesetzt wurde. Immer noch redend gingen sie dann die Treppe hinunter. Unten stand ein Sofa. Nach einem Augenblick setzten sie sich dort hin. Manchmal dauerte das noch eine halbe Stunde. Plötzlich rief meine Großmutter: ›Mein Gott, wie spät es ist! Ich gehe noch mal mit dir bis zur Wohnungstür, dann mache ich mich davon.‹ Sie gingen wieder hinauf, und das Ganze begann von vorn. Sie konnten sich nie trennen.«

Sie waren so aufeinander und auf Madame de Sévigne

eingeschworen, daß Madame Proust in ihren Briefen an ihren kleinen Marcel, wenn sie ihm etwas vorzuwerfen hatte, die Rügen der guten Marquise für ihren Tunichtgut von Sohn und ihre Tochter zitierte.

Natürlich liebte Monsieur Prousts Großmutter ihren Enkel ebenso innig. Er hatte beinahe Tränen in den Augen, als er mir eines Tages sagte: »Wenn ich zu ihren Lebzeiten daran dachte, daß sie einmal nicht mehr dasein würde, erschien mir die Vorstellung so entsetzlich, daß ich überzeugt war, ich könnte es nicht ertragen. Und dann? Es hat mich sehr geschmerzt, aber weniger, als ich geglaubt hatte. Ach, Céleste, wenn man jedesmal sterben würde, wenn man glaubt, man würde sterben!«

Und er lächelte so traurig, daß ich es sehr wohl gespürt habe: die Tränen waren vor allem eine Folge der Erkenntnis, daß man, selbst wenn der größte Kummer nicht verheilt, ihn doch immer überlebt.

Das war diese Hellsichtigkeit, die er bei allem hatte und mit unendlich viel Feingefühl, gewissermaßen auf Umwegen, zum Ausdruck brachte. Zum Beispiel hat er mehrmals, wenn er vom Verlust seiner Eltern und vor allem seiner Mutter sprach, Bemerkungen wie die folgende gemacht: »Sie haben mich bis zuletzt verwöhnt und mir ein Vermögen hinterlassen, und es stand mir frei, darüber nach Belieben zu verfügen, so daß ich niemanden um etwas bitten mußte. Aber selbst diese Freiheit konnte mich niemals über ihren Verlust hinwegtrösten. Und dennoch habe ich diese Freiheit, Céleste, ich habe sie ... Ohne sie hätte ich nie das tun können, was ich tue. Und Gott weiß, wie Mama sich zu ihren Lebzeiten bemüht hat, sie mir schon damals zu gewähren!«

Und das ist wahr: ihr ganzes Leben lang hat Madame

Proust ihn stets vorgezogen. Sie wachte über seinen Gedanken wie über seiner Gesundheit. Als er erwachsen war, hat sie sofort seine Gewohnheiten unterstützt, des Nachts auszugehen und zu arbeiten. Schon in der Rue de Courcelles lebte er so, wie später am Boulevard Haussmann – er hat sich das Leben nur noch mehr nach seinem Geschmack eingerichtet, nachdem er seine Freiheit hatte, wie er es nannte.

Dem Personal war von Madame Proust ausdrücklich verboten worden, irgendwelche geräuschvollen Arbeiten im Haushalt zu verrichten, während er schlief oder sich ausruhte. Sie selbst hätte ihn um nichts in der Welt gestört. Wenn man bedenkt, daß infolge der Gewohnheiten von Monsieur Proust und der sich daraus ergebenden unterschiedlichen Schlafenszeiten Mutter und Sohn in ein und derselben Wohnung brieflich miteinander verkehrten!

Sie konnte manchmal noch so sehr schelten, in Wirklichkeit ließ sie ihm immer seinen Willen. Eines Tages, als er es sich in den Kopf gesetzt hatte, ein großes Diner zu Hause zu geben, war er auf die Idee gekommen, daß der Tisch als ein elektrisches Blumenbeet hergerichtet werden sollte, wobei jeder Gast seine Blume vor sich hat.

»Nur gab es damals in den Häusern noch kein elektrisches Licht, Céleste. Also ließ Mama eine ganze Anlage bauen mit Akkumulatoren oder einer Stromerzeugung im Hof des Gebäudes. Und Sie hätten es sehen müssen, es war hinreißend!«

Vor allem seiner Mutter fiel die Aufgabe zu, die Schwierigkeiten mit Professor Adrien Proust auszubügeln. Und obwohl der Vater den Sohn innig liebte, gab es ernstliche Schwierigkeiten.

Als er noch ein Kind war, erzählte er mir, gab er Anlaß zu Szenen, weil er – vor allem, nachdem sein Asthma begonnen hatte – es ausnützte, daß ihm jeder Wunsch von den Augen abgelesen wurde; zum Beispiel weigerte er sich einzuschlafen, wenn seine Mutter ihm nicht im Bett einen Gutenachtkuß gegeben hatte.

»Papa war dann außer sich. Er schäumte vor Zorn! Aber Mama war immer standhaft. In solchen Fällen konnte sie von einer fast erschreckenden Sanftheit sein.«

Der Vater warf dem Sohn auch seine verschwenderische Ader vor, die in Wirklichkeit vielleicht eher Großzügigkeit war. Monsieur Proust hat mir in diesem Zusammenhang zwei Anekdoten erzählt, die ihn sehr belustigten.

Eines Tages war er als junger Mann mit seinem Vater und seiner Mutter mit einem Fiaker zur Place Malesherbes zum Bruder von Madame Proust gefahren; am Ziel angekommen, war er als erster ausgestiegen.

»Als höflicher Junge habe ich erst Papa und dann Mama die Hand gereicht, um ihnen beim Aussteigen behilflich zu sein; dann habe ich, da ich Geld hatte – ich bekam regelmäßig eine hübsche Summe –, den Kutscher bezahlt. Als ich mich umdrehte, hatte Papa den Blick auf meine Hand gerichtet und fragte mich, wieviel Trinkgeld ich gegeben habe. ›Fünf Francs‹, sagte ich. Da ist er in Wut geraten. Und zu guter Letzt hat er mir die Worte entgegengeschleudert: ›Denke daran, Marcel: ich sage dir voraus, daß du im Elend sterben wirst!‹ Er hat es mir oft wiederholt. Armer Papa! Dabei hat mir Mama nach seinem Tode anvertraut, eine seiner größten Sorgen sei immer gewesen, mir ein ausreichendes Vermögen zu hinterlassen, damit ich nicht an Geld zu denken brauche.«

Bei der anderen Anekdote dreht es sich darum, daß auch Madame Proust sich über die verschwenderische Ader beunruhigte, aber niemals vor dem Vater. Es war in diesem

Zusammenhang, daß sie Madame de Sévigne zitierte, die an ihre Tochter geschrieben hatte, sie lebe auf zu großem Fuße. Aber bei Monsieur Proust hatte das schon angefangen, als er erst fünf oder sechs Jahre alt war. Sie hatte ihn und seinen Bruder zum Nachmittagskaffee zu einer Verwandten, Madame Nathan, geschickt.

»Mama hat uns sauber angezogen und uns, ehe wir gingen, eingeschärft: ›Hier ist ein Fünf-Franc-Stück für jeden von euch. Wenn ihr hinkommt und Marie, das Mädchen, euch die Tür aufmacht, wünscht ihr ein gutes neues Jahr und gebt ihr euer Geldstück.‹ Unterwegs, an der Place de la Madeleine, habe ich einen Schuhputzer mit seinem Kasten gesehen, der vor Kälte mit den Armen um sich schlug und mit den Füßen aufstampfte. Ich bin gleich zu ihm gegangen und habe mir die Schuhe putzen lassen, die sowieso schon spiegelblank waren, und habe ihm die fünf Francs gegeben. Zu Hause hat Mama mich gefragt: ›Ich hoffe, du bist brav gewesen und hast nicht vergessen, Marie deine fünf Francs zu geben?‹ Da erzählte ich ihr die Geschichte mit dem Schuhputzer. Sie war betrübt: ›Wie kommst du bloß auf so etwas?‹ Daraufhin erklärte ich ihr: ›Ich habe diesen Mann gesehen, der in der Kälte auf Kunden wartete, da habe ich mir die Schuhe von ihm putzen lassen‹, und daraufhin hat sie mich umarmt.«

Aber es war im wesentlichen die Zukunft seines Sohnes, die dem Vater Sorgen bereitete, und in diesem Punkt hat Madame Proust ihrerseits eine entscheidende Rolle gespielt. Professor Adrien Proust wollte unbedingt, daß er einen Beruf ergreife, damit er nie in Not gerate. Darin wurde er von den Männern der Familie mütterlicherseits unterstützt, insbesondere von Madame Prousts Vater.

»Er setzte sich am heftigsten dafür ein«, erzählte mir

Monsieur Proust. »Wenn er auf das Thema zu sprechen kam, erregte er sich sehr: ›Aus dem Kleinen wird nichts werden, ihr verwöhnt ihn viel zu sehr! Oder vielmehr seid ihr euch nicht darüber klar, daß ihr einen Faulpelz, einen Tunichtgut aus ihm macht! Wenn ihr ihn keinen Beruf erlernen laßt, besiegelt ihr sein Verderben!‹ Papa drehte sich dann zu Mama um und sagte: ›Siehst du? Ich wiederhole es doch ständig, man kann ihn nicht das Leben eines Salonhelden führen lassen!‹ Aber Mama ließ sich davon nicht aus der Ruhe bringen; ich höre ihre sanfte Stimme noch, wie sie zu Papa sagte: ›Verliere nicht die Geduld, Doktorchen. Es wird sich schon alles einrenken.‹«

Seinem Vater zu Gefallen hat Monsieur Proust, als er etwa zwanzig Jahre alt war, einen Posten als Bibliothekarsgehilfe in der Bibliothek Mazarine übernommen, während er gleichzeitig Jura studierte. Der Posten war unbezahlt, aber das machte nichts, sein Vater war zufrieden, daß er eine Beschäftigung hatte.

»Nur war ich dauernd beurlaubt«, sagte Monsieur Proust lachend zu mir.

Es braucht kaum erwähnt zu werden, daß die Sache nicht von Dauer war. Er hat den Posten aufgegeben, und zu dieser Zeit hat er seinem Vater einen langen Brief geschrieben und ihm erklärt, all das sei »verlorene Zeit«, und er glaube, seine Begabung liege auf literarischem Gebiet.

Nach dem, was er mir erzählte, hat es noch eine letzte Auseinandersetzung zwischen dem Vater und der Mutter gegeben, und zum Schluß hat Professor Adrien Proust seiner Frau erklärt: »Nun gut, meinetwegen, ich werde nicht darauf beharren; ich kümmere mich nicht mehr um ihn. Tu, was du willst.«

»Und mein lieber Papa hat Wort gehalten. Und nicht nur

das. Ich weiß, daß er vor seinem Tode gelegentlich zu Freunden sagte: ›Ihr werdet sehen, daß Marcel eines Tages Mitglied der Akademie ist!‹«

Sehr viel später habe ich Monsieur Proust eines Nachts gefragt, ob er schon den Titel seines Buches im Kopf hatte, als er in dem Brief an seinen Vater den Ausdruck »verlorene Zeit« gebrauchte. Er hat gelächelt, aber nicht darauf geantwortet.

Nach alledem ist es verständlich, welcher Schlag es für ihn war, beide Eltern zu verlieren. Um so mehr, als es fast Schlag auf Schlag ging: der Professor starb 1903, Madame Proust zwei Jahre später, beide unter schmerzlichen und der Vater sogar unter grausamen Umständen.

Monsieur Proust war beim Tode seines Vaters zweiunddreißig Jahre alt. Sein jüngerer Bruder Robert, der schon Arzt war, hatte ein Jahr zuvor geheiratet, und seine Frau erwartete ein Kind. Der Tod des Professors und die Geburt des Kindes wären fast zwei tragische Begebenheiten zur gleichen Zeit geworden. Ich habe noch den Bericht von Monsieur Proust darüber im Ohr.

Eines Tages, als der Professor seine Vorlesung an der Universität zu halten hatte, sagte er zu Madame Proust: »Ich gehe etwas früher weg, um noch am Boulevard Saint-Germain bei Robert vorbeizuschauen und zu sehen, ob es etwas Neues wegen der Geburt gibt.« Am Boulevard Saint-Germain fand er seinen Sohn und seine Schwiegertochter im Begriff, nach dem Frühstück zu einem kleinen Verdauungsspaziergang aufzubrechen.

»Papa war sehr erschöpft«, hat Monsieur Proust erzählt, »und Robert war so bestürzt über sein schlechtes Aussehen, daß er seine Frau beiseite nahm und sagte: ›Marthe, ich mache mir Sorgen um Papa. Tu mir den Gefallen, geh zu deiner

Mutter und mache den Spaziergang mit ihr. Ich würde lieber Papa begleiten; ich habe das Gefühl, daß es ihm gar nicht gut geht.‹ In Begleitung von Robert in der Hochschule angekommen, hat Papa seine Vorlesung begonnen. Nach kurzer Zeit bat er die Studenten, ihn einen Augenblick zu entschuldigen. Als er nicht wiederkam, sind Robert und andere zu dem Ort gelaufen, von dem sie annahmen, daß er sich dorthin zurückgezogen habe ... Es war entsetzlich, Céleste; ich spreche nicht gern davon. Sie mußten die Tür aufbrechen. Er hatte einen Schlaganfall erlitten. Robert hat ihn eiligst in die Rue de Courcelles zurückgebracht. Mama hat ausgerufen: ›Ich hätte ihn begleiten sollen!‹ Aber sie war sofort bewundernswert in ihrem Kummer. Robert hat seine Frau angerufen: ›Papa ist von einem Unwohlsein befallen; ich habe ihn nach Hause gebracht und kann ihn jetzt nicht allein lassen. Bitte bleibe bei deiner Mutter und warte, bis ich dich hole.‹

Das Weitere war noch schrecklicher, Céleste, denn in der Nacht hat meine Schwägerin die kleine Suzy zur Welt gebracht; aber sie schwebte dann zwischen Leben und Tod, denn sie hatte Kindbettfieber, vielleicht infolge der allzu eiligen Vorbereitungen in der Aufregung über Papas Tod.

Natürlich wurde ihr der Tod verheimlicht. Man sagte ihr: ›Es geht ihm besser, es ist eine Frage von einigen Tagen. Denke nur an dich.‹ Dramatisch war der Tag der Beerdigung; denn Papa hat ein Staatsbegräbnis bekommen, und der Trauerzug ging durch die Avenue de Messine, wo die Schwiegermutter meines Bruders wohnte. Sie hatte darauf bestanden, an der Feierlichkeit teilzunehmen. Sie hat ihrer Tochter etwas vorgeschwindelt: ›Ich muß Besorgungen machen; ich lasse dich einen Augenblick mit dem Mädchen allein, es wird nicht lange dauern.‹ Aber als der Trauerzug vorbeikam, hörte meine Schwägerin die Musik. Sie erkundigte sich bei dem Mädchen: ›Was ist das für eine Musik?‹ – ›Ich weiß es nicht, Madame, es müssen Soldaten sein, die vorüberziehen.‹ – ›Nein, nein, das ist ein Trauermarsch. Irgend jemand ist gestorben, und bestimmt ein bedeutender Mann. Wer ist das?‹ – ›Ich weiß es nicht, Madame; ich habe nichts gehört.‹ Lange ist es gelungen, meiner Schwägerin die Wahrheit zu verheimlichen. Wenn Mama sie später besuchte, verließ sie die Rue de Courcelles immer in Trauerkleidung und nahm ein zweites Kleid in hellen Farben mit, das sie dann anzog, ehe sie das Zimmer der Rekonvaleszentin betrat.«

Über den Tod seiner Mutter sprach er noch weniger gern als über den des Professors Adrien Proust, zweifellos ein Beweis dafür, daß der Schmerz noch größer war. Alles, was er mir darüber sagte, war, daß er nach dem Ableben seines Vaters weiter mit Madame Proust in der Rue de Courcelles wohnte. Da die Wohnung sehr groß war, wurde ein Teil zugesperrt. Und es gab auch keine Empfänge mehr.

Wenn er von seiner Mutter in dieser Epoche ihres Lebens sprach, dann gebrauchte er immer das Wort »bewundernswert«.

»Ich bin überzeugt, daß Mama seit dem Tode von Papa dem Leben keinen Geschmack mehr abgewinnen konnte, aber sie hat es uns nie merken lassen. Sie war bewundernswert.«

Er hat das Wort auch in Zusammenhang mit einer Kleinigkeit gebraucht, die er mir berichtete – eines kleinen Vorfalls, der sich ereignete, als Fremde am Totenbett des Professors Adrien Proust vorbeidefilierten, um ihm die letzte Ehre zu erweisen. Madame Proust war gerade in dem Augenblick hereingekommen, als eine unbekannte Frau mit einer unmißverständlichen Geste einen großen Strauß Parmaveilchen an der Seite des Toten niederlegte.

»Es gab Fälle«, sagte er, »in denen Mama die außergewöhnliche Gabe besaß, nicht zu sehen, was sie nicht sehen wollte. Ich erinnere mich, daß Robert als junger Mann einen Motorradunfall mit einem jungen Mädchen hatte, das hinter ihm auf der Maschine gesessen hatte. Mama ist an Roberts Bett geeilt. Neben ihm lag das junge Mädchen. Mama hat sie nicht nur nicht angeschaut – sie hat sie nicht *gesehen,* verstehen Sie, Céleste? Nun, an dem Tag, von dem ich gesprochen habe, da schwöre ich Ihnen, daß sie an Papas Totenbett weder diese Frau noch die Veilchen gesehen hat. Oh, sie war bewundernswert!«

Ebenso war es, als sie krank wurde, schließlich operiert werden mußte und sich bis zu ihrem Ende nicht wieder davon erholte.

»Sie können sich nicht vorstellen, wie bewundernswert diese Frau war, Céleste. Sie hat ihre Krankheit ebenso für sich behalten wie ihre Trauer und ihren Schmerz. Niemals hat sie es jemanden merken lassen.«

Aber über die Art ihrer Krankheit oder die Operation – bei der es sich, wie es hieß, um einen Tumor handelte – hat er sich mir gegenüber nie geäußert, und ich hatte das Gefühl, daß ihm Fragen nicht angenehm gewesen wären. Er war sehr zurückhaltend in diesem Punkt. Wie so häufig hat er mir andeutungsweise zu verstehen gegeben, daß Madame Proust einer urämischen Krise erlegen ist.

Noch fünfzehn Jahre später war die Erinnerung an diesen Tod so erschütternd für ihn, daß er sie nicht gern wachrief.

Es sind alle möglichen Geschichten darüber erzählt worden, daß er an den Jahrestagen dieser Todesfälle erstickende Asthmaanfälle und Visionen von einer schwarzgekleideten Frau hatte, die die Züge seiner Mutter trug. Das ist albernes Geschwätz. Es wäre mir bekannt gewesen; er hätte es mir bestimmt gesagt.

Im Gegenteil, auf Jahrestage legte er gar keinen Wert. Er beachtete sie nicht einmal. Ich habe nie erlebt, daß er an einem dieser Tage betrübt gewesen wäre oder besonders viel von seinen Eltern gesprochen hätte. Weil er es mir selbst erzählt hat, weiß ich, daß es eine Zeit gegeben hat, in der er alljährlich in der Familiengruft seiner Großeltern mütterlicherseits, die Juden waren, einen Kieselstein niederlegte; das war Sitte in ihrer Religion. Er hat das gemacht, um ihr Andenken in Ehren zu halten und auch, das vermute ich sehr stark, seiner Mutter zu Gefallen. Aber ich erinnere mich, daß er hinsichtlich der Blumen, die er zu Allerheiligen auf das Grab seiner Eltern legen ließ, zu mir sagte: »Blumen sind ein Zeichen der Freundschaft und Liebe, die man den Lebenden entgegenbringt; die Toten brauchen das nicht. Die Gräber mit Blumen zu schmücken ist ein Brauch, den ich befolge; aber glauben Sie mir, liebe Céleste, ich bin kein Friedhofsgänger. Da finde ich meine lieben Entschlafenen nicht. Ich habe sie in meiner Erinnerung.«

Und wenn er von seiner Mutter sprach, dann tatsächlich immer mit einem zärtlichen und strahlenden Lächeln. Zum Beispiel, wenn er mir erzählte: »Mama hat oft zu mir gesagt: ›Mein armer kleiner Marcel, was würdest du machen, wenn ich nicht da wäre?‹, oder auch ›Mein armer kleiner Liebling ...‹ Und wissen Sie, was ihre letzten Worte zu mir waren, Céleste? ›Mein armer kleiner Gimpel, was wirst du ohne mich anfangen? Bleibe vor allem großherzig.‹«

Und mit seinem sanften, kindlichen Lachen fügte er hinzu: »Ja, ja, Céleste, da sehen Sie ihn, Ihren großherzigen Gimpel!«

Nur in den Augenblicken konnte ich die Tiefe seines Schmerzes ganz ermessen, wenn er mich bat, ihm aus einer Schublade der Kommode in seinem Schlafzimmer eine Photographie seiner Mutter zu bringen. Wenn er dann sprach, dann nur, um mich auf Einzelheiten ihrer Toilette hinzuweisen. Aber sehr rasch legte er das Bild beiseite und ließ es mich wegräumen. Ein einziges Mal hat er mich gebeten, das Photo auf den Kaminsims zu stellen, damit er es vom Bett aus sehen könne. Da blieb es zwei oder drei Tage stehen. Dann hat er mich gerufen: »Liebe Céleste, Sie müssen das Bild von Mama wieder wegnehmen. Wissen Sie, man gewöhnt sich daran, und die Gewohnheit verhindert, daß man die Erinnerung an Menschen und Dinge so empfindet, wie man es sollte.«

Ich habe vergessen, wie ich darauf gekommen bin, aber eines Nachts, als wir uns unterhielten, habe ich zu ihm gesagt: »Monsieur, ich bin Ihnen so zugetan, daß ich oft glaube, wir alle werden uns, wie behauptet wird, beim Jüngsten Gericht im Josaphat-Tal wiedersehen. Wie glücklich wäre ich, Sie wiederzusehen. Glauben Sie daran?«

»Ich weiß es nicht, Céleste, aber ich möchte es eigentlich gern glauben. Eins kann ich Ihnen nur sagen, wenn ich sicher wäre, meine Mutter im Josaphat-Tal oder sonstwo wiederzusehen, dann würde ich gern sofort sterben.«

Die Zeit der Kamelie im Knopfloch

Erst als er mir von der Welt seiner Kindheit und Jugend erzählte, begann ich mir darüber klarzuwerden, daß er nur im Traum seiner Erinnerung und für diesen Traum lebte. Von diesen beiden Lebensaltern hatte er ein zugleich liebliches und strahlendes Bild behalten, aber ohne eigentliche Trauer oder Nostalgie, denn wenn er sich diese Zeit wieder vor Augen rief, lebte er noch in ihr.

Nach dem, was er mir erzählt hatte, könnte man meinen, daß er zu jener Zeit schon so war, wie ich ihn später kannte: sehr wohlbedacht, sehr introvertiert und zugleich sehr extrovertiert und von dem heftigen Wunsch erfüllt, Menschen kennenzulernen und bekannt zu sein, und dazu bediente er sich seines Charmes – aber weniger, um Aufmerksamkeit zu erregen, Freundschaft oder Zuneigung zu erringen, als vielmehr, um die anderen genau zu beobachten und daraus Nutzen zu ziehen. Er ist stets die Biene gewesen, die sich unfehlbar immer auf die ergiebigen Blumen setzte.

Er besaß bei allem eine leichte Auffassungsgabe. Er hat mir erzählt, daß er in der Schule nie auf Schwierigkeiten stieß, außer in Mathematik; da bat er manchmal seinen jüngeren Bruder Robert, ihm seine Aufgaben zu machen.

»Robert sagte dann zu mir: ›Du brauchst es nur wie ich zu machen. Arbeite, und du wirst es können.‹ Aber ich hatte keine Lust dazu; ich mochte die Mathematik nicht, sie interessierte mich nicht. Vielleicht, wenn ich mich heute dranmachte ...«

Aber er zog ein Gesicht. Oder er sagte auch: »Ich habe mich nie angestrengt; ich wußte gar nicht, wie es ist, wenn man sich Mühe gibt. Ich hörte die Leute, die sich brüsteten: ›Ich habe die erste Staatsprüfung abgelegt, ich habe die zweite Staatsprüfung abgelegt, ich habe promoviert …‹, als ob sie Wunder vollbracht hätten. Ich lachte darüber; jedesmal, wenn ich ein Examen machen mußte, ging ich unvorbereitet hin.«

Und man spürte bei ihm die ganze Naivität, die ganze verwunderte Genugtuung bei dem Gedanken, daß er sich nicht hatte anzustrengen brauchen.

Genauso war es mit seinen freundschaftlichen Beziehungen zu seinen Kameraden – abgesehen von einem einzigen Punkt, der ihm offenbar zu schaffen gemacht hatte: die körperliche Unterlegenheit, fast Gebrechlichkeit infolge seines Asthmas. Aber er hatte so viele andere Eigenschaften, die das wettmachten, daß die intelligentesten seiner Kameraden es übersahen.

Er selbst gab zu, daß er viel Glück gehabt hatte mit seinen Mitschülern am Lycée Condorcet in Paris. Obwohl er nicht mit seinem Urteil darüber zurückhielt, was aus einigen von ihnen geworden war, so fand er doch: »Wenn ich es mir recht überlege, Céleste, so waren wir eine nette kleine Bande.«

Er zählte stolz die Namen auf, die seit Jahren alle bekannt oder sogar berühmt waren: Léon Blum, der Führer der Sozialisten, und sein Bruder René, ein erfolgreicher Anwalt; andere, die Schriftsteller geworden waren wie Henri Barbusse, Fernand Gregh, Robert de Flers, Pierre de Lassalle; Léon Brunschvicg, der Professor der Philosophie geworden war, der spätere Minister Paul Bénazet und der spätere Botschafter Maurice Herbette, ganz zu schweigen von Jacques Bizet, »Carmens Sohn«, wie er ihn nannte.

In der schönen Jahreszeit fand sich die ganze Gruppe

fast jeden Tag nach der Schule und immer am freien Donnerstagnachmittag zum Spiel zwischen den Büschen und Eseln der Champs-Elysées ein. Damals schlossen sich auch Mädchen den Jungen an, wie die beiden Töchter von Félix Faure.

»Es waren sehr bürgerliche Spiele«, erzählte er. »Heute würden wir so linkisch wirken wie Kinder in Sonntagskleidern.«

Dann gab es Illiers, den Familienbesitz väterlicherseits, aus dem er in seinem Buch ›Combray‹ gemacht hat und wo er immer in den Ferien hinfuhr. Man spürte, daß er eine so ungetrübte Erinnerung daran hatte wie an einen wolkenlosen Himmel – wie an ein wahres Paradies, wo alles angefangen hatte.

»Ich glaube, es war da, Céleste, wo ich Geschmack am Beobachten gefunden habe.«

Er sprach davon wie einer, der erblindet war und sich vorher alle Einzelheiten, die er gesehen hatte, so eingeprägt und liebevoll in seinem Gedächtnis bewahrt hatte, daß er sie einem besser veranschaulichen konnte als ein Sehender. Er beschrieb mir den Park des Familienbesitzes, der »Le Pré Catelan« getauft worden war, mit seinem kleinen Fluß und der hübschen Brücke, die die Ufer verband; mit all den Bäumen, den Pflanzen und dem Weißdornpfad und sein Entzücken, als er sich um die Pfingstzeit in ein wahres Blütenmeer verwandelte; und das Dorf, die Bauern, die Kirche, die Farben, die Düfte.

»Man gelangte dorthin von Chartres aus«, sagte er, »mit der großen Ebene ringsum und der Kathedrale, die aussah, als bezeichne sie den Mittelpunkt eines Zifferblatts ohne Zeiger, eines Zifferblatts, das die Stunden nicht mehr anzugeben brauche, da die Ewigkeit herrsche.« Zweierlei liebte er am meisten in Illiers: mit seinem Onkel väterlicherseits in einem Tilbury spazierenzufahren und sich in den kleinen Pavillon weit hinten im »Pré Catelan« zurückzuziehen, um dort zu lesen oder zu schreiben. In diesem kleinen Pavillon, erklärte er mir, habe er den Entwurf zu seinem ersten Buch, ›Tage der Freuden‹, begonnen, das fast fünfzehn Jahre später, 1896, veröffentlicht wurde, als er fünfundzwanzig Jahre alt war.

Er war zwölf oder dreizehn, als Professor Adrien Proust der Meinung war, das Klima von Illiers sei seinem Asthma nicht zuträglich; was er brauche, sei eine Luftveränderung, und zwar Reizluft. Von da an verbrachte er seine Ferien in Dieppe oder Cabourg mit der Großmutter mütterlicherseits – derjenigen, die sich so gewählt ausdrückte wie ein literarisches Werk.

Eines Tages habe ich ihn gefragt, ob er nie wieder nach Illiers gefahren sei, und er hat geantwortet: »Nein, niemals.«

»Und warum, Monsieur?«

»Weil man die verlorenen Paradiese nur in sich selbst wiederfindet, Céleste.«

Auf seine eigentliche Jugend kam er mir gegenüber, glaube ich, zu Beginn des Krieges zu sprechen, denn in dieser Zeit war es naheliegend, daß er von seinem Militärdienst erzählte, den er als einen Witz bezeichnete. Auch ich amüsierte mich darüber: »Aber, Monsieur, wie konnten sie Sie nur nehmen? Man kann Sie sich schlecht als Landser vorstellen!«

»Sie haben mich nicht *genommen*, Céleste. Ich war Freiwilliger. Wer sich freiwillig meldete, ehe sein Jahrgang an der Reihe war, der brauchte nur ein Jahr zu dienen. Aber die Abgeordneten hatten gerade ein Gesetz verabschiedet, das den einjährigen Freiwilligendienst aufhob, so daß ich drei Jahre hätte ableisten müssen. Da bin ich dem Gesetz zuvorgekommen, ehe es in Kraft trat.«

Er hat mir nicht verheimlicht, daß die Beziehungen seines Vaters ihm nützlich gewesen waren. Das war 1889, er war achtzehn Jahre alt. Er wurde in die Infanterie gesteckt, in Orléans.

»Im großen und ganzen ist es nicht so schlimm gewesen«, sagte er. »Aber ich gebe zu, daß mein Soldatenleben ein wenig sonderbar war. Erstaunlicherweise ging es mir gesundheitlich gut, und ich habe unter der Ausbildung nicht gelitten – allerdings war ich von den anstrengendsten und stürmischsten Übungen befreit; aber ich bin geritten. Ich schlief nicht in der Kaserne, sondern war entgegen den Bestimmungen in der Stadt einquartiert. Ich wurde beim Präfekten eingeladen. Ich erinnere mich, daß ich einmal zum Abendessen bei einem Hauptmann war, der mir anbot, bei ihm zu übernachten. Im Gästezimmer war das Bett nicht gemacht, man gab mir Laken und Decken. Ich war in großer Verlegenheit, denn ich hatte noch nie ein Bett gemacht und kam mit den Laken nicht zurecht. Zu guter Letzt habe ich auf der nackten Matratze geschlafen.«

Als er vom Militär zurückkam, hat seine Mutter die Uniform sorgfältig in einen Karton gelegt, den er aufhob. Er ließ mich den Karton aus dem Schrank holen, um mir den Waffenrock zu zeigen, der nach Maß gearbeitet und sehr schick war. Ich sagte: »Monsieur, Sie müssen darin wie ein Kadett der Kriegsschule Saint-Cyr ausgesehen haben!«

Er war im siebenten Himmel.

Aber schon lange vor seinem Militärdienst hatte er dieses Leben eines Salonhelden geführt, das seinem Vater so mißfiel, und nachher hat er sich nur um so mehr wieder hineingestürzt. Es war dies seine Periode der »Kamelie im Knopfloch«, wie er sie nannte.

Aus dem, was er mir darüber erzählte, ging hervor, daß er Eingang in eine andere Welt finden wollte, eine zugleich sehr intellektuelle, verfeinerte und elegante Welt, und zwar ebenso aus dem Wunsch heraus, zu bezaubern und Freunde zu gewinnen, als aus Wißbegier, um zu beobachten.

»Der Verkehr, den meine Eltern pflegten, war von anderer Art«, sagte er. »Es handelte sich dabei, insbesondere in der Stellung meines Vaters, um die gesellschaftlichen Beziehungen eines Mediziners, wenn auch von hohem Rang, zu anderen Medizinern und vermögenden Patienten. Aber ich wollte die Leute von Welt kennenlernen, die oberen Zehntausend vom Faubourg Saint-Germain.«

Seine Schulfreundschaften, zu denen Adlige und Söhne des Großbürgertums gehörten, waren ihm dabei sehr nützlich, ebenso wie sie ihm gewiß auch die Neigung dazu eingegeben haben.

»Die Hauptsache ist, erst einmal Zugang zu finden«, sagte er. »Das andere geht dann sehr schnell.«

Er war noch sehr jung, als er in den Salon von Alphonse Daudet eingeführt wurde; er hatte sich einen festen Platz in der Nähe von Madame Daudet und ihren beiden Söhnen, Léon und Lucien, erobert, die ihn verehrten und immer seine Freunde blieben. Er fand Madame Daudet sehr gebildet, sehr kultiviert.

»Sie war ein wenig die Botschafterin ihres Mannes, wie meine Mutter, und vor allem eine wunderbare Krankenpflegerin für ihn, denn er siechte an einer Rückenmarkserkrankung dahin. Alphonse Daudet brummte zwar in seinen Bart: ›Meine Liebe, dein kleiner Marcel hat zu viel Einfluß auf unsere Söhne, wie überall, wo er sich aufhält.‹ Nicht, daß er das übelnahm. Er fand nur, daß Léon und Lucien mich zu sehr bewunderten, was ziemlich schmeichelhaft war. Wie mir erzählt wurde, hat er auch von mir gesagt: ›Dieser Marcel ist ein Teufel; er widerspricht zu oft.‹«

Er war sehr stolz darauf, daß er Zugang zu den Salons gefunden hatte, denn das hatte er selbst geschafft.

»Sogar Mama hätte mir die Bekanntschaft dieser Leute nicht vermitteln können.«

Für ihn waren das Eroberungen.

Er war sich dessen durchaus bewußt, was an ihm reizvoll war. Er sagte, mit seinen Augen und der zarten Tönung seiner Haut habe er etwas von dem Schmeichelnden und Zuvorkommenden eines jungen Pagen Cherubin an sich gehabt, das die Damen für ihn einnahm. Und er verheimlichte im übrigen auch nicht, daß er in alle Damen ein wenig verliebt war. Es war das Alter; aber ich glaube, es hing noch mehr mit dem Bedürfnis zusammen, unbedingt ein Charmeur zu sein.

Wenn ich ihn davon sprechen hörte, kam es mir wie ein Märchen vor. Erst später, nachdem er mich über seine Romanfiguren und Porträts aufgeklärt hatte, konnte ich all das ermessen, was er als Kind und mehr noch als junger Mann in diesen Jahren hatte aufspeichern können. Man ist versucht zu glauben, er habe eine Vorahnung gehabt, daß sein Werk daraus bestehen würde.

Zuerst habe ich die Entstehungsgeschichte nicht erkannt. Den Zusammenhang hat er mir erst nach und nach klargemacht, und darauf werde ich noch zurückkommen. Was ich in jenem Augenblick aufnahm, das war der Bericht.

Wenn er mir von jener Zeit erzählte, dann war es manchmal in seinem Schlafzimmer, manchmal im kleinen Salon.

In beiden Räumen bewahrte er Souvenirs auf: im Schlafzimmer alle möglichen Gegenstände und Photographien in der oberen Schublade der großen Kommode; im kleinen Salon Bücher.

Wenn er abends ausgegangen und dann nach Hause gekommen war, forderte er mich manchmal nicht auf, ihm in sein Schlafzimmer zu folgen, sondern sagte: »Gehen wir doch in den kleinen Salon, Céleste. Nicht lange, nur einen Augenblick.«

Natürlich dauerte es dann Stunden.

Dort stand ein großer schwarzer Bücherschrank, der von seinen Eltern stammte und in dem er alle Bücher aufbewahrte, die ihm lieb waren, zum Beispiel die Werke des englischen Schriftstellers Ruskin und von Madame de Sévigne, auch die seiner Freunde und Verwandten, die ihm gewidmet worden waren. An einer Wand hing sein Porträt von Jacques-Emile Blanche, das eben aus der Zeit der »Kamelie im Knopfloch« stammte – nebenbei bemerkt, wenn er damals die Kamelie trug, dann handelte es sich um eine Blume ohne Duft, sonst hätte er es nicht ausgehalten.

Er war von diesem Porträt irgendwie fasziniert; oft, wenn er mit mir sprach, schaute er es an, als ob er sich im Spiegel aus jener Zeit wiedersehe. Das erstemal, als er es mir zeigte, hat er mich gefragt: »Finden Sie nicht, daß es etwas Absonderliches hat?«

»Ich weiß nicht, Monsieur. Ich sehe nur diesen perlmutterartigen Teint und die Haltung eines jungen Prinzen aus dem Orient.«

»Nun, ich sage Ihnen, daß ich Ihnen einmal Marcel Proust ungekämmt und ohne Bart vorgestellt habe, und heute stelle ich ihn Ihnen ohne Bart und ohne Beine vor.«

Und lachend hat er mir erzählt, daß er zuerst in ganzer

Figur auf dem Bild war. Dann hat Jacques-Emile Blanche ihn gebeten, ihm das Porträt für eine Ausstellung zu leihen, und als er es ihm wiedergab, hatte er keine Beine mehr.

»Er muß wohl gedacht haben, daß ich so mehr Geist hätte!«

Wenn wir in den kleinen Salon gingen, blieb ich nicht stehen wie im Schlafzimmer. Er ließ sich auf einen Sessel vor dem Bücherschrank nieder, um die Bücher in Reichweite zu haben, und ich setzte mich auf einen anderen ein wenig abseits. Er nahm diesen oder jenen Band heraus und las mir eine Stelle vor. Er blätterte die Seiten bis zum Schluß durch und schaute nur das an, was er im Kopf hatte; ich sah sehr wohl, daß er alles kannte, was darin stand, denn nachdem er dieses oder jenes vorgelesen hatte, faßte er für mich die Fortsetzung kurz zusammen. Jedenfalls entsprach das bei ihm immer einem Gedankengang, den er verfolgte, oder etwas, an das er sich gern erinnern wollte. Ich war für ihn nur ein Vorwand, um seine Gedanken oder seine Erinnerung laut auszusprechen und an mir auszuprobieren, wie ich schon gesagt habe.

So war es zum Beispiel an dem Tag, an dem er die Bücher von Renan aus dem Fach nahm, dem Autor des ›Leben Jesu‹. Er hat den Band in die Hand genommen und seufzend den Kopf geschüttelt:

»Immerhin, Céleste, wenn ich daran denke ... ich war ja noch ein kleiner Junge, oder beinahe ... (tatsächlich war er achtzehn Jahre alt, soweit ich verstanden habe)... wie bin ich nur darauf gekommen, mit meinem ›Leben Jesu‹, meinen ›Aposteln‹ und meinen ›Ursprüngen des Christentums‹ unter dem Arm loszugehen, um diesen alten Priester zu bitten, sie mir zu signieren? Das frage ich Sie.«

Und er machte es mir vor, wie er mit den drei Büchern

unter dem Arm, den Kopf zurückgeworfen, den Blick verwegen, losgezogen war. Dann hat er die Bücher aufgeschlagen, um mir die Widmung zu zeigen.

»Da sehen Sie seine Schrift. Was sagt sie Ihnen, Céleste?«

»Nun, Monsieur, man würde das für die ungelenken Buchstaben eines Kindes halten.«

»Sie haben nicht unrecht, Céleste. Er hatte etwas davon an sich. Jedenfalls hat er mich sehr freundlich empfangen, ganz beglückt und fast stolz, weil ich so jung war. Dieser alte Bretone in seiner Soutane! Wissen Sie, warum er das Ordenskleid abgelegt hat, Céleste? Denn das hat er getan. Weil er keinen Glauben hatte; er glaubte nicht an das, was er öffentlich lehren mußte. So kam es, daß er sich die Frage vorlegte, wer Christus gewesen sei, und sogar, ob Jesus wirklich gelebt habe. Er ist ins Heilige Land gereist, begleitet von seiner Schwester, die ihm ergeben war wie eine Mutter und an einer der Krankheiten dort unten gestorben ist. Vielleicht ist das auch der Grund, warum er bei seiner Rückkehr erklärt hat, er glaube nicht an alles, was er gesehen habe. Aber hören Sie sich das an, was er geschrieben hat, Céleste. Hören Sie gut zu und überlegen Sie es sich genau. Auch wenn er nicht glaubte, dieser alte Bretone, so hat er doch folgendes über den Tod geschrieben: ›*Lehre mich, ihn besser zu verstehen, um ihn weniger zu fürchten.*‹ Das war sein Gebet, und es ist sehr schön. Gedanken dieser Art hätte ich gern in meinen Büchern niedergeschrieben, und ich stelle mir vor, daß ich ihn deshalb aufgesucht habe, den alten überzeugten Ungläubigen in seiner Soutane.«

Immer führte er mir die Szene bildlich vor Augen, wenn er von jemandem erzählte, und anschließend stellte er seine Betrachtungen an.

Ich erinnere mich an sein Porträt von Madame Lemaire,

die zu Beginn dieses Jahrhunderts einen sehr gesuchten Salon unterhielt und aus der er teilweise die Madame Verdurin seines Buches gemacht hat, die auch einen bürgerlichen Salon unterhält. Sie wohnte in der Rue de Monceau, im Viertel der Familie Proust; alle Träger großer Namen der Aristokratie verkehrten bei ihr, denn es war damals Mode, sich unter die Künstler zu mischen, von denen sie viele empfing. Sie war selbst Malerin.

»Man mußte sie gesehen haben, Céleste! Sie war zugleich imposant und charmant. Sie malte hauptsächlich Rosen, mit einer so außerordentlichen Geschwindigkeit und in solchen Mengen, daß Graf Montesquieu von ihr sagte: ›Nach Gott ist sie die einzige, die soviel Rosen gemalt hat.‹ Und dabei war sie immer im Negligé, die Haare kaum frisiert, als ob es für sie niemals einen siebenten Tag gegeben habe!«

Sie sah den »kleinen Marcel« fast als ihren Sohn an, als den Bruder ihrer Tochter Suzette, die sehr schön und nett war, aber von der Mutter so tyrannisiert wurde, daß sie nach Monsieur Prousts Worten kaum ein eigenes Leben hatte. Madame Lemaire besaß einen wunderbaren Landsitz im Departement Seine et Marne, das Schloß Réveillon, wo sie ebenfalls Gäste empfing. In einem Jahr hatte Monsieur Proust dort in Gesellschaft Suzettes, seines Freundes Reynaldo Hahn und der Gäste ihrer Empfänge zwei bezaubernde Monate verbracht, die – wie er sagte – zu den schönsten seiner Jugend gehörten.

Sie hatte etwas Schulmeisterliches an sich. Wenn sie in ihrem Maleratelier, inmitten von Palmen und Blumen, echten und gemalten, Hauskonzerte gab, dann hätte nicht viel gefehlt, sagte Monsieur Proust, und sie wäre auf einen Stuhl gestiegen und hätte »Ruhe!« gerufen. Sie duldete nicht das geringste Geräusch, was er sehr richtig fand, wenn er auch über ihre Art lachte. Sie war zugleich eine sehr entschlossene Frau. Ich erinnere mich, daß er mich eines Nachts bat – es muß gegen Ende des Ersten Weltkrieges gewesen sein –, zu ihr zu gehen und sie herzuholen, weil er irgend etwas nachprüfen wollte. Als ich ihn auf die vorgerückte Stunde hinwies, sagte er: »Machen Sie sich keine Sorgen, Céleste, sie wird sofort kommen, Sie werden es sehen. Sie werden sie im Negligé vorfinden, wie üblich, aber sie wird aufspringen, wie sie ist, und warten, bis sie im Wagen sitzt, um Rouge aufzulegen. Aber Sie werden auch sehen, was für eine vornehme Dame sie trotz allem ist!«

Es stimmte. Ich fand sie mit Suzette in halber Dunkelheit vor einem Holzfeuer sitzend; ich habe meine Botschaft ausgerichtet, ich hatte kaum ausgesprochen, da war sie schon aufgesprungen: »Also gehen wir gleich hin!« Und im Wagen hat sie sich dann zurechtgemacht.

Einer der ersten Salons, abgesehen von dem von Alphonse Daudet, in dem er verkehrte, war der von Madame Arman de Caillavet in der Avenue Hoche, die sich zur eifersüchtigen und ausschließlichen Ratgeberin von Anatole France ernannt hatte. Ihr Mann, der bisweilen unvermutet auf einem Empfang seiner Frau auftauchte, hatte dann später die eigenartige Gewohnheit angenommen, händeschüttelnd lauthals zu verkünden: »Ich bin nicht Anatole France; ich bin nur der Herr ... des Hauses!« Monsieur Proust hatte Anatole France nicht in guter Erinnerung; er war ihm gegenüber weniger nachsichtig als der Ehemann. Er sagte zu mir: »Er war ein Egoist und Spötter. Er hatte so viel gelesen, daß er sein Herz in den Büchern der anderen gelassen hatte und nichts übrigblieb als Gefühllosigkeit. Eines Tages habe ich ihn gefragt, was er gemacht habe, um ein so großes Wissen zu erlangen; er hat mir geantwortet:

›Da ich nicht wie Sie ein so hübscher Junge war, daß ich in Gesellschaft gehen konnte, habe ich studiert und gelernt.‹«

Aber ich glaube, von all diesen Damen hat für ihn Madame Straus, die wiederverheiratete Witwe von Georges Bizet, am meisten gezählt. Im übrigen hat er sie in seinem Werk zur Herzogin gemacht – selbst wenn in der Herzogin von Guermantes nicht sie allein zu finden ist, so doch ein großer Teil von ihr –, während Madame Lemaire und Madame de Caillavet im Buch bürgerlich sind.

Zwischen ihr und ihm bestand eine Freundschaft bis zum Tod. Bei Monsieur Proust, als er ein junger Mann war und auch noch, nachdem ich ihn bereits kannte, war es mehr als Freundschaft, obwohl er mir nie etwas Genaues darüber gesagt hat. In dieser Beziehung zeigte er zu viel Feingefühl. Aber ich merkte es an der Art und Weise, wie er mich häufig bat, aus der Kommodenschublade ein Porträt von ihr herauszuholen, das sie als Witwe Bizet, ehe sie Madame Straus wurde, im Schleier zeigte. Er hat es lange angeschaut.

»Ach, Céleste! Mein Gott, wie schön sie war unter diesem Schleier!«

Sie war sehr viel älter als er, schließlich war sie die Mutter seines Freundes Jacques Bizet. Aber er verehrte und bewunderte sie überaus, und man konnte die Gefühle erraten, die er zuerst im Sturm und Drang der Jünglingsjahre für sie empfunden haben mußte und die sich später zweifellos vertieften. Man brauchte bloß zu sehen, wie betrübt er war, wenn er mir das Porträt zurückgab: »Mein Gott, wie sie sich verändert hat!«

Nach dem, was er sagte, hat auch sie ihn seit seiner Jugend sehr geschätzt und bewundert und ihn sehr gern gehabt – aber immer eingedenk des Altersunterschiedes zwischen ihnen.

Zu ihren Diners und Empfängen ging er ebenso ihretwegen wie um des Vergnügens willen, Schriftsteller, Maler, Musiker und Träger berühmter Namen zu treffen – man sah dort Paul Bourget, Charles Gounod, Jules Renard, die Maler Forain und Degas, aber auch die Gräfin Chevigné und die Gräfin Greffulhe, von der er sich ebenfalls für seine Guermantes inspirieren ließ, und Charles Haas, der ein Teil von Swann ist.

»Ah, Charles Haas, Céleste! Er war der Sohn eines Börsenmaklers und der einzige Jude, der neben den Rothschilds im Jockey Club zugelassen war wegen seines heldenhaften Verhaltens im Krieg von 1870. Man hätte glauben können, daß er alles, Geld, Zeit, Geist, ja, alles für eine feine Lebensart aufbot, um den Damen zu gefallen. Und natürlich wurde es ihm vergolten: sie hatten einen Narren an ihm gefressen. Aber welche Distinktion, welcher Glanz! Und was für ein Dandy er war! Ich sehe ihn noch vor mir mit seinem grauen, grün gefütterten Zylinder!«

Auch abgesehen von den Diners und Empfängen besuchte Monsieur Proust Madame Straus oft zu zwanglosem Beisammensein am Kamin. Meistens war Monsieur Straus da und brummte vor sich hin. Es ärgerte ihn, wenn seine Frau von Georges Bizet sprach, den sie sehr geliebt hatte – um so mehr, als es eine Liebe mit Hindernissen gewesen war: ihr Vater hatte alles nur mögliche unternommen, damit sie ihn nicht heiratete. Noch mehr ärgerte sich Monsieur Straus über Monsieur Proust, und am Ton seiner Erzählung merkte ich, daß diese Einstellung auf Gegenseitigkeit beruhte.

»Sie hätten ihn sehen sollen, wenn wir vor dem Kamin saßen«, erzählte Monsieur Proust. »Er konnte es nicht ertragen, wenn seine Frau mich ihren ›lieben kleinen Marcel‹

nannte – wenn sie mir schrieb, begannen ihre Briefe immer: ›Mein herzallerliebster kleiner Marcel‹. Es hielt ihn nicht auf seinem Sessel; er stand auf, lief hin und her, setzte sich wieder, ergriff die Feuerzange und stocherte im Feuer herum, dann legte er sie geräuschvoll wieder weg. Madame Straus sagte dann: ›Emile, bitte!‹ Er brummte: ›Meine liebe Geneviève, es strengt dich zu sehr an, so viel zu reden und so lange aufzubleiben.‹ Dann tat ich so, als wollte ich mich erheben: ›Madame, entschuldigen Sie, Ihre bezaubernde Gesellschaft hat mich Ihre Güte mißbrauchen lassen; ich werde mich zurückziehen.‹ Aber sie sagte dann: ›Ich bitte Sie, mein lieber kleiner Marcel, kümmern Sie sich nicht darum. Emile, laß uns zufrieden.‹ Und Monsieur Straus blieb nichts anderes übrig, als wieder damit anzufangen, die Feuerzange als Kastagnetten zu benutzen.«

Soweit ich mich erinnere, hat er sie in den Jahren, in denen ich bei ihm war, sehr viel weniger gesehen. Madame Straus und er schrieben sich häufig lange Briefe. Ich selbst habe mehrmals seine Briefe zu ihr gebracht.

»Versäumen Sie nicht, sie zu sehen, wenn sie Sie empfangen kann, Céleste. Sie berichten mir dann, wie es ihr geht«, sagte er zu mir.

Sie ist auch zu meiner Zeit wie schon früher mehrmals am Boulevard Haussmann vorbeigekommen, wenn sie bei Williams war, dem amerikanischen Zahnarzt, der seine Praxis oben hatte. Sie klingelte und erkundigte sich nach Monsieur Proust. Aber sie ist nie weiter als bis in die Diele gekommen; Monsieur Proust hat sie nie empfangen – und sie hat übrigens auch nie darum gebeten. Noch immer war sie eine imposante Erscheinung, obwohl ihre Züge schwammig und schlaff geworden waren und ein Nervenzucken ihr Gesicht befallen hatte. Ich bin ziemlich sicher, daß der

Grund, warum sie sich nicht mehr sahen, der Seufzer von Monsieur war: »Mein Gott, wie sie sich verändert hat!«

Monsieur Straus war nicht der einzige, der auf Monsieur Proust eifersüchtig war. Auch die Gräfin Greffulhe war ein Gegenstand großer Bewunderung des »kleinen Proust« oder gar des »kleinen Marcel«, wie er damals überall genannt wurde, womit man die Verwunderung darüber zum Ausdruck brachte, daß er trotz seiner Jugend schon in so vielen Salons empfangen wurde, und wobei zweifellos auch Eifersucht mitsprach.

Dennoch hat es zwischen der Gräfin und ihm niemals diese außerordentliche geistige Vertrautheit wie mit Madame Straus gegeben. Die Gräfin Greffulhe, das waren für ihn vor allem die gesellschaftlichen Kontakte und eine Augenweide. Sie war eine Caraman-Chimay; da ihre Familie halb ruiniert war, hatte sie das riesige Vermögen des Grafen geheiratet. Man traf bei ihr die Creme des Faubourg Saint-Germain, des Jockey Club und der Diplomatie. Wenn Monsieur Proust davon sprach, wimmelte es in seinen Berichten von Fürsten und Fürstinnen, von Herzögen und Herzoginnen, von Festen und Empfängen, wie es sie seit dem Krieg von 1914 nicht mehr gegeben hat und gewiß auch nie mehr geben wird – es war eine Gesellschaft, eine Lebensweise, die schon im Schwinden begriffen war und nun verschwunden ist.

Er erzählte mir von unerhörtem Luxus, von Bedienten, Blumen, Gemälden, Kronleuchtern, Toiletten, Juwelen, Pferdekutschen, die das ganze Viertel versperrten, wenn sie die Gäste hinbrachten und auf sie warteten.

»Es war alles von unglaublicher Großartigkeit, Céleste, und manchmal gab es auch Überspanntheiten!«

Er träumte davon, wenn er es sich wieder ins Gedächtnis rief, obwohl er nicht alles billigte.

»Stellen Sie sich vor, eines Abends ist zu einem Diner von Madame Straus ein Mann mit seinem Affen gekommen, der einen Frack mit Vorhemd und allem Drum und Dran trug. Abgesehen davon, daß ich keine Tiere mag, war es ausgesprochen geschmacklos. Und auf einem Kostümfest bei Madame Greffulhe habe ich zwei junge Löwen gesehen, vor kleine Wagen gespannt, auf denen die Requisiten für den Kotillon lagen und die von vier der fünfundvierzig Bedienten der Gräfin in Livree à la française gelenkt wurden. Ich fand auch das ein wenig übertrieben; übrigens hat die angebliche Zahmheit der jungen Löwen sie nicht gehindert, am nächsten Tag dem Concierge einen Arm auszureißen.«

Aber er ließ keinen Zweifel daran, daß er für Madame Greffulhe eine große Schwäche hatte.

»Sehen Sie, Céleste«, hat er eines Abends zu mir gesagt, »das ist ein Geständnis, das ich heute machen kann. Ich glaube, schon beim erstenmal, als ich sie gesehen habe, war ich völlig betört von ihr. Sie war so rassig, so distinguiert! Welch ein Auftreten, welch eine Haltung des Kopfes und des Halses! Und wie sie ihren Paradiesvogel im Haar trug! Einzigartig!«

Und mit seinen flinken Händen deutete er an, wie graziös der Vogel auf der kunstvollen Frisur gesessen hatte.

»Es war ihr angeboren«, sagte er. »Das gab es nur bei ihr. Ich weiß nicht, wie oft ich in die Oper gegangen bin, nur um ihre Haltung zu bewundern, wenn sie die Treppe hinaufschritt. Ich war da, ich hielt nach ihr Ausschau. Sie vorbeigehen zu sehen mit ihrem anmutigen Hals unter dem Vogel, der aussah, als habe er sich selbst dort hingesetzt, war beseligend.«

Aber abgesehen von den wenigen Empfängen bei ihr, zu denen er eingeladen war, und von gesellschaftlichen Anlässen, Abendgesellschaften oder Hochzeiten, hat er die Gräfin wenig gesehen. Und das zum großen Teil wegen der Eifersucht des Grafen, der sich nicht scheute zu erklären, daß er ihn nicht schätzte und keinen Wert darauf legte, daß er mit seiner Frau verkehre.

Dafür hat Monsieur Proust sich gerächt, was ihn sehr belustigte.

Graf Greffulhe ist nämlich einer anderen Dame zu Füßen gefallen, der Gräfin de la Béraudière. Und Madame de la Béraudière ihrerseits lag in allen Ehren Monsieur Proust zu Füßen; sie wußte nicht, was sie anstellen sollte, um sein Interesse auf sich zu lenken. Es muß erwähnt werden, daß all das sehr viel später stattfand, denn ich lebte damals schon am Boulevard Haussmann. Es war ein kaltblütiger Racheakt.

Man mußte Monsieur Proust gehört haben, als er bei der Rückkehr von einem abendlichen Ausgang mit ironischem Blick zu mir sagte: »Kommen Sie, damit ich es Ihnen erzähle, Céleste. Ich bin hinter das Geheimnis des Grafen Greffulhe gekommen.«

Und er erläuterte mir die Geschichte: »Wenn jemand eine Königin bei sich hat wie die Gräfin Greffulhe, dann fragt man sich, wie der Betreffende zu einer Madame de la Béraudière gehen kann, die weder die Feinheit noch den Adel, die Kultur, die Eleganz oder die Schönheit der anderen besitzt. Und dennoch ist es so. Es scheint, daß er seine Béraudière mit Aufmerksamkeiten überhäuft und verhätschelt. Wie komisch das ist!«

Da ich ihn kannte, hatte ich den Eindruck, daß er seine Entdeckung nicht dem Zufall überlassen würde. Tatsächlich gab es plötzlich für ihn nur noch Madame de la Béraudière. Auf einmal mußte er sie kennenlernen, obwohl er ihr, seinen Reden nach, jahrelang mehr oder weniger die kalte Schulter gezeigt hatte. Er bat mich, sie anzurufen und zu fragen, ob sie ihn empfangen wolle. Was sie getan hat. Und eines Abends ist er entzückt nach Hause gekommen, denn er hatte erreicht, was er erreichen wollte: »Liebe Céleste, kommen Sie rasch ... Wie Sie wissen, war ich heute abend bei der Gräfin de la Béraudière. Nun, stellen Sie sich vor, wer da war? Graf Greffulhe! Und Sie hätten ihn sehen sollen, wie er auf seinem Sessel gemault hat, weil ich empfangen worden war!«

Er hat sich dieses Vergnügen mehrmals geleistet. Das ging so zwei oder drei Monate. Er lachte und konnte nicht genug davon erzählen, wie liebenswürdig Madame de la Béraudière ihm gegenüber sei. Und dann, als sein Rachedurst und seine Neugier gestillt waren, machte er Schluß – er hat sie nicht wiedergesehen. Aber als er mir vom Ergebnis dieser Abende berichtete, blitzten seine Augen, und er schien die Figuren noch so hin- und herzuschieben, wie er es beabsichtigt hatte.

Das Merkwürdigste ist, daß es mir, obwohl ich ihn als Einsiedler sah, trotzdem nicht schwerfiel, ihn mir in der Zeit der Kamelie vorzustellen, denn er lachte so viel, amüsierte sich und fand seine Jugend wieder, während er mir davon erzählte. Wenn er zum Beispiel vom Cercle de la Rue Royale im Café Weber sprach, das es heute nicht mehr gibt, wo sich all die Dandys trafen, und ich dann am Boulevard Haussmann dem Herzog von Guiche oder anderen alten Freunden die Tür öffnete und statt der sorglosen, strahlenden und lustigen jungen Leute, wie er sie in seinen Berichten dargestellt hatte, Herren mit grauen Schläfen sah, dann war es für mich ein Schock. Sie waren gealtert, er aber nicht.

Dennoch erinnere ich mich, daß ich mich nicht enthalten konnte auszurufen, als er mir von dem Duell erzählte, zu dem er damals den Schriftsteller Jean Lorrain herausgefordert hatte, der einen boshaften Artikel über ihn geschrieben hatte: »Monsieur, das ist doch nicht möglich! Ich kann mir nicht vorstellen, daß Sie einen Revolver in die Hand genommen haben. Und was für eine Idee, aufeinander zu schießen!«

»Warum nicht?«

»Sie, der Sie einen so zurückhaltenden und sanften Eindruck machen!«

»Ich konnte mich dem nicht entziehen, Céleste. Derlei Dinge tat man eben.«

»Wie die Blumen zu Allerheiligen?«

Er lachte, und ich sagte: »Ich weiß sehr wohl, daß Sie ungünstige Beurteilungen nicht lieben, man braucht nur zu sehen, wie Sie sich in die Brust werfen, wenn Sie mir davon berichten. Aber von da bis zur Handhabung einer Pistole oder eines Degens, das ist doch ein weiter Weg! Sagen Sie mir nicht, Sie seien da hingegangen.«

»Aber ja, Céleste.«

»Ihre Mutter war unterrichtet?«

»Ja.«

»Wie unglücklich muß sie gewesen sein!«

»Das stimmt. Arme Mama! Sie wollte es nicht, viele andere Damen auch nicht. Aber dieser Mann hatte mich beleidigt, und niemand hatte mich dazu angeregt; ich allein hatte dieses Duell gewollt. Jean Lorrain war neidisch gewesen auf das Vorwort, das Anatole France zu meinem Buch ›Tage der Freuden‹ geschrieben hatte; er behauptete, es sei nur eine Gefälligkeit für einen unbedeutenden jungen Mann der Gesellschaft gewesen, der sich in Literaturnöten befand. Wir haben im Wald von Meudon in früher Morgenstunde Kugeln gewechselt. Sie wissen, dabei war nur die Absicht ernst.«

Etwas spöttisch fügte er hinzu: »Alle Leute sagten, ich sei ›sehr tapfer‹ gewesen, obwohl ich die Unvorsichtigkeit begangen hatte, in einem Brief zu schreiben, daß ich in den Stunden davor geweint hatte. Allerdings hatte ich auch geschrieben: ›Und dennoch bin ich kein Feigling‹.«

Gewiß, an dem Punkt, an dem er angelangt war, als ich ihn kannte, war trotz aller Jugendlichkeit der Erinnerungen eine gewisse Nostalgie in ihm, wenn er von jener Zeit sprach.

»Ach, Céleste«, seufzte er manchmal, »all das zerfällt ein wenig zu Staub. Es ist wie eine Sammlung schöner Fächer an einer Wand aus einem anderen Jahrhundert. Man bewundert sie, aber es ist keine Hand mehr da, die ihnen Leben verleiht. Sie sind unter Glas, das Fest ist vorbei.«

Oft dämpfte am Ende seines Berichtes eine Traurigkeit in ihm die Freude des Erinnerns. So war es, als er mir die Anekdote über den Schriftsteller Georges de Porto-Riche erzählte, der viel bei Madame Straus verkehrte: »Porto-Riche war ein Mann, der sehr erpicht auf galante Abenteuer war, und weil er sich in eine junge Tänzerin verliebt hatte, ging er in seiner Eitelkeit zum Fußpfleger und verkündete jedem, der es hören wollte: ›Mein Gott, wie glücklich wird sie heute abend sein, wenn sie meine kleinen Füße sieht.‹ Die Tänzerin war nicht die einzige. Madame de Porto-Riche wußte es, und auch sie erzählte überall: ›Ich werde nichts von meinem Mann gehabt haben, solange er jung ist, aber im Alter werde ich ihn haben.‹ Früher, Céleste, habe ich darüber gelacht wie die anderen. Jetzt – nun, ich gestehe es ein, betrübt es mich, und ich sage: ›Arme Frau, die ihren Mann nie gehabt hat, weder jung noch alt.‹«

Familiengeschichten

Wenn er in diesen letzten zehn Jahren, in denen ich ihn gekannt habe, sich nicht so sehr bemüht hat, die vornehme Welt wiederzusehen, dann im Grunde wohl darum, weil es sich dabei ebenso wie bei seiner Kindheit in Illiers um ein verlorenes Paradies handelte, von dem er wußte, daß er es nur in sich selbst wiederfinden konnte.

Auch von seiner Familie zum Beispiel hielt er sich fern. Die ganzen zärtlichen Gefühle waren eine Sache der Erinnerung. Dabei hatte er Vettern in Illiers – drei, soviel ich mich erinnere –, die seinem Bruder Robert ab und zu Obst aus dem großen Garten des Hauses schickten, in dem sie einst ihre Ferien verbracht hatten. Niemals sah Monsieur Proust diese Vettern.

Es kam vor, daß ich wagte, ihm darüber Vorhaltungen zu machen: »Aber, Monsieur, wie kommt das? Ihre ganze väterliche Familie stammte von dort, und Sie liebten doch alle sehr. Selbst wenn Sie in Illiers Asthma hatten, Ihre Vettern bringen es doch nicht mit.«

Er antwortete: »Ich kann sie nicht sehen, Céleste. Ich bin krank, und mein Leben ist zu schwierig. Ich sehe niemanden, das wissen Sie doch.«

»Nun, Sie übertreiben ein wenig, Monsieur.«

»Ja, aber warum gerade sie? Sie sind sehr nett. Robert sieht sie von Zeit zu Zeit. Erst neulich hat er mir erzählt, daß einer von ihnen vorbeigekommen ist, um guten Tag zu sagen. Ich habe dazu weder die Kraft noch die Zeit.«

Ich spürte genau, daß er dieses Thema nicht gern anschnitt. Wie immer in solchen Fällen gab er durch Andeutungen Aufklärung. Zu guter Letzt habe ich dann begriffen, daß die beiden Zweige der Familie sich entfremdet hatten. Es hat keine Verstimmung, keinen Bruch und nicht einmal eine Auseinandersetzung gegeben. Nur hatten sich die beiden Seiten stillschweigend voneinander gelöst, um sich nicht zu verletzen. Und die Todesfälle hatten die Trennung nur noch vertieft.

Ich erinnere mich sehr gut, daß er eines Tages von dem großartigen Einvernehmen zwischen seinem Vater und seiner Mutter sprach, und wie wunderbar sie sich verstanden hatten. Er sagte: »Papa liebte Illiers, und Mama war nicht die Frau, die es ihm hätte nehmen wollen. Sie ging dorthin, weil sie meinen Vater zu sehr liebte, um zuzulassen, daß er auch nur einen Augenblick argwöhnen könnte, sie langweile sich dort. In Wirklichkeit verdroß es sie, dort hinzugehen. Und mein Vater liebte sie seinerseits zu sehr, um nicht diesen Verdacht zu haben, ohne es sich anmerken zu lassen. Nun ist in einem Jahr plötzlich die Luft in Illiers für mein Asthma sehr schlecht geworden, verstehen Sie? Papa war es, der das sagte, und wir sind niemals wieder dorthin gefahren.«

Aus anderen vertraulichen Äußerungen mir gegenüber habe ich entnommen, daß ein großer Unterschied zwischen den beiden Familien bestand, der bei ihrer Entfremdung eine Rolle gespielt hat.

Auf den ersten Blick könnte man denken, es sei der Unterschied in der Religion. Die Eltern von Professor Adrien Proust waren ebenso wie seine Schwester Elisabeth – die Tante Léonie der Bücher – streng katholisch. Der Professor selbst hatte, wie ich bereits erwähnt habe, zuerst Priester werden wollen. Die Familie Weil, aus der Madame Proust stammte, war jüdisch. Aber das war nicht die eigentliche Schwierigkeit. Die Prousts waren nicht intolerant; sie hatten keine Einwände gegen die Heirat ihres Sohnes erhoben. Wie in vielen Fällen dieser Art war lediglich vereinbart worden, daß die Kinder katholisch erzogen werden sollten, und das ist bei beiden Söhnen geschehen. Monsieur Proust hatte bei einem Abbé Religionsunterricht. Er hat mir oft davon erzählt und sich darüber amüsiert: »Mama brachte mich selbst hin und blieb bei den Stunden dabei. Manchmal fand sie, daß der Abbé ein wenig zu sehr auf den Erfordernissen des Glaubens beharrte; dann sagte sie zu ihm: ›Ich glaube, es ist gut so, Herr Abbé, es reicht; vergessen Sie nicht, daß es sich um ein Kind handelt?«

Er war zur ersten heiligen Kommunion gegangen; sein Bruder auch. Aber er sprach davon mit einer vagen Handbewegung. Er, der so viel Gefallen daran fand, Garderoben zu beschreiben, hat mir nie gesagt, was für einen Anzug er und sein Bruder trugen, ob eine Feier stattfand und ob Félicie, die Köchin, einen besonderen Kuchen gebacken hatte. Im übrigen ging er nie in die Kirche, außer bei gesellschaftlichen Anlässen, während sein Bruder Robert den Gottesdienst besuchte. Eines Tages hat er mit einem leicht verwunderten Blick zu mir gesagt: »Als Robert eben bei mir war, hat er erwähnt: ›Am letzten Sonntag in Saint-Philippe du Roule ...‹, denn er geht immer noch regelmäßig zur Messe. Das ist komisch, Céleste ...«

»Finden Sie, Monsieur?«

»Ich weiß nicht, Céleste. Es gibt sehr fromme und bigotte Menschen, die Dinge tun, die Sie nicht tun würden, dessen bin ich sicher. Was zählt, ist Seelengröße, Gewissenhaftigkeit, Anständigkeit; und die schönste aller Tugenden ist Nächstenliebe. Ach, wenn alle Menschen ein mitleidiges Herz hätten!«

Indes war es nicht die Religion, um es zu wiederholen, die die beiden Zweige der Familie trennte. Es war eine Frage des Milieus. Die Eltern von Professor Adrien Proust hatten ein Kolonialwarengeschäft in Illiers. Sie hatten sich die Finger wund gearbeitet, damit ihr Sohn eine höhere Schule besuchen konnte; die Mutter hing ebenso an ihm wie später Madame Proust an ihren Söhnen; als er nach Chartres ging, um dort aufgrund eines Stipendiums zu studieren, ist auch sie dort hingezogen, um besser für ihn sorgen zu können. Der Vater ist sehr früh gestorben und hat es nicht mehr erlebt, daß aus seinem Sohn etwas geworden ist, ebenso wie Professor Proust den Erfolg seines Sohnes nicht mehr erfahren hat. Nachdem ihr Sohn Arzt geworden und aus dem Gröbsten heraus war, hat die Mutter den Kolonialwarenladen verkauft und sich in Illiers zur Ruhe gesetzt. Ihre Tochter Elisabeth – »Tante Léonie« – hatte sich mit einem wohlhabenden Weinhändler, Jules Amiot, verheiratet und war auch in Illiers geblieben. Zu den Amiots kamen der Professor, seine Frau und ihre beiden Söhne, um die Schulferien dort zu verbringen. Jules Amiot war sehr reich und besaß in Illiers und ringsum viel Grund und Boden. Aber dieses Vermögen war nichts im Vergleich zu dem der Weils, der Familie von Madame Proust. Und dann wohnten die Amiots in Illiers, einem Provinznest, die Weils dagegen in Paris – dem eleganten Paris, das auch die Stadt des Professors Adrien Proust geworden war, mit Beziehungen, Namen, den vielen Diners, dem Theater, dem gesellschaftlichen Leben.

Kurz, die Leute in Illiers empfanden denen von Paris gegenüber ein gewisses Unbehagen. Aus der Art und Weise, wie Monsieur Proust mir erzählte, daß seine Großmutter väterlicherseits nicht zur Hochzeit ihres Sohnes Adrien mit Mademoiselle Jeanne Weil gekommen war, habe ich sehr wohl entnommen, daß sie die Ehe keineswegs mißbilligte – nur hätte sie sich in dieser brillanten Gesellschaft nicht wohl gefühlt, das war alles. Und genauso verhielt es sich mit den Amiots und allen anderen Mitgliedern der Familie Proust. Auch wenn sie auf dem Land reiche Leute waren, so ließ sich doch ihr Leben in nichts mit dem des Professors Adrien vergleichen, genausowenig wie ihr Haus in Illiers mit dem Luxus der großen Wohnung am Boulevard Malesherbes, in der Rue de Courcelles oder mit der Villa des Onkels von Madame Proust in Auteuil.

Zweifellos hatte Madame Proust auch einen stärker entwickelten Familiensinn als ihr Mann. Nicht, daß er es an Sohnesliebe hätte fehlen lassen – im Gegenteil: als seine Mutter sich zur Ruhe setzte, war er es, der ihr in Illiers zwei Zimmer mietete – eins davon war sehr schön und lag über einer Vorhalle –, gleich neben der Kirche, damit sie bequem zur Messe gehen konnte und keinen weiten Weg hatte. Und auch seiner Schwester Elisabeth blieb er sehr verbunden.

Nicht umsonst hatte Monsieur Proust aus seiner Tante Elisabeth die Tante Léonie seines Romans gemacht. Sie hatte eine sehr große Bedeutung für ihn. Man darf nicht vergessen, daß die ganze ›Suche nach der verlorenen Zeit‹ von der Erinnerung an die Madeleine ausgeht, die sie in ihren Lindenblütentee tunkt, und daß diese Erinnerung dann alle weiteren Erinnerungen nach sich zieht.

»Sie war eine Persönlichkeit«, sagte er zu mir.

Wenn er mir von ihr erzählte, wurde deutlich, daß sie wie für sein Buch geschaffen war. Er sagte mir, sie habe sehr jung geheiratet, und obwohl sie drei Kinder hatte, habe er sie immer nur im Bett gesehen: » . . . mehr noch als ich, denn sie tat auch im Zimmer keinen Schritt mehr.«

Sie hatte sich schon Jahre zuvor ins Bett gelegt, aus dem sie nicht mehr aufstehen sollte. Man hielt sie für eine eingebildete Kranke, bis zu dem Tag, an dem sie schließlich operiert wurde und sich herausstellte, daß sie weder übertrieben noch sich getäuscht hatte, denn sie starb. Was man für ein eigensinniges Krankspielen gehalten hatte, war ein wirkliches Leiden gewesen. Aber Monsieur Proust war verschwiegen, was die Krankheiten seiner Familie betraf. Vielleicht hatte zu Beginn des Leidens doch eine Revolte gegen das wenig reizvolle Leben von Illiers stattgefunden; er hat nie davon gesprochen.

Wer weiß, ob es das Beispiel oder eine Sache der Vererbung oder alles beides war – gewiß ist, daß die Tante und der Neffe sich sehr ähnlich waren und eine große Anziehungskraft aufeinander ausübten. Sie liebten sich sehr, und er verheimlichte mir nicht, daß er von ihr sehr fasziniert war.

»Sie war sehr schön«, sagte er, »und hatte eine entsetzliche Eigenschaft, ein tyrannisches Bedürfnis, alles von ihrem Bett aus zu überwachen. Wenn man sonntags zur Messe ging, mußte man bei ihr erscheinen, um zu zeigen, wie man angezogen war. Sie selbst betete ständig ihren Rosenkranz und las in ihrem Meßbuch. Und sie hatte einen kleinen Altar in ihrem Zimmer mit einer Muttergottes. Sie war außerordentlich fromm und stellte in dieser Beziehung große Anforderungen an jedermann. In jeder anderen Beziehung übrigens auch. Ihr ganzes Leben spielte sich in ihrem Schlafzimmer ab und war sehr geregelt; das galt auch für die Besuche des Pfarrers: es hätte etwas Schönes gegeben, wenn er nicht an dem verabredeten Tag und zu der verabredeten Stunde gekommen wäre; aber sobald er da war, ärgerte sie sich über seine Reden. Sie ernährte sich nur von einigen Medizinen und Vichy-Wasser, das sie auf ihrem Nachttisch stehen hatte, abgesehen von der Madeleine, die sie nachmittags zur Kaffeezeit in Lindenblütentee tunkte; und ich nahm an dieser geheiligten Mahlzeit teil. Sie hätten sie in ihrem Bett sehen sollen ... eine verwöhnte Prinzessin.«

»Und ich, Monsieur«, sagte ich, »kenne auch einen verwöhnten Prinzen.«

Er lachte.

»Ja, aber ich bete nicht den Rosenkranz.«

In Illiers hatte er das Zimmer neben dem seiner Tante und verbrachte viele Stunden bei ihr.

»Sie verhätschelte mich. Sie ließ Bücher für mich kaufen, die sie mir zeigte und die wir zusammen anschauten. Auch eine Laterna magica hatte sie kommen lassen, deren Bilder wir projizierten. Wenn in jenen Tagen die Fensterläden geschlossen und die Vorhänge zugezogen wurden, glaubte ich in einem verwunschenen Märchenschloß zu sein. Oft blieb ich da, wenn sie Besuch empfing. Sie hatte eine königliche Art, sich zu beklagen.«

Einmal sagte er, als er von ihr sprach: »Wenn ich einerseits an meine Mutter und andererseits an meine Tante Elisabeth und meine Großmutter Weil denke, dann muß ich zugeben, daß die Frauen der Familie eine sehr große Rolle für mich gespielt haben. Alle haben sie mich herzlich geliebt, und sehr viel von dem, was ich geworden bin, sowohl geistig als auch in meinen Gewohnheiten, verdanke ich ihnen.«

Mit der Familie Weil verhielt es sich ganz anders.

»Mamas Familie hatte ein sehr starkes Zusammengehörigkeitsgefühl«, sagte er. »Als Mama 1890 ihre Mutter verlor, hat sie in den sechs Jahren, die mein Großvater Nathé Weil noch lebte, sich rührend seiner angenommen; sie hat ihn ständig besucht; wenn er nicht zum Mittag- oder Abendessen zu seinem Bruder kam, meinem Großonkel Louis Weil, dann kam er zu uns. Es bestand eine derart enge Bindung zwischen allen, daß, als mein Großonkel Louis seinerseits am 10. Mai 1896 starb, mein Großvater Nathé ihm annähernd einen Monat später, am 30. Juni, folgte. Und als Mama uns 1905 für immer verließ, konnte ihr Bruder Georges den Kummer nicht ertragen; auch er ist kurz darauf verschieden. Er liebte seine Schwester abgöttisch. Er kam immer, um seine Angelegenheiten, auch Eheprobleme, mit ihr zu besprechen. Er las sehr viel und brachte ihr immer die Bücher, die er gerade gelesen hatte. An dem Tag, an dem er erfuhr, daß Mama nicht zu retten sei und sterben werde, ist etwas Ungewöhnliches geschehen: er ist verschwunden und erst nach der Beisetzung zurückgekehrt. Er hatte niemandem gesagt, daß er wegfahren würde. Er liebte Mama über alles. Es läßt sich unschwer erraten, daß er den Gedanken, sie zu verlieren, nicht ertragen konnte.«

Eines Tages hat Monsieur Proust mich gefragt, was ich darüber denke und ob ich zu so etwas fähig sei.

»Ich weiß es nicht, Monsieur, ich finde das sehr schön.«

»Ja, aber es ist dennoch seltsam, finden Sie nicht? Er hat sich noch ein Jahr hingeschleppt. Ja, es ist seltsam, daß sie alle so dahingegangen sind, weil sie den Gedanken nicht ertragen konnten, einer ohne den anderen zu sein.«

Von seinem Großvater Nathé, der Börsenmakler gewesen war und am Boulevard Poissonnière gewohnt hatte, sprach er recht wenig und sagte nur, er sei auch eine Persönlichkeit gewesen, sehr autoritär, aber auch sehr gütig, obwohl er so tyrannisch darauf bestanden hatte, daß sein

Enkel einen bürgerlichen Beruf ergreife. Wenn sein kleiner Marcel Kummer hatte, war er untröstlich.

»Ich wünschte, ich wäre auch so unschlagbar an der Börse, wie er es war«, sagte Monsieur Proust lachend.

Aber die wirkliche Persönlichkeit in der Familie Weil war der Großonkel Louis, der im Handel und in der Industrie ebenso unschlagbar war wie sein Bruder an der Börse und ebenfalls ein riesiges Vermögen erworben hatte, mit dem einzigen Unterschied, daß er sein Leben genoß, während der Großvater Nathé sich in seinen vier Wänden vergrub.

Ich erinnere mich, daß er mir zum erstenmal von diesem Großonkel erzählte, als ich seine Manschettenknöpfe bewunderte.

»Sie stammen von meinem Großonkel Louis«, erwiderte er. »Er hat sie gemacht. Er besaß Fabriken. Wissen Sie, Céleste, daß er Vertreter in der ganzen Welt hatte?«

»Onkel Louis«, wie er genannt wurde, hatte einen Besitz in Auteuil, das damals noch ein ländlicher Vorort von Paris war. Es war ein großes Haus mit einem großen Garten, das er mitsamt der Einrichtung von einem Künstler gekauft hatte.

»Alles war sehr elegant, aber ziemlich häßlich«, sagte Monsieur Proust.

Onkel Louis liebte das Auffällige und Prunkvolle; ob es Kunst war, interessierte ihn nicht, solange es nur etwas hermachte.

An einem anderen Tag, als er wieder davon sprach, meinte er: »Das ist ein bißchen jüdisch, wissen Sie, Céleste.«

Er erzählte mir: »Er war auf seinen Kutschwagen so stolz wie auf eine Staatskarosse. Er hatte einen ungewöhnlichen Kutscher, Auguste, der gleichzeitig sein Kammerdiener und Haushofmeister war und von dem er eine untadelige Haltung verlangte: wenn der Wagen wartete, mußte Auguste reglos wie eine Statue dasitzen, die Peitsche auf den Knien; und bei Tisch, Sie können es sich nicht vorstellen, wie gedeckt und serviert wurde! Wie im Grandhotel. Aber Auguste rächte sich auf seine Weise. Er hat Onkel Louis seinerseits tyrannisiert. Seine Frau besorgte die Wäsche, und sie hatten eine Tochter. Die drei hielten so zusammen, daß sie keine weitere Person ertragen konnten, aber in der Küche mußte schließlich jemand sein. Jedesmal, wenn mein Großonkel eine Köchin engagierte, ging acht Tage lang alles wunderbar. Mit einem Augenzwinkern sagte der Onkel zu Auguste, nachdem er sich aus einer Schüssel bedient hatte: ›Diesmal haben wir eine Perle gefunden, glaube ich.‹ Und Auguste: ›O ja, Monsieur, ich glaube es auch.‹ Aber nach acht Tagen war es nicht mehr wunderbar: zu viel Salz, zu viel Pfeffer, der Braten kam kalt auf den Tisch, die Sauce war eisig. Onkel Louis geriet in Wut: ›Auguste, ich werde sie an die Luft setzen, so kann das nicht weitergehen.‹ – ›Nein, Monsieur, Monsieur haben recht, so kann das nicht weitergehen.‹ Mama mit ihren scharfen Augen hatte schließlich den Grund entdeckt: Wenn Auguste die Schüsseln nicht kalt werden ließ, indem er auf dem Weg von der Küche absichtlich bummelte, dann hatte er immer einen Vorrat an Salz und Pfeffer in der Tasche, um die Speisen damit zu bestreuen.«

Wenn er mir diese Geschichten erzählte, lag etwas Zärtliches in seiner Belustigung. Offenbar hatte er diesen Onkel Louis geliebt, der ihn sehr verwöhnt hatte.

In Auteuil führte der Großonkel ein offenes Haus und lebte in Saus und Braus. Nach den Erzählungen von Monsieur Proust hatte ich mir zuerst eingebildet, er sei nie verheiratet gewesen. Dann räumte ich eines Tages in dem großen Eßzimmer am Boulevard Haussmann auf, das nie benutzt wurde und als Rumpelkammer diente. Unter anderem wurden hier die Noten von Madame Proust aufgehoben; große Rahmen mit Porträts lehnten an den Wänden. Ich sagte ihm damals, eins dieser Bilder habe meine Neugier erregt, weil ich darauf niemanden wiedererkannte, von dem er mir erzählt hatte, und ich fragte ihn: »Wer ist diese vornehme Dame in dem großen Rahmen, Monsieur, wenn es nicht indiskret ist?«

»Das war die Frau von Onkel Louis.«

Und er hat mir erklärt, daß sie reich gewesen sei, aus Deutschland stammte und der Onkel sie in Hamburg geheiratet habe; sie sei jung gestorben und habe ihm ihr ganzes Vermögen hinterlassen.

Nach seinen Erzählungen hatte ich allerdings angenommen, daß er Junggeselle gewesen sei – und ein Leichtfuß, um nicht zu sagen ein Wüstling. Denn die Mittagessen und Diners in Auteuil waren bekannt dafür, daß man dort recht flatterhafte und flotte Schönheiten traf.

Die Prousts waren sehr oft in Auteuil. Onkel Louis nahm sie mit offenen Armen auf; er schätzte die Intelligenz von Madame Proust, die Artigkeit und Höflichkeit des »kleinen Marcel« und war beeindruckt, weil Professor Adrien Proust ein so bekannter Mann war. Madame Proust ihrerseits war ihrem Onkel so zugetan, daß sie bei gewissen Dingen ein Auge zudrückte, und durch nichts hätte sie sich von diesen Besuchen abhalten lassen.

»Wenn wir nach diesen Mahlzeiten nach Hause fuhren«, erzählte Monsieur Proust, »machten sich mein Vater und meine Mutter über Onkel Louis und seine hübschen Freundinnen lustig. Und dann sagte Papa manchmal: ›Ich frage mich, welche Kokotte er noch auftreiben wird.‹ Es war vor allem Papa, der darüber lachte: Mama schwächte wie immer vorsichtig ab. Und dann ahnte sie vermutlich, daß Papa das im Grunde gar nicht so verabscheute, wie er vorgab, und sie wußte ganz genau, daß auch ich, selbst als Kind und um vieles mehr später, nicht uninteressiert war.«

Wenn er dergleichen sagte, sah man an seinem Lächeln, daß seine Erinnerung zugleich spöttisch und liebevoll war.

Aber wie bei allem übrigen auch war es nicht mehr als eine Erinnerung. Er sagte zu mir: »Da herrschte immer Fröhlichkeit. Es war Geld da, man verstand zu leben und entsprechend aufzutreten. Und dann trat ein Todesfall nach dem anderen ein. Es war vorbei; der Vorhang ist gefallen.«

Er deutete auf die großen blauen Vorhänge, die von Onkel Louis stammten, und ließ die Hand sinken.

Tatsächlich war aus der ganzen Familie für Monsieur Proust nur sein Bruder Robert übriggeblieben. Ihre Einstellung zueinander beruhte auf der großen zärtlichen Liebe von gut miteinander auskommenden Geschwistern, die ihre Mutter bei ihnen gepflegt hatte. Ich weiß, daß behauptet worden ist, Monsieur Proust sei als Kind und sogar noch später auf seinen Bruder eifersüchtig gewesen, weil sich die ganze Liebe der Mutter nicht mehr auf ihn allein konzentrierte. Ich glaube das ganz und gar nicht; und selbst wenn er eine Zeitlang auf ihn eifersüchtig gewesen wäre, so war er nicht das einzige Kind, das sich so verhält. Ich jedenfalls habe bei allem, was er mir sagte, keine Spur davon entdecken können. Höchstens ging aus seinen Worten hervor, daß sie wie alle Kinder sich gelegentlich einmal stritten und drohten, sich ihre Spielsachen nicht mehr zu leihen. Im übrigen haben sich ihre Neigungen sehr früh unterschiedlich entwickelt; beide sind schon sehr jung ihren eigenen Weg gegangen: Monsieur Proust mit seiner sehr persönlichen Art zu studieren, mit seinen literarischen und gesellschaftlichen Interessen; sein Bruder mit seinen wissenschaftlichen Studien und seinem körperlichen Einsatz, denn er war sehr sportlich.

Was sie miteinander gemein hatten und was von ihrem Vater stammte, das war ein unermüdlicher geistiger Schaffensdrang. Nur waren ihre Methoden unterschiedlich.

Ich glaube, Robert Proust hat länger gebraucht, um sich über die Bedeutung von Monsieur Proust klarzuwerden, länger als Monsieur Proust brauchte, um auf Roberts wissenschaftliche Erfolge stolz zu sein.

»Sie würden es nicht glauben, Céleste, was für ein hervorragender Schüler mein Bruder war«, sagte Monsieur Proust zu mir. »Sie wissen, daß er sehr jung Professor geworden ist, mit zweiunddreißig Jahren. Während des Krieges setzte er es durch, daß die Feldlazarette an die Front transportiert wurden, damit die Verwundeten an Ort und Stelle operiert werden konnten und nicht verbluteten. Er ist ebenso aufopfernd wie mein Vater. Man muß ihn bewundern. Noch heute arbeitet er. Wenn er seine Visiten beendet, ist er todmüde; seine Krankenschwester bringt ihm ein Glas Wasser und einen Teekuchen, und das ist alles. Und wenn er von seinem Dienst im Krankenhaus nach Hause kommt, dann ißt er, wann immer er kann, oft allein, und während er ißt, hat er seine Bücher vor sich oder schreibt. Er geht ganz und gar in seinem Beruf auf. Durch seine Verwundung an der Front hatte er sehr viel Blut verloren und war lange Zeit sehr geschwächt. Trotzdem hat er es abgelehnt, seine Tätigkeit zu unterbrechen, und erklärt: ›Meine Kranken dürfen nicht unter dem leiden, was mir passieren könnte.‹«

Von einem bestimmten Augenblick an – und zwar lange vor dem Ende – ist sich Professor Robert Proust dann doch über die Leistungen seines Bruders klargeworden. Mehr als einmal hat Monsieur Proust mir berichtet: »Robert hat zu mir gesagt: ›Übrigens habe ich neulich Herrn Sowieso gesehen. Er hat von dir gesprochen. Er konnte gar nicht wieder aufhören. Er findet es wunderbar, was du schreibst.‹«

Ich fragte dann: »Und er, Monsieur, hat er es gelesen?«

»Liebe Céleste, seine Kranken haben mehr Zeit als er. Man kann nicht zwei Leben zugleich führen. Es genügt, wenn er wie mein lieber Papa glaubt, daß ich vielleicht eines Tages der Akademie angehöre.«

Aber sie sahen sich nicht sehr oft. Es war immer Professor Robert, der kam. Wenn ich ihn anmeldete, rief Monsieur Proust: »O ja, er soll hereinkommen!«

Waren sie verabredet, hätte er nie wie bei anderen gesagt, daß er um Entschuldigung bitte, aber er sei zu müde. Allerdings habe ich manchmal beobachtet, daß er mit einem bedauernden Blick sein Heft beiseite legte, um ihn zu empfangen. Aber gleich danach herrschte Freude.

Obwohl Monsieur Proust nie davon sprach, habe ich doch das Gefühl, daß es vor allem die Erinnerung an ihre Mutter war, die sie verband. Sie hatte ihnen so eingehämmert, daß sie Brüder seien. Es war, als ob sie gewissermaßen ihre ganze Wärme zwischen ihnen eingelagert hatte, die aufstieg, wenn sie zusammen waren. Bei ihren Unterhaltungen war ich nicht dabei, aber nachher hörte ich den Widerhall. Im allgemeinen waren die Gespräche lang und bezogen sich auf Erinnerungen, die Monsieur Proust, wie ich vermute, genau klären wollte. Immer hieß es: »Erinnerst du dich, Robert?« und »Weißt du noch, Marcel?« In einer Widmung eines seiner Bücher für den Professor hatte er geschrieben: »Zur Erinnerung an die verlorene Zeit unserer Kindheit. Man findet sie jedesmal wieder, wenn man sich sieht.«

Es war eine Freude, sie so glücklich und lachend zu sehen. Oder Monsieur Proust erkundigte sich nach aktuellen Dingen: zum Beispiel hat er seinen Bruder oft über den Krieg ausgefragt, und ich bin sicher, daß sie auch über medizinische Probleme sprachen. Professor Robert schrieb ebenso wie sein Vater Bücher, die Monsieur Proust las. Aus demselben Interesse heraus hat Monsieur Proust seinen Bruder einmal gefragt, ob er das Krankenhaus besichtigen könne, in dem er arbeitete. Er war noch ganz aufgewühlt, als er mir davon erzählte. Aus Versehen war er in einen Seziersaal gegangen: »Ich habe lauter Beine auf der einen Seite und Arme auf der anderen gesehen. Und dann dieser Tisch! Ich habe die Tür sofort wieder zugemacht und bin gegangen.«

Etwas war indes kennzeichnend für ihre Beziehungen: Monsieur Proust hat ein wenig Mutterstelle an seinem Bruder vertreten. Er ließ erkennen, daß er der ältere war. Aber wie geschickt machte er das! Er war klug genug, ihn nie vor den Kopf zu stoßen; er ging immer sehr behutsam vor. Er horchte ihn ein bißchen aus, ohne den Anschein zu erwekken. Und wenn dann der richtige Augenblick gekommen war, fragte er: »Warum siehst du diesen Mann so oft? Wegen deiner Arbeit? Um deinetwillen? Glaubst du, das ist wirklich ein Milieu, in dem du dich bewegen solltest?«

Fast jedesmal endete es mit der Frage: »Wenn Mama da wäre, glaubst du, sie würde es billigen?«

Später war er dann sehr zufrieden, mir berichten zu können: »Robert hat eingesehen, daß ich recht hatte.«

Er hatte seine eigene Art zu schulmeistern. Zum Beispiel

war Professor Robert vernarrt in seine Tochter Suzy, die heutige Madame Mante-Proust, und wenn er kam, sprach er mit Monsieur Proust über sie, der die Gelegenheit benutzte, um sich nach ihrer Erziehung zu erkundigen: »Glaubst du, sie wird so erzogen, wie Mama es gewollt hätte?«

Und ich erinnere mich, daß die Übersetzer seiner Bücher ins Englische, das Ehepaar Schiff, sich bei einem ihrer Besuche in Paris auch in Suzy verliebt und vorgeschlagen hatten, sie nach England mitzunehmen. Monsieur Proust schätzte die Schiffs und war mit ihnen befreundet, dennoch hat er eingegriffen, um die Einladung abzulehnen. Er sagte zu mir: »Die Schiffs sind sehr nett; aber ich sehe nicht ein, warum meine Nichte zu ihnen fahren soll; sie ist noch zu jung, um auf Reisen zu gehen und bei Fremden zu leben.«

In Erziehungsfragen war er für die alten Methoden der Autorität und milden Strenge. Eines Tages hat er mir anvertraut: »Mama war zu uns die Güte selbst; aber ich versichere Ihnen, Céleste, wenn sie etwas sagte, dann sagte sie es deutlich.«

Er war seiner Nichte sehr zugetan, aber er sah sie sehr selten. Man muß zugeben, daß seine Tageseinteilung nicht sehr gut zu der eines Kindes paßte. Am häufigsten hat er sie während des Krieges gesehen, als sie mehrmals abends nach dem Essen mit ihrer Mutter kam, wenn Madame Robert Proust Nachricht von ihrem Mann von der Front erhalten hatte. Suzy war damals zwölf oder dreizehn Jahre alt. Aber als sie älter war und wir nach unserem Umzug in der Rue Hamelin wohnten, hat er auch sie nie mehr gesehen. Doch schrieb er ihr zärtliche Briefe, und ich erinnere mich, daß er ihr eines Tages ein Geschenk machen wollte; er hat mich zu einem sehr bekannten Juwelier im Faubourg Saint-Honoré geschickt und mich beauftragt, ihr ein Nähetui zu kaufen – ich sehe das blaßblaue Etui noch heute vor mir.

Tatsache ist, daß er Kinder nicht sehr liebte – was merkwürdig ist, wenn man bedenkt, welchen Kult er mit seiner eigenen Kindheit trieb. Er sagte zu mir: »Ich sehe Kinder gern, aber ich halte mich nicht gern mit ihnen auf.«

Über seine Nichte hat er außerdem zu mir gesagt: »Sie ist hübsch mit ihren krausen Haaren, und sie ist einfach angezogen und zurechtgemacht. Das ist gut so.«

Wenn ich mir heute vor Augen führe, welche Leere um ihn war, und wenn ich das Echo seiner Nächte wieder höre, dann denke ich: »Welche Einsamkeit! Und welche Seelenstärke, daß er sie herbeigesehnt und ertragen hat!«

Seine ersten Amouren hat er nicht vergessen

Irgendwann in diesen Nächten fragte ich ihn: »Wie kommt es, Monsieur, daß Sie nicht verheiratet sind? Sie wären ein freundlicher Ehemann, aufmerksam und rücksichtsvoll, und Ihre Kinder wären bewundernswert gut erzogen worden.«

Er antwortete mir: »Liebe Céleste, einerseits wissen Sie, daß ich nicht intelligent bin; andererseits nützt die Intelligenz nichts: es heißt, daß intelligente Menschen idiotische Kinder haben.«

»Aber, Monsieur, wie können Sie so etwas sagen? Ihr Vater war bestimmt kein Idiot und hat zwei Kinder gehabt, die es bei weitem nicht sind!«

Er lachte, befriedigt, wie es schien. Eines Nachts hat er zu mir gesagt: »Es ist komisch, daß ausgerechnet Sie sagen, ich hätte heiraten sollen; denn im Grunde genommen verstehen und kennen Sie mich besser als jeder andere. Sehen Sie, meine liebe Céleste, Sie müssen doch einfach spüren, daß ich kein Mann bin, der zur Ehe taugt. Ich frage Sie: Was könnte ich mit einer Frau anfangen, die zu allen möglichen Tees gehen und zu Schneiderinnen rennen will? Sie hätte mich in alles hineingezogen, mich überallhin mitgeschleppt; ich hätte nicht schreiben können. Nein, Céleste, ich brauche Ruhe. Ich bin mit meinem Werk verheiratet; nur meine Papiere zählen.«

Ein andermal war er zu Scherzen aufgelegt: »Ich müßte eine Frau haben, die mich versteht. Und da ich nur eine solche auf der Welt kenne, hätte ich nur Sie heiraten können.«

»Na, Monsieur, das ist aber eine Idee!«

»Ja, aber Sie eignen sich viel besser dazu, Mama bei mir zu ersetzen.«

Wieder bei einer anderen Gelegenheit, als er mir vielleicht zum hundertsten Mal von der schönen Harmonie zwischen seinen Eltern erzählte, habe ich ihm die Frage gestellt, ob er einen Unterschied zwischen platonischer Liebe und sinnlicher Liebe mache. Er hat mich scharf angeblickt und dann gesagt: »Ich weiß nicht, was Sie meinen.«

Mir ist klargeworden, daß er mir keine andere Antwort geben würde.

Indes erinnere ich mich an einen Abend, an dem Jacques Porel, der Sohn der berühmten Schauspielerin Réjane, der Rivalin von Sarah Bernhardt, die Monsieur Proust jener vorzog, auf dem Heimweg von einer Abendgesellschaft vorbeikam, um guten Abend zu sagen. Monsieur Proust war selbst gerade erst nach Hause gekommen. Jacques Porel hatte seine junge Frau bei sich, die sehr hübsch und reichlich dekolletiert war, der Rücken fast nackt, und er hat darauf bestanden, daß sie sich vor Monsieur Proust hin und her drehte, um ihre Schönheit zur Schau zu stellen. Als sie fort waren, sagte Monsieur Proust zu mir: »Das ist merkwürdig, Céleste. Ich verstehe Monsieur Porel nicht. Er bewundert seine Frau, aber er will, daß alle Leute wissen und bemerken, daß sie schön ist. Diese Art und Weise, wie sie ihren Rücken zeigen mußte! Es fehlt nicht viel, und er würde sie ganz nackt präsentieren. Wenn ich eine Frau bewunderte, dann würde ich nicht davon sprechen, ich würde nicht wollen, daß die anderen sie auch bewundern, nein, ich würde sie für mich behalten.«

Schließlich erinnere ich mich, daß ich bei einer anderen Gelegenheit zu ihm gesagt habe: »Freundlich, liebevoll und zärtlich, wie Sie sind, hätten Sie überall Erfolg haben müssen. Es ist unmöglich, Sie nicht zu lieben.«

Er hat geantwortet: »Vielleicht war ich zu anspruchsvoll ... oder zu verwöhnt.«

Und danach Schweigen.

In Wirklichkeit glaube ich, daß er niemals wirklich verliebt war. Er ging den Seelen, einschließlich seiner eigenen, zu sehr auf den Grund; er sah zu deutlich alle Facetten und ließ keine im dunkeln.

Und dennoch vergaß er nichts. In der Schublade der Kommode in seinem Schlafzimmer, wo er die Photos von seiner Mutter und anderen aufhob, lagen Bilder von Frauen, die er gekannt und einstmals bewundert hatte, und auch Souvenirs und einige kleine Schmucksachen. Oft ließ er mich darin etwas suchen. Aber vor allem stöberte er in seinem Gedächtnis. Man spürte dann, wie sich sein Erinnerungsvermögen auf den Weg in die Tiefe machte, als ob er zuerst alles im Geist analysierte, ehe er weiter darüber sprach. Sein Blick wurde starr; ich schwieg und wartete darauf, daß er von seiner Reise nach innen zurückkehre.

Gewiß gab es Dinge, an die zu rühren er kein Verlangen hatte, vielleicht weil sie zu der Zeit, als ich ihn kannte, schon zu lange vergraben gewesen waren oder er mit dem Prüfen und Aussieben fertig war. Einige seiner Lieben aus der frühen Jugend schienen darunter zu sein.

Zum Beispiel wollte er offenbar nicht mehr gern von der jungen Polin Marie de Benardaky sprechen, obwohl er mir erklärte, daß er mit vierzehn oder fünfzehn Jahren, als er zum Spielen in die Champs-Elysées ging, sehr verliebt in sie gewesen war. Sie war etwas jünger als er, hatte prächtige schwarze Haare und trug im Winter eine Pelzmütze, »in der sie bildschön aussah«, wie er sagte. Ich weiß nicht, ob er je eine Photographie von ihr besessen hat; jedenfalls war sie nicht unter den Photographien in der Schublade. Es ist möglich, daß sich damals ein ganzer Jünglingsroman um diese Liebelei rankte, denn er verhehlte mir nichts: »Ich war verrückt nach ihr.«

Aber er sagte das ohne Melancholie und eher belustigt.

Wenn man sich vorstellt – wie es erzählt worden ist –, er sei damals so verzweifelt gewesen, daß er sich vom Balkon seiner Eltern am Boulevard Malesherbes herabstürzen wollte, nachdem er sie beim Spielen nicht mehr sehen durfte, weil Madame Proust ihr Zusammensein nicht sehr schätzte, dann war er jedenfalls weit davon entfernt, und die Erinnerung war nicht mehr schmerzlich; im übrigen glaube ich verstanden zu haben, daß er selbst mit fünfzehn Jahren die Eltern seiner kleinen Freundin nicht übermäßig goutierte; die Mutter stand in dem Ruf, allzuoft in Sektlaune zu sein. Selbst wenn Marie de Benardaky etwas zur jungen Gilberte Swann des Buches beigetragen hat, dann hat er hier noch die Züge vieler anderer hinzugefügt, für die er sich in jugendlichem Überschwang begeistert oder die er im Laufe der Jahre beobachtet hatte, etwa Antoinette Faure, für die er nur Freundschaft empfand, oder später die kleine Lemaire, mit der er höchstens flirtete, wie man heute sagt.

Er selbst sagte zu mir über die Lieben an der Schwelle des Mannesalters und danach: »Wissen Sie, Céleste, das war ein bißchen Umherflattern.«

Einer seiner Schulkameraden, Horace Finaly, der Sohn einer reichen Bankierdynastie, hatte eine sehr intelligente und sehr hübsche Schwester mit seegrünen Augen, die Marie hieß. Sie gehörte zu Monsieur Prousts junger Mädchenblüte, als er etwa zwanzig Jahre alt war, in Paris Jura studierte und sie im Sommer an der normannischen Küste wiedertraf, wo sie die Dorfkirchen besichtigten oder mit dem Pferdewagen Spazierfahrten durch das Land mit seinen Apfelbäumen machten. Gewiß bestand ein zärtliches Verhältnis zwischen ihnen – er sagte mir, er habe Baudelaire rezitiert: »j'aime de vos longs yeux la lumière verdâtre« – aber vor allem diskutierten sie wohl über Lebensauffassungen und Literatur, soweit ich es feststellen konnte. Später hat Marie Finaly geheiratet; er sprach nie so davon, als habe ihn das schmerzlich berührt. Als sie während der spanischen Grippeepidemie gegen Kriegsende starb, habe ich bemerkt, daß Monsieur Proust bedrückt war, aber hauptsächlich durch den Kummer, den sein Freund Horace Finaly empfand. Was die Behauptung betrifft, sie sei das Vorbild für Albertine gewesen, so handelt es sich auch da um eine Mischung: ein bißchen von dieser, ein bißchen von jener. Monsieur Proust war imstande, sich das übrige ohne Hilfe von irgend jemandem auszudenken.

Bei dem Umherflattern stieß er auf ein Zimmermädchen seiner Mutter, wiederum eine Marie, die sehr hübsch war, wie er mir erzählte, und die er sehr geliebt hatte. Sie war es, die ihm die Steppdecke aus rotem Satin genäht hatte, die er nie benutzte und die ich dann Céline für Nicolas Cottin geben sollte, als dieser während des Krieges im Lazarett fror. Ich glaube, Monsieur Proust fand die Decke sehr häßlich.

»Arme Marie«, sagte er zu mir. »Sie hatte sie mir geschenkt, nachdem sie ihre Arbeit und ihre fürsorglichen Gedanken darauf verwandt hatte – ›da ich weiß, wie verfroren Sie sind‹, hatte sie mir so nett erklärt. Aber Mama hatte ihre Vermutungen, und da ihr nichts entging, hat sie sie sofort entlassen. Ja, die arme Marie, sie war wirklich sehr nett.«

Er bewahrte ihr ein liebevolles Angedenken. Und sie ihm auch. Noch zu meiner Zeit schrieb sie ihm aus alter Treue. Obwohl er nie eine solche Andeutung gemacht hat, bin ich überzeugt, daß Marie wegen dieser Anhänglichkeit, die ihn im Lauf der Jahre rührte, bei ihm vorgemerkt war: Falls ich ihn verlassen oder er mich nicht gefunden hätte, hätte er sie wahrscheinlich zu sich gerufen.

Wenn ich an ihn denke, fällt mir ein anderer Zug an ihm auf, der schon aus der Art hervorgeht, wie er sagte: »Ich war verrückt nach ihr.« Es ist diese entsetzliche Impulsivität, die bei all seinen Lieben mitgespielt haben muß. Zweifellos war es das, was er meinte, wenn er sich als »zu anspruchsvoll« bezeichnete. Wie in allem anderen, mußte es immer sofort sein, so wie bei einem verwöhnten Kind. Ich erinnere mich, wie überrascht ich war, als er mir erzählte, er sei eines Tages spazierengegangen und habe durch das Schaufenster eine sehr hübsche junge Milchverkäuferin gesehen; da hat er nicht lange gefackelt: er ist losgegangen und hat Blumen gekauft und, als er ihr den Strauß überreichte, sie mir nichts, dir nichts gefragt, ob sie abends mit ihm ausgehen wolle.

»Da habe ich mir eine Abfuhr geholt«, sagte er lachend. »Ja, sie hat das gar nicht gut aufgenommen. Ich war wütend und eingeschnappt. Die Blumen habe ich ihr immerhin dagelassen!«

Ich war so erstaunt, vor allem, weil ich daran dachte, mit welchem Respekt er mich behandelte, daß ich ausrief: »Sie, Monsieur! Den ich immer so zurückhaltend sehe!«

Da hat er noch mehr gelacht: »O nein, Céleste, ich konnte sehr stürmisch sein!«

Nach dem, was er mir erzählte, hat er nur ein einziges Mal wirklich daran gedacht, zu heiraten – und er hat es vor allem auch gewollt; denn ich bin sicher, daß es auch noch andere vorübergehende Anreize gab. Aber in diesem bestimmten Fall war es wirklich ernst, er hat es mir bestätigt.

In vielen Büchern über ihn ist diese Geschichte ausgeschmückt worden. Es wurde daraus »das geheimnisvolle junge Mädchen«, dem er immer noch nachtrauere.

Er selbst war verschwiegen über dieses Kapitel seines Lebens. Er hat mir nicht verheimlicht, daß es sein großer Wunsch war, das fragliche junge Mädchen zu heiraten, und auch nicht, daß er dabei auf den kategorischen Widerstand seiner Mutter stieß.

»Sie gefiel mir«, sagte er. »Ich habe schließlich mit Mama darüber gesprochen. Und Mama hat sehr heftig reagiert: ›Mein lieber Marcel, das kommt gar nicht in Frage!‹«

Soviel ich verstanden habe, lag der Hauptgrund für den Widerstand von Madame Proust darin, daß sie der Meinung war, das junge Mädchen werde es nicht verstehen, ein Haus zu führen – zumindest nicht so, wie sie es sich vorstellte. Immerhin war Monsieur Proust zu dem Schluß gekommen: »Ob Mama nun recht hatte oder nicht, jedenfalls hatte sie nicht unrecht.«

Er hat nie den Namen des jungen Mädchens vor mir ausgesprochen, und ich habe ihn nie erfahren; auch ihre Photographie war nicht in der Schublade. Nur habe ich wie immer auf dem Umweg über Andeutungen allmählich das Geheimnis entwirren können. Einmal sagte er zu mir: »Sie war die Enkelin eines Kommandeurs.«

Und ein andermal: »Wir sahen uns bei Onkel Louis in Auteuil.«

Indem ich derlei Bröckchen Stück für Stück zusammenfügte – und ich kannte Monsieur Proust gut genug, um zu wissen, daß ihm dieses kleine Rätsel, das er mir aufgab, Spaß machte und daß ich keinen Verrat begehe, wenn ich es sage –, bin ich schließlich zu dem Schluß gelangt, daß es sich um eine kleine Kusine handelte, und zwar die Großnichte seines Großonkels Louis Weil.

Großvater Nathé und Großonkel Louis hatten nämlich einen Bruder gehabt, Abraham Alphonse Weil, der in der Armee gewesen war, mit dem Rang eines Kommandeurs den Abschied genommen hatte und 1886 gestorben war; übrigens der einzige der Brüder Weil, der nicht reich war. Er hinterließ eine Tochter, die sehr verschwenderisch veranlagt war und schwerlich so hätte leben können, wenn Onkel Louis sie nicht unterstützt hätte. Monsieur Proust erzählte mir lachend von ihr: »Ihr Mann war ein vortrefflicher Gatte; aber sie trieb es auf die Spitze.«

Diese Tochter des Großonkels Abraham Alphonse hatte ebenfalls eine Tochter, und sie ist das geheimnisvolle junge Mädchen, von dem Monsieur Proust mir erzählt hatte, daß er sie bei Onkel Louis gesehen und sie ihm gefallen habe, weil er sie »sehr hübsch und sogar schön« fand. Und sicherlich war es die Verschwendungssucht der Mutter, die Madame Proust mißfiel; sie wird wohl gefürchtet haben, daß das junge Mädchen ebenso erzogen sei. Jedenfalls hat Onkel Louis daran gedacht, der Mutter eine Rente auszusetzen, ehe er starb. Monsieur Proust, nach dem Tode seiner Mutter der Erbe des Großonkels, war testamentarisch verpflichtet, diese Rente weiterzuzahlen. Einmal war eine Verzögerung bei der Überweisung eingetreten, und da die Empfängerin bereits gemahnt hatte, bat er mich, ihr das Geld persönlich zu überbringen. Das habe ich getan. Ich sah die Mutter, aber die Tochter war nicht da oder ließ sich nicht blicken.

Immerhin habe ich Monsieur eines Tages gefragt, ob er es bedauere, daß aus der Heirat nichts wurde.

»Nein«, antwortete er. »Keinerlei Bedauern.«

In dem großen schwarzen Bücherschrank im kleinen Salon stand zwischen Ruskin und den anderen Bänden ein Buch, das er mir oft zeigte. Er nahm es sehr vorsichtig heraus. Es war die Luxusausgabe eines Romans von Paul Bourget, ›Gladys Harvey‹ hieß er, wenn ich mich recht erinnere, in eine mit Blumen durchwirkte Seide gebunden. Das erstemal, als er das Buch herauszog, hat er mir erklärt, während er darin blätterte, daß damals – zur Zeit der »Kamelie« – jedermann oder zumindest gewisse Leute wußten, daß das Vorbild der Heldin von Paul Bourget eine Frau gewesen sei, die er gut kannte; sie selbst habe ihm diese schöne Ausgabe geschenkt. Die Seide des Einbands stammte von einem ihrer Kleider.

»Das war eine dieser Damen, die es damals gab und bald nicht mehr geben wird«, sagte er. »Ebenso berühmt wegen ihrer Schönheit wie wegen des Stammbaums ihrer Freunde, um deren Qualität und Quantität sie wetteiferten, und um ihr Geld natürlich auch. Aber diese hier war überdies außerordentlich intelligent und kultiviert. Im Vergleich zu so vielen anderen, die ganze Vermögen durchbrachten, ohne je einen Sou zu haben, war bei dieser bemerkenswert, daß das Geld ihrer Freunde nicht verlorenging; sie machte davon soweit Gebrauch, wie nötig war, um sie von ihrer Großzügigkeit zu überzeugen, wobei sie genug für sich behielt, um es ihnen zu danken, sie versorgt zu haben; denn einige von ihnen sind gestorben, aber sie lebt immer noch in den Möbeln ihrer Freunde.«

Er sagte mir auch, daß sie Laure Hayman hieß: »Sie

hatte schönes aschblondes Haar und schwarze Augen, was manchmal eine sehr aufregende Mischung ergab, wenn sie in Fahrt geriet!«

Später hat er oft von ihr gesprochen, entweder im kleinen Salon mit dem Buch oder in seinem Schlafzimmer, wenn er mich bat, aus der Schublade die Photographien herauszunehmen, die er aufbewahrt hatte, damit wir sie uns ansahen. Er sagte: »Sie hatte beinahe die Haltung einer Herzogin und mehr Geist als manche Prinzessin. Sie stammte von einem großen englischen Maler ab.«

Ohne je die Wahrheit zu gestehen, die nicht schwer zu erraten war, erzählte er, daß sie »sehr regelmäßig« in der Villa in Auteuil von Onkel Louis war. Aber sie hatte auch ein reizendes kleines Haus in Paris und empfing in ihrem Salon Schriftsteller und Künstler.

»Sie hatte mit einem deutschen Prinzen angefangen, und alle russischen Großfürsten sind ihm gefolgt«, sagte er mir auch.

Natürlich hatte er sie bei seinem Großonkel getroffen, als er achtzehn Jahre alt war; sie war damals sieben- oder achtunddreißig. Und es war auch nicht schwer zu erraten, daß sie zu denen gehörte, an denen er »nicht uninteressiert« war.

Er sagte, und bei aller Zurückhaltung lächelte er: »Onkel Louis freute sich, Laure Hayman das bieten zu können, was ihr Vergnügen bereitete. Ich bewunderte sie sehr und ruinierte mich sogar so mit Blumen für sie, daß sie Papa davon in Kenntnis gesetzt hat. Er hat mich gescholten wegen dieser Übertreibung – ich war sehr jung. Aber er selbst bewunderte Laure Haymans Klugheit und Intelligenz, und er hat mich geradezu angespornt, deswegen eine Freundschaft mit ihr zu unterhalten.«

Einmal hat er hinzugefügt: »Es hieß von ihr, sie sei imstande, die weniger Intelligenten klüger zu machen.«

Etwas gab es, das er ihr hoch anrechnete; er erzählte es mir eines Tages, als er zwei Photographien von ihr miteinander verglich. Auf der einen trug sie ein sehr elegantes Kleid; auf der anderen sah sie fast wie eine alte Frau aus und hielt ein Kind auf dem Arm. Er fragte mich: »Ist das dieselbe Person?«

»Man sollte es nicht meinen, Monsieur.«

»Dennoch ist sie es, und es ist eine schöne Geschichte, Céleste. Sie hat einen Sohn gehabt, den niemand gesehen oder gekannt hat, denn sie hat ihn sehr weit entfernt bei den Jesuiten erziehen lassen, damit er nie erfahren sollte, daß er ein uneheliches Kind ist und was sie war. Sie besuchte ihn nur ab und zu. Sie hat seine Entwicklung und seine Erziehung mit unendlich viel Liebe und Selbstverleugnung überwacht.«

Er war sehr bewegt. Er hat die beiden Photos aus der Hand gelegt, dann fuhr er fort: »Ja, es ist etwas Abscheuliches geschehen, Céleste. Sie erinnern sich, daß ich Ihnen neulich sagte, ich hätte einen Brief von ihr erhalten, der mich sehr erschütterte? Darin hat sie mir mitgeteilt, daß dieser Sohn, den sie so liebte, gefallen ist. Er war Flieger. Ich habe sie heute abend besucht. Sie war sehr gefaßt.«

Später, aber immer noch zur Zeit der »Kamelie«, hat es eine Schauspielerin gegeben, Louisa de Mornand, die eine sehr liebe und bevorzugte Freundin eines seiner Gefährten vom Cercle de la Rue Royale war, des Herzogs von Albuféra. Er sprach von ihr als einer sehr flotten Person, in deren Gesellschaft man sich gern zeigte und deren Freundschaft zu erringen kaum Schwierigkeiten bot. Als ich ihre Photographie sah, sagte ich, sie sähe aus wie eine große Schauspielerin. Er hat mächtig gelacht: »O nein, Céleste. Es stimmt, sie hat ein paar sehr hübsche Rollen in Boulevard-Theatern gespielt. Aber sagen wir es so: unter Aufwendung von sehr viel Geld ist es gelungen, aus ihr eine Komparsin zu machen.«

Nichtsdestoweniger glaubte ich daraus entnehmen zu können, daß sie in seiner Sturm- und Drangperiode eine Rolle gespielt haben mußte.

Er war schrecklich in solchen Fällen; nichts durfte sich ihm in den Weg stellen. In diesem Zusammenhang gibt es eine berühmte Geschichte, bei der es um Handschuhe ging und die Anlaß zu einer Szene war, die er seiner Mutter machte; als er davon sprach, amüsierte er sich zwar darüber, hatte aber immer noch ein schlechtes Gewissen.

»Ich war auf eine Halbweltdame versessen, die im Bois de Boulogne wohnte«, hat er mir erzählt. »Nach vielen Mühen war es mir endlich gelungen, eine Verabredung mit ihr zu treffen. Ich war so aufgeregt darüber, daß ich in all meiner Eleganz erscheinen wollte, und hatte Mama deshalb gebeten, mir eine neue Krawatte und das schönste Paar hellgelber Handschuhe zu kaufen. Mama ist mit einem sehr schönen Binder nach Hause gekommen; aber bezüglich der Handschuhe sagte sie: ›Mein lieber Marcel, ich bin untröstlich; die Handschuhe, die du haben wolltest, waren einfach nicht zu finden. Statt dessen hoffe ich, daß dir diese gefallen werden.‹ Sie waren grau! Zweifellos war Mama der Meinung gewesen, daß hellgelbe Handschuhe für die Gelegenheit ein bißchen zu aufwendig waren, und sie hatte nicht unrecht. Aber ich habe den einzigen großen Wutanfall meines Lebens bekommen. Ich habe mich umgesehen und mir überlegt, was ich wohl Häßliches tun könnte, um Mama zu kränken. Wir waren im Salon. Da stand auf einem Möbel eine sehr schöne antike Vase, ein Geschenk, an dem sie, wie ich wußte, sehr hing. Ich habe die Vase genommen und auf den Boden geschleudert, und sie ist in tausend Stükke zersprungen ... Liebe Céleste, ich werde Mama immer vor mir sehen. Sie hat keine Bewegung gemacht. Sie hat nur mit ganz ruhiger Stimme gesagt: ›Nun ja, mein lieber Marcel, es wird wie in den jüdischen Ehen sein ... Du hast die Schale zerbrochen; unsere Liebe wird nur um so größer sein.‹ Ich habe mich in mein Zimmer geflüchtet und geweint, ich habe stundenlang geweint bei dem Gedanken an den ungeheuren Schmerz, den ich Mama zugefügt habe und dessen Größe ich an ihrer Antwort erkannte. Aber das Komische an der Angelegenheit ist, Céleste, daß ich dann doch zu meiner Verabredung ging, und als ich mit meiner neuen Krawatte, meinen Handschuhen und meinem Blumenstrauß ankam, wissen Sie, wen ich da angetroffen habe? Den Gerichtsvollzieher und seine Leute, die gekommen waren, um die Schöne festzunehmen. Sie transportierten bereits die Möbel ab! Herrlich!«

Um auf Louisa de Mornand zurückzukommen: Es muß eine gewisse Zuneigung zwischen ihnen bestanden haben, denn ich erinnere mich, daß Monsieur Proust eines Abends am Boulevard Haussmann schon fix und fertig zum Ausgehen angezogen war, als er mich beauftragte, ihr eine eilige Botschaft zu überbringen. Als ich hinkam, war sie auch fertig angezogen und bereit, ihrerseits auszugehen. Ich sehe sie noch vor mir in einem ganz engen schwarzen Seidenkleid, immer noch jung und schön. Als ich ihr sagte, Monsieur Proust habe mich geschickt, da rief sie: »Oh, Marcel, Marcel! Wie ich mich freue, geben Sie mir rasch den Brief!«

Es hätte nicht viel gefehlt, und sie hätte einen Freudensprung gemacht, als sie die Botschaft las, die eine Einladung zum Essen am selben Abend enthielt. Sie hat alles andere abgesagt, um sich mit Monsieur Proust zu treffen. Danach hat er sie meines Wissens nicht mehr wiedergesehen. Ich habe sie einmal nach dem Tode von Monsieur Proust wiedergesehen, und zwar in dem kleinen Hotel, das wir uns in Paris gekauft hatten, Odilon und ich, in der Rue des Cannettes. Ich habe eine sehr alte Dame gesehen mit einem Hütchen, wie Portierfrauen es tragen.

»Erkennen Sie mich nicht wieder?« fragte sie mich.

»Mir scheint, ich habe Sie schon irgendwo gesehen, Madame oder Mademoiselle?«

»Sagen Sie Madame. Ich lebe mit einem Herrn zusammen in der Rue Lauriston.«

Sie hat mir ihren Namen gesagt und ist lange dageblieben, traurig auf einem Sessel zusammengesunken, und hat von »Marcel« gesprochen, ohne mir etwas Interessantes mitzuteilen, abgesehen von der großen Freundschaft, die zwischen Monsieur Proust und dem Herzog von Albuféra bestand und die mit einem Zerwürfnis endete; auf die Gründe werde ich später zurückkommen. Aber ich habe sehr wohl gespürt, daß sie Monsieur Proust nie vergessen hatte.

Wenn er nicht vergaß, so war es auch nicht leicht, ihn zu vergessen. Aber als ich ihn kannte, fühlte er sich mit den Freunden seiner Jugend nur noch durch die Erinnerung an die »verlorene Zeit« verbunden.

Selbst von dem jungen Mädchen, das er, ehe er erwachsen war, nach der kleinen Marie de Benardaky zweifellos am meisten geliebt hatte, schien er sich jetzt völlig gelöst zu haben. In der Zeit, als sie zu der kleinen Gruppe jugendlicher Sportler gehörte, hieß sie Jeanne Pouquet. Sie sahen sich in den Champs-Elysées und beim Tennis. Es gibt ein berühmtes Photo, das oft abgebildet wurde und Monsieur Proust in der Gruppe stehend zeigt, wie er auf einem Tennisschläger Gitarre zu spielen scheint, während sie wie eine Königin auf einem Gartenstuhl steht. Es war noch die Zeit der romantischen Lieben. Er sagte zu mir: »Ich war in sie verliebt, wie man es nicht mehr sein kann.«

»Und was fanden Sie an ihr, Monsieur?«

»Sie hatte prachtvolle blonde Haare.«

»War sie wenigstens intelligent?«

Auf diese Frage hat er nie geantwortet. Aber er sagte auch: »Ich konnte nicht mehr schlafen. Wenn wir vormittags zum Tennis gingen, nahm ich Proviant mit, kleine Kuchen und Sandwiches, für jeden Geschmack und in allen Farben; ich wußte nicht, was ich anstellen sollte, um ihr eine Freude zu machen; ich kaufte ihr Blumen und Geschenke, ich gab mir so viel Mühe! Wenn ich mit ihr verabredet war, dann ging ich nicht, ich rannte! Wenn sie Tennis spielte, sah ich gern ihre blonden Zöpfe fliegen. Die anderen Jungen, die auf meine Unterhaltungen mit ihr eifersüchtig waren, rächten sich manchmal, indem sie Bälle in meine Kuchenkartons schmetterten, um mich zu necken. Offenbar konnte ich mich nicht so auszeichnen wie sie.«

Als ich ihn eines Tages fragte, ob Madame Proust über diese Verliebtheit im Bilde gewesen sei, sagte er nein.

Er hatte Jeanne Pouquet kennengelernt, ehe er zum Militärdienst eingezogen wurde, also mit achtzehn Jahren, und zwar bei Madame Arman de Caillavet, deren Sohn Gaston damals einer seiner besten Freunde war. Nach dem, was er mir sagte, machte sich Jeanne über seine Avancen lustig, doch schmeichelten sie ihrer Eitelkeit. Sie waren alle in sie verliebt, aber schließlich trug Gaston de Caillavet den Sieg davon und heiratete sie. Ich glaube mich zu erinnern, daß die Verlobung stattfand, als Monsieur Proust in Orléans Soldat war, vielleicht auch kurz danach. Die Tennispartien wurden noch einige Zeit fortgesetzt, bis zur Hochzeit.

Eines Nachts, als wir davon sprachen, habe ich ihn gefragt: »Verliebt, wie Sie waren, hat es Sie da nicht sehr geschmerzt, daß Ihr Freund sie Ihnen geraubt hatte?«

Er schwieg eine Weile und sah mich mit einem undurchdringlichen Blick an. Schließlich sagte er: »Nein.«

Aus der Art und Weise, wie er dieses »Nein« ausgesprochen hatte, glaubte ich entnehmen zu können, daß ihm die Heirat gezeigt hatte, was für eine Frau sie war, und von dem Augenblick an hat er sie nicht mehr geliebt. Aber ich glaube auch nicht, daß er sie deswegen gehaßt hat. Sie gefiel ihm einfach nicht mehr. Er hat das Ehepaar später sehr selten wiedergesehen, abgesehen von einigen Begegnungen auf Gesellschaften und von einem Abend, an dem er gern wissen wollte, wem die kleine Simone, die Tochter seiner alten Freunde, deren Lob man überall sang, ähnlich sehe; aber das war fast zwanzig Jahre später. Er ist zu ihnen gegangen; das Kind schlief natürlich; es war wohl mindestens Mitternacht. Er hat gebeten, nachsehen zu dürfen, ob sie nicht schlafe.

»Aber, Marcel, sie schläft bestimmt; ich will nicht, daß sie aufsteht und um diese Zeit herunterkommt!« sagte Madame de Caillavet.

»Madame, ich bitte Sie, ich muß sie sehen.«

Schließlich ist die Kleine heruntergekommen, keineswegs erfreut, daß man sie aufgeweckt hatte.

Er sah sie einen Augenblick an, dann sagte er: »Ich danke Ihnen, Mademoiselle.«

Und er ist gegangen.

Dann kam der Krieg, und wie ich schon erwähnt habe, ist Gaston de Caillavet gestorben, nicht an der Front, sondern an einer schweren Krankheit, der er offenbar keinen Widerstand entgegensetzen wollte. Damals ist etwas Merkwürdiges geschehen. Ich hatte gerade meine Mutter verloren und befand mich in Auxillac. Aber Monsieur Proust hat mir nach meiner Rückkehr alles erzählt.

Er hatte einen Brief von Madame Gaston de Caillavet erhalten, in dem sie bat, er möge sie empfangen, weil sie ihm eine Mitteilung zu machen habe, die Monsieur Proust zu übermitteln sie ihrem Mann vor seinem Tode habe versprechen müssen. Nach Erhalt dieses Briefes hat Monsieur Proust der Witwe seines Freundes sofort einen Wagen geschickt. Sie ist gekommen; er war noch ganz erschüttert.

Es handelte sich darum, daß Gaston de Caillavet sich während seiner Ehe heftig in eine andere Frau verliebt hatte – eine Tänzerin, wenn ich mich nicht irre –, daß er sich aber schließlich den Vorhaltungen seiner Frau fügte und mit ihr brach. Nur ist er niemals darüber hinweggekommen. Das war es, was Madame de Caillavet ihm schwören mußte, Monsieur Proust mitzuteilen. Auch darüber war Monsieur Proust erschüttert. Er sagte zu mir: »Armer Gaston! Niemals hätte sie ihn zwingen dürfen, das Verhältnis zu lösen.«

Was sie betrifft, so hat er sich mit der Bemerkung begnügt: »Ich war bei den blonden Zöpfen stehengeblieben. Jetzt sah ich eine Frau mit weißen Haaren.«

Das war im Jahre 1915. Er hat mir gegenüber nur noch zweimal von ihr gesprochen, außer im Zusammenhang mit Jugenderinnerungen. Einmal, als er mir erzählte, daß sie nicht gezögert hat, sich sofort wiederzuverheiraten, und zwar mit einem Vetter von ihr, einem Fürsten Radziwill, den er früher auch gekannt hatte. Ein zweites Mal, sehr viel später, erwähnte er, daß er sie auf einer Gesellschaft von Madame Hennessy wiedergesehen und sogar neben ihr gesessen habe.

Das war ganz zum Schluß, im Jahr 1922, und es war die letzte große Gesellschaft, zu der er ging. In dem Augenblick, als die Gäste aufzubrechen begannen, sagte sie zu ihm: »Also, auf Wiedersehen, Marcel, ich gehe jetzt.«

»Ah, Madame, ich muß Sie noch sprechen. Darf ich Sie begleiten?«

»Nein, bitte nicht heute abend. Wir werden uns an einem anderen Tag sehen, wenn Sie wollen.«

»Gut, Madame. Aber wenn Sie mich heute nicht sehen wollen, dann sage ich Ihnen adieu, denn wir werden uns nicht wiedersehen.«

Das war der Dialog, wie er ihn mir berichtete, als er nach Hause gekommen war. Er war erschöpft. Er hat mir nicht gesagt, ob es sein Wunsch war, sie nicht wiederzusehen, oder ob er seinen baldigen Tod ahnte.

Jedenfalls sprach er jetzt von ihr als Frau voll Gleichgültigkeit. Indes hat er eines Nachts, als er die Erinnerung an ihre Jugend und seine damaligen Gefühle wachrief, gesagt: »Danach habe ich nur Liebeleien gehabt.«

»Andere« Lieben

Ich habe gesagt, ich glaubte es nicht, daß Monsieur Proust jemals wirklich geliebt habe. Dies bedeutet nicht, daß er dessen nicht fähig gewesen wäre. Aber ich meine, daß er schon als ganz junger Mensch zuviel Ehrgeiz für sein Werk besaß, um andere menschliche Beziehungen einzugehen als jene, die er für das brauchte, was später seine »Suche« geworden ist, wie er sie nannte. Sehr früh schon hat er gewußt, daß dadurch Anforderungen gestellt werden, die, zusammen mit der Rücksicht auf seine Gesundheit, anderen kaum zugemutet werden konnten. Der Grund für seine große Anhänglichkeit an mich war zweifellos, daß er gesehen hatte, wie reizvoll und erfreulich für mich alles war, was von ihm kam.

Gewiß, man hat auch gesagt, er habe in seiner Jugend nur Enttäuschungen in der Liebe erlebt und sich deshalb von den Frauen abgewandt, um andere Lieben zu suchen.

Das ist ein Punkt, der mir Veranlassung gibt, noch einmal darauf hinzuweisen, daß ich mir geschworen habe, hier nur das zu erzählen, was ich weiß, weil ich es gesehen oder gehört oder notfalls aus freiwilligen Andeutungen genug entnommen hatte, um ziemlich sicher zu sein, daß ich mich über das, was Monsieur Proust mir zu verstehen geben wollte, nicht täuschte.

Über das, was sich vor meiner Zeit abspielte, kann ich also nur soviel sagen, wie ich in dem oben zum Ausdruck gebrachten Sinne weiß. Und wenn ich heute sage, daß Monsieur Proust mir niemals etwas anvertraut hat, das ihn in jenem besonderen Licht zeigt, das man ihm zugeschrieben hat, dann möchte ich vor allem, daß man nicht glaubt, ich wolle die unbedingte Wahrheit unterdrücken oder sei womöglich entschlossen, ein ideales und völlig makelloses Porträt von Monsieur Proust zu zeichnen. Warum eigentlich, mein Gott? Er hätte deswegen nicht weniger Charme. Nein, ich möchte vor allem gern begreiflich machen, daß ich ihn so, wie er insgesamt war, geliebt, ertragen und ausgekostet habe. Ich sehe nicht ein, was er dadurch gewinnen würde, daß ich ihn als einen kleinen Heiligen hinstellte.

Aber es gibt zweierlei, was ich bestätigen kann; und es ist wichtig für das Folgende. Einerseits, ich wiederhole es, hat er mir alles erzählt, und ich glaube, die Tatsache, daß ich eine Frau bin, hätte seine vertraulichen Mitteilungen und Berichte auf diesem besonderen Gebiet nicht zurückgehalten – er hat mir jedenfalls ganz andere Dinge erzählt, und nicht zu wenig, wie der Leser noch sehen wird. Andererseits hat niemand die Wohnung am Boulevard Haussmann oder später in der Rue Hamelin betreten, ohne daß ich die Tür geöffnet und später den Besucher wieder hinausgebracht hätte.

Wie bereits erwähnt, besaß Monsieur Proust nicht nur keine Schlüssel, sondern wußte auch gar nicht, wo sie waren, und niemals hat er irgend jemandem einen Schlüssel gegeben. Da ich außerdem ständig auf das geringste Zeichen von ihm lauerte, konnte mir kein Schritt in der Wohnung entgehen, selbst wenn ich schlief – sehr schnell habe ich eine Art sechsten Sinn dafür entwickelt, ohne mich jemals zu täuschen. Beim leisesten Geräusch war ich wach und stand auf. Und um es zu wiederholen: nach jedem Besuch stand mir ein Bericht zu.

Natürlich, wenn Monsieur Proust ausging, war ich nicht dabei. Aber solange Odilon ihn fuhr, hat er mir nichts verheimlicht. Gewiß, er erzählte mir nicht viel, nur: »Ich habe ihn hierhin oder dahin gefahren, und ich habe gewartet.« Odilon war ein pflichtbewußter Mann. Er war der Meinung, daß es ihn nichts anging, was seine Kunden taten. Aber ich wußte es; denn auch darüber hat Monsieur Proust mir berichtet.

Wenn man zum Beispiel an die jungen Leute denkt, die ich eingelassen habe, dann handelte es sich fast immer um Schriftsteller, Bewunderer seines Werks, die nichts mit dem zu tun hatten, was man sich vielleicht vorstellt. Würde ich das Gegenteil behaupten, wäre es reine Phantasie meinerseits. Abgesehen davon, daß es sehr wenige waren, kamen sie bestimmt nicht wegen irgendwelcher Liebesgeschichten. Ich erinnere mich an den Kritiker Ramon Fernandez: Monsieur Proust erzählte mir, er verkehre viel mit einem jungen Mädchen der Aristokratie, das er kenne, Mademoiselle d'Hinnisdaël. Ich entsinne mich dessen, weil er der Meinung war, das sei ein Verstoß gegen die Standesehre und könne von der Familie nicht geduldet werden, obwohl er voll des Lobes über die geistigen Qualitäten von Ramon Fernandez war. Auch Emmanuel Berl berichtet – obwohl ich mich nicht erinnern kann, ihn gesehen zu haben, wofür ich mich bei ihm entschuldige –, daß er zu Monsieur Proust gekommen sei, um seine Herzensprobleme zu erörtern, weil er gleichzeitig in drei Frauen verliebt gewesen sei.

Es gab nur einen, der anders war: einen jungen Engländer, den Freund eines gewissen Mr. Goldsmith oder Goldschmidt, der unerhört reich war und Monsieur Proust mit seinen Einladungen zum Diner verfolgte. Monsieur Proust ging da nicht gern hin; er sagte mir, der gute Mann sei sterbenslangweilig, und er verschwende dabei nur seine Zeit. Andererseits – und das ist der Beweis, daß er sich nicht scheute, mit mir über derlei Dinge zu reden – verheimlichte er mir nicht, daß dieser Herr »nach Sodom gehört«. Er selbst hat ihn nie empfangen oder eingeladen; er sagte mir: »Ich könnte ihn nicht empfangen, da ich doch im Bett liege. Dafür ist er zu etepetete. Man muß Smoking oder Frack anhaben.«

Aber er war fasziniert von der Art, wie sich der junge Engländer kleidete, von dem ich nur den Vornamen Charly weiß; fasziniert war er vor allem von seinen Westen. Das ist der einzige Grund, warum er zwei Besuche von ihm akzeptiert hat – um seine Garderobe zu überprüfen, wobei er an sein Buch dachte. Später hat er sie nicht mehr wiedergesehen, weder den jungen noch den alten.

Es ist auch sehr viel über seine Sekretäre geredet worden und über die Tatsache, daß er dafür Männer vorzuziehen schien. Für mich besteht gar kein Zweifel daran, daß das mit seinem großen Respekt vor Frauen und seiner Schamhaftigkeit als bettlägeriger Kranker zusammenhing. Selbst mir gegenüber blieb er, was Frauen betraf, in seiner Ausdrucksweise äußerst zurückhaltend. Wenn er die Frage des Liebesverhältnisses zwischen zwei Personen beiderlei Geschlechts anschnitt, dann wich er geschickt aus: man erriet etwas, aber man hatte nichts gehört. Ich erinnere mich, daß er eines Tages von seiner Wißbegierde in bezug auf die Menschen sprach und erzählte, daß er einmal zur Zeit der »Kamelie«, als er mit dem Herzog von Albuféra ausgegangen war, diesen gefragt hatte, um sich zu informieren: »Louis, würdest du das mit deiner Frau machen?«

»Aber, Marcel, das verlangt man niemals von seiner Frau!« hatte der Herzog geantwortet.

Monsieur Proust lachte darüber, daß er ihn schockiert hatte; aber er hat mir nie deutlich gesagt, was »das« war.

Daß er immer männliche Sekretäre bevorzugt hatte, hat ihn nicht gehindert, nachdem ein Vertrauensverhältnis hergestellt war – man könnte fast sagen, nachdem er sich wie im Familienkreis fühlte –, später meine Nichte Yvonne zu bitten, in die Rue Hamelin zu ziehen und das Manuskript für ›Die Gefangene‹ abzutippen.

Ich meinerseits habe nur einen im Haus wohnenden Sekretär kennengelernt, der Henri Rochat hieß. Monsieur Proust hatte ihn im Ritz gefunden, wo er zum Personal gehörte, das dem Direktor des Restaurants, Olivier Dabescat, unterstand; und er hatte ihn – was seine ganze Liebenswürdigkeit und Güte beweist – hauptsächlich aus Menschenfreundlichkeit aufgenommen, weil ihn die Ambitionen des jungen Mannes rührten.

Er war Schweizer, ziemlich mürrisch und schweigsam, mit dem Streben nach Höherem, das viele Schweizer haben. Er bildete sich ein, ein Maler zu sein. Wenn er die Rolle gespielt hat, die ihm zugeschrieben wurde, dann hat Monsieur Proust es mir verheimlicht – aber wie? Das frage ich mich. Wir waren nicht mehr am Boulevard Haussmann, sondern wohnten in der Rue Hamelin, wo die Anordnung der Wohnung annähernd gleich war. Monsieur Proust hatte sein Zimmer am einen Ende der Wohnung, Rochat das seine am anderen. Zwischen ihren Zimmern lagen ein Salon und ein kleines Zimmer, durch die man hindurchgehen mußte. Mein Zimmer ging auf die Diele; ich sah und hörte alles, jedes Hinundhergehen wäre mir aufgefallen.

Rochat hatte nur einen Vorzug: eine schöne Handschrift.

»Er glaubt, malen zu können«, sagte Monsieur Proust zu mir.

Selbst von der schönen Handschrift hatte Monsieur Proust bald genug. Zu Anfang bat er mich manchmal, nach-

1. Odilon und ich während seines ersten Heimaturlaubs 1915.

2. Odilon mit seinem Taxi Unic, bevor ich ihn kennenlernte. Zu dieser Zeit diente er M. Proust schon gelegentlich als Chauffeur in Cabourg an der normannischen Küste.

3. Das Café Larivière an der Ecke Rue Feydeau und Rue Montmartre, wo M. Proust telefonisch seine Nachrichten für Odilon hinterließ. In der Mitte meine Schwägerin Adèle und ihr Mann, umgeben von ihren Angestellten.

4. Eines Abends, im Jahre 1915 oder 1916, widmete er mir dieses Foto von sich. Er fand sich »alt« im Vergleich zu mir.

5. Mme Proust und ihre zwei Söhne, Marcel (links) und Robert, in Trauer nach dem Tod des Vaters.

6. Ein Ausflug aufs Land mit Freunden. Stehend in der Mitte mit Kreissäge M. Proust, sitzend mit Melone sein Vater, Professor Adrien Proust.

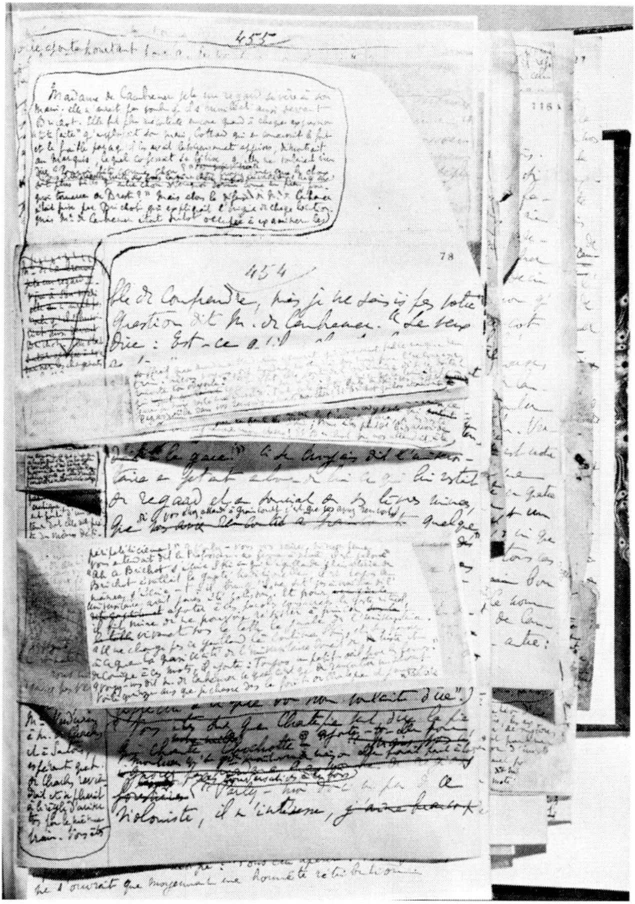

7. *Das Manuskript von* Sodom und Gomorrha. *Wenn die Ränder vollgeschrieben waren, halfen nur noch angeklebte Zettel – meine Idee. Wenn ich bedenke, daß ich seine Schrift auch verkehrt herum lesen konnte ...!*

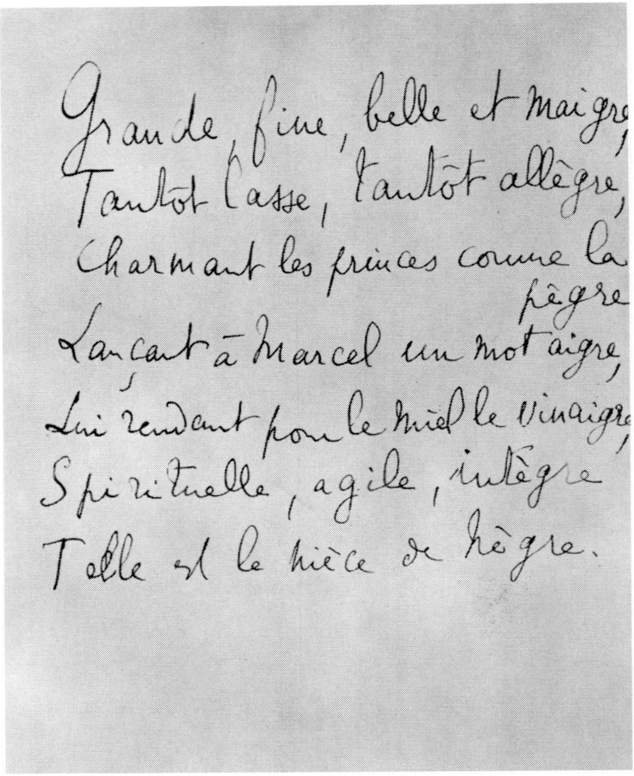
Grande, fine, belle et maigre,
Tantôt lasse, tantôt allègre,
Charmant les princes comme la pègre
Lançant à Marcel un mot aigre,
Lui rendant pour le miel le vinaigre,
Spirituelle, agile, intègre
Telle est la nièce de nègre.

8. Dieses kleine Gedicht schrieb er für mich und gab es mir. »Ah, Monsieur, da haben Sie mich hübsch hergerichtet«, sagte ich zu ihm. Darüber lachten wir sehr.

9. Aus der Zeit der »Kamelie im Knopfloch«, in der M. Proust viel in den Salons verkehrte.

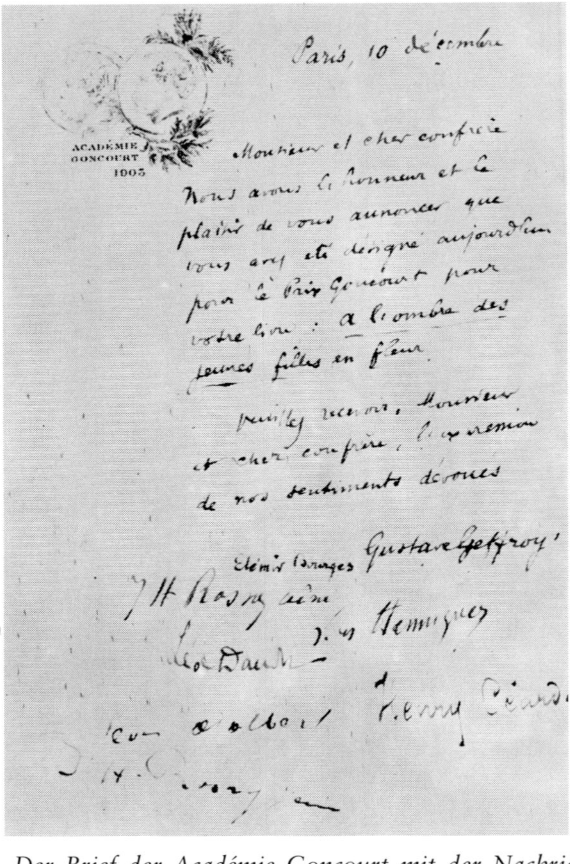

ACADÉMIE GONCOURT 1903

Paris, 10 décembre

Monsieur et cher confrère

Nous avons l'honneur et le plaisir de vous annoncer que vous avez été désigné aujourd'hui pour le Prix Goncourt pour votre livre : A l'ombre des jeunes filles en fleur.

Veuillez recevoir, Monsieur et cher confrère, l'expression de nos sentiments dévoués

Elémir Bourges Gustave Geffroy

J H Rosny aîné

L. Hennique

Léon Daudet

Jean Ajalbert Henry Céard

J. H. Rosny jeune

10. Der Brief der Académie Goncourt mit der Nachricht, daß er der Preisträger für das Jahr 1919 sei. Er erhielt sechs von neun Stimmen. Sein vehementester Verteidiger war Léon Daudet.

Approvisionnement
70 CHAUSSÉE D'ANTIN
LA TRINITÉ PARIS

11. Das ist meine Gedächtnisstütze. Bevor ich auf Wunsch von M. Proust seine Freunde anrief, warf ich einen Blick darauf. Auf der Rückseite stehen ebenso viele Namen. Über die Überschrift »Vorratsliste« muß ich heute lachen, wenn ich daran denke, daß er von den Verabredungen zurückkam, die ich für ihn getroffen hatte, und ich ihn fragte: »Nun, Monsieur, haben Sie für Ihr Buch Vorräte angelegt?«

12. Nach seinem Tod kam der Maler Helleu, einer seiner Freunde, und machte diese Radierung, noch vor Dunoyer de Segonzac und dem Fotografen Man Ray. Helleu fertigte zwei Abzüge an. Einen davon schenkte mir M. Robert Proust. Danach zerstörte Helleu die Kupferplatte.

13. Marie de Benardaky, seine erste große Liebe.

14. *Die Gräfin Greffulhe. Er fand sie so schön und so majestätisch, daß er in die Oper ging, um ihren Gang und ihre Haltung zu bewundern, wenn sie die Treppe emporstieg. Sie vor allem war das Modell für die Herzogin von Guermantes in seinen Büchern.*

15. Der Graf Robert de Montesquiou, der ihn faszinierte und den er zugleich fürchtete. Er war der Cousin der Gräfin Greffulhe. Die Figur des Charlus ist fast ausschließlich sein Abbild. »Das ist der Kern der Sache«, sagte M. Proust zu mir.

16. Reynaldo Hahn blieb bis zum Ende der engste Vertraute von M. Proust.

dem er seinen Kaffee am Spätnachmittag oder gegen Abend getrunken hatte, Rochat zu rufen, er möge zum Arbeiten kommen; er diktierte ihm etwas. Dann hat er ihn um gar nichts mehr gebeten. Rochat blieb in seinem Zimmer, pinselte an seinem Gemälde oder ging aus. Man sah ihn fast überhaupt nicht. Monsieur Proust sagte zu mir: »Bei meiner Arbeit ist er mir eher lästig, als daß er mir hilft.«

Aus der Menschenfreundlichkeit ist Mitleid geworden. Er hat ihn etwas über zwei Jahre behalten, hin- und hergerissen zwischen dem Wunsch, sich von ihm zu trennen, und dem Widerstreben, ihn auf die Straße zu werfen. Zu guter Letzt hat er seinen alten Freund aus der Kindheit, den Bankier Horace Finaly, eingeschaltet und erreicht, daß Rochat weit wegging – was dem Wunsch des jungen Mannes entsprach –, aber mit der Sicherheit einer festen Anstellung. Er bekam einen Posten in einer Bank in Buenos Aires, nicht in New York, wie fälschlich erzählt wurde. Es war eine Niederlassung der Banque de Paris et des Pays-Bas.

Er war mehr oder weniger verlobt mit einem jungen Mädchen, das in der Rue des Acaccias wohnte und ihn in seinem Zimmer in der Rue Hamelin besuchte. Als er abfuhr, hat er sie einfach sitzenlassen; Monsieur Proust ist nach seiner Abreise zu ihr gegangen und hat sie getröstet. Rochat selbst hat er nicht nachgetrauert. Sein einziger Kommentar war: »Nun haben wir endlich Ruhe, Céleste.«

Man darf nicht vergessen, daß er immer allen seinen Beschäftigten die Treue hielt und ihnen ein großes Verantwortungsgefühl entgegenbrachte.

Einer der Fälle, deretwegen sehr viel Tinte verschrieben wurde, ist der von Agostinelli, der einer seiner Hauptchauffeure vor dem Krieg in Cabourg war, zur gleichen Zeit wie mein Mann. Er gehörte zu der berühmten Taxigesellschaft von Jacques Bizet. Er war, glaube ich, etwas labil und hatte ebenso wie Henri Rochat den Ehrgeiz, etwas Besseres zu werden. Ich selbst habe ihn kaum gekannt. Aber Odilon kannte ihn gut; sie hatten fast von Anfang an bei dem Taxibetrieb in Monaco und Cabourg zusammen gearbeitet. Odilon sagte immer: »Das ist ein netter Junge; ich habe nie etwas an ihm auszusetzen gehabt.«

Aber er war von dem Wunsch nach einem anderen Beruf besessen. Zu guter Letzt hat er Monsieur Proust gefragt, ob er nicht sein Sekretär werden könne. Das war zu der Zeit, als er die Taxigesellschaft verlassen hatte und in seine Heimat Monaco zurückgekehrt war, wo er seine Frau Anna kennengelernt und eine Arbeit angenommen hatte, die er aber bald wieder verlor. Wiederum aus Liebenswürdigkeit und Güte ist Monsieur Proust bereit gewesen, ihn bei sich aufzunehmen. Er hat da mit Anna gewohnt, und es ist eine Tatsache, daß sich in den damaligen Manuskripten ein bißchen von seiner Handschrift findet.

Das war 1913, in jener Zeit, als Odilon und ich gerade geheiratet hatten. Ich erinnere mich sehr gut, daß wir eines Sonntags auf Bitten von Agostinelli den ganzen Tag im Wald von Fontainebleau spazierengefahren sind. Wir hatten uns etwas zu essen mitgenommen. Ich habe mich entsetzlich gelangweilt. Die beiden Männer waren sehr erfreut, sich ihre Taxifahrergeschichten erzählen zu können. Ich hatte nur die Frau, die häßlich und nicht sehr sympathisch war – mein Mann nannte sie unter uns »die fliegende Laus«. Ich sehe sie noch vor mir mit ihren schwarzen, sehr spröden Haaren, die gleichsam durch den Affenpelz-Kragen ihres Fohlenmantels verlängert wurden. Und ich höre Agostinelli noch zu ihr sagen: »Kommst du, Nana?«

Aber an Agostinelli selbst habe ich nur eine sehr undeutliche Erinnerung, die mir nicht erlaubt, ein Urteil über ihn abzugeben. Ich wußte nur von Odilon, daß er verrückt nach Maschinen war und diese Leidenschaft sich dann vom Automobil dem Flugzeug zuwandte. Er hat Monsieur Proust so lange damit in den Ohren gelegen, bis dieser in seiner großen Güte ihm schließlich erlaubte, an einem Pilotenkurs im Flughafen Buc bei Versailles teilzunehmen. Da Agostinelli keinen Wagen mehr besaß, fuhr Odilon ihn hin; mit seiner üblichen Großzügigkeit bezahlte Monsieur Proust den Kursus. Das ist es, was ich seine Treue nannte – genauso war es, als Agostinelli in Monaco arbeitslos war und, ehe er auf die Idee mit dem Sekretär kam, Monsieur Proust angefleht hatte, er möge ihn doch wieder als Chauffeur nehmen. Darauf hatte Monsieur Proust allerdings klipp und klar erwidert, es sei zu spät, denn es würde nur bedeuten, Odilon grundlos zu verdrängen, der sein ständiger Chauffeur geworden sei und sein volles Vertrauen genieße.

»Sie werden das um so besser verstehen, als er Ihr Kamerad gewesen und Ihr Freund geblieben ist«, hat er ihm erklärt.

Ich wußte ebenfalls von Odilon, daß Agostinelli versuchte, seinen Sekretärposten sehr ernst zu nehmen. Er mußte ein gehöriges Maß Stolz besessen haben. Monsieur Proust hatte für ihn eine Schreibmaschine angeschafft, die er später dem Direktor des Restaurants Larue verkaufte; ich habe die Maschine neben der Kassiererin stehen sehen, wenn ich dort Essen holte. Ich weiß nicht, ob es ein Zufall war, aber ich erinnere mich auch, daß Céline während des Aufenthalts von Agostinelli und seiner Frau am Boulevard Haussmann einen Anfall von schlechter Laune hatte und weggegangen ist. Auch entsinne ich mich, daß das Ehepaar, wenn es dort wohnte, die Mahlzeiten außer Haus einnahm.

Und dann ist Agostinelli eines Tages plötzlich wieder an die Côte d'Azur abgereist. Ich glaube, es hat weitgehend am Einfluß seiner Frau gelegen.

Ihr gefiel es nicht in Paris. Von Antibes aus, wo er seinen Pilotenkurs fortsetzte, um den Flugschein zu erhalten, schrieb er an Monsieur Proust. Er war ein Schmeichler. Nach dem, was ich später erfahren habe, wollte er Monsieur Proust dazu überreden, ihm beim Kauf eines Flugzeugs für seinen persönlichen Gebrauch zu helfen, das er nach dem Namen der Hauptfigur des Buches, das Monsieur Proust gerade veröffentlicht hatte, »Swann« taufen wollte. Er war auch sehr wagemutig und tollkühn. Kaum hatte er seinen Flugschein in der Tasche, da ist er bei seinem zweiten Alleinflug als Pilot entgegen den Vorschriften aufs Meer hinausgeflogen und abgestürzt. Seine Leiche ist erst eine Woche später im Wasser gefunden worden, die Augen von Fischen gefressen.

Agostinelli war am 30. Mai 1914 verunglückt. Das Tragische war, daß er in seiner Freude über den gerade erhaltenen Flugschein einen langen Brief an Monsieur Proust geschrieben hatte, der erst nach seinem Tode eintraf. Das hat Monsieur Proust natürlich erschüttert. Er hat mir den Brief gezeigt und ihn mir später vorgelesen; er war sehr nett geschrieben, voller Dankbarkeit und zugleich stolzgeschwellt. Später kam dann eine Flut von Mitteilungen der Familie Agostinelli, die Monsieur Proust um Hilfe bei der Finanzierung der Suchaktionen anflehte, um die Leiche zu finden – die er gewährt hat. Als die Leiche dann am 7. Juni tatsächlich gefunden wurde, hat er Blumen für das Grab geschickt, ebenso im folgenden Jahr am Todestag. Auch hat er die Witwe und den Bruder unterstützt. Es wird sogar behauptet, der Bruder sei nach Paris gekommen und habe ihm eine Zeitlang als Sekretär gedient. Das ist merkwürdig, denn ich kann mich daran gar nicht erinnern; dennoch müßte ich es wissen, da ich ja schon da war. Die einzige Sekretärstätigkeit, an die ich mich erinnere, ist die von Agostinelli selbst vor seiner sogenannten »Flucht« nach Antibes, denn damals kam ich in meiner Eigenschaft als »Botin« zum Boulevard Haussmann und habe ihn zwei- oder dreimal mit seiner Frau in der Küche gesehen.

Es sind alle möglichen Romane über den Schmerz von Monsieur Proust angesichts dieses Todes ausgesponnen worden, über die Gefühle, die er für Agostinelli empfand oder empfunden haben soll. Große oder kleine Geister, ich weiß es nicht, haben in ihm sogar zu einem Teil die Albertine der Bücher entdeckt, in die der »Erzähler« verliebt war. Für mich ist das einfach lächerlich. Erstens existierte die Albertine im Kopf und in den Heften von Monsieur Proust lange vor Agostinelli. Zweitens bin ich nach der Art und Weise, wie Monsieur Proust von ihm sprach, überzeugt, daß es sich mit Agostinelli wie mit Henri Rochat verhielt. Monsieur Proust war an ihm interessiert, weil er einmal als Chauffeur ein angenehmer Gesellschafter war – das hat Odilon mir immer bestätigt –, zum anderen, weil er den Ehrgeiz hatte, seine Lage zu verbessern; da er keineswegs dumm war – seine Briefe waren sehr hübsch geschrieben –, hat Monsieur Prousts angeborene Großzügigkeit ihn veranlaßt, Agostinelli dabei behilflich zu sein. Wenn Monsieur Proust über die »Flucht« nach Antibes ärgerlich und betrübt war, dann einerseits, weil er es undankbar fand, nachdem er ihn am Boulevard Haussmann aufgenommen und die Flugstunden in Buc bezahlt hatte, und andererseits, weil er mit seinem Scharfsinn erkannte, wie tollkühn Agostinelli war, und deshalb fürchtete, er werde Dummheiten machen. Wenn er mit seiner Gabe, in den Seelen anderer Menschen zu lesen, die Tragödie vorausgesehen hat, würde es mich nicht wundern. Und wenn man schon jemanden gern hat, wer wäre dann nicht schmerzerfüllt, seine bösen Ahnungen bestätigt zu sehen?

Noch viel lächerlicher ist die Behauptung, er habe Agostinelli bei sich behalten wollen als »Gefangenen« seiner Gefühle. Wenn man es so ansieht, war Odilon ebenso ein »Gefangener« – und ich erst! Wer immer in Monsieur Prousts Diensten stand, war in einer gewissen Beziehung auch sein Gefangener.

Ein weiterer seiner Bekannten, auf den man sich vielfach bezogen hat, um ihm Neigungen zuzuschreiben, die ihn den Frauen entfremdet hätten, ist Albert Le Cuziat, aus dem er in seinem Roman eins der Vorbilder von Jupien und den Inhaber eines Freudenhauses für Männer gemacht hat. Darüber kann ich sprechen, weil ich die Sache und die Person kenne; denn abgesehen davon, daß Monsieur Proust mir viel von ihm erzählt hat und mich auf dem laufenden hielt, habe ich Le Cuziat selbst gesehen. Ich sage es unumwunden: Er gefiel mir nicht, und ich habe es Monsieur Proust nicht verheimlicht. Aber da er meiner Ansicht war, glaube ich nicht, daß meine Abneigung die Unparteilichkeit meines Urteils beeinträchtigt.

Er war Bretone, lang wie eine Bohnenstange, blond, ohne Eleganz, mit eiskalten blauen Augen – so kalt wie seine Seele –, und die Unstetigkeit seines Gewerbes zeigte sich in seinem Blick und auf seinem Gesicht. Er hatte etwas Gehetztes an sich – nicht verwunderlich: Dauernd machte die

Polizei Haussuchungen in seinem Etablissement, und oft saß er kleine Gefängnisstrafen ab. Er hatte als Kammerdiener in großen russischen Häusern angefangen – beim Grafen Orloff, beim Fürsten Radziwill und anderen. Laut Monsieur Proust hat er merkwürdige Dinge erlebt. Der Fürst Radziwill – der Vater – war bekannt für seine absonderlichen Neigungen. Was den Grafen Orloff betrifft, so hat Monsieur Proust von Albert eine Geschichte über ihn gehört, die ihn belustigte, aber auch empörte: Während eines großen Diners verlangte der Graf sein Nachtgeschirr, und als es ihm gebracht worden war, erleichterte er vor den Gästen seine Blase – »Das war schlimmer als der Nachtstuhl zur Zeit der Könige«, sagte Monsieur Proust. Soweit ich mich erinnere, hatte Monsieur Proust Albert bei den Radziwills kennengelernt – einer der Söhne gehörte zum Cercle de la Rue Royale. Später hatte sich Albert selbständig gemacht und ein Hotel eröffnet. Angefangen hat er mit einem Etablissement in der Nähe der Börse – das war 1913, in der ersten Zeit, als ich am Boulevard Haussmann war; dann hatte er ein Badehaus in der Rue Godot de Mauroy in der Nähe der Madeleine, und diese Straße allein war ein ganzes Programm. Zuletzt hat er dann 1915 oder 1916 eine Art Stundenhotel für Männer in einem kleinen herrschaftlichen Haus in der Rue de l'Arcade eröffnet.

Die ganze Sache war die, daß behauptet wurde, Monsieur Proust habe ihn, als er sich selbständig machte, erstens mit Möbeln und Geld unterstützt, und zweitens habe er dieses letzte Etablissement selbst besucht.

Obwohl all das boshafter Gesellschaftsklatsch ist, wollen wir davon sprechen, da es nun einmal behauptet worden ist. Aber ehe wir Erklärungen abgeben, wollen wir uns die Tatsachen ansehen.

Es stimmt, daß Monsieur Proust Le Cuziat Möbel geschenkt hat – aber das war lange vor dem berüchtigten Haus in der Rue de l'Arcade, nämlich als Albert das Badehaus in der Rue Godot de Mauroy übernommen hatte. Ich weiß es von Monsieur Proust selbst. Man darf nicht vergessen, daß er durch die Erbschaft seiner Eltern und seines Großonkels Louis viel zu viele Möbel besaß – ich habe das schon erwähnt. Nicht nur war das Eßzimmer in der Wohnung bis zur Decke so vollgestellt, daß ich nur in der Mitte einen schmalen Gang wie eine Schneise im Wald zum Durchgehen hatte, sondern im Hof des Hauses Boulevard Haussmann 102 stand noch ein ganzer Schuppen voller Möbel. Und als Le Cuziat Monsieur Proust erklärte, er habe nicht genug Geld, um die Möbel anzuschaffen, die ihm bei der Einrichtung seines Zimmers in dem Etablissement in der Rue Godot de Mauroy fehlten, da hat Monsieur Proust ihm den Schlüssel des Schuppens geben und ihm sagen lassen, er könnte sich aussuchen, was er wollte. Es war nicht mehr als eine kurze grüne Chaiselongue – eine Art verlängerter Lehnsessel – und zwei andere Sessel sowie ein paar Vorhänge.

Was das Geld betrifft, so hat Monsieur Proust ihm allerdings etwas gegeben, und zwar unter ganz bestimmten Voraussetzungen, auf die ich noch zurückkommen werde, aber gewiß nicht, damit er sich selbständig machen könne. Erstens verteilte er sein Geld nicht auf diese Weise; zweitens hatte Albert, wenn es darauf angekommen wäre, Gönner, die reicher waren als Monsieur Proust. Ich weiß auch, daß erzählt worden ist, Monsieur Proust habe, als wir in der Rue Hamelin wohnten, Möbel und Teppiche verkaufen wollen, um Albert Geld zu geben, der ihn zu dieser Zeit um Hilfe gebeten habe. Das ist unrichtig. Erstens hatte

Monsieur Proust damals gar keine Verbindung mehr mit Le Cuziat; und zweitens war er auf diese Idee gekommen, weil Madame Scheikévitch damals in Not war, die aber jede Hilfe auf sehr würdige Weise abgelehnt hat.

Nun zu den Erklärungen. Nach dem, was er mir darüber gesagt hat, bin ich überzeugt, daß Monsieur Proust diese Möbel so verschenkt hat, wie er vieles andere verschenkte – wie er zum Beispiel verschwenderisch Trinkgelder gab. Wenn es eines Beweises dafür bedürfte, dann höre ich ihn noch, wie er – seiner Art entsprechend – in stiller Wut und voll Schmerz an jenem Tag von seiner Entrüstung sprach, als er in der Rue de l'Arcade entdeckt hatte, welchen Gebrauch Le Cuziat von seinen Möbeln machte.

»Stellen Sie sich vor, Céleste, dieser Taugenichts hatte mich damals um diese Möbel gebeten, um sein eigenes Zimmer im Badehaus in der Rue Godot de Mauroy damit einzurichten. Und was sehe ich jetzt in der Rue de l'Arcade? Er verwendet sie für ekelerregende Zwecke. Ich hätte ihm eine solche Gemeinheit niemals zugetraut. Mein Gott, welche Dummheit habe ich da gemacht, Céleste!«

Ich erinnere mich um so genauer daran, als er ganz kurz nach seinem Besuch zum erstenmal davon sprach. Und ich habe sehr wohl gemerkt, daß er Albert das nie verzeihen würde.

Und wenn er ihm Geld gegeben hat, dann handelte es sich schließlich um keine riesigen Summen. Gewissermaßen war es nichts anderes als ein Trinkgeld, die Bezahlung für Auskünfte, die Albert beibrachte oder die Monsieur Proust sich auch manchmal selbst holte, und zwar für sein Buch. Jedenfalls genügte es, Le Cuziat einmal gesehen zu haben, um sicher zu sein, daß er nichts umsonst tat. Auch als Chef hätte er die Seele eines Domestiken behalten. Im übrigen bezahlte Monsieur Proust ebenso Olivier Dabescat, den Direktor des Restaurants vom Hôtel Ritz, damit er ihn über alle möglichen Einzelheiten auf dem laufenden halte: wer mit wem diniert, welches Kleid Madame Sowieso an jenem Abend getragen oder welche Etikette an diesem oder jenem Tisch befolgt worden sei.

Natürlich waren die Geschichten, die Le Cuziat anbrachte, ein starker Tobak. Aber Monsieur Proust hat mir nie etwas davon verheimlicht, ebenso wie er mich nie darüber im unklaren ließ, daß Albert selbst sehr sonderbare Neigungen hatte, sei es von Natur aus, sei es infolge seiner bisherigen Erlebnisse. Er nannte mir die Namen von Leuten, die in dem Haus in der Rue de l'Arcade aus und ein gingen – darunter waren Politiker und sogar Minister; Albert erstattete ihm genau Bericht über ihre Laster. Monsieur Proust amüsierte sich darüber; aber meistens klang seine Stimme traurig, wenn er mir zum Schluß erklärte, er verstehe nicht, wie man so weit kommen könne.

Wenn er von Albert etwas wissen mußte, ließ er ihn zum Boulevard Haussmann kommen. Gewöhnlich war es nach seinem Kaffee, am Spätnachmittag. Le Cuziat blieb nur kurz, gerade lang genug, um einen Augenblick zu plaudern; er hatte es immer eilig, wieder in seine Rue de l'Arcade zu kommen.

Es ist behauptet worden, daß Odilon, nachdem er aus dem Krieg zurückgekommen war, ihn mit seinem Taxi holte. Nein, ich war es, die eine Botschaft hinbrachte. Ich ging niemals weiter als bis zur Haustür – ich erinnere mich, daß das Haus zwei Ausgänge hatte. Monsieur Proust sagte immer: »Und vergessen Sie nicht, Céleste: Sie fragen, ob er da ist, und übergeben ihm den Brief persönlich. Und vor allem soll er Ihnen den Brief wieder *zurückgeben.*«

Deswegen bin ich sehr verwundert, daß später erzählt worden ist, Le Cuziat habe eine Menge Briefe von Monsieur Proust besessen, die er dann angeblich verkaufte. Ich frage mich, wo er sie hergenommen haben könnte.

Und was die Vorsichtsmaßnahme betrifft, daß ich sie ihm persönlich übergeben mußte, so war der Grund dafür, daß man nie sicher sein konnte, ob Albert nicht gerade im Gefängnis saß; es ist öfter vorgekommen, daß ich statt seiner nur einen jungen Mann antraf, der mit ihm zusammenlebte – er hieß André, glaube ich – und in seiner Abwesenheit das Haus für ihn hütete.

Monsieur Proust sagte mir übrigens in diesem Zusammenhang: »Wenn ich da hingehe, halte ich mich nicht gern lange auf, denn da sind dauernd Polizeiaktionen. Ich möchte nicht morgen in der Zeitung stehen!«

Ich kann versichern, daß er dort nicht sein Domizil aufgeschlagen hat und nicht öfter hingegangen ist, als ich es durch die überbrachten Botschaften oder durch Odilon erfuhr. Ich meine, in vier oder fünf Jahren ist es nicht öfter als fünf- oder sechsmal vorgekommen. Dann war sein Informationsbedürfnis befriedigt. Monsieur Proust hat das Haus nicht wieder betreten und auch Le Cuziat nicht wiedergesehen.

Verblüffend war, daß er jedesmal, wenn er von dort zurückkam, im gleichen Ton sprach, als ob er den Abend beim Grafen de Beaumont oder der Gräfin Greffulhe verbracht habe. Allein die Szene, die er gesehen hatte, interessierte ihn. Weiter nichts. Als ich in meiner Unverblümtheit ihm zu verstehen gab, ich könne es nicht verstehen, wie er Albert bei sich empfangen oder gar da hingehen könne, sagte er: »Ich weiß, Céleste. Sie können sich nicht vorstellen, wie unangenehm mir das ist und wie ungern ich es tue. Aber ich kann die Dinge nur so beschreiben, wie sie sind, und darum muß ich sie sehen.«

Ich werde mich immer an die Nacht erinnern, als er zurückkam, nachdem er gerade ein Schauspiel gesehen hatte, das er in seinem Buch erwähnt. Er kam, den Hut verwegen aufgestülpt, als hätte er keine Zeit verlieren wollen. Er hat mich in sein Zimmer mitgenommen, sich auf sein Bett gesetzt und mir berichtet.

An dem Abend hatte Albert, auf seine Botschaft antwortend, ihm mitgeteilt, er könne kommen: er würde das sehen, wovon er gesprochen habe.

»Meine liebe Céleste, was ich heute abend gesehen habe, ist unvorstellbar. Ich war bei Le Cuziat, wie Sie wissen. Er hatte mich wissen lassen, daß ein Mann zu ihm komme, um sich peitschen zu lassen. Ich habe durch ein kleines Fenster in der Wand die ganze Szene mit angesehen. Es ist unglaublich, sage ich Ihnen. Ich vermutete es; ich wollte eine Bestätigung haben; ich habe sie bekommen. Es handelt sich um einen Großindustriellen, der deswegen extra die Reise aus dem Norden Frankreichs unternimmt. Stellen Sie sich vor, da ist er in einem Zimmer, durch Ketten mit einem Vorhängeschloß an die Wand gefesselt, und ein widerlicher Kerl schlägt ihn mit einer Peitsche, bis das Blut überall hinspritzt. Und erst dann kann der Unglückliche seine ganze Lust verspüren ...«

Ich war so entsetzt, daß ich zu ihm sagte: »Monsieur, das ist doch nicht möglich, so etwas gibt es doch nicht!«

»Doch, doch, Céleste, ich habe es nicht erfunden.«

»Aber, Monsieur, wie haben Sie das mit ansehen können?«

»Eben weil man so etwas nicht erfinden kann.«

Und als ich zu ihm sagte, daß Le Cuziat in meinen Augen

ein Ungeheuer sei, antwortete er: »Ach, Céleste, nicht daß ich ihn liebe, glauben Sie es mir; und Sie haben recht: er ist kein braver Kerl. Ich ekle mich sogar vor ihm. Aber ich habe heute abend etwas gelernt.«

»Und Sie haben teuer dafür bezahlt, Monsieur, um das zu sehen?«

»Ja, Céleste, aber es mußte sein.«

»Nun, Monsieur, wenn ich daran denke, daß Sie gesagt haben, dieser schreckliche Mensch verbringe seine Zeit im Gefängnis, dann sage ich, er sollte da krepieren!«

Er fing an zu lachen.

»Liebe Céleste, dabei hat er Sie so gerühmt! Erst neulich hat er mich gefragt, und er war voller Begeisterung, ob Sie mein silbernes Tablett so blank geputzt haben. Er war des Lobes voll für Sie.«

Und ich: »An den Komplimenten eines solchen Ungeheuers liegt mir gar nichts!«

»Ja«, sagte er, »das ist richtig. Und dennoch sollten Sie eins wissen, das ebenso unvorstellbar ist, da es sich um dieses Ungeheuer handelt, wie Sie ihn nennen. Er hat seine Mutter heiß geliebt und enorm viel dafür getan, daß sie ein glückliches Leben hatte. Sie ist gestorben; als ich es erfuhr, habe ich ihm ein paar Zeilen geschrieben. Und wissen Sie, was geschah, Céleste? Er hat mir einen langen Antwortbrief geschrieben, in dem er von ihr in Ausdrücken sprach, die mich zutiefst gerührt haben. Es ist vielleicht sogar einer der schönsten Briefe, die ich je über den Tod einer Mutter gelesen habe. Was beweist, daß er immerhin doch eine Art Herz hat, trotz seines abscheulichen Metiers. Letztlich ist er ein armer Kerl.«

Wie dem auch sei, in jener Nacht haben wir stundenlang von dieser schrecklichen Peitschszene gesprochen – ich entsetzt, wie ich schon gesagt habe, während er sie immer wiederholte, um nichts davon zu vergessen (das ist mir seitdem klargeworden), und wie es seine Art war, hat er seine Formulierungen schon laut vorgedacht.

Er erklärt mir die Politik

Verzaubert waren nicht nur die Nächte. Das begann, sobald er richtig wach war, nachdem er seinen Kaffee getrunken hatte. Nach und nach schüttelte er den Schlaf ab und kehrte ins Leben zurück.

Beim ersten Klingelzeichen brachte ich ihm zugleich mit dem Kaffee, dem Croissant und der Milch auf dem kleinen silbernen Tablett aus der Diele seine Post; das gehörte zum Ritus. Er schaute sie erst an, nachdem er seine Mahlzeit beendet hatte. Dann nahm er sie mit sehr komischen und vorsichtigen Bewegungen auf, fast nur mit den Fingerspitzen, wie alle Gegenstände, die er berührte, und sah scharf auf die Umschläge oder die Schrift auf dem Blatt, um zu erraten, von wem sie kamen. Die Umschläge machte er immer selbst auf – ohne Brieföffner oder Papiermesser –, indem er den Rand aufriß. Manchmal legte er einen Brief eine Weile beiseite, ehe er ihn las, und nahm sich andere vor. Aber während zuerst, wenn er gerade aufgewacht war, alles schweigend vor sich ging – man durfte nicht reden, ehe er nicht das Zeichen dazu gab –, wurde er im Lauf der Lektüre munterer.

Er ließ mich gern an seiner Post teilhaben. Er las mir nicht alles vor; er gab mir einen Überblick und sprach nur ausführlich über die Stellen, die ihn am meisten amüsierten oder interessierten. Was ihn nicht hinderte, mir von Zeit zu Zeit ein ganzes Schreiben von der ersten bis zur letzten Seite vorzulesen – zum Beispiel die Briefe des Grafen Robert de Montesquiou, weil fast immer irgendeine Gemeinheit dahintersteckte, die er beim Vorlesen betonte und mir dann lachend erklärte. Und die Kommentare ergänzte er durch Reflexionen über die Personen, die ihm geschrieben hatten.

Sehr bald war ich so mit seinen Gewohnheiten vertraut, daß ich allein danach, wie er las – schon vor den Kommentaren und Reflexionen –, seine Reaktion erriet. Ich wußte, ob es einen Empfang oder eine Einladung außer Haus von seiner Seite geben würde, oder ob er der Bitte des Briefschreibers entsprechen wollte. Allein nach dem Ton konnte ich seinem Gedankengang folgen, und ich spürte, ob er interessiert war oder nicht. Wenn es sich um jemanden handelte, selbst um einen guten Bekannten, den er im Augenblick nicht oder plötzlich überhaupt nicht mehr zu sehen wünschte, wie es bei ihm zuweilen vorkam, dann begriff ich sofort, daß hier ein Boykott verhängt wurde. Nie habe ich mich geirrt. Jedesmal war es, als hätte ich gespürt, wie sich sein Interesse für die betreffende Person verflüchtigte. Sie verschwand von der Liste der Telefonanrufe; ihr wurden keine Botschaften mehr überbracht; ihr Name stand nicht mehr auf den Umschlägen, die mit der Post verschickt wurden.

Anschließend gab er mir dann einen Überblick über seine Antworten, der meinen Eindruck bestätigte. Er sagte etwa: »Ich habe an Sowieso geschrieben und ihm geantwortet, daß wir uns wiedersehen werden.«

Aber Tag und Stunde legte er selten sofort fest. Die Fragen mußten reifen – nämlich ob sie sich allein sehen würden oder noch andere dabei wären, und wer und wo. Er war in diesem Punkt sehr vorsichtig und bedachtsam. Oft fragte er mich um Rat: »Liebe Céleste, ich habe Lust, die Gräfin de Noailles mit dem und dem und der und der einzuladen. Glauben Sie, das wird gehen? Sie wissen ja, wie die Dinge liegen ...«

Und er berichtete mir über die gegenwärtigen Verhältnisse.

Ebenso wie bei den Briefen, die er erhielt, las er mir auch einzelne Stellen seiner Antworten oder manchmal den ganzen Brief vor – das war regelmäßig der Fall, wenn er selbst an Montesquiou schrieb.

Er stellte mir alles als wohlerwogen und von Vorsicht diktiert dar. Niemals antwortete er auf gut Glück oder bloß, weil es ihm Freude machte zu schreiben oder ihm der Sinn danach stand. Immer verfolgte er ein Ziel. Entweder brauchte er eine Auskunft, die mit seiner »Suche« zusammenhing, oder er wollte diesen oder jenen durch Vermittlung eines Dritten wiedersehen, sei es wegen einer seiner Romanfiguren, sei es, um Leute zu treffen, die sich für sein Buch interessiert hatten, wenn nicht gar der Grund darin lag, geschickt eine Zusammenkunft mit anderen herbeizuführen, deren Interesse er wecken wollte.

Ob nun die Post kam oder wegging, es waren zweifellos ergötzliche Augenblicke. Man mußte es gesehen haben, mit welchem Genuß er mir die Briefe von Montesquiou und seine Antworten vorlas. Er sagte dann: »Hören Sie gut zu, Céleste. Ich werde Ihnen die Stelle vorlesen, auf die es ankommt. Zwischen jedem Wort werden Sie den Haß des guten Mannes spüren. Er ist wunderbar!«

Und er lachte herzhaft.

Selbst wenn er manchmal die Post auf seinem Bett ungeduldig beiseite schob und in entmutigtem Ton sagte: »Wenn ich an all die Briefe denke, die ich schreiben muß, wo ich doch keine Zeit für mein Buch habe«, dann war das im Grunde nur eine Redensart. In Wirklichkeit war er ein begeisterter Briefschreiber. Er sagte etwa: »Immerhin, diesen muß ich jedenfalls beantworten ...«

Und wenn er einmal angefangen hatte, hörte er nicht mehr auf. Sobald er dran war, ging es ihm glatt von der Hand.

Eins der Dramen seines Endes waren die Besorgnis und das schlechte Gewissen, daß er zuviel Korrespondenz geführt habe. Er hat oft davon gesprochen. Es war zu einer Zwangsvorstellung geworden.

»Céleste, Sie werden es sehen: kaum bin ich tot, da veröffentlichen alle Leute meine Briefe. Es war ein Fehler, ich habe zuviel geschrieben, viel zuviel. Krank, wie ich bin und immer sein werde, habe ich nur schreibenden Kontakt mit der Welt gehabt. Das hätte ich niemals tun dürfen. Aber ich werde Vorkehrungen treffen. Ja, ich werde dafür sorgen, daß niemand das Recht hat, diese Korrespondenz zu veröffentlichen.«

Das quälte ihn; er kam immer wieder darauf zurück; auch außerhalb des Hauses sprach er mit Leuten darüber. Eines Nachts kam er sehr deprimiert heim, nachdem er den Abend mit dem Dramatiker Henry Bernstein verbracht hatte, dem gegenüber er die Sache erwähnt und der ihm gesagt hatte, er glaube kaum, daß er etwas dagegen unternehmen könne. Dann hat er seinen Freund, den Bankier Horace Finaly, um Rat gefragt, der ihm auch nicht viel Hoffnung machte. Schließlich hat er sich an seinen Anwalt gewandt, mit dem er ebenfalls befreundet war. Diesmal war er ganz niedergeschlagen.

»Liebe Céleste, dieser Mann hat gesagt: ›Marcel, es ist Zeitverschwendung, wenn du diese Publikationen verbieten willst. Jeder Brief von dir, den der Empfänger in der Hand hat, ist sein Eigentum. Er kann damit machen, was er will.‹ Welche Unvorsichtigkeit, Céleste! Diejenigen, die sie nicht veröffentlichen, werden sie verkaufen. Allen diesen Leuten habe ich wahrscheinlich Pfeile geliefert, die sich später wieder gegen mich richten werden.«

Für ihn war das eine Katastrophe, die seine letzten Monate verdüsterte. Aber deswegen hat er nicht weniger geschrieben. Denn es stimmt: Da er immer weniger Menschen sah, war das fast sein letzter Kontakt mit der Welt.

Gegen Ende seines Lebens hatte er eine Eigenheit in bezug auf die eingehende Post angenommen. Seine Angst vor Mikroben war noch gewachsen. Er war dazu übergegangen, im Bett Handschuhe anzuziehen, wenn er Besucher empfing, über deren Gesundheit er Zweifel hegte, weil er sie zu wenig oder zu gut kannte, und er behielt die Handschuhe an, bis der Betreffende wieder gegangen war, weil er Angst vor der Übertragung von Bakterien beim Händeschütteln hatte. Ebenso ließ er mich auf den Rat von irgend jemandem hin einen Apparat kaufen, ähnlich einer langen Schachtel, in den Formalin kam; die Briefe wurden dann durch diesen Apparat gezogen, ehe er sie in die Hand nahm, ein zweites Mal, wenn sie geöffnet waren. Er hat mir die Wirkungsweise des Apparats und die Notwendigkeit seiner Anschaffung erklärt: »Sehen Sie, Céleste, in meinem Zustand würde es genügen, daß jemand, der Scharlach, Masern oder eine andere ansteckende Krankheit hat, mir schreibt – ich würde im Handumdrehen die Mikrobe bekommen. Es ist besser, wenn alle Briefe durch Formalin gezogen werden.«

Es war ein sehr sinnreicher Apparat – so sehr sogar, daß sein Bruder nach dem Tod von Monsieur Proust darüber staunte und ihn mitnahm; er meinte, er werde noch sehr nützlich sein.

Außer den Briefen las er jeden Morgen die Zeitungen. Es gab einen Kiosk auf dem Boulevard, gegenüber dem Haus; von dort wurden sie uns gebracht. Ihre Lektüre gehörte zur Routine; kein Tag verging, ohne daß er sie aufmerksam angeschaut hätte. Ihn, der so empfindlich gegen Gerüche war, schien der Geruch von Druckerschwärze und Zeitungspapier nicht zu stören. Nur manchmal schob er die Zeitungen vom Bett weg oder ließ sie fallen; er bat dann später, sie wieder aufzusammeln, und nahm sie an sich – aber der Grund dafür könnte ebenso Müdigkeit wie der Geruch und das Berühren des Papiers gewesen sein.

Vor allem las er ›Le Figaro‹, ›Le Journal des Débats‹, ›Le Temps‹ und die Wirtschaftspresse, ebenso zahlreiche Zeitschriften wie ›Le Mercure de France‹, ›La Revue de Paris‹, ›La Nouvelle Revue Française‹, ›L'Illustration‹ und andere. Manchmal schickte er mich auch los, ihm weitere Zeitungen zu kaufen, um den entgegengesetzten politischen Standpunkt zu überprüfen.

Er war immer gut über alle Neuigkeiten und das Tagesgeschehen unterrichtet. Nichts entging ihm, hier wie anderswo. Ich erinnere mich, daß Madame Straus, als Jacques Bizet Selbstmord begangen hatte, sofort jemanden von ihrem Personal herübergeschickt hat, ehe Monsieur Proust aufgewacht war, um mich zu bitten, ›Le Figaro‹ von diesem Tag zu verstecken, weil sein Tod darin bekanntgegeben war; sie wollte nicht, daß Monsieur Proust es aus der Zeitung erfuhr. Ich habe erklärt, daß das unmöglich sei; ich könne das nicht tun; wenn die Zeitung nicht bei den anderen dabeigewesen wäre, hätte Monsieur Proust mir einen Vorwurf daraus gemacht und sie sofort verlangt.

Er las alles in den Zeitungen, Politik, Börse, Kunst, Literatur. Eine Buchbesprechung konnte ihm den Wunsch eingeben, den betreffenden Rezensenten kennenzulernen; und dann begann das Spiel, um dieses Ziel zu erreichen.

Fast jeden Tag sprach er mit mir über die wichtigsten Ereignisse – »für Ihre Erziehung«, sagte er. Es gab zu jener Zeit in ›Le Figaro‹ Zeichnungen des Illustrators Forain, die er sehr schätzte; er zeigte und erklärte sie mir, denn ich verstand nicht unbedingt jede Anspielung. Ebenso machte er es mit den politischen Artikeln. Er gab mir Kommentare dazu wie zu seiner Post.

Während des Krieges, erinnere ich mich, hat er eines Tages zu mir gesagt: »Céleste, bei dieser Zensur gibt es nur noch eine gut informierte Zeitung, ›Le Journal de Genève‹, denn sie ist neutral. Von jetzt an nehmen Sie sie bitte regelmäßig für mich.«

Er liebte die Extreme nicht sehr. Zum Beispiel las er ›L'Action Française‹, die monarchistische Zeitung, hauptsächlich deswegen, weil er im allgemeinen ausgezeichnete literarische Artikel darin fand, aber auch in Erinnerung an seine Jugend wegen der Artikel von Léon Daudet, der einer der royalistischen Führer geworden war, zusammen mit Charles Maurras, den Monsieur Proust literarisch sehr schätzte, ohne im mindesten seine politischen Ansichten zu teilen. Über Léon Daudet sagte er zu mir: »In diesen Artikeln merkt man eine tolle Begabung. Schade, daß er in allem so exzentrisch ist und so übertrieben in seinen Ideen. Ich frage mich, wie es kommt, daß die Regierung ihm seine Schriften durchgehen läßt; und die von Maurras übrigens auch. Wissen Sie, daß die ›Action Française‹, als er seine Frau Jeanne heiratete, die eine direkte Nachkommin von Victor Hugo ist, große Schwierigkeiten mit dem Vatikan hatte und der liebe Léon heftig antiklerikal wurde? Da die Familie seiner Braut eine kirchliche Trauung verlangte, versuchte er den Bürgermeister zu überreden, sich als Pfarrer zu verkleiden, was dieser natürlich abgelehnt hat.«

Einmal bin ich zu Léon Daudet gegangen, um ihm eine Botschaft von Monsieur Proust zu überbringen. Da mir gesagt wurde, er sei nicht zu Hause, habe ich auf der Straße auf ihn gewartet. Er ist mit dem Wagen gekommen und ließ – offenbar, weil er mich auf dem Bürgersteig stehen sah – den Wagen ein Stück weiterfahren, dort halten und umkehren; dann ist er immer an der Wand entlang wie der Wind in seine Wohnung gerannt. Ich bin ihm nachgegangen, und schließlich hat er mich empfangen und sich damit entschuldigt, er habe mich nicht erkannt: »Die Zeiten sind unruhig«, sagte er.

»Arme Céleste, er hat Sie für eine Verdächtige gehalten. Er ist überzeugt, daß er ermordet werden soll. Er ist etwas labil, wissen Sie«, hat Monsieur Proust gesagt, als ich ihm den Vorfall berichtete.

Aber er hat hinzugefügt, daß in der Woche tatsächlich eine Dame der ›Action Francaise‹ ermordet worden sei.

Er empfand ebenfalls Bewunderung für die Intelligenz und Hochherzigkeit eines anderen seiner Jugendfreunde, Léon Blum, einer Leuchte der sozialistischen Partei. Aber er hat nie ein Wort über seine Artikel gesagt. Dagegen erinnere ich mich, daß er erschüttert war über die Ermordung von Jean Jaurès.

»Das war ein großer Mann«, sagte er, »und ein mutiger Mann. Der einzige, der uns diesen dummen Krieg hätte ersparen können.«

Denn den Krieg von 1914 hat er nie geliebt oder gebilligt, obwohl er den Sieg Frankreichs erhoffte. In den Kriegsjahren hat er mir gegenüber immer wieder sein Bedauern darüber zum Ausdruck gebracht, daß es zwischen Frankreich und Deutschland so weit gekommen war. Seiner Ansicht nach müßten sich die beiden Länder miteinander verständigen können.

»Wenn man bedenkt, daß es nur einiger Zurückhaltung bedurft hätte! Wenn Deutschland und Frankreich sich verständigten, würden Europa und die Welt auf Jahrhunderte hinaus Frieden haben.«

Kaiser Wilhelm II. war ihm verhaßt, weil er am Krieg schuld gewesen war; aber er sagte, auch wir hätten den Krieg gewollt. Und einmal hat er mir gegenüber einen Vergleich zwischen Frankreich und Deutschland hinsichtlich ihrer Haltung zu ihren großen Männern aufgestellt.

»Sehen Sie, Céleste, unglücklicherweise stellen wir unseren Wissenschaftlern und Künstlern keine Mittel zur Verfügung, wenn wir sie nicht schlichtweg verhungern lassen. Dagegen war Wilhelm II. wenigstens so intelligent, wenn man ihn auf einen großen Gelehrten oder einen begabten Schriftsteller hinwies, daß er ihm sofort jede Hilfe gewährte, die er brauchte. Denken Sie bei uns nur an diesen armen Branly, der ein Genie ist ... Er schlägt sich elendig durch und hat keinen Pfennig für sein Laboratorium und seine Entdeckungen. Ich weiß nicht, was mich davon abhält, eine Petition einzureichen, um Geld für ihn aufzutreiben!«

Um noch einmal auf die Beziehungen zwischen Frankreich und Deutschland zurückzukommen, so zitierte er häufig einen Satz, der aus einem in ›Le Mercure de France‹ veröffentlichten Artikel stammte und den er bewundernswert fand: »Ich will nicht, daß Frankreich vor mir den Hut zieht, sondern mir die Hand schüttelt« – ich glaube, es war ein Ausspruch von Wilhelm II.

»Sie werden sehen, daß das eines Tages kommt, Céleste.«

Unter den französischen Politikern schätzte er vor allem

George Clemenceau wegen seiner Energie, Aristide Briand wegen seiner Beredsamkeit und Joseph Caillaux wegen seiner Tüchtigkeit, insbesondere auf wirtschaftlichem Gebiet. Als Madame Caillaux mit einem Revolverschuß den Direktor des ›Figaro‹, Calmette, niederstreckte, der ihren als deutschfreundlich erachteten Mann durch die Veröffentlichung von Liebesbriefen zugrunde richten wollte, die Caillaux an eine andere Frau geschrieben hatte, da sagte Monsieur Proust: »Ich weiß nicht, ob sie es aus Liebe zu ihrem Mann oder aus Ehrgeiz getan hat. Aber sie wird damit nichts anderes erreicht haben, als Caillaux von der Macht zu entfernen, und das wäre eine Katastrophe; denn es wird Frankreich schwerfallen, Ersatz für ihn zu finden.«

Wenn er mir all diese Dinge erklärte, dann kam es vor, daß ich zu ihm sagte: »Wie schade, Monsieur! Mit dem Auge und dem Scharfsinn, die Sie von Ihrer Mutter haben, was für ein Botschafter oder Minister wären Sie geworden! Ach, Sie hätten es verstanden, Ihr Ministerium zu verwalten!«

Jedesmal war er entzückt und lachte und lachte ...

Ein Ereignis, das sehr viel Spuren bei ihm hinterlassen hatte, war die Affäre Dreyfus. Gerade von ihm hätte man annehmen können, daß er diese Kämpfe fürchten und sich von ihnen fernhalten würde. Aber wie er mir erzählte, hat er sich mit aller Macht in sie hineingestürzt und an allen Gerichtssitzungen teilgenommen. Er rühmte den Mut von Emile Zola und allen Verteidigern von Dreyfus.

»Denken Sie mal, Céleste, ich bin ins Gefängnis Cherche-Midi gegangen und habe Bücher für Oberst Picquart abgegeben, den man dort eingesperrt hatte wegen seiner Hartnäckigkeit, die Wahrheit über die ›Affäre‹ herauszubringen und Dreyfus' Unschuld feststellen zu lassen.«

Nach dem, was er mir sagte, empörte es ihn wie immer am meisten, daß er sofort die Lüge und Ungerechtigkeit bei dem Prozeß und der Verurteilung erkannt hatte.

»Es war entsetzlich«, sagte er. »Ganz Frankreich war in zwei Lager gespalten. Auf der einen Seite die große Mehrheit derjenigen, die an die Lüge glauben wollten, und auf der anderen eine Handvoll Menschen, die kämpfte. Madame Straus zum Beispiel war ebenso leidenschaftlich für Dreyfus wie ich; aber ich habe mich mit Freunden entzweit. Sogar Papa war gegen Dreyfus; wir haben uns gestritten; acht Tage lang habe ich kein Wort an ihn gerichtet.«

Er hat mir nie gesagt, was seine Mutter, die Jüdin war, darüber gedacht hatte. Aber ich bin sicher, daß es nicht sein zur Hälfte jüdisches Blut war, das in ihm für Dreyfus sprach; es war einzig und allein seine Menschlichkeit und seine große Wahrheitsliebe.

Für gewisse Kategorien von Juden hatte er nicht viel übrig, aber gewiß nicht deshalb, weil sie Juden waren. Er fragte mich: »Sind Sie jemals im Marais gewesen, dem Viertel der jüdischen Händler?«

»Nein, Monsieur.«

»Na, da haben Sie Glück gehabt, Céleste. Das hat es Ihnen erspart, Häßlichkeit und Gemeinheit zu sehen. Andererseits ist es schade, denn es wäre Ihnen eine Lehre gewesen. Zum Glück sind sie keineswegs alle so; nein, man muß nicht unbedingt Jude sein, um diese oder andere Fehler zu kultivieren und aufzuweisen. Aber diese Händler! Kein Wunder, daß Christus sie aus dem Tempel gejagt hat!«

Ich glaube, da er zwischen zwei Religionen stand, wollte er keine davon wählen. Dennoch gab es etwas, das ihn in seiner Kindheit sehr beeindruckt hatte: sein Großvater mütterlicherseits, Nathé Weil, der Börsenmakler, hörte sich jedes Jahr die Fastenpredigten in Notre-Dame de Paris an.

»Und wissen Sie, was er mir sagte, Céleste? ›Sie sind uns weit überlegen.‹ Er sagte das bei Tisch, vor Papa, vor Mama, vor allen.«

Wir haben niemals viel über Religion gesprochen. Ich habe nicht gehört, daß er sich gegen irgendeine Konfession geäußert hätte. Nur einmal hat er mir gesagt, daß er die Trennung von Kirche und Staat sehr mißbillige und sogar 1904 im ›Figaro‹ einen Artikel darüber geschrieben habe: ›La mort des cathédrales‹. Er war immer noch betrübt darüber, sagte aber, seine Entrüstung sei hauptsächlich auf seine Befürchtung zurückzuführen gewesen, daß die Schönheit der französischen Kathedralen und Kirchen gemordet oder zu einem langsamen Tod verurteilt werde.

Aber war er nun gläubig oder nicht? Er hat es mir nie anvertraut. Auf diesem Gebiet sind zwei Punkte immer mit Fragezeichen versehen geblieben, und die Antwort, die nur er wußte, hat er mit ins Grab genommen.

Ich will gar nicht von den Messen reden, die er an den Todestagen für diesen oder jenen lesen ließ, für verstorbene Freunde, für Agostinelli oder Familienangehörige. Das waren, glaube ich, Zeichen eines liebevollen Gedenkens – gewissermaßen hat er sich der Bräuche bedient, um es zum Ausdruck zu bringen. Nein, der erste Punkt, auf den ich angespielt habe, ist der Wunsch, den er mehrfach, viele Jahre vor seinem Tod, geäußert hat, daß der Abbé Mugnier an seinem Totenbett beten solle, ein Wunsch, der nicht erfüllt werden konnte, wie ich schon berichtet habe. Der zweite Punkt ist die Geschichte mit dem Rosenkranz von Lucie Faure, der Tochter des Präsidenten Félix Faure und älteren

Schwester von Antoinette, die einmal als Ehekandidatin für ihn im Gespräch war.

Seine Freundschaft mit Lucie war sehr viel dauerhafter gewesen als die mit Antoinette. Lucie hatte den Diplomaten Barrère geheiratet, den Botschafter am Heiligen Stuhl. Sie war sehr fromm und hatte von einer Pilgerfahrt nach Jerusalem einen Rosenkranz mitgebracht, den sie ihm schenkte. Nachdem er angefangen hatte, die Souvenirs in der Kommodenschublade mit mir durchzusehen, und mich bat, sie ihm ans Bett zu bringen, damit er sie anschauen und mir zeigen könne, hat er mir von diesem Rosenkranz erzählt. Vor allem hat er gesagt: »Sehen Sie, Céleste, auf dem Kreuz ist ›Jerusalem‹ eingraviert. Wie gerne wäre ich dort hingereist. Aber ich habe diesen Rosenkranz, den ich sehr liebe. Und wissen Sie was, Céleste? Eines Tages werden Sie mir die Augen zudrücken ... Doch, doch, Ihre schönen Hände werden mir die Augen zudrücken. Und wenn das getan ist, bitte ich Sie, mir den Rosenkranz um die Finger zu wickeln. Versprechen Sie es mir, Céleste.«

Und im Gegensatz zu dem, was man erzählt hat, ist das keineswegs ein Gedanke kurz vor dem Ende gewesen – wie bei den Leuten, die sich sagen: »Lieber den Pfarrer holen. Man kann nie wissen.« Er sprach davon schon während des Krieges von 1914, und ich weiß nicht, wie oft er es im Laufe dieser acht Jahre wiederholt hat. Auch war es nicht etwa, daß er ein Andenken von Lucie Faure mit ins Grab nehmen wollte; er erklärte mir immer wieder, daß er sie nie geliebt hat. Also?

Ich habe ihn zu gut gekannt, um nicht zu wissen, daß er der Meinung war, wenn er nichts sagte, die Antwort gehe niemanden außer ihn etwas an. Der einzige Hinweis, den er mir je gegeben hat, ist sein bereits zitierter Ausspruch über das Wiedertreffen im Josaphat-Tal, als ich ihn einmal gefragt hatte: »Glauben Sie daran, Monsieur, der Sie doch alles wissen?«

»Ich weiß es nicht, Céleste!«

Und ich werde es nicht wagen, daraus einen Schluß zu ziehen.

Schließlich sage ich mir, daß es nicht viele Dinge gibt, die ich bei ihm nicht verstanden oder von ihm nicht erfahren habe oder über die er mich im unklaren ließ. Auch das gehörte zu dem Zauber, der bei allem von ihm ausging. Dadurch, daß ich ihm viel zuschaute und zuhörte, habe ich offenbar, ohne mir darüber klar zu sein, ein wenig von seinem Ahnungsvermögen und seiner Menschenkenntnis erlangt. Es hat sich ein gegenseitiges Verständnis entwickelt, dank dessen ich immer schon im voraus wußte, was er wünschte und was er dachte. Es kam vor, daß er sich dennoch darüber verwunderte: »Liebe Céleste, woher haben Sie gewußt, daß ich Sie bitten wollte, mir einen Pullover zu reichen?«

Ich vermochte jeden Gesichtsausdruck bei ihm zu erraten; ich nahm im voraus jede Handbewegung von ihm wahr und spürte es, wenn er über dieses oder jenes ungeduldig war. Vielleicht kam es daher, daß ich mich nicht um meine Stellung sorgte. Ich war nicht materiell daran interessiert, ich habe das Leben bei ihm nie als einen Beruf oder eine Knechtschaft angesehen. Auch er hat mich nicht wie einen Dienstboten behandelt. Weil er sofort erraten hatte, daß ich fasziniert war und aus freien Stücken bleiben würde, hat er wahrscheinlich gewünscht, mich zu behalten, und deshalb bestand dieses großartige Einvernehmen zwischen uns.

Denn das muß gesagt werden: Wer des Geldes oder der Ruhe wegen dort geblieben wäre, der hätte nicht durchgehalten. Félicie war gegangen; Céline hätte es eines Tages genauso gemacht; sogar Nicolas, der ihm am meisten ergeben war, wäre über gewisse Dienstleistungen nicht hinausgegangen. Im übrigen hätte Monsieur Proust sie auch nicht darum gebeten. Bei mir brauchte er nicht zu bitten; oder wenn er um etwas bat, dann wußte er, daß sein Wunsch freudig erfüllt würde. Als ich damit anfing, ihn nachts zu erwarten, indem ich die Fahrstuhltür belauerte, da geschah das keineswegs aus Pflichtgefühl und noch weniger, weil er es verlangte – es war einzig und allein, weil ich mich darauf freute, ihn wiederzusehen und seine Berichte zu hören. Er dankte mir dafür, aber im Grunde war er, glaube ich, darüber gar nicht erstaunt. Er hatte mich zu genau durchschaut, um nicht zu wissen, daß es so sein würde.

Wenn ich weiter oben gesagt habe, ich hätte ihn *ertragen*, dann stimmt das. Nach seinem Tod hat seine Nichte Suzy, Madame Mante, eines Tages zu mir gesagt: »Das ist wohl nicht immer einfach gewesen, mit ihm zu leben?«

Ich habe geantwortet: »Doch, es war einfach, für mich jedenfalls. Auch wenn er ein Tyrann war, zu guter Letzt liebte man ihn deswegen, wenn man die Gründe dafür kannte.«

Denn er besaß Anmut, selbst in seinem tyrannischen Gehabe. Und dennoch, weiß Gott! Er war unersättlich; ich habe es schon erwähnt, es mußte alles sofort sein, wenn er einen Wunsch hatte oder etwas brauchte. Selbst mit Odilon machte er es so, der von ihm nicht ganz so eingespannt war wie ich. Wenn er den Wagen bestellt hatte, mußte mein Mann unten sein, ehe er aus dem Haus ging, und wenn er ihn einmal in Beschlag genommen hatte, ließ er ihn nicht wieder los. Manchmal bat er ihn, wenn sie nach Hause gekommen waren, zu warten, falls er noch einmal ausgehen wollte. Oder er verspürte um zwei Uhr morgens Appetit auf ein Glas kaltes Bier, das ihm aus dem geschlossenen Ritz geholt werden mußte. Sobald ich hinter ihm die Tür zugemacht hatte und wußte, daß er unten war – niemals kam er wieder herauf, weil er etwas vergessen hatte, alles war minuziös vorbereitet –, war für mich die Bahn frei für die Hausarbeit, damit alles für ihn bereit sei, wenn er zurückkam. Wenn ich ihn morgens um acht oder neun Uhr verließ, kam es selten vor, daß ich nicht eine ganze Liste von Besorgungen und Aufträgen hatte, die ich sofort erledigen mußte, um seinen abendlichen Ausgang vorzubereiten – Briefe wegtragen, Telefongespräche führen, Tischbestellungen aufgeben, einen Salon im Ritz reservieren ... Und sowie er seine Ruhe beendet hatte, waren nicht nur der Kaffee zu bereiten und die Vorkehrungen für seine Toilette zu treffen, sondern es begannen auch die Pingeligkeiten. Er war angezogen und rief mich; er ging in seinem Zimmer auf und ab, noch damit beschäftigt, das Gesicht mit einem Handtuch abzutupfen.

»Wie spät ist es, Céleste? Haben Sie daran gedacht zu telefonieren? Wollen Sie bitte, sowie ich weg bin, daran denken, die anderen Aufträge zu erledigen? Ich weiß nicht, wann ich nach Hause komme, aber ich hoffe, es wird alles erledigt sein? Selbstverständlich denken Sie doch daran, mein Zimmer aufzuräumen und zu lüften.«

Oder auch: »Kommen Sie, Céleste, daß wir uns das überlegen ... Ich habe beschlossen, nicht auszugehen, aber ich glaube, ich würde die Fürstin Soutzo gern sehen. Man müßte sie anrufen und fragen, ob ich zu ihr kommen kann. Was meinen Sie? Ich bin sehr müde.«

»Monsieur, wenn Sie wollen, gehe ich telefonieren.«

»Ja, aber dann sehr schnell. Und könnten Sie mir meine Wäsche wärmen und den Friseur rufen? Sie müssen auch einen Wagen bestellen für ... Moment, ich muß erst überlegen ...«

Er überlegte, wieviel Zeit das Fußbad und das Wärmen

der Wäsche erforderte, wie lange er zum Anziehen und wie lange der Friseur brauchte, um ihn zu rasieren, dann gab er mir die genaue Zeit an. Und ich rannte los.

Aber selbst wenn man sein Vertrauen erworben hatte, blieb er noch mißtrauisch. Er beobachtete, und von Zeit zu Zeit stellte er einen auf die Probe.

Aber dieses Mißtrauen bezog sich nur auf das, was ihn interessierte. Geld zum Beispiel interessierte ihn nicht. Er schätzte und wußte, daß er mit der Erbschaft seiner Eltern und seines Großonkels Louis genug hatte für das, was er damit machen wollte. Das hinderte ihn nicht, bei der Verwaltung seines Vermögens von äußerster Genauigkeit zu sein – das habe er von seiner Mutter, sagte er.

Jeden Morgen las er die Wirtschaftsseiten der Zeitungen; auch abends wurden extra ›Les Débats‹, ›Le Temps‹ und die Börsenberichte für ihn gekauft. Nachdem Odilon aus dem Krieg zurückgekommen war, hat er meinen Mann oft, wenn er da war, noch spät zu sich gerufen, um über den Aktienmarkt mit ihm zu sprechen. Er schätzte Odilons gesunden Menschenverstand; er gab ihm auch Ratschläge: Ich erinnere mich, daß er ihm einmal sehr zugeredet hat, Shell-Aktien zu kaufen, weil sie steigen würden, und das taten sie auch. Bei den Rothschilds von der Bank war er durch einen gewissen Neuburger eingeführt worden. Er hatte auch ein Konto beim Crédit Industriel und einen Finanzberater, Lionel Hauser, der in der Nähe des Observatoriums wohnte und zu dem er großes Vertrauen hatte, obwohl er ihn nie sah – er schrieb ihm nur. Selbst wenn es wahr ist, daß er anderswo erklärt hat, er sei »ruiniert«, so habe ich doch nie erlebt, daß es an Geld mangelte, außer in Cabourg zu Anfang des Krieges, als die Banken nach Bordeaux geflohen waren, oder daß er sich auf diesem Gebiet Sorgen um die Zukunft machte. Ich glaube, seine Klagen waren nur ein weiterer Vorwand für sein Einsiedlerdasein und für die Tatsache, daß er gesellschaftlich nicht mehr so engagiert war wie früher. Ein einziges Mal hat er eine für die damalige Zeit große Summe – achthunderttausend Francs – durch Börsenspekulationen verloren. Das war vor dem Krieg. Es war ein Grund, aufgeregt zu sein; und er war es auch. Es war in diesem Zusammenhang, daß er mir gegenüber den Ausspruch seines Vaters erwähnte: »Papa behauptete, ich würde als Bettler sterben; ich glaube, er hatte recht.«

Aber er lachte dabei, und zu mir hat er nicht gesagt, er sei »ruiniert«. Tatsächlich war er vor allem wütend auf einen seiner Vermögensverwalter, der ihn zu diesem Börsencoup verleitet hatte.

»Das ist ein unglaublicher Dummkopf, und ich habe es ihm auch gesagt«, erklärte er mir.

Ich glaube, er hat es ihm sogar schriftlich mitgeteilt.

Wenn er, wie ich schon erwähnt habe, drei Jahre vor seinem Tode Möbel verkauft hat, dann geschah das ebenfalls nicht, weil er in einer Notlage war – oder vielmehr war es eine Notlage anderer Art: nämlich, daß er nicht wußte, wo er mit seinen ganzen Möbeln bleiben sollte, als wir den Boulevard Haussmann verließen; und ich wiederhole es, er war so wenig in Geldnot, daß er den Verkaufserlös seiner alten Freundin, Madame Scheikévitch, geben wollte, um sie zu unterstützen.

Ich will damit sagen, daß er zwar normalerweise an seiner Vermögenslage interessiert war, um sicher zu sein, daß es ihm niemals an Geld mangeln werde, daß er sich aber um einzelne Geldausgaben nicht kümmerte. Odilon notierte seine Fahrten in einem Heft; er legte es niemals vor; Monsieur Proust fragte ihn von Zeit zu Zeit danach und bezahlte, ohne darüber zu verhandeln, ohne sich etwas anderes als die Endsumme anzusehen.

Mich hat er oft drei oder vier Monate auf mein Geld warten lassen – er gab mir monatlich hundert Francs, was etwas mehr als tausend heutigen Francs entspricht und angemessen war. Darüber hinaus legte ich das ganze Haushaltsgeld aus, das er mir zurückerstattete, wenn ich ihm das Haushaltsbuch brachte. Niemals hat er alle Rechnungen, die ich ihm vorlegte, gleichzeitig angeschaut. Wenn Centimes dabei waren, rundete er immer nach oben auf.

Ein einziges Mal hat er die Bemerkung gemacht: »Das ist teuer, ein Kaffee mit Milch, Céleste, finden Sie nicht?«

Da ich immer eher einen Sou zuwenig als zuviel aufschrieb, ging ich hoch: »Was wollen Sie damit sagen, Monsieur? Glauben Sie, ich habe etwas angeführt, was ich nicht gekauft oder bezahlt habe?«

»Nun, nun, Céleste, das war nur ein Witz.«

Offenbar wollte er meine Reaktion feststellen. Er hat es nie wieder gemacht.

Zu Anfang, in meiner Lehrzeit, wie ich es nennen will – denn er hat mich wirklich mit kleinen Anstößen auf seine Lebensweise, seine Neigungen und Bedürfnisse hin geformt –, hat er sozusagen Streifzüge unternommen oder auf den Busch geklopft, um zu sehen, was los war.

Eines Tages kam er in die Küche – das tat er selten. Ich war fast damit fertig, das bißchen Kaffeegeschirr von ihm abzuwaschen. Es gab prächtige weiße Leinengeschirrtücher mit roten Streifen am Rand. Ich wusch sorgfältig die große Kaffeetasse ab und nahm ein Geschirrtuch, um sie abzutrocknen. Er sah zu, wie ich das machte, dann sagte er: »Meine liebe Céleste, ich sehe, daß Sie die Tasse abtrocknen; aber das Wasser aus dem Hahn ist sauberer als Ihr Geschirrtuch.«

Ich wurde patzig: »Monsieur, das Geschirrtuch habe ich gerade aus dem Schrank genommen; sauberer kann es gar nicht sein; es kommt eben aus der Wäscherei. Was soll ich denn tun? Ich kann Ihnen doch keine nasse Tasse geben?«

»Es ist schon gut.«

Er hat auf dem Absatz kehrtgemacht und kein Wort mehr gesagt.

Ein andermal habe ich, als ich ein Glas von seinem Tablett nahm, um es in die Küche zu bringen, einen Finger hineingesteckt.

»Céleste, man steckt niemals einen Finger in ein Glas, nicht einmal in ein schmutziges.«

Ich bin ganz rot geworden und habe mich entschuldigt. Man mußte gehört haben, wie streng sein Ton war. Aber seitdem ist es mir jedesmal widerlich, wenn ich jemanden sehe, der das tut.

Und dann die Sache mit den Laken. Niemals schlief er zweimal darin; sobald er aufstand, wechselte ich sie. Eines Nachts kommt er nach Hause. Da er auch am Vorabend ausgegangen war, fand ich die Laken am zweiten Tag noch in Ordnung und sah die Notwendigkeit nicht ein, sie zu wechseln. Er geht ins Schlafzimmer, ich gehe ihm nach. Ein Blick aufs Bett; alles war bereit, die Wärmflaschen, Schlafanzug und Pullover. Plötzlich: »Céleste, Sie haben die Laken nicht gewechselt.«

»Sie sind nicht schmutzig, Monsieur. Ich habe gedacht ...«

»Sie haben gedacht! Ich werde Ihnen sagen, was ich denke. Ich denke, sie werden vielleicht feucht sein ... es gibt immer ein bißchen Feuchtigkeit bei dem etwas muffigen

Geruch einer Nacht. Sie sind sich darüber nicht klar, aber es ist schrecklich, was Sie da gemacht haben. Sie wissen genau, daß ich das nicht ertragen kann. Selbst wenn ich jeden Tag ausgehe, müssen jeden Tag die Laken gewechselt werden.«

»Es tut mir leid, Monsieur.«

»Es ist Ihnen doch nicht unbekannt, daß eine Initiative dieser Art mir keine Freude machen kann. Also warum?«

Ich habe die Laken gewechselt und es mir gemerkt. Fast hätte ich wie ein kleines Mädchen, das sich etwas zuschulden hat kommen lassen, gesagt: »Ich will's nicht wieder tun.«

Zu Anfang hat er mir auch erklärt: »Wenn ich fort bin, öffnen Sie die Fenster wie üblich zum Lüften, vergessen Sie es nicht.«

Je nach dem Wetter und der Jahreszeit gab er an, wie lange ich lüften sollte.

»Verstanden, Céleste?«

Er kam nach Hause.

»Ist alles erledigt, Céleste?«

»Ja, Monsieur, und ich habe die Fenster so lange offengelassen, wie Sie sagten.«

»Ich weiß. Ich bin vorbeigekommen und habe gesehen, daß sie wieder geschlossen waren.«

Er war extra zurückgekommen, um sie von unten vom Wagen aus zu inspizieren.

Einmal habe ich gesagt: »Monsieur, ich sehe, daß das Vertrauen zugleich mit der Kontrolle herrscht.«

Er hat gelacht und nicht geantwortet.

Er war schrecklich, wenn er einen kränken oder verletzen wollte. Er verschwendete nicht viele Worte, aber jedes saß, wie er es von seiner Mutter erzählt hatte, und man war zerknirscht. Bei irgend etwas, das er auf der Stelle haben wollte, erinnere ich mich, ihm geantwortet zu haben: »Das ist unmöglich, Monsieur.«

»Meine liebe Céleste, das Wort gibt es nicht.«

»Dennoch hat man es mir beigebracht, Monsieur.«

»Nun, dann hat man unrecht gehabt. In Wirklichkeit, und das werden Sie lernen müssen, ist ›unmöglich‹ nicht französisch.«

Eines Tages habe ich mich irgendwie ungeschickt angestellt, und da bin ich mit einem »Ach, zum Teufel!« herausgeplatzt.

Er hat mich streng angesehen: »Céleste, Sie vergessen sich.«

Das ist mir nicht wieder passiert.

Ein anderes Mal hatte ich eine sehr lange Liste mit Aufträgen und habe einen davon vergessen. Da er alles kontrollierte, war ich so wütend, als er es merkte, daß ich zu ihm sagte (ich brauchte ihn nicht, um zerknirscht zu sein): »Monsieur, ich bin untröstlich; wirklich, entschuldigen Sie, aber ich habe nicht Ihr Gedächtnis; ich vergesse manchmal etwas.«

»Meine liebe Céleste, Sie beteuern ständig, daß Sie alles tun, um mich zufriedenzustellen. Nun, wenn man alles tut und das, was man tut, gern tut, dann vergißt man nichts. Merken Sie sich, daß es mit dem Gedächtnis wie mit allem anderen ist: es läßt sich schulen. Man hat ein gutes Gedächtnis, wenn man will.«

Ich war so verletzt durch seinen Ton, daß ich in der ganzen Zeit, in der ich bei ihm war, nie wieder etwas vergessen habe. Und er hat es so schnell geschafft, mich in allem zu drillen, daß er mir nach der allerersten Zeit kein einziges Mal mehr vorwerfen mußte: »Das haben Sie gemacht, das tut man nicht. Das haben Sie gesagt, das sagt man nicht.« Das ist etwas, worauf ich wirklich stolz bin.

Am tyrannischsten und mißtrauischsten war er in bezug auf das Telefonieren und das Austragen von Botschaften, denn zusammen mit seiner Arbeit und in Verbindung mit ihr war das sein ganzes Leben. Einmal richtete er sein abendliches Ausgehen so ein, daß es fast immer mit seiner Arbeit zusammenhing, zum anderen war das seine wichtigste Verbindung mit der Außenwelt, abgesehen von den weniger eiligen Briefen.

Als ich zum Boulevard Haussmann kam, hatte ich noch nie in meinem Leben telefoniert und wußte gar nicht, wie ein solcher Apparat funktioniert. In den wenigen Monaten nach meinem Antritt, ehe er das Telefon abbestellte, gab es mehrere Apparate in der Wohnung, jeder mit einem kleinen Schlüssel, mit dessen Hilfe man die Verbindung in dieses oder jenes Zimmer umstellen konnte. Es gab sogar einen Anschluß in der Portierloge, so daß der Concierge, wenn man es wollte, tagsüber Gespräche entgegennehmen und die entsprechenden Mitteilungen später nach oben durchgeben konnte, nachdem Monsieur Proust aufgewacht war.

Vom ersten Tag an, seit ich da war, hat er mir das Telefonieren beigebracht, zuerst, um Verbindungen herzustellen, und dann, um Mitteilungen entgegenzunehmen. Eines Abends, als er aufgewacht war, hat er mich den Schlüssel am Apparat in seinem Zimmer drehen lassen und mir eine Nummer gegeben, die ich verlangen sollte, dann sagte er: »Wollen Sie bitte den Hörer nehmen und sprechen.«

Ich bin nicht weit gekommen. Ich zitterte wie Espenlaub. Er stand hinter mir. Ich habe »Hallo?« gesagt, offenbar so ungeschickt, daß er mir den Hörer aus der Hand gerissen und selbst gesprochen hat. Als das Gespräch beendet war, hat er sich zu mir umgedreht.

»Sie brauchen keine Angst zu haben, Céleste. Es ist ganz einfach. Sie brauchen sich bloß vorzustellen, daß Sie mit jemandem sprechen. Haben Sie mir zugehört? Machen Sie es wie ich.«

Danach hat er für mich einen ganzen Lehrgang abgehalten, um mir beizubringen, zuerst zu fragen, ob auch wirklich derjenige am Telefon sei, mit dem ich sprechen sollte, und wie ich ihn anreden müsse: »Habe ich die Ehre, mit dem Herrn Grafen von ..., mit Monsieur X oder mit Madame Y zu sprechen?« – je nachdem, ob die Leute einen Adelstitel hatten oder nicht, was er mir vorher genau angab. Allmählich habe ich mich daran gewöhnt – in Wirklichkeit aber sehr schnell, wenn ich auch zuerst noch etwas eingeschüchtert war. Bald hatte ich fast alle Namen und Telefonnummern seiner Bekannten im Kopf. Dabei habe ich wie bei allem anderen gelernt, mein Gedächtnis zu schulen, worauf er mich in so verletzender Weise hingewiesen hatte. Außerdem habe ich auf einem Stück Pappe eine vollständige Liste seiner Freunde angelegt; wenn ich auch nur den mindesten Zweifel hatte, schaute ich nach. Wenn ich hinuntergehen mußte, um in dem kleinen Café an der Ecke Rue de la Pépinière und Rue d'Anjou, das nachts sehr lange geöffnet war, zu telefonieren, dann schaute ich der größeren Sicherheit halber vorher auf meiner Pappe nach, denn es hätte etwas Schönes gegeben, wenn ich mich geirrt und das Gespräch dadurch verzögert hätte! Nicht nur er konnte es nicht ertragen, zu warten, sondern auch ich erledigte es gern rasch und so, wie er es haben wollte.

Zu Anfang ließ er mich immer genau wiederholen, was ich ausrichten sollte. Bald hatte er es nicht mehr nötig. Ich war tatsächlich so sehr sein Tonbandgerät geworden, daß die Leute sich am Telefon täuschten und zu mir sagten: »Hallo? Wie, Sie sind es, Marcel? Welche Freude!« Eine der mit ihm befreundeten Damen hat ihm sogar Vorhaltungen gemacht, er dürfe mir nicht erlauben, mich derart seiner Stimme zu bedienen. Natürlich war mir das gar nicht bewußt; ich übernahm gewissermaßen seine Stimme. Er selbst hat mir die Bemerkungen der Leute wiederholt und darüber wie über einen guten Witz gelacht. Andere wiederum ärgerten sich darüber, daß sie nie direkt mit ihm sprechen konnten: »Céleste, immer Céleste! Jedesmal geht es erst über Ihre Céleste!« Ihnen gegenüber führte er als Entschuldigung seine Krankheit an, mir gegenüber amüsierte er sich darüber. Aber meistens wurde ich sehr freundlich aufgenommen, am Telefon oder wenn ich eine Botschaft überbrachte. Es war deutlich zu sehen, daß alle ihn liebten und ein Wort von ihm stets willkommen war, selbst durch eine Mittelsperson.

Doch obwohl er wußte, daß er sich auf die Genauigkeit meiner Aussagen verlassen konnte, wenn ich seine Mitteilungen weitergab, so hat er mich doch in einem Punkt unablässig kontrolliert, ohne sich zu verstellen. Ich war in seinem Zimmer; wir sprachen von diesem oder jenem; er schien bei unserer Plauderei sehr vergnügt und ganz bei der Sache zu sein – plötzlich hielt er eine Weile inne, als würde er einem Gedanken nachhängen; und dann kam er ebenso unvermittelt wieder zu sich und fragte: »Ach, Céleste, ehe ich mich an die Arbeit mache – es wäre Zeit –, könnten Sie mir die Antwort auf die Botschaft wiederholen, die Sie überbracht haben?«

Oder auch: »Liebe Céleste, entschuldigen Sie, aber neulich haben wir von etwas gesprochen …«

»Ja, Monsieur, wovon?«

»Erinnern Sie sich? Ich hatte Sie gebeten, bei Gallimard anzurufen, und Ihnen etwas für Madame Lemarié aufgetragen – oder war es Monsieur Tronche?«

»Es war Madame Lemarié, Monsieur.«

»Ach ja, mir war auch so. Aber stellen Sie sich vor, ich erinnere mich nicht sehr genau, was ich Sie gebeten hatte, ihr zu sagen. Würde es Ihnen etwas ausmachen, wenn Sie es mir zusammen mit ihrer Antwort wiederholten?«

In solchen Fällen sah er mich nicht an – was selten vorkam, wenn er mit mir sprach. Er hörte zu, wenn ich es wiederholte. Wenn ich fertig war, drehte er sich zu mir um und sagte mit einem freundlichen Lächeln: »Ich danke Ihnen; es ist gut so. Entschuldigen Sie vielmals, daß ich darum gebeten habe. Ich bin so müde, daß ich es fast vergessen hätte.«

Aber ich wußte genau, was los war. Trotz all seines Vertrauens hatte er einen Verdacht gehabt. Er war erst beruhigt, als ich die Lektion aufgesagt hatte.

Etwas verwundert mich noch heute, und zwar meine freimütige Ausdrucksweise ihm gegenüber. In meiner Unbefangenheit bin ich mir dessen überhaupt nicht bewußt gewesen. Dennoch muß es so gewesen sein. Ich verhielt mich so, als ob ich ganz und gar unterwürfig sei, aber auf meine Weise – völlig freiwillig, ich wiederhole es, und weil es mir Freude machte. Wenn ich mich wehrte, dann war es ganz natürlich. Und ich glaube im übrigen, daß ich ihn zu sehr liebte, um ihn zu fürchten.

In das Exemplar von ›Pastiches et Mélanges‹, das er mir schenkte, hat er eine Widmung geschrieben: »Der Königin der Pastiches ... der Königin, die man sich etwas weniger herrschsüchtig wünschte, eine etwas majestätischere und sanftere Königin ...« Dagegen kann man auf Photographien von ihm, die er mir schenkte, zum Beispiel lesen: »Für Céleste, Ihr verhaßter Tyrann.« (Er lachte laut, als er mir diese Worte zeigte.) Und auf einer anderen: »Für Céleste, herzlich Ihr alter Marcel.« Also muß meine Herrschsucht ihn nicht sehr bedrückt haben, ebenso wie er genau wußte, daß seine Tyrannei mir nicht verhaßt war.

Ich sagte, was ich dachte, das war alles, ohne meine Grenzen zu überschreiten. Wenn ich jemanden beurteilte, dann kam es vor, daß ich mich von meiner Entrüstung fortreißen ließ – wie bei Le Cuziat zum Beispiel. Wenn ich so in Fahrt war, dann sagte er bisweilen unter Anspielung auf das Haus meiner Eltern: »Ah, es fließt also immer noch Wasser unter Ihrer Mühle!«

Wenn er sah, daß ich verstimmt war, weil er an dem Tag behauptet hatte, sein Kaffee oder ein Kompott seien ungenießbar, dann korrigierte er sich vorsichtig: »Meine liebe Céleste, nehmen Sie das nicht so wörtlich. Sie haben mich falsch verstanden. Ich habe nur gesagt, ich *fand* es ungenießbar, und das bedeutet nicht unbedingt, daß es ungenießbar *war.*«

Wenn er meine Mißbilligung spürte, weil er sich zu sehr anstrengte oder ich nicht verstand, warum er sich mit jemandem abgab, der es nicht verdiente, dann sah er mich scharf an und brach die Unterhaltung einfach ab: »Lassen Sie mich ein bißchen allein, Céleste, bitte.«

»Und ich will Ihnen was sagen, Monsieur; danach gehe ich dann.«

»Liebe Céleste, ich bin müde, ich muß ein wenig allein sein.«

Ich ging und spürte oder begriff, daß er zweifellos Angst davor hatte, ungeduldig zu werden oder ein unfreundliches

Wort zu sagen. Aber ich wußte auch, daß er selbst darauf zurückkommen würde; entweder rief er mich später wieder zu sich, wenn er mit der Arbeit fertig war, oder er sagte, wenn er ausgegangen war und nach Hause kam: »Vorhin habe ich nicht mit Ihnen sprechen können, weil ich müde war. Aber wir müssen die Frage klären.«

Und wenn er es sich in den Kopf gesetzt hatte, daß ich mich irrte, obwohl er sah, daß ich auf meiner Meinung beharrte, dann war die Sache nicht mit einem Mal beendet. Er konnte zwei, drei Tage hintereinander darauf zurückkommen, und dann immer mit derselben Unterbrechung: »Ich bin müde, lassen Sie mich allein ...« Oder es wurde erst mehrere Tage später erneut darüber gesprochen. Stets war es wie in seinen Büchern: Man kam immer wieder und wieder darauf zurück, und dennoch wiederholte sich die Erklärung nicht – sie ging weiter und schälte sich dabei heraus, bis die Sache »geklärt« war. Und zu guter Letzt, selbst wenn der Schein gegen ihn sprach, hatte er natürlich im Grunde recht behalten.

Aber niemals triumphierte er, niemals hätte er gesagt: »Sie sehen ja, Céleste, daß Sie sich getäuscht haben.« Er hatte einfach eine außerordentliche Art, die Lider zu senken, die sich plötzlich wieder hoben wie ein Urteilsspruch; dann umfing einen sein Blick liebevoll, um einem dafür zu danken, daß man es verstanden hatte. Dieselbe Lidbewegung führte er aus, wenn man ihm ein Kompliment machte und er sehen wollte, ob man es aufrichtig meinte.

Jedenfalls konnte man nicht umhin, ihm zu verzeihen. Wenn er mißtrauisch war, dann wegen seines Hangs zur Perfektion oder in bezug auf seine Gesundheit – ständig mußte er mit einem Asthmaanfall rechnen. Und wenn er tyrannisch war, dann nur, weil die Zeit und sein Werk drängten.

Um mich zu necken, sagte er: »Es ist komisch, Céleste, alle Leute sagen mir dauernd: ›Welch ein Glück für Sie, Marcel, daß Sie eine so sanfte, so freundliche Frau um sich haben.‹ Ach, wenn die wüßten! In Wirklichkeit kenne ich keinen Wasserfall und keinen Wildbach, die schneller dahinbrausen als Sie.«

Aber anschließend machte er die Neckerei wieder gut: »Alle meine Freunde kennen Sie durch mich; ich sage ihnen, wer Sie sind. Alle mögen Sie gern. Sie werden sehen ...«

Tatsächlich wurde ich jedesmal, wenn ich eine Botschaft überbrachte, überall freundlich und nett aufgenommen, nicht nur wie eine Botin, sondern weil er gut von mir gesprochen hatte. Man unterhielt sich mit mir über ihn, über mich, auch darüber, daß er mich, wie man wußte, schätzte. Einige seiner Freunde kamen auch vorbei, um mich zu sehen, während er noch ruhte, und plauderten einen Augenblick mit mir in der Küche.

Wenn er mich irgendwo hinschickte, dann beeilte ich mich, weil ich wußte, daß ihm die Zeit lang erschien, während er auf die Antwort wartete; niemals ging ich noch woanders hin. Sobald ich zurückkam, erstattete ich ihm Bericht. Wenn er mich sah, sagte er: »Mein Gott, Céleste, schon wieder da? Wie schnell Sie sind! Nun?«

Eines Abends, als er zum Ausgehen bereit war, erinnere ich mich, daß er plötzlich seine Meinung änderte, und rasch, rasch mußte ich telefonieren gehen. Ich rannte hinunter zu dem kleinen Café. Er war so ungeduldig, daß er auf den Balkon hinausging – er war fix und fertig angezogen; es war das einzige Mal in all diesen Jahren. Meine Schwester Marie war damals bei uns. Sie war ihm auf den Balkon gefolgt. Sie deutet hinunter auf die Straße: »Da kommt Céleste zurück, Monsieur.«

»Nicht möglich, das kann sie ja gar nicht so schnell geschafft haben!«

Als ich, völlig außer Atem, wieder oben war, strahlte er vor Zufriedenheit und Freundlichkeit: »Sehen Sie nur, Marie! Sie geht nicht, sie fliegt!«

Er hatte ein solches Lächeln, wenn er Komplimente machte, daß ich gleich keine Müdigkeit mehr spürte.

Manchmal, wenn ich nachmittags mit dem Kaffee hereinkam, sagte er plötzlich: »Mein Gott, wie sind Sie heute hübsch, Céleste!«

»Sie machen sich über mich lustig, Monsieur.«

»Aber nein. Sie sehen Lady Grey ähnlich.«

Und er erklärte mir, daß das eine berühmte englische Schönheit war. Er sagte es auch zu anderen, wie mir berichtet worden ist.

Ich erinnere mich auch, daß ich mir für die Hochzeit einer Nichte ein Kleid aus gelber Seide mit einem Überkleid aus schwarzer Spitze hatte machen lassen und mir in dem eleganten Geschäft Samaritaine, das er mir empfohlen hatte, eine Boa gekauft hatte; außerdem hatte ich mir einen breitkrempigen Hut anfertigen lassen, unten gelb wie das Kleid und oben schwarzer Satin, ringsum mit Paradiesvogelfedern besetzt. Er hatte zu mir gesagt: »Versäumen Sie aber nicht, noch einmal zu mir zu kommen, wenn Sie angezogen sind.«

Ich mußte im Zimmer auf und ab gehen, und er machte mir ein Kompliment über mein Aussehen: »Ich bin stolz auf Sie, liebe Céleste. Sie haben einen guten Geschmack.«

Wenn ich einmal Verdruß hatte, behielt ich es für mich. Aber ich konnte noch so sicher sein, daß man mir nichts anmerken würde, er sah es sofort: »Céleste, was ist heute los?«

»Nichts, Monsieur.«

»Doch, Céleste, irgend etwas hat Sie verstimmt. Sie sind nicht wie sonst.«

»Ich schwöre Ihnen, Monsieur, es ist nichts.«

»Das kann doch nicht sein, Sie machen sich Sorgen um die Gesundheit Ihres Mannes, das weiß ich. Beunruhigen Sie sich nicht, ich werde mit ihm sprechen.«

Seiner Beobachtungsgabe entging nichts. Er täuschte sich nie. Und jedesmal fand er in seiner Freundlichkeit das richtige Wort.

»Ach, Monsieur«, sagte ich zu ihm, »wenn alle Tyrannen wie Sie wären, wäre die Welt ein köstliches Paradies.«

Freunde, keine Freundschaft

In einem nach dem Tode von Monsieur Proust erschienenen Artikel schrieb Fürst Antoine Bibesco, der bekanntlich mehr als zwanzig Jahre lang zu seinem Freundeskreis gehört hatte, Monsieur Proust habe seiner Ansicht nach nur zwei Menschen auf der Welt wirklich geliebt: seine Mutter und mich. Für seine Mutter trifft das gewiß zu, und in Anbetracht dessen, was er mir bekundete, möchte ich fast glauben, ohne mir darauf etwas einzubilden, daß es auf mich wahrscheinlich auch zutrifft. Fürst Bibesco äußerte in diesem Artikel gleichfalls, er zweifle letztlich daran, ob Monsieur Proust wirklich große und innige Freundschaften gehabt habe. Und auch das möchte ich fast glauben.

Zum Beispiel kann ich mich nicht erinnern, daß wir uns über Freundschaften im allgemeinen unterhalten haben. Wenn ich mir vergegenwärtige, wie er lebte und sich verhielt, dann habe ich heute das Gefühl, daß er viele Menschen in dem Glauben ließ oder ihnen sogar einen Grund zu der Annahme gab, daß er ihnen zugetan sei und Freundschaft für sie empfinde, während er in Wirklichkeit – was mich immer verblüfft hat – mit größter Leichtigkeit ohne sie auskommen konnte.

Gewiß, ich spreche von meiner Zeit bei ihm, und damals hatte er genug an seiner Erinnerung, um nicht die Gegenwart anderer zu brauchen. Ebenso gewiß habe ich ihn den Tod von einigen beweinen sehen und ihn sagen hören: »Mein Freund, meine Freunde.« Aber dennoch ... Nach der Art, wie er sich sogar diejenigen, die er lange Jahre gekannt und viel gesehen hatte, ins Gedächtnis rief und sie beurteilte, oder einfach nach dem Ton, in dem er von ihnen sprach, hatte man das Gefühl, daß es sich eher um Bekannte als um Freunde handelte. Wie oft, ich habe es schon erwähnt, sprach er mit mir über seine Post: »Hier ist ein Brief von Sowieso. Er schreibt, er wolle vorbeikommen. Sollte ich wach sein und nicht arbeiten, wenn er kommt, werde ich ihn vielleicht empfangen.«

Wie oft ist aus dem »vielleicht« dann geworden: »Sagen Sie ihm, ich kann nicht, weil ich zu müde bin.«

Dabei stand der fragliche Besucher auf der Liste der Freunde. Und Gott weiß, was sie alle getan hätten, um ihn zu sehen – sogar seiner Zeiteinteilung hätten sie sich unterworfen: zehn Uhr, elf Uhr abends, manchmal um eins.

Ganz zu schweigen von der großen Zahl derer, die sich zu seinen Lebzeiten für seine Freunde gehalten und nach seinem Tode als solche bezeichnet haben, weil er in ihnen ein Stück seiner Figuren kultivierte, eine Auskunft oder einen Dienst von ihnen erwartete oder einfach seine Neugier befriedigen wollte.

Ja, ich glaube, in dieser Beziehung hat es viele Genasführte gegeben. Nicht, daß er seine Bekannten vorsätzlich hätte täuschen wollen – die Leute waren von seinem Charme und seiner Höflichkeit angezogen, und die meisten von ihnen machten sich sowieso über sich selbst etwas vor. Hätten sie gehört, wie er während unseren nächtlichen Unterhaltungen über sie urteilte, oder hätten sie auch nur seine Lidbewegung sehen können, sie hätten ihr Geschwätz von Freundschaft für sich behalten, als er nicht mehr da war.

Abgesehen von neuen Bekanntschaften, die er seit der Veröffentlichung seiner Bücher gemacht hatte, waren zu meiner Zeit von seinen früheren Bekannten nur wenige seine Vertrauten geblieben. Von den anderen sprach er im

Grunde recht wenig. Einige waren nicht mehr am Leben, zum Beispiel Gaston de Caillavet (den er mir gegenüber im Zusammenhang mit Jeanne Pouquet erwähnte) und Bertrand de Fénelon, der gefallen war, was sehr schmerzlich für ihn war – an jenem Tag, da sein Tod in der Presse bestätigt wurde, rühmte er mir gegenüber seine bewundernswerte Tapferkeit und Aufrichtigkeit. Obwohl ich mich oft fragte, ob er nicht mehr noch den Verlust seines Hauptvorbildes für den Marquis de Saint-Loup in seinem Buch als den Verlust eines alten Freundes betrauerte, wie groß und echt die Freundschaft in diesem bestimmten Fall unbestreitbar gewesen sein mag.

Zu den alten Freunden, die ihm bis zum Schluß nahestanden, gehörte Madame Straus. Wenn ich mir ein Urteil erlauben darf, würde ich sagen, daß sie wahrscheinlich die einzige war, für die er bis zu seinem Tode jene Art von Zuneigung und Bewunderung empfand, die der Freundschaft am ähnlichsten ist. Was ihn nicht hinderte, sich von Jacques Bizet zurückzuziehen, dem Sohn von Madame Straus, der doch lange Zeit, schon seit dem Lycée Condorcet, einer seiner Kameraden und Gefährten gewesen war; als ich Monsieur Proust 1913 kennenlernte, sahen sie sich schon nicht mehr und schrieben sich nicht einmal.

Von den »alten« Freunden sah er am häufigsten den Herzog d'Albuféra, den Herzog de Guiche, Robert de Billy, Lucien Daudet, die Fürsten Antoine und Emmanuel Bibesco, Frédéric de Madrazo und Reynaldo Hahn. Es war die »alte Garde« des Cercle de la Rue Royale, der Salons und Empfänge von einst.

Etwas ist bezeichnend: Wenn ich es mir recht überlege, scheint mir, daß ich Monsieur Proust niemals auch nur einen von ihnen habe duzen hören, wie intim sie auch waren – nicht einmal Reynaldo Hahn, mit dem er seit fünfundzwanzig Jahren befreundet war.

Den Herzog d'Albuféra habe ich nicht gekannt; er wurde nicht empfangen. Monsieur Proust sah ihn außer Haus, mit Louisa de Mornand, deren Freund er war. Er sagte mir von ihm: »Die Intelligenz des Herzogs entspricht dem Talent von Mademoiselle de Mornand. Ach, wenn sie doch alle beide so begabt wären, wie er Geld hat.«

Ich erinnere mich, den Herzog de Guiche während des Krieges einmal am Boulevard Haussmann gesehen zu haben. Er war auf Urlaub und trug bei dem Besuch eine Hauptmannsuniform. Monsieur Proust schätzte sein Wesen und seinen Verstand.

Robert de Billy gehörte zu denjenigen, die am häufigsten empfangen wurden. Erstens war er im diplomatischen Dienst und daher voll von Geschichten, die geeignet waren, Monsieur Proust zu entzücken. Dann war er sehr intelligent und bewunderte Monsieur Prousts Werk grenzenlos, das er – wie Monsieur Proust sagte – mit sehr viel Scharfsinn zu analysieren verstand. Seine Besuche dauerten drei, vier, fünf Stunden bis spät in die Nacht hinein. Ich sehe ihn noch in dem Sessel neben Monsieur Prousts Bett sitzen. Er war einer von denen, die am besten erkennen ließen, wie weit die Vergangenheit zurücklag: er war dick und ältlich, ein behäbiger Fünfziger neben Monsieur Proust, der immer noch wie dreißig aussah. Monsieur de Billy war meistens im Ausland bei irgendeiner Botschaft; aber jedesmal, wenn er nach Paris kam, ließ er sich sehen. Ich bin bei ihren Zusammenkünften nie dabeigewesen, außer ganz kurz, wenn er mich rief. Ich sehe sie noch vor mir, im allgemeinen lachend und sehr angeregt. Monsieur Proust hat mir immer gesagt, Robert de Billy sei »fesselnd«.

Lucien Daudet kann ziemlich oft. Monsieur Proust zog ihn seinem Bruder Léon, dem Politiker, vor. Er besaß eine außerordentliche Sensibilität, bewunderte Monsieur Proust und war ihm ergeben. Er ist vielleicht einer der wenigen, die Monsieur Proust um ihrer selbst willen geschätzt hat, ohne je daran zu denken, ob sie als Figur seines Buches brauchbar seien. Aber vielleicht war Lucien Daudet kein genügend markanter Typ.

Aus seinem früheren Leben blieben außer Madame Straus und Robert de Billy tatsächlich nur die Brüder Bibesco, Frédéric de Madrazo und Reynaldo Hahn, die er mit größtem Vergnügen sah und am meisten liebte – wenn man bei ihm, um es zu wiederholen, von »lieben« sprechen kann. Gewiß bewahrte er ihnen eine große Treue. Aber er sah wohl zu klar. Dadurch, daß er die anderen und sich selbst ständig analysierte, blieben meines Erachtens nur noch Motive und Gründe.

Jedenfalls war er den Brüdern Bibesco sehr zugetan, und besonders schätzte er den älteren, Emmanuel. Er sagte zu mir: »Céleste, Sie müßten den Roman ›Die Brüder Karamasow‹ von Dostojewski lesen, dann würden Sie sehen: das sind die Brüder Bibesco.«

Er erzählte mir auch: »Von den beiden ist Emmanuel unbestreitbar der intelligentere. Antoine ist reizend und verrückt, aber sein Bruder ist von seltener Herzensgüte. Obwohl es eine Belastung für ihn ist, hat er die ganze Verwaltung des Vermögens und der Besitzungen in Rumänien, die beträchtlich sind, auf sich genommen, um Antoine von jeder materiellen Sorge zu befreien und ihm zu ermöglichen, das glänzendste Leben zu führen. Zum Glück hat Antoine das begriffen und liebt seinen Bruder ebenso innig.«

Antoine stand wie Robert de Billy im diplomatischen Dienst. Als ich ihn während des Krieges kennenlernte, war er rumänischer Botschafter in London, und Rumänien kämpfte ja auf unserer Seite. Jedesmal, wenn er nach Paris kam – und auch später nach Kriegsende noch –, war sein erster Gedanke, Monsieur Proust einen Rohrpostbrief zu schicken, um sich anzumelden. Seine Besuche waren immer ein wahrer Wirbel. Ich erinnere mich, daß er eines Tages, als er sich in London gerade mit der Tochter des großen englischen Staatsmannes Lord Asquith verlobt hatte, zum Boulevard Haussmann kam. Ich führte ihn hinein, und aus Spaß sagte er zu mir: »Sie wissen ja, Céleste, ich liebe Sie!«

Ich antwortete: »Ach, ich sehe, daß Sie immer noch so verrückt sind, Fürst!«

»Doch, doch, ich liebe Sie, Céleste!«

Monsieur Proust lachte natürlich; aber er sagte: »Seien Sie brav, Antoine, Sie machen sich lächerlich; lassen Sie Céleste in Ruhe; ich versichere Ihnen, sie schätzt das nicht.«

Kurz darauf kam er wieder, diesmal mit seiner Verlobten. Monsieur Proust lag im Bett. In der Annahme, daß er die junge Dame nicht empfangen würde, bat der Fürst sie, im Treppenhaus zu warten, kam allein herein und fragte mich: »Kann ich in sein Zimmer gehen?«

»Ich muß Monsieur erst fragen.«

Ich gehe hin, und während ich unterwegs bin, nimmt er seine Verlobte wie eine Puppe in den Arm und kommt hinter mir ins Zimmer. Nur er konnte sich eine Überspanntheit dieser Art erlauben, obwohl er ganz genau wußte, wie sehr Monsieur Proust es haßte, von einer anderen Frau als mir im Bett gesehen zu werden – ich habe seinen Blick im Halbdunkel des Kopfkissens und seine Hände auf dem Pullover und dem Laken noch vor Augen –, es war ihm entsetzlich peinlich. Er drehte sich zu mir um und ließ die Hand aufs Laken sinken: »Sehen Sie, Céleste? Habe ich Ihnen nicht gesagt, daß der Fürst verrückt ist?«

Aber der Wirbel nahm kein Ende, denn die junge Dame wußte plötzlich nicht, wo ihre Handtasche geblieben war; überall wurde danach gesucht, bis man zu dem Schluß kam, daß sie sie im Taxi vergessen haben mußte, mit dem sie hergekommen waren.

Fürst Antoine war ein wunderbarer Geschichtenerzähler. Er steckte jedesmal voller Klatsch über gemeinsame Bekannte aus der Gesellschaft oder der literarischen Welt.

»Er hat etwas von einem Portier an sich, und seine Geschichten sind mehr oder weniger wahr, aber wie komisch er ist!« sagte Monsieur Proust.

Leider ist sein Liebling Emmanuel auf tragische Weise gestorben; er hat sich in seinem Hotelzimmer im Londoner Ritz erhängt, verzweifelt wegen der Paralyse, die ihn bedrohte. Seinen letzten Besuch in Begleitung von Fürst Antoine – ich glaube, es war 1917 – werde ich nie vergessen. Er ist nicht heraufgekommen; sein Bruder kam, um Monsieur Proust zu verständigen, daß Fürst Emmanuel ihn unten im Taxi erwarte. Monsieur Proust ging hinunter. Als er zurückkam, hat er mir erzählt: »Céleste, was ich gesehen habe, hat mir unendlichen Schmerz bereitet, aber es ist ein bewundernswerter Beweis dafür, wie sich diese beiden Brüder lieben. Als ich kam, fand ich Emmanuel auf dem Rücksitz, gleichsam in der Dunkelheit verborgen. Ich sagte: ›Ich nehme den Klappsitz‹, aber Antoine hielt mich zurück: ›Nein, nein, da setze ich mich hin. Setzen Sie sich neben ihn, Marcel.‹ Ich habe also neben ihm Platz genommen, und in der ganzen Zeit, in der wir uns unterhielten, habe ich Emmanuel nur im Profil gesehen, und ich habe begriffen, daß Antoine es seinem Bruder ersparen wollte, ihn behindert und entstellt zu sehen; denn die andere Gesichtshälfte war von der Paralyse verzerrt. Er wußte, welchen Schmerz mir das bereiten und vor allem, wie Emmanuel seelisch darunter leiden würde. Davor hat er ihn liebevoll bewahren wollen.«

Er war noch ganz betroffen von der Szene, die ihn sehr beeindruckt hatte. Es ist sogar behauptet worden, ich hätte ihn danach die ganze Nacht weinen sehen. Das stimmt nicht. Vielleicht eine Träne. Monsieur Proust weinte nicht so leicht, wie man es ihm gern nachsagte oder wie er es manchmal selbst in seinen Briefen geschrieben hat. Wenn er Schmerz empfand, als er später vom Selbstmord des Fürsten Emmanuel erfuhr, so hat er doch keinen Trauerfall daraus gemacht. Er hat mir gegenüber nie wieder von ihm gesprochen.

Soweit ich mich erinnere, hatte Monsieur Proust die beiden Brüder im Salon ihrer Mutter, der Fürstin Hélène, kennengelernt, der lange vor dem Krieg von 1914 einer der glänzendsten Salons von Paris war. Ihrerseits machten sie ihn mit ihrer Kusine Marthe Bibesco bekannt. Ich fürchte, sie hat nach seinem Tode mehr von ihm gesprochen als er zu seinen Lebzeiten von ihr, obwohl er sie hübsch und intelligent fand.

»Aber die Intelligenz ist bei ihr nur eine weitere Koketterie«, sagte er zu mir.

Ich meinerseits habe die Fürstin Marthe nach Monsieur Prousts Tod gesehen. Sie war überaus liebenswürdig zu mir.

In der Rue Hamelin habe ich sie nur einmal gesehen, und zwar, als sie eines Abends nach dem Theater vorbeikam und fragte, ob Monsieur Proust sie und die Fürstin Elisabeth, die Frau des Fürsten Antoine, der sie nicht begleitete, wie ich mich sehr genau erinnere, empfangen wolle. Monsieur Proust ließ ihr ausrichten, daß er zu seinem großen Bedauern nicht zu sprechen sei. Daraus ist der hübsche Satz entstanden, den ich angeblich gesagt haben soll: »Monsieur hat Angst vor dem Parfüm von Fürstinnen.« Ich fürchte, das ist nur eine Ausschmückung. Weder Monsieur Proust noch ich haben den Satz je ausgesprochen.

Seitens der Familie Bibesco war Monsieur Proust außer den beiden Brüdern am meisten der Gräfin de Noailles zugetan, der Dichterin, die durch ihre rumänische Familie, die Brancovan, mit den Bibescos verwandt war. Er schätzte sie seit der Affäre Dreyfus; wie er hatte sie sich tapfer dem Lager der Dreyfusianer angeschlossen und sich dadurch Schmähungen ausgesetzt; man warf ihr ihre nicht-französische Abstammung vor. Im kleinen Salon las Monsieur Proust mir manchmal Verse von ihr vor, ›Le Cœur innombrable‹, ›Les vivants et les morts‹:

»Avant tout honoré, les couchants, les aurores
La mort aussi m'a plu ...«

Er fand sie kapriziös und ein bißchen verrückt, wie den Fürsten Antoine. Sie berichtete Monsieur Proust in allen Einzelheiten, wenn sie ihren Mann betrogen hatte – was ihn entzückte. Er erzählte mir: »Eines Tages hat sie zu mir gesagt: ›Mein lieber Marcel, nur wir beide sind intelligent. Schauen Sie nur, wenn ich mein Haar zurückstreiche, dann sehen wir uns ähnlich.‹«

Er machte die Handbewegung nach und imitierte die Stimme mit ihrem Akzent. Er sagte auch: »Ach, sie verfügt ebenso über die Poesie der Gebärden wie der Worte!«

Er sah sie noch häufig, wenn er ausging, ebenso ihre

Schwester, die Fürstin Chimay, deren Intelligenz und scharfen Verstand er sehr bewunderte.

Obwohl er ihn sehr viel weniger sah als früher, schätzte er auch Frédéric de Madrazo nach wie vor, der ein begüterter Dilettant und eng liiert mit dem Komponisten Reynaldo Hahn war – böse Zungen wollten wissen, es sei »etwas« zwischen Hahn und »Coco«, wie Madrazo überall genannt wurde; Monsieur Proust hat mir gegenüber nie etwas davon erwähnt. Sie hatten sich, als sie noch sehr jung waren, im Salon von Madame Lemaire kennengelernt, jener Madame Lemaire, die so viel Rosen gemalt hatte wie der liebe Gott. »Coco« war selbst Maler und gleichzeitig Musiker. Aber mehr als an seine Malerei und Musik erinnerte sich Monsieur Proust daran, wie er über Kunst zu sprechen pflegte. Mit ihm und Reynaldo Hahn hatte er in seiner Jugend, begleitet von seiner Mutter, Venedig besucht. Das war 1900 oder 1901, während der zwei oder drei Jahre, in denen er, wie er mir sagte, drei der Entdeckungen gemacht hatte, die seinen Geist besonders geprägt hatten: den englischen Schriftsteller Ruskin, die Kathedralen – vor allem die Kathedrale von Amiens mit ihrem Engel – und Venedig mit seiner Malerei. Er war Madrazo dafür wirklich dankbar; denn dank seines beharrlichen Drängens sind Venedig und seine Deutung eine wahre Offenbarung für ihn geworden. Noch immer regte ihn diese Erinnerung an. Es war in diesem Zusammenhang, daß er häufig zu mir sagte: »Sie werden sehen, Céleste, wenn ich das Wort ›Ende‹ unter mein Buch geschrieben habe, nehme ich Sie nach Venedig mit und sehe mir zusammen mit Ihnen den Engel von Amiens und auch Chartres wieder an ...«

Das und die Bilder von Vermeer – die kleine gelbe Mauerecke, die später kam.

Madrazo war außerdem unerhört großherzig. Seine Hochachtung vor Monsieur Prousts Arbeit und die Sorgen um seine Gesundheit waren so groß, daß er oft nur hereinschaute, um sich nach ihm zu erkundigen, ohne zu stören. Er kam zu einer bestimmten Zeit über die Hintertreppe, wenn er wußte, daß er mich in der Küche finden würde, ohne zuviel Lärm zu machen. Wir unterhielten uns einen Augenblick, dann ging er wieder und trug mir Grüße für Monsieur Proust auf. Ebenso wie der Fürst Emmanuel, aber später, ist auch er auf tragische Weise ums Leben gekommen. Früher hatte er, wie mir Monsieur Proust erzählte, eine sehr hübsche Stadtvilla am Boulevard Berthier besessen; aber er hatte sein Vermögen verloren und stand völlig mittellos da; außerdem war er schwer krank, er litt an einem Magengeschwür. Eines Tages fand man ihn ertrunken in der Badewanne; es hat sich nie herausgestellt, ob es ein Unfall war, ein Herzversagen oder Selbstmord. Monsieur Proust war sehr erschüttert darüber. Er hat lange mit Reynaldo Hahn darüber gesprochen, dann mit mir.

Von allen guten Bekannten Monsieur Prousts war Reynaldo Hahn der einzige, der immer empfangen wurde, wenn er kam, sofern Monsieur Proust wach war. Er kam oft vorbei, ohne sich vorher anzumelden. Ich machte ihm die Tür auf, und wenn Monsieur Proust nicht mehr schlief und mit dem Räuchern fertig war, dann ging er gleich in sein Zimmer. Andernfalls erkundigte er sich bei mir nach seinem Ergehen und verabschiedete sich gleich wieder. Aber im allgemeinen kam er spät, zu einer Zeit, da er sicher sein konnte, Monsieur Proust zu sehen. Er war auch der einzige, den ich nachher nicht wieder hinausbegleitete. Er flitzte allein hinaus – es gibt keinen anderen Ausdruck, denn er war ein richtiger Wirbelwind. Da man niemals die Türen zuschlagen durfte, weil Monsieur Proust das nicht ertragen konnte, rief er mich fast jedesmal, wenn Reynaldo Hahn gegangen war: »Liebe Céleste, hat Reynaldo die Türen richtig zugemacht?«

Denn wenn die Türen auch nicht zugeschlagen werden durften, so mußten sie dennoch fest geschlossen sein, weil der geringste Durchzug untersagt war. Und Reynaldo Hahn ließ die Türen fast immer hinter sich offen; sobald ich wußte, daß er gegangen war, weil mir ja nichts entging, schaute ich nach. Um ihn zu entschuldigen, hat mir Monsieur Proust eines Tages die Geschichte von dem Gelehrten Henri Poincaré erzählt, der am Quai de la Mégisserie stehengeblieben war, um die Vögel zu bewundern, die dort in den Tierhandlungen verkauft werden. Aber da er zerstreut war, weil er so viele Zahlen im Kopf hatte, ist er mit einem Käfig voller Vögel in der Hand weitergegangen; die Verkäuferin rannte schreiend hinterher. Er entschuldigte sich und gab die Vögel zurück, die zu kaufen er niemals beabsichtigt hatte. Ich erinnere mich, daß ich daraufhin sagte: »Nun, Monsieur, dieser Henri Poincaré hatte vielleicht die Entschuldigung, daß er ein bedeutender Gelehrter war; aber Monsieur Reynaldo will sich nur als bedeutend ausgeben.«

»Liebe Céleste, Sie sind herzlos. Er ist so nett!«

In Wirklichkeit beurteilte er Reynaldo Hahn völlig richtig. Er sagte zu mir: »Wie schade, daß er nicht einfach Sänger geblieben ist, statt selbst Lieder komponieren zu wollen. Als ich ihn bei Madame Lemaire kennengelernt habe, war er unvergleichlich; er war in den Salons gefragt und bekam gute Gagen, wenn er sang. Übrigens werde ich ihn eines Abends hierbehalten und ihn bitten, Ihnen ›Si mon cœur avait des ailes‹ vorzusingen, wie früher. Das war wunderbar, einzigartig! Es ist ein Unglück, daß er heute Saint-Saëns sein möchte. Sie hätten ihn hören sollen, als er mit seiner Mutter zu Mama kam!«

Denn es bestanden enge freundschaftliche Bindungen zwischen den Müttern wie zwischen den Söhnen; außerdem hatte eine Kusine von Reynaldo Hahn, Marie Nordlinger, Monsieur Proust mit den Büchern von Ruskin bekannt gemacht. Aber seit dem Krieg und insbesondere seit der Veröffentlichung von ›Im Schatten junger Mädchenblüte‹ hatten sich die Beziehungen zwischen den beiden Männern ein wenig gelockert, und zweifellos spielte bei Reynaldo Hahn etwas Verbitterung mit.

»Früher«, sagte Monsieur Proust zu mir, »waren wir sehr viel beisammen. Wir fuhren gemeinsam zur Pointe du Raz, um die großen Fluten bei der Tagundnachtgleiche zu sehen; wir besuchten Venedig; wir verbrachten einen Sommer bei Madame Lemaire im Schloß Réveillon; wir standen uns geistig nahe und schätzten einander. Dann kam der Krieg; Reynaldo wurde eingezogen, und wenn er auch die Beziehungen aufrechterhielt, so litt er doch unter dem Eindruck, daß ich weiter vorankam, während er auf ein totes Gleis geraten war. Es ist komisch, Céleste, aber er ist eifersüchtig auf mich, wissen Sie. Ich habe es schon damals gespürt, wenn er vom Generalstab oder von der Front auf Urlaub kam. Ja, er ist eifersüchtig auf mich, weil in literarischen Kreisen von meinem Buch gesprochen wird, während er über einen mäßigen Erfolg nicht hinauskommt. Er sagte zu mir: ›Überall, wo ich hingehe, spricht man nur von Ihnen, wird nur von Ihrem Buch geredet.‹ Wie kurios das ist!«

Einmal hat er mich nach einem Besuch von Reynaldo Hahn gerufen: »Liebe Céleste, ich bin recht traurig. Ich habe Reynaldo gefragt, warum er seit einiger Zeit nicht vorbeigekommen sei und ob ihn etwas ›geörgert‹ habe, wie wir früher unter uns sagten. Wissen Sie, was er mir geantwortet hat? ›Mein lieber Marcel, ich habe weder Ihr Geld noch Ihren Erfolg. Sie haben alles. Heute kann man ohne Geld nichts machen. Unlängst war es der Zaster, heute ist es der Kies. Ich brauche Kies.‹ Ich habe zu ihm gesagt: ›Aber Reynaldo, wenn Sie Geld brauchen, soll ich Ihnen etwas geben?‹ – ›Darum dreht es sich nicht, Marcel. Ihr Geld will ich nicht. Ich muß einfach welches verdienen. Deshalb habe ich keine Zeit herzukommen.‹ Er schien sehr unglücklich zu sein, und als ich ihm zuhörte, konnte ich nicht umhin, daran zu denken, wie wohllautend sein Gesang früher gewesen war.«

Wenn Monsieur Proust betrübt war, dann sehr viel mehr um Reynaldo Hahns willen als wegen seiner Aggressivität und seines Neides, die aus seinen Worten sprachen. Der Beweis dafür ist, daß er sich kurz vor seinem Tode sehr freute, als bekannt wurde, daß Reynaldo Hahn mit einer Komposition Erfolg gehabt hatte. Es war die berühmte Operette ›Ciboulette‹, zu der er die Musik geschrieben hatte, nach einem Text von Robert de Flers und Francis de Croisset, des Schwiegersohns einer alten Bekannten von Monsieur Proust, der Gräfin de Chevigné. Der wirkliche Erfolg der Operette stellte sich in Paris im Théâtre des Variétés erst nach dem Tode Monsieur Prousts ein. Aber schon die erste Aufführung in Südfrankreich war ein deutlicher Erfolg gewesen. Und ich sehe Monsieur Proust noch vor mir, die Hände auf dem Laken ruhend. Nachdem er die Zeitung oder den Brief, in dem die Nachricht stand, hingelegt hatte, drehte er sich zu mir um und sagte mir mit seinem strahlenden Lächeln: »Liebe Céleste, wie freue ich mich, daß Reynaldo endlich ein bißchen Erfolg gehabt hat!«

Ich erinnere mich auch, daß er mir erzählt hat, wieviel Sorgen er sich um Reynaldo Hahn wegen einer unglücklichen Liebe gemacht hatte. Reynaldo Hahn, sagte er, habe in seinem ganzen Leben nur eine Frau wirklich geliebt.

»Das war Cléo de Mérode, die große Halbweltdame, kennen Sie sie, Céleste? Die, auf die man das Sprichwort anwandte: ›Einem leeren Magen ist schlecht predigen‹, denn sie war geldgierig und trug immer einen Mittelscheitel, um den einzigen Makel ihrer Schönheit zu verbergen: ihre Ohren. Sie war wirklich ein Unglück für den armen Reynaldo, der völlig in ihrem Bann stand. Sie hat ihn an der Nase herumgeführt, ohne ihm jemals etwas zu gewähren, und für ihn war das ein großer Kummer. Vielleicht hat sogar sein Talent darunter gelitten.«

Jedenfalls war die Freundschaft zwischen ihnen zu alt, als daß sie nicht beide über eine ganze Menge Dinge hinweggesehen hätten. Bis zum Schluß haben sie aneinander gehangen, aber vielleicht eher wie Brüder denn wie Freunde.

Abgesehen von diesen alten Bekannten, die ich erwähnt habe, hat es nicht viele neue gegeben, die zum Boulevard Haussmann oder später in die Rue Hamelin gekommen sind, obwohl manche das in der Folge behauptet haben. Aber ich will niemandem den Spaß verderben, der sich dessen rühmt; lieber lache ich darüber, wie es Monsieur Proust bestimmt getan hätte, wenn er manche nach seinem Tode veröffentlichten Artikel hätte lesen können.

Er kam mit Menschen vor allem außer Haus zusammen. Da er sehr gesucht war und im allgemeinen große Diners bei Larue, im Hôtel Crillon oder im Ritz stattfanden oder er selbst Gäste in einen separaten Salon im Ritz einlud, hat er enorm viel Menschen gesehen. Aber da er alles auf sein Werk bezog, amüsierte ihn eine beträchtliche Anzahl dieser Leute nur vorübergehend, ohne ihn wirklich zu interessieren.

Zum Beispiel erinnere ich mich, daß Fürst Antoine Bibesco, der über alles auf dem laufenden war, eines Abends vorbeikam, um ihn zu einem dieser Diners mitzunehmen, weil er ihn mit dem Maler Picasso bekannt machen wollte, von dem man damals gerade zu reden begann. Es war im Crillon und nicht im Ritz, wie behauptet wurde; aber das ist nicht so wichtig. Punkt zwei Uhr nachts sind sie alle drei in Picassos Atelier gegangen, um seine Bilder anzusehen. Monsieur Proust hat mir darüber berichtet, als er nach Hause kam: »Das ist ein spanischer Maler, der das macht, was man Kubismus nennt.«

Er hat mir in etwa beschrieben, wie die Bilder aussahen. Ich habe daraufhin bemerkt, das müßten ja komische Schnuten sein. Er hat gelacht und gesagt: »Ich muß gestehen, daß ich nicht viel davon verstanden habe.«

Offensichtlich machte er sich nicht viel daraus. Er hat niemals wieder von dieser Malerei gesprochen. Es ist auch behauptet worden, er habe in Gesellschaft anderer mit dem Schriftsteller James Joyce diniert; das hatte bei ihm keinen Eindruck hinterlassen; er hat nicht einmal den Namen erwähnt.

Unter seinen Bekannten war ein Bankier, Henri Gans, den er wegen seiner feinen Lebensart und seines großen Verständnisses für Monsieur Prousts Werk sehr schätzte. Er ist einer der wenigen, die ein- oder zweimal in der Rue Hamelin in seinem Zimmer zu Abend gegessen haben. Sie standen sich sehr nahe. Etwas Schreckliches ist passiert, wenn man diese enge Verbundenheit bedenkt: Zwei Tage nach Monsieur Prousts Beerdigung, die an einem Mittwoch stattfand, ist Henri Gans auf der Jagd erschossen worden, und zwar durch eine Schrotladung, die noch in seinem Gewehr steckte und versehentlich von einem Pikeur abgeschossen wurde. Die Ladung traf die Schenkelschlagader, und die Blutung konnte nicht gestillt werden.

Aber die wichtigen neuen Freunde jener Zeit, die ich gekannt habe, waren der Schriftsteller Paul Morand und seine spätere Frau, die Fürstin Soutzo.

Paul Morand hat Monsieur Proust durch die scharfsinnigen Bemerkungen über sein Werk und die amüsanten, brillanten Geschichten, die er von seinen Reisen zu erzählen wußte, sofort für sich eingenommen. Denn er reiste beruflich viel. Er stand ebenfalls im diplomatischen Dienst, und da er sich in London mit dem Fürsten Bibesco angefreundet hatte, bat er ihn um eine Empfehlung an Monsieur Proust.

Als er das erstemal zum Boulevard Haussmann gekommen war, fragte mich Monsieur Proust während unserer nächtlichen Unterhaltung, welchen Eindruck ich von ihm gewonnen habe.

»Ich finde ihn ein bißchen chinesisch, aber er sieht gut aus, Monsieur«, antwortete ich.

Als ihn das erheiterte, fügte ich etwas verärgert hinzu: »Was habe ich gesagt, Monsieur? Das Gesicht kommt mir ein bißchen chinesisch vor.«

Er hat immer noch gelacht: »Ja, Céleste, aber er ist ebenso fein wie ein Mandarin.«

Seinerseits hat sich Paul Morand für die Fürstin Soutzo verwendet, deren Bekanntschaft er durch die Bibescos gemacht hatte – die heutige Madame Paul Morand ist Rumänin wie sie. Sie war die Tochter eines Bankiers, sehr reich und verheiratet; den Mann sah man kaum. Sie wohnte in Paris in einer schönen Stadtvilla in der Avenue Charles-Floquet, ganz dicht am Champ-de-Mars. Aber als der Krieg kam und damit die Dienstbotenprobleme, hat sie das Haus zugemacht und mit ihrer Zofe ein Appartement im Ritz genommen. Zu dieser Zeit hatte Paul Morand sie bei Monsieur Proust eingeführt.

Sie war eine sehr intelligente Frau, sehr wißbegierig auf dem Gebiet der Kunst und Literatur, mit dem lobenswerten Ehrgeiz, sich in Paris einen Namen zu machen, indem sie das Beste an sich zog, das es damals gab, sieht man einmal von der Zersplitterung durch den Krieg ab. Das setzte sie übrigens auch später fort, nachdem sie ihr Haus wieder bezogen hatte, in dem auch Monsieur Proust sie besuchte.

Ich weiß nicht, ob sie selbst den Wunsch hatte, Monsieur Proust kennenzulernen, oder ob es auf das zurückzuführen war, was Paul Morand ihr von ihm erzählte. Jedenfalls hat er gesagt, sie bewundere Monsieur Proust, der einverstanden war, sie zu sehen und mit beiden zu dinieren.

An jenem Abend, dessen entsinne ich mich sehr genau, hat er mich gebeten, den Friseur kommen zu lassen.

»Bereiten Sie alles so schnell wie möglich vor, Céleste. Ich muß mich beeilen. Monsieur Morand kommt mit einer Dame vorbei und holt mich zum Essen bei Larue ab. Es ist eine rumänische Fürstin; er hat sehr darauf bestanden, daß ich sie kennenlerne.«

Gegen zehn Uhr ist Paul Morand mit der Dame gekommen. Ich bin zu Monsieur Proust gegangen, um ihn zu verständigen.

»Er möchte bitte näher treten.«

»Er ist in Begleitung einer Dame.«

»Das ist die, von der ich gesprochen habe. Die Fürstin Soutzo, ja. Wie ist sie?«

Lügen durfte ich nicht. Ich beschrieb sie so, wie ich sie gesehen hatte: »Es ist eine ziemlich kleine Dame, die ihren Hals sehr gerade hält und einen kleinen Hut mit Kinnband trägt. Sie kleidet sich schwarz, als ob sie Trauer hätte. Ich könnte es nicht beschwören, ob sie nicht etwas älter ist als er (Paul Morand war damals noch keine dreißig). Wenn Sie erlauben, würde ich sagen, sie ist nicht sehr elegant; aber ich finde sie so reizend wie eine kleine chinesische Vase.«

Er amüsierte sich immer über diesen Spaß mit den Porträts.

»Nun gut, wir werden sehen!«

Ich habe also Paul Morand geholt; sie plauderten einen Augenblick, während die Fürstin in der Diele wartete. Dann sind sie alle drei aufgebrochen. Als Monsieur Proust zurückkam, sah ich, daß er mit seinem Abend zufrieden war, und er sagte es mir auch.

Fast gleich danach hat er dann die Fürstin sehr häufig gesehen. Es wurde seine Ritz-Periode. Er dinierte dort sehr oft; trotz des Krieges war das Restaurant sehr lange geöffnet.

Er besuchte die Fürstin auch in ihrem Appartement. Ich telefonierte dann, um zu fragen, ob er vorbeikommen könne. Sie gehörte zu denjenigen, die sich täuschten: »Sind Sie es, Marcel?«

»Nein, Fürstin, hier ist Céleste.«

Ebenso gehörte sie zu denjenigen, die mich zu gut angezogen fanden. Nach einer kleinen Operation, der sie sich hatte unterziehen müssen, beauftragte mich Monsieur Proust, ihr einen großen Blumenstrauß zu überbringen. Als sie ihn wiedersah, sagte sie zu ihm: »Céleste ist unmöglich. Sie redet nicht nur am Telefon wie Sie, sie ist auch viel zu elegant. Sie sollten das nicht dulden.«

»Es ist komisch«, sagte Monsieur Proust, als er es mir wiedererzählte. »Ich reagiere genau umgekehrt. Schon nach der Person, die mir bei Leuten, die ich nicht kenne, die Tür öffnet, weiß ich, wer in dem Haus wohnt. Ich kenne eins, in dem die Hausmädchen hübsch als Elsässerinnen verkleidet sind, obwohl das ein bißchen übertrieben ist; aber sie haben Löcher an den Ellbogen ihrer Blusen. Ihre Herrschaft gehört nicht zu den feinen Reichen.«

Aber er fügte hinzu, man dürfe der Fürstin diese Äußerlichkeiten nicht übelnehmen, das komme daher, daß ihre Heimat noch etwas feudal sei. Ich glaube, ihm machte es sehr viel Spaß, sie zu analysieren. Und sie ihrerseits tat alles, um ihn für sich einzunehmen. Wenn Monsieur Proust einen Namen erwähnte und sagte, er würde den Betreffenden gern kennenlernen, dann erwiderte sie sofort: »Aber nichts leichter als das, Marcel. Wann immer Sie wollen. Nennen Sie mir den Tag. Ich werde ihn zum Abendessen einladen.«

Er war sich durchaus darüber klar, wie nützlich das war.

Eines Abends, als er vom Ritz nach Hause kam, hat er wie närrisch gelacht und mir anvertraut: »Wissen Sie, Céleste, die Fürstin macht mir wirklich den Hof, glaube ich. Ich habe heute zu ihr gesagt: ›Sie sind verheiratet, Madame.‹ Und wollen Sie wissen, was sie mir geantwortet hat? ›Das macht doch nichts!‹ Fast hätte ich geglaubt, sie wolle mich heiraten.«

Er begnügte sich damit, sie zu beobachten. Meiner Ansicht nach hat er immer vermutet, daß sie schließlich Paul Morand heiraten würde. Mehr als einmal hat er mir erklärt, er wisse, daß Morand ihr mehr als zugetan sei – er sei verliebt in sie, sehr verliebt sogar. Er freute sich darüber für ihn. Ich bin sicher, daß er ihnen vom Himmel aus seinen Segen erteilt hat. Er wußte zu gut, daß Paul Morand, was ihn betraf, nicht eifersüchtig zu sein brauchte, aber daß er es wahrscheinlich dennoch ein wenig war. Hinsichtlich seiner Besuche bei der Fürstin erzählte er mir lachend: »Hinter dem Sofa in ihrem Salon steht ein großer Wandschirm. Nun, Céleste, ob Sie es glauben oder nicht, jedesmal, wenn wir beide dort auf dem Sofa sitzen und uns unterhalten, kann ich mich des Gedankens nicht erwehren, daß sich Monsieur Morand hinter dem Wandschirm versteckt hält und uns zuhört.«

»Das glauben Sie doch nicht im Ernst, Monsieur!«

»Doch, doch, es würde mich nicht übermäßig wundern.«

Im Grunde genommen war er entzückt, daß die Fürstin ihm den Hof machte. Schließlich war er menschlich und daher empfänglich für das Interesse, das ihm entgegengebracht wurde – vor allem, wenn das Interesse seinem Werk galt. Ich entsinne mich eines jungen Botschaftsattachés – er hieß Truel –, der sein Buch so sehr verehrte, daß er ihn mit Briefen und Bitten, ihn besuchen zu dürfen, überschüttete. Monsieur Proust empfing ihn schließlich. Als ich ihm gegenüber bemerkte: »Monsieur, Sie sind ohnehin schon recht müde«, antwortete er: »Liebe Céleste, das stimmt, aber er ist so nett!«

Jedenfalls merkte ich an seinen Überlegungen, seiner Stimme und seinem Blick, daß es sich mit der Fürstin Soutzo wie mit so vielen anderen verhielt. Die Freundschaft von Monsieur Proust bestand letztlich in dem Gedanken, daß der Betreffende oder die Betreffende es wert sei, analysiert zu werden. Er schätzte den Menschen danach ein, ob es sich lohnte, ihn zu beobachten. Von allem, was er mir sagte, hat mich am meisten sein Eingeständnis gerührt, daß er sich bei seinem ersten Urteil über Paul Morand geirrt habe. Es war in der Woche vor seinem Tode. Paul Morand hatte ihm einen langen Besuch abgestattet. Als er gegangen war, rief mich Monsieur Proust: »Céleste, ich muß Ihnen ein Geständnis machen. Ich glaubte, Monsieur Morand sei ein Egoist, obwohl ich ihn sehr gern mochte. Heute abend habe ich nun gespürt, daß er mich sehr liebt, vielleicht mehr als ich ihn. Und wissen Sie, woran ich es gemerkt habe? Daran, daß er nicht zu gehen wagte. Er ist im Sessel sitzen geblieben, um mich anzuschauen und mit mir zu sprechen. Er hat erkannt, wie krank ich war. Er hat sich als überaus reizend und zartfühlend erwiesen! Ich habe mich geirrt; aber jetzt kann ich Ihnen versichern, ohne einen Irrtum fürchten zu müssen, daß Monsieur Morand mich sehr gern hatte.«

Erst jetzt, da ich mich seiner Worte wieder entsinne und seine Stimme wieder im Ohr höre, bin ich mir darüber klargeworden, daß er davon sprach wie von einer Vergangenheit, die er hinter sich gelassen hatte, und daß dieses Geständnis eine Art dankbarer Abschiedsgruß war. Denn er hat hinzugefügt: »Denken Sie daran, es ihm zu sagen, Céleste.«

Auf der Suche nach Romanfiguren

Man muß schon sagen, daß in den Kreisen, in denen er sich bewegte, Freundschaft eine große Seltenheit gewesen sein muß, die sich dann meist noch hinter der Lässigkeit des Auftretens, der Eleganz oder des gewandten Benehmens verbarg. Vielleicht gab es sie bei manchen. Wenn Monsieur Proust sie nicht entdeckt hat – er, der doch der Scharfblick in Person war –, dann vielleicht deshalb, weil ihm nicht daran lag, sie zu suchen. Um es zu wiederholen: Was ihn an den Menschen interessierte – zumindest in der Zeit, in der ich ihn gekannt habe –, war die Analyse dessen, was sie für sein Buch darstellen konnten.

Ja, je mehr ich später in meiner Einsamkeit darüber nachgedacht habe, um so deutlicher sehe ich ihn heute vor mir, im Begriff auszugehen, den Pelz übergezogen, lächelnd und die Augen im Schatten des Hutes, bereits belebt von der Hoffnung, daß es »ein guter Abend« werden möge; und wenn er dann nach Hause kam, heiter oder im Gegenteil müde und verärgert über verschwendete Zeit, dann sage ich mir, daß er nur im Gedanken an sein Buch ausging.

Wenn er so das Haus verließ, dann niemals um des Abenteuers willen – immer mit einem bestimmten Ziel, auf der Jagd nach Einzelheiten oder auf der Pilgerfahrt zu seinen Romanfiguren.

Diese Romanfiguren tanzten alle durch sein Gedächtnis, jede nach ihrem wohlgeordneten Ritornell. Niemals verlor er sie aus den Augen. Und was Monsieur Proust vor allem suchte, war nicht das Gefühl, sondern die Wahrheit.

Wenn er fröhlich zurückkam, fragte ich ihn: »Haben Sie

schön Honig gesammelt, Monsieur? Werden Sie uns heute welchen vorsetzen?«

Einmal hat er des Nachts zu mir gesagt: »Wissen Sie, Céleste, ich möchte, daß mein Werk in der Literatur eine Kathedrale darstellt. Das ist der Grund, warum es nie fertig wird. Selbst wenn die Kathedrale gebaut ist, gibt es immer noch das eine oder andere auszuschmücken, ein Glasfenster, ein Kapitell, eine kleine Kapelle mit einer kleinen Statue in einem Winkel.«

Also machte er sich auf die Suche.

Wenn er sich nach einem Kleid erkundigte, fragte er, wo die Spitze herstamme oder welche Art von Stickerei das sei; am liebsten hätte er noch wissen wollen, welche Garnmarke verwendet worden war.

Als er sich bereit fand, Charlie zu sehen, den jungen Engländer von Monsieur Goldsmith, der »nach Sodom gehörte«, dann nicht allein, um das Gebaren des jungen Mannes zu erforschen, das sehr manieriert war – nachher imitierte er ihn und machte sich darüber lustig. Er hat ihn ganz und gar studiert, jede Einzelheit seiner Garderobe.

»Seine Hemden und Westen sind von Charvet an der Place Vendôme«, sagte er zu mir.

Daß der junge Mann bei Charvet kaufte, fand er deshalb interessant, weil es ein Anzeichen für eine gewisse Gesellschaft war, eine gewisse Eleganz und ein gewisses Milieu. Ebenso fesselte ihn bei Goldsmith, der ihn als Mensch entsetzlich langweilte, eine gewisse Affektiertheit des Auftretens: »Wissen Sie, Céleste, selbst im Hausrock muß er noch aussehen, als ob er im Frack sei.«

Immer mußte er bei jedem tiefer hineinblicken – das Geheimnis, die Beziehungen, die Begegnungen, die Anspielungen zwischen den Geschlechtern, das Knistern der Gespräche. Aber wenn er einem davon erzählte, dann sagte er es nie ganz deutlich; er ließ es einen ergänzen; man mußte raten.

So ist es auch mit den Figuren seines Buches. Es ist viel darüber geschrieben worden, und ich werde mich nicht damit vergnügen, mich als Professor aufzuspielen. Im übrigen hat er weder mir noch irgend jemand anderem jemals *den* Schlüssel geliefert. Wenn er es nicht getan hat, so geschah das, glaube ich, nicht aus Bosheit oder zum Spaß, nicht absichtlich oder weil er die Fährten verwischen und einen auf eine falsche Spur lenken wollte – in Wirklichkeit entsprach das der Realität seines Werks. Denn soviel kann ich sagen: selbst alle Schlüssel, die man seitdem ins Schloß stecken konnte, genügen nicht, um sämtliche Geheimfächer aufzuschließen. Für jede Romanfigur bräuchte man einen großen Schlüsselbund.

Ich würde sogar sagen, daß ihm alle Schlüssel zu seinem Werk im Grunde ebenso gleichgültig waren wie die zu seiner Wohnung. Wenn es Leute gibt, die es mit Stolz und Freude erfüllte, die Geheimfächer aufzubrechen, wobei sie noch glaubten, sie seien hinter das Geheimnis gekommen, etwa wie bei den Gräbern der Pharaonen, dann bin ich sicher, daß er es vorausgesehen hatte. Er ahnte, daß sich Leute diesem Spiel hingeben würden, aber das ließ ihn ganz gleichgültig. Als er mir sagte, er sehe sein Werk wie eine Kathedrale in der Literatur an, dann bedeutete das, daß es seiner Ansicht nach ebenso lange Bestand haben würde wie die großen Kirchen, die er so sehr liebte – und was machte es dann schon aus, wenn man seine Herzogin de Guermantes aus dem Buch zum Beispiel zu einem Teil für die Gräfin Greffulhe, zu einem anderen Teil für Madame Straus und die Gräfin de Chevigné und im übrigen für zehn andere Damen hält? Wie wichtig würde es in hundert Jahren sein, das zu wissen? Und wer würde sich dann noch dieser Damen entsinnen? Aber die Herzogin de Guermantes und die anderen Romanfiguren würden in seinen Büchern und vor den Augen neuer Lesergenerationen immer noch lebendig sein.

Ich erinnere mich ... In den beiden letzten Jahren, als wir in der Rue Hamelin wohnten, nachdem wir den Boulevard Haussmann verlassen hatten, gab es eine Dame der Gesellschaft, die ihre Stadtvilla genau an der Ecke der Rue La Pérouse hatte. Sie zeigte sehr viel Stil, aber einen damals recht wunderlichen Stil, denn 1920 zog sie sich immer noch genauso an wie die Königin Alexandra, die Frau des Königs Eduard VII. von England, der seit zehn Jahren tot war – und inzwischen war Krieg gewesen, der alle möglichen Veränderungen mit sich gebracht hatte.

Diese Dame war sehr schön gewesen und hielt sich sehr strikt an eine Eleganz, die ebenso unmodern war wie ihre hochgetürmten Frisuren. Monsieur Proust kannte sie, denn er hatte sie bei der Gräfin Greffulhe gesehen, glaube ich, und er war fasziniert von ihrer Aufmachung. Sie hatte eine Nichte, die wie eine Tochter bei ihr lebte, denn sie selbst hatte keine Kinder gehabt. Und diese Nichte, erzählte mir Monsieur Proust lachend, bewunderte ihn dermaßen, daß sie gesagt hatte, wenn sie ihn nicht heiraten könne, dann käme nur ein anderer Mann in Frage, und zwar der berühmte Organist Vidor, der sehr viel älter war als sie. Tatsächlich hat sie Vidor geheiratet, der dann auch in die Stadtvilla in der Rue La Pérouse eingezogen ist. Nun hatte ich festgestellt, daß man von unserem Küchenfenster aus Einblick in ihr Eßzimmer hatte, wo sich die Mahlzeiten unter Wahrung des Dekorums abspielten. Ich habe Monsieur Proust darauf aufmerksam gemacht; er bat mich, ihn bei erster Gelegenheit zu verständigen. Zwei- oder dreimal ist er gekommen und hat einen Blick auf die Szene geworfen; ich habe ihm genau angemerkt, daß sein Interesse dem stilvollen Servieren und dem mit Leuchtern und schönem Geschirr gedeckten Tisch sowie dem Verhalten der Tischgäste untereinander galt. Mit einem Blick hatte er das im Geist registriert.

Der fraglichen Dame hat er sich in seinem Buch bedient, um die Prinzessin von Guermantes mit ihren Zügen auszustatten, insbesondere bei der Beschreibung eines Galaabends in der Oper, an dem die schmucklose Kleidung der Prinzessin in der Loge einen Kontrast bildete zu den Straußenfedern und Juwelen der Herzogin, ihrer Schwiegertochter. Und wenn er hier und dort, auf anderen Seiten, einige Einzelheiten des Dekorums der Mahlzeiten verwendet hätte, würde es mich nicht wundern.

Aber was hat man schon davon, außer ein wenig Gesellschaftsklatsch, wenn man weiß, daß es sich in Wirklichkeit um Madame Standish handelte, eine alte Freundin des Königs Eduard VII.? Wenn Monsieur Proust einiges von ihrem Gebaren übernommen hat, dann entsprach das seiner Vorstellung von der Prinzessin von Guermantes, und die Person, die an jenem Opernabend in dem Kleid steckte, ist nicht Madame Standish, sondern die Prinzessin. Darauf kommt es an.

Denn in Wirklichkeit war es so: Er hat sich nicht ein Vergnügen daraus gemacht, eine ganze Garnitur Porträts zu malen; es war eine Welt, die er gekannt hatte, eine ganze Gesellschaft und eine Lebensweise, die zerbrachen und allmählich in ganzen Stücken in eine andere Welt fielen, die neu entstand. Er hatte es gesehen; ich bin sicher, daß er es von Anfang an erwartet hatte. Er hatte den Zusammenbruch dieser Welt erkannt, lange bevor er ihn erlebte. Sie hatte er beschreiben wollen mit allem, was die Menschen antreibt, mit allen Schönheiten, aber auch mit allen Lächerlichkeiten. Er war hart in seinen Urteilen. Ja, er hat den Zusammenbruch vorausgesagt – man muß es in seinem Werk nachlesen. Wenn man es nicht herauszulesen vermag, dann hat man nichts davon begriffen.

Der einzige Grund, warum er so viel ausging, um Menschen zu sehen, war, seinen Geist aufzufrischen, um seine Voraussage mit einem Maximum an Wahrheit zu beschreiben.

Er sagte es mir nicht offen, sondern verblümt wie immer: »Ich war heute abend, wie Sie wissen, bei den Sowieso. Nun stellen Sie sich vor, zu meiner Überraschung habe ich dort Madame X getroffen. Ja, ich war erstaunt festzustellen, daß die Sowieso heute jemanden empfangen, den sie früher um nichts in der Welt hätten bei sich sehen wollen.«

Er sagte nicht einmal, daß dies ein Anzeichen sei – man erriet es eher an seinem Blick, der sich in die Vergangenheit zurückzog, um einen Vergleich anzustellen.

Manchmal, beim Arbeiten, bat er mich, ihm den Gotha zu geben – sehr selten. Immer geschah es, um die Wappensprüche zu studieren und die Heiraten nachzuprüfen, um unterscheiden zu können, was die einen im Vergleich zu den anderen boten und was aus den Familien geworden war. Das hatte nichts mit der Neugier eines Lebemanns zu tun. Er verfolgte die Entwicklungen und die Niedergänge. Aber darin war er von eben solcher Genauigkeit, wie wenn er mir sagte: »Liebe Céleste, wollen Sie bitte das Lexikon zur Hand nehmen. Ich habe mich in meinen Departements ein bißchen verirrt. Ich hätte gern, daß Sie nachprüfen, wo dieser Ort genau liegt.«

Natürlich wollte er, daß seine Romanfiguren vollkommen waren. Darum hat er jeder den Charakter und das Äußere von vielen der Wirklichkeit entnommenen Modellen gegeben. Aber niemals hat er aus Bosheit oder auch nur zum Spaß einer von ihnen irgendeinen Makel eines Modells aufgepfropft; es war eher das Vergnügen des Künstlers – die Freude, das gefunden zu haben, was er suchte.

Er wußte, daß sein häufiges Ausgehen ihn umbringen würde, aber er fand in sich die Möglichkeit, es durchzustehen, weil er daraus eine Art Hochgefühl schöpfte wie ein junger Mann, der zu einem Rendezvous mit dem Mädchen seiner Wahl geht. Er war krank, aber er klammerte sich an die Hoffnung, daß ihm der Abend das einbringen würde, was er haben wollte. Wenn man eine große Freude empfindet, wenn etwas so war, wie man es sich wünschte – eine Begegnung, die einem zusagte, eine erfolgreiche Reise –, dann kommt man absolut entspannt nach Hause, zufrieden, verjüngt, man verspürt keine Erschöpfung, man ist nicht einmal müde. Das war es sicher, was er verspürte und was ihn antrieb. Und er konnte, wenn er nach Hause kam, ebenso glücklich sein über eine Person wie darüber, daß seine Neugier in bezug auf ein Haus gestillt war – ob die Person ihr Aussehen verändert oder das Haus noch dasselbe Dach wie früher hatte, wie es bewohnt wurde, ob es mehr oder weniger Bediente gab als zu der Zeit, da er es öfter besucht hatte.

Einmal quälte ihn der Gedanke an einen Hut, den er vor langer Zeit bei der Gräfin de Chevigné gesehen hatte. Er sprach mit mir darüber: »Sie war schön. Sie trug immer prächtige Hüte. Einer war darunter, an den ich mich besonders erinnere, mit Kornblumen und Mohn, und vor allem eine wunderbare Toque aus Maulwurf, mit Parmaveilchen garniert.«

Er fragte mich: »Glauben Sie, sie hat ihn aufbewahrt, so daß ich sie bitten könnte, ihn mir zu zeigen?«

»Aber, Monsieur«, sagte ich, »die Mode hat sich sehr geändert seit der Zeit der Kutschenparade im Bois de Boulogne. Wenn eine Dame wie Madame de Chevigné, die nach Ihren Worten so vornehm und so elegant war, alle ihre Hüte aufgehoben hätte, dann würde das eine schöne Menge Kartons ergeben!«

Es hat ihm keine Ruhe gelassen, und um die Frage zu klären, ist er schließlich zu Madame de Chevigné gegangen und hat sie ihr selbst vorgelegt.

Dazu ist zu sagen, daß er in seiner Jugend die Gräfin mehr als bewundert hat – er empfand für sie in etwa dasselbe wie für Madame Greffulhe, wenn er in der Oper Posten bezog, um sie die Treppe hinaufsteigen zu sehen. Bei Madame de Chevigné war es auf den Champs-Elysées, Ecke Avenue Marigny, wo er sich aufstellte, um sie in ihrer Equipage auf dem Weg zum Bois vorbeifahren zu sehen. Er sagte zu mir: »Ich war in Ekstase.«

Zu jener Zeit hat er sie in der Ungeduld seines Sturms und Drangs sogar angesprochen. Aber das wurde eher eisig aufgenommen. Später hat er sie in der Gesellschaft kennengelernt; zweifellos war sie trotz allem geschmeichelt, daß dieser junge Mann sie so anbetete.

Als er sie wegen dieser Toque mit Parmaveilchen, die ihn quälte, hatte wiedersehen wollen, ist er nach dem Besuch ganz niedergeschlagen gewesen. Erstens einmal war ihre einzige Antwort auf seine Frage: »Oh, Marcel, nach so langer Zeit, wie stellen Sie sich das vor?«

Dann bat er mich, während er mir über seinen ganzen Besuch berichtete, eine Photographie von ihr herauszuholen, die er von ihr bekommen hatte, als sie noch schön war;

er zeigte sie mir und gab dazu wie üblich Erklärungen ab. Dann legte er sie aus der Hand und sagte: »Das war eine stolze Frau und eine Schönheit. Heute abend habe ich eine alte Dame mit grauen Haaren gefunden, mit einer rauhen Stimme und einer Adlernase, eine alte Dame, die auf dem Sofa saß und strickte, ihre Enkelin neben sich.«

Seine Stimme klang unendlich traurig. Das war während des Krieges. Er hat sie noch ein paarmal wiedergesehen, vor allem zusammen mit Jean Cocteau, der im selben Haus wie sie in der Rue d'Anjou wohnte. Dann war es vorbei. Er brauchte sie nur noch in seinen Bildern von der Vergangenheit.

Was er von ihr für seine Herzogin de Guermantes entlehnt hat, waren das Auftreten und die Toiletten, so wie er die Grazie des Halses und der Haltung von der Gräfin Greffulhe entlehnt hat. Der Verstand der Herzogin war eher der von Madame Straus. Er machte sehr deutlich eine Unterscheidung, wenn er von den drei Modellen sprach.

Wenn auch kein Zweifel daran besteht, daß seine Gefühle für Madame de Chevigné sehr stark waren und er sie in der Vergangenheit und auch später stets bewunderte, so hinderte ihn das nicht, sie zu beurteilen. Als er ihr ein Exemplar seines Buches – es muß ›Die Welt der Guermantes‹ gewesen sein – widmete, hat er, wie ich mich erinnere, mit einem Seufzer gesagt: »Und bedenkt man, Céleste, daß sie es nicht begreifen wird, wenn sie die von ihr erfüllten Seiten liest ...«

Das war gleichzeitig seine Art, mir einen Schlüssel anzudeuten.

Manchmal half ich sozusagen ein wenig nach. Als er sich zum Beispiel mit dem Herzog d'Albuféra überwarf, hatte dieser ihm einen langen, vorwurfsvollen Brief geschrieben, den Monsieur Proust mir am selben Tag vorlas. Der Herzog war wütend, weil er sich in der Person des Marquis de Saint-Loup wiedererkannte, der einen Streit mit einer Schauspielerin hat – das kommt, glaube ich, in ›Sodom und Gomorrha‹ vor. Und es stimmte, daß die Szene sehr stark einer anderen ähnelte, die zwischen dem Herzog und Louisa de Mornand stattgefunden hatte und über die Monsieur Proust im Bilde war.

Als er den Brief hinlegte, sagte er zu mir: »Ich weiß nicht, wie er dazu kommt, sich das einzubilden.«

»Ich frage mich, Monsieur, ob er sich völlig täuscht. Glauben Sie nicht, daß es einige Ähnlichkeiten gibt?« bemerkte ich darauf.

Er hat gelacht.

»Jedenfalls ist es schade, denn wir waren sehr befreundet. Ich werde ihm schreiben«, sagte er dann.

Tatsächlich hat er ihm einen langen Brief geschrieben. Der Herzog hat darauf nicht geantwortet. Als ich nach Monsieur Prousts Tod Louisa de Mornand wiedergesehen habe, sprach ich mit ihr über den Vorfall. Sie wußte gar nichts davon; merkwürdig, daß der Herzog ihr kein Wort gesagt hatte. Sie hat mir nur erklärt: »Daß er nicht geantwortet und sich nicht wieder mit ihm ausgesöhnt hat, wundert mich übrigens bei Louis nicht (das war der Vorname des Herzogs). Er war sehr nett und sehr großzügig; ich kann mich über ihn nicht beklagen. Aber er war nicht sehr intelligent.«

Ich glaube, das war nicht weit von Monsieur Prousts Urteil entfernt. Er hat den Herzog nicht wiedergesehen, aber soviel ich weiß, hat er ihn auch nicht vermißt. Er war mit ihm fertig.

Was mich immer verblüfft hat – und damit komme ich auf das zurück, was ich über Freundschaft bei Monsieur Proust gesagt habe –, ist die Tatsache, daß er niemals sehr erschüttert darüber war, wenn sich die Leute in seinen Romanfiguren wiedererkannten. Ich glaube, daß es ihm zwar nicht gleichgültig war, daß es ihm aber vor allem für diejenigen leid tat, die es übelnahmen.

Nur ein einziges Mal habe ich gesehen, daß er beunruhigt war, und zwar im Zusammenhang mit Laure Hayman. Sie hatte ihm einen zugleich wütenden und bekümmerten Brief geschrieben, weil ihr gemeinsamer Freund, »Coco« de Madrazo, ihr erklärt hatte, sie sei in ›Swann‹ in Gestalt von Odette de Crécy abgebildet.

Monsieur Proust schätzte sie, wie ich schon erwähnt habe, sehr hoch – wegen ihrer Intelligenz, ihrer alten Freundschaft und der Selbstverleugnung und Liebe, die sie ihrem Sohn bekundet hatte. Er hat mir ihren Brief nicht vorgelesen, sondern mir lediglich in großen Zügen den Inhalt wiedergegeben. Dann sagte er: »Es ist mir wirklich sehr ärgerlich, daß sie sich wiederzuerkennen glaubt.«

»Hat sie wirklich unrecht, Monsieur?«

»Jedenfalls will ich nicht, daß sie es glaubt. Ich will nicht, daß sie aufgebracht ist. Das würde mir unendlich leid tun.«

Er hat lange allein darüber nachgedacht und mich dann wieder gerufen.

»Ich habe in der Zeitung gelesen, daß Laure Hayman angefangen hat zu bildhauern. Sie macht Statuetten, wie es scheint, sehr hübsche, und sie hat gerade eine Ausstellung gehabt. In der letzten Nummer von ›Vogue‹ sind Bilder davon enthalten. Wollen Sie sie mir bitte kaufen? Ich habe das Gefühl, daß sie wirklich nicht sehr guter Stimmung ist, und da möchte ich mir gern diese Photographien genau ansehen und sie dann um eine Zusammenkunft bitten, um das Mißverständnis zu bereinigen.«

Ich bin mit der Nummer von ›Vogue‹ zurückgekommen. Er behielt mich dort, um mit mir zusammen die Photographien anzusehen; während er sie mir erklärte, spürte ich genau, wie sich das Gespräch vorbereitete. Tatsächlich waren die Statuetten sehr hübsch. Er sagte: »Das freut mich, denn nun brauche ich nicht zu lügen.«

Er ist zu Laure Hayman gegangen und sehr erleichtert und triumphierend zurückgekommen. Er strahlte und war ganz begeistert, als er mir von der Zusammenkunft berichtete.

»Meine liebe Céleste, ich bin glücklich, denn ich habe völlig reinen Tisch gemacht. Ja, ich bin hochbeglückt. Alles ist in Ordnung. Ich habe sie überzeugt, daß sie sich getäuscht hat. Ich habe ihr nachgewiesen, daß man zu lesen verstehen muß und daß viele Menschen Wörter lesen, aber nicht zu lesen verstehen oder schlecht lesen und daher nicht begreifen, was man hatte schreiben wollen. Jetzt ist sie überzeugt, daß sie in meinem Buch überhaupt nicht vorkommt. Zu guter Letzt war sie reizend, und wir bleiben Freunde.«

»Im übrigen«, fügte er hinzu, »ist sie viel zu klug und intelligent, um die Wahrheit nicht zu begreifen, und sie weiß, daß mir nichts mehr Kummer machen würde, als wenn wir uns entzweien.«

Ich habe mich oft gefragt, ob es ihm noch Freude machte, die Menschen um ihrer selbst willen zu sehen oder wiederzusehen. Zur Zeit der »Kamelie« hatte er das gesellschaftliche Leben bestimmt sehr geliebt. In diesen letzten zehn Jahren, in denen er sich mit seinem Werk eingeschlossen hatte, war es damit, soviel ich weiß, vorbei. Wenn er seine Romanfigur unter Dach und Fach hatte, dann nahm er Abschied von den Modellen. Solange er sie noch brauchte, hätte ich schon allein an seinem plötzlichen Wunsch, diesen oder jenen zu sehen, den Fortgang der Kapitel verfolgen können, ebenso wie ich danach, wenn er jemanden bei seinen Besuchen, seinen Abenden oder in seinen Briefen nicht mehr berücksichtigte, hätte sagen können: »Aha, die Seiten sind fertig.«

Ich erinnere mich, daß er einmal Gelegenheit hatte, die Königin von Rumänien zu treffen, die eine große Bewunderin seiner Bücher war. Die Königin wohnte bei der Fürstin Soutzo, die Monsieur Proust hatte wissen lassen, daß die Herrscherin sehr begierig sei, ihn kennenzulernen. Nur hatte sie ihn darauf hingewiesen – er selbst hat es mir erzählt: »Sie geht sehr früh schlafen. Also, mein lieber Marcel, reißen Sie sich zusammen und kommen Sie nicht so spät.«

Als er an dem Abend seinen Kaffee getrunken hatte und der Augenblick der Toilette gekommen war, rief er mich: »Liebe Céleste, ich bin müde. Ich glaube, ich werde nicht hingehen, um die Königin zu sehen.«

Ich wandte ein, daß er erwartet werde und zu kommen versprochen habe; es sei der Fürstin und der Königin gegenüber weder höflich noch freundlich.

»Warum wollen Sie denn nicht hingehen, Monsieur, wenn es doch eine Bewunderin ist? Aber Sie müßten sich beeilen, denn wenn Sie zu spät kommen, ist sie schon im Bett, wie Ihnen die Fürstin gesagt hat.«

Er hat lachend geantwortet: »Um so besser! Sehen Sie nicht, daß ich recht habe?«

Als ich darauf bestand, erwiderte er: »Aber begreifen Sie

es doch, liebe Céleste ... selbst wenn sie nicht gekrönt sind, so habe ich doch alle Königinnen, die ich brauche.«

Er dachte gewiß an die Gräfin Greffulhe, an Madame de Chevigné, an Madame Standish und einige andere.

Natürlich ist er dann schließlich doch hingegangen. Ich erinnere mich, daß es einer der Abende war, an denen er beinahe mit der zahnpulverbespritzten Krawatte aufgebrochen wäre und mir sagte, das sei nicht wichtig, nicht wegen seiner Krawatte wollten die Leute ihn sehen. Er war nicht übermäßig begeistert, als er zurückkam, obwohl die Königin einige schmeichelhafte Worte über seine Bücher gesagt hatte.

Ebenso war es zum Beispiel etwa 1920 oder 1921, als er eine Zeitlang ziemlich häufig zu den Hinnisdaëls ging. Er fand an ihnen besonders interessant, daß sie inmitten all der gesellschaftlichen Veränderungen nach dem Krieg so etepetete geblieben waren, aber trotz allem im Rahmen dieser Tradition – hochnäsig, wie sie waren – doch Dingen und Menschen ihre Tür öffnen mußten, die sie früher gewiß nicht geduldet hätten. Ich habe schon von seiner Verwunderung und Mißbilligung gesprochen, nicht weil er den Schriftsteller Ramon Fernandez dort traf, sondern weil er feststellte, daß man zuließ, daß er der Tochter des Hauses, Thérèse, den Hof machte. Mademoiselle d'Hinnisdaël reizte seine Neugier übrigens sehr; ich glaube, er studierte sie gern. Er sagte von ihr: »Das ist die einzige aus ihrer Gesellschaft, die ich kenne, die die neuen Tänze so zu tanzen vermag, wie sie getanzt werden müssen, und dennoch immer noch so aussieht, als sei sie aus einem alten Wandteppich herabgestiegen, und all das mit unendlicher Anmut.«

Ich bin nicht sicher, ob nicht einiges von ihr in den letzten Bildern von der Romanfigur Albertine enthalten ist.

Aber von einem bestimmten Augenblick an war von den Hinnisdaëls nicht mehr die Rede, ebensowenig wie von Madame Greffulhe, Madame de Chevigné, Madame de la Béraudière, Louisa de Mornand und so vielen anderen.

Die einzige Zeit, in der er sich eifrig um diese oder jene bemühte, war seine Jugend. Nach dem, was er mir sagte, hat er schon vor dem Krieg die Leute irgendwie nur in Stükken gesehen, wie es sein Interesse, oder vielmehr das seines Buches, erforderte. Er hatte seine Wahl schon getroffen: er suchte nur noch die großen Veranstaltungen auf, bei denen diese Gesellschaft in allem Glanz erstrahlte – ein großes Diner, ein eleganter Ball, ein Galaabend in der Oper. Dort sondierte er, um seine Sammlung zu vervollständigen.

»Mein Gott, wieviel Leute muß man ertragen, bis man einen etwas ungewöhnlichen Menschen trifft!« sagte er.

Aber wenn er einmal jemanden entdeckte, dann quetschte er ihn bis aufs letzte aus; er machte sich auf allen möglichen Umwegen an ihn heran; er überlegte sich, durch wen er ihn kennenlernen könne, um ganz natürlich zu wirken und nicht so auszusehen, als sei es sein Wunsch gewesen, sondern ein »Zufall«. Um an die Person heranzukommen, die er im Auge hatte, tat er manchmal alles mögliche, um zuerst mit einer anderen bekannt zu werden, die ihn eigentlich gar nicht interessierte. Er bot seinen ganzen Charme auf, und da man ihn überall wegen seiner angenehmen Umgangsformen und seines Geistes feierte und willkommen hieß, besaß er für jedermann sichtbare Ausgangspunkte und machte davon so viel Gebrauch, wie normalerweise nötig war, um eine Zeitlang die Beziehung zu anderen aufrechtzuerhalten. Dann brachte er das Gespräch auf denjenigen, der ihn interessierte: »Kennen Sie ihn gut? Sehen Sie ihn oft?«, und setzte das so lange fort, bis der andere ihm dann von selbst anbot, eine Begegnung herbeizuführen. Aber er mußte sicher sein, daß er nicht den Anschein des Bittstellers erweckte, denn Anmaßungen hätte er nicht ertragen.

In der Zeit, in der ich ihn kannte, hatte er offensichtlich sein ganzes Gelände schon abgesteckt. Ab und zu kam es vor, daß er zu mir sagte: »Jetzt sind es schon mindestens zwei Jahre, daß ich Herrn Sowieso kein Lebenszeichen habe zukommen lassen; trotzdem würde ich ihn gern wiedersehen. Ich habe mir etwas ausgedacht: Sie werden Monsieur X anrufen, der mit ihm und mit mir in Verbindung geblieben ist, und eine Verabredung mit ihm treffen; ich werde es dann schon fertigbringen, daß er etwas für mich organisiert.«

Aber im allgemeinen genügte es, dem Betreffenden direkt eine Botschaft zu schicken oder ihn anzurufen.

Vor dem Krieg hatte er den Umweg über den Grafen Robert de Montesquiou eingeschlagen, der eine gesuchte Persönlichkeit war, um die Bekanntschaft eines der berühmtesten Dandys jener Zeit zu machen, des Marquis Boni de Castellane. Er wollte ihn nicht nur kennenlernen, weil er in ihm ein zusätzliches Studienobjekt für seinen Marquis de Saint-Loup sah – für den er sich unter anderem schon durch zwei Jugendfreunde hatte inspirieren lassen: Gaston de Caillavet und Bertrand de Fénelon –, sondern auch, weil er sich vorstellte, daß der Marquis mit seiner Familie eine Fundgrube für Romanfiguren sein würde; vor allem eine seiner Tanten hat ihm dann auch zusammen mit Madame Lemaire als Modell für seine Madame de Villeparisis gedient, eine echte, kunstbegeisterte Aristokratin.

Über Boni de Castellane hatte er sich damals sehr amüsiert. Um seine Finanzen aufzubessern, hatte der Marquis eine überaus reiche Amerikanerin geheiratet, Anna Gould, und um in Paris Furore zu machen, ließ er sich mit dem Geld seiner Frau das berühmte Palais Rose nach dem Vorbild des Grand Trianon von Versailles bauen. Monsieur Proust hat nicht lockergelassen, bis er eingeladen wurde und alles besichtigen konnte. Er erzählte mir lachend, daß Boni de Castellane, als sie zum Schlafzimmer kamen, den klassischen Ausspruch getan hat, der in ganz Paris kolportiert wurde: »Er hat die Zimmertür aufgemacht und gesagt: ›Das ist die Kehrseite der Medaille.‹ Seine Frau war nämlich sehr häßlich, wissen Sie. Aber das Komischste dabei war, daß er es im Ton eines Museumsführers gesagt hat.«

Anna Gould hat sich schließlich scheiden lassen – »sonst hätte er noch alles durchgebracht«, sagte Monsieur Proust. »Ich habe nie jemanden gesehen, der so viel Geld verbrauchte.« Boni de Castellane war bald ruiniert. Im Jahr 1919 wollte Monsieur Proust ihn wiedersehen, um festzustellen, wie er aussah. Dessen bin ich sicher. Es war in der Zwischenzeit, als wir am Boulevard Haussmann ausgezogen waren und in der Rue Laurent-Pichat im Haus der Schauspielerin Réjane sozusagen möbliert wohnten, ehe wir die Wohnung in der Rue Hamelin fanden. Boni de Castellane ist eines Spätnachmittags gekommen und blieb einen Augenblick bei Monsieur Proust in seinem Zimmer. Als er gegangen war, hat Monsieur Proust mich gerufen.

»Haben Sie diesen Grandseigneur gesehen, Céleste? Haben Sie diese Haltung gesehen, diese Eleganz und Übertriebenheit? Mit dieser sehr schönen Bulldogge und ihrem mit Kupfernägeln beschlagenen Halsband, die fast wie Gold aussehen? Und dabei hat er keinen Pfennig mehr! Er ist nicht der einzige. Wenn man bedenkt, daß diese Leute auf dem Deckel einer Badewanne schlafen, weil sie nicht einmal mehr ein Schlafzimmer haben! Und dennoch, Céleste, wie verstehen sie es, nach außen hin den Schein zu wahren!«

Er hatte fast einen triumphierenden Blick, als er das sagte. Aber das war keine Bosheit. Er hatte gesehen, was er sehen wollte, und er war stolz darauf, daß er sich in seiner Romanfigur nicht getäuscht hatte. Es war ihr letztes Zusammensein. Ich glaube, er hatte genug vom Marquis de Saint-Loup.

Die ganzen Jahre, in denen ich ihn gekannt habe, waren nur ein einziger Wettlauf mit der Zeit auf der Jagd nach seinen Kapiteln und seinen Romanfiguren. Nicht umsonst wiederholte er ständig: »Es muß sein, es muß sein.« Wenn behauptet wird, er habe den Prunk geliebt, dann ist das falsch. Es behagte ihm nicht, Frack oder Smoking anzuziehen. Er tat es nur, weil es nicht anders ging. Er war nie so glücklich wie in seinem Bett, mit Pullovern um die Schultern und bei seiner Arbeit. Und wenn es eines Beweises bedarf, daß er nur dann beschloß, Leute zu sehen, wenn er plötzlich etwas für sein Werk brauchte, dann bin ich die einzige, die das bezeugen kann, denn ich bin die einzige, die dabei und insofern sogar beteiligt war, als er mich ins Vertrauen zog.

Während er ruhte, dachte er über das nach, was ihm fehlte und wie er es bekommen könnte; wenn der Gedanke gereift war, gab es kein Zögern mehr. Ich mußte sofort telefonieren oder dem Betreffenden, der die Zusammenkunft arrangierte, einen Brief überbringen. Lud Monsieur Proust zum Essen ein, mußte alles zugleich getan werden: mit Olivier Dabescat im Ritz telefonieren, um einen separaten Salon zu reservieren – die Zusammenstellung des Menüs überließ Monsieur Proust immer Dabescat –, und die Gäste verständigen, sobald feststand, wer mit wem eingeladen werden sollte. Diese Leute zusammenzutrommeln war nicht einfach, wie man sich denken kann; denn jedesmal, wenn es ein Diner gab, war nichts dafür vorbereitet; immer wurde alles in der letzten Minute improvisiert, und dennoch war es immer ein großartiger Erfolg.

So, wie Louisa de Mornand einen Freudensprung gemacht hatte, als ich ihr eine Einladung überbrachte, hätten verblüffenderweise alle lieber eine andere Verabredung abgesagt, als sich zu entschuldigen und zu sagen, sie könnten nicht kommen. Die meisten, glaube ich, hätten sich schlagen lassen, wenn sie ihm damit eine Freude gemacht hätten. Das bewirkte natürlich vor allem sein Charme; er glich einem Monarchen des Geistes, der wie eine Sonne anzog.

Wenn er einlud, dann immer zu sehr später Stunde, eher zum Souper als zum Diner, und er brach rechtzeitig auf, um die Gäste zu empfangen, gewöhnlich zwischen neun oder zehn Uhr abends. War er eingeladen, dann ging er niemals früh hin; er fand immer gute Gründe, sich zu verspäten, und wenn es nur die Müdigkeit war. Obwohl er es mir nie gestanden hat, habe ich doch immer das Gefühl gehabt, daß er sicher sein wollte, bei seinem Eintreffen die ganze Gesellschaft bereits vollzählig vorzufinden. Erst dann war er sicher, denke ich, daß das Fest der Augen gleichsam auch für ihn vollkommen sein würde.

Ja, da ich ihn kannte, möchte ich schwören, daß ihm daran lag, sofort die Szene zu überblicken. Das entnahm ich den Beschreibungen, die er mir gab. Er begann damit, mir das allgemeine Bild zu veranschaulichen, dann ging er auf Einzelheiten ein, insbesondere auf jene, die bei ihm den Wunsch ausgelöst hatten, diese Gesellschaft zu besuchen.

Er besaß eine fabelhafte Beobachtungsgabe und ein untrügliches Gedächtnis. Als er, wie ich erzählt habe, zwei- oder dreimal ans Küchenfenster in der Rue Hamelin gekommen ist, um die Familie von Madame Standish bei Tisch zu sehen, war das gleichsam nur eine flüchtige Erscheinung, so als sei er nur eben vorbeigegangen; aber in dreißig Sekunden hatte er alles aufgenommen, sehr viel besser als mit einem Photoapparat, denn hinter dem Bild fand sich manchmal die ganze Analyse einer Person, und zwar dank eines Details – einer Handbewegung, um ein Salzfaß vom Tisch zu nehmen, einer Neigung des Kopfes, einer Reaktion, die er aufgefangen hatte.

Als ich mich darüber verwundert zeigte, sagte er: »Aber, Céleste, das ist keine Begabung. Zuerst ist es eine Denkweise, die man ausbilden kann und die mit der Zeit eine Gewohnheit wird. Da mir sehr viele Betätigungen verboten waren, blieb ich im Leben häufiger untätig als andere, und wenn es vielleicht auch nur geschah, um mich zu zerstreuen, so habe ich sie bei ihrem Tun und Treiben beobachtet, oft mit Neid, was zur Folge hatte, daß ich sie noch genauer beobachtete. Schon als Kind habe ich damit angefangen. Von dem Tag an, an dem ich unter Asthma zu leiden begann, lief ich nicht mehr, ich promenierte, ob es nun in den Champs-Elysées war oder im Pré Catelan in Illiers, im Haus meines Onkels Amiot. In Illiers konnte ich Stunden damit verbringen, das vorbeifließende Wasser des Loir zu betrachten, dann in dem kleinen Pavillon zu lesen oder zu schreiben, wo ich die ganze Natur vor Augen hatte. Wenn ich meinen Onkel in seinem Tilbury begleitete, war es dasselbe; ich sah, wie sich die Landschaft ausbreitete und vorüberzog und die Kirchtürme der Dörfer in der Ebene auftauchten. Auch das Leben und die Menschen sind Natur, die sich ausbreitet und vorüberzieht; aber wenn man die

Beziehungen zwischen den Menschen betrachtet und beobachtet, dann interessiert man sich zu guter Letzt dafür, und denkt man lange genug über diese Beziehungen nach, so ergeht es einem wie den Wissenschaftlern, man entdeckt Gesetze.«

Er sagte auch, während er auf seine Augen und Stirn deutete: »Alles wird *hier* vermerkt, Céleste. Wenn man kein Gedächtnis hat, kann man nicht vergleichen, und nur wer vergleicht, kann seine Gedanken vervollständigen. Aber damit wird man nie fertig. Darum muß ich immer wieder hingehen und sehen und wiedersehen.«

Und ein andermal: »Das wirkliche Leben zeigt sich nur in der Beobachtung und im Gedächtnis; sonst zieht es nur vorüber. Alles, was ich beobachtet und im Gedächtnis behalten habe, ist in meine Romanfiguren eingegangen, damit sie echt sind. Um echt zu sein, müssen sie vollständig sein. Darum habe ich jede mit Zügen ausgestattet, die ich im wirklichen Leben bei vielen anderen bemerkt und in Erinnerung behalten habe.«

In diesem Zusammenhang fällt mir ein, daß er eines Tages von der Widmung gesprochen hat, die er Jacques de Lacretelle 1919 in eins seiner Bücher schreiben wollte – ich glaube, es war ›Im Schatten junger Mädchenblüte‹.

»Monsieur de Lacretelle hat mir geschrieben und um einige Erklärungen zu meinen Büchern gebeten. Aus seiner Anfrage spricht so viel Scharfsinn und Verständnis für meine Beobachtung, daß ich den Wunsch habe, ihm eine Widmung zu schreiben wie sonst niemandem. Ich muß darüber nachdenken.«

Nachdem er sie geschrieben hatte, gab er mir ein Resümee darüber: »Er fragte mich nach den Schlüsseln zu meinen Büchern. In der Widmung habe ich geantwortet, daß ich sie nicht geben könne. Nicht, daß ich davor Angst hätte oder sie verheimlichen wollte; aber es gibt zu viele für jede Romanfigur. Selbst wenn ich sie alle darlegte, könnte man sich täuschen und sich einbilden, irrtümlich oder absichtlich, daß von diesem mehr drinsteckt als von jenem. Und es ist sowieso nicht wichtig. Er selbst hat sehr genau begriffen, was zählt, nämlich die Wirklichkeit.«

Er fügte hinzu: »Könnte diese Widmung doch ein Zeugnis für den Geist meines Werkes sein!«

Am Ton seiner Stimme merkte ich, daß er keineswegs versucht hat, der Frage auszuweichen, sondern durchaus aufrichtig war.

Daß seine Suche die Suche nach der Wahrheit war, bewies mir jeder Tag aufs neue, weil er mit seinen Reflexionen über Dinge und Menschen, über Beziehungen und über das Raffinement des Details aus freien Stücken ständig selbst davon Zeugnis ablegte. Er berichtete keinen Klatsch. Alles war gesehen, ja, aber auch abgewogen, aufgenommen und miteinander in Verbindung gebracht. Und aus dem Abwägen und dem Herstellen des Zusammenhangs ergab sich die Wahrheit, auch aus der Genauigkeit, die nichts vergaß.

Nach seinem Tode ist Professor Robert Proust eines Tages in Begleitung von Dr. Le Masle, der eine Arbeit über Professor Adrien Proust schrieb, nach Illiers gefahren. Auf dem Rückweg wollte er über Chartres fahren und die Kathedrale wiedersehen, die Monsieur Proust so geliebt hatte. Dr. Le Masle hat mir die Szene beschrieben. Professor Proust ist in die Kathedrale gegangen; er hat seinen Blick über das Ganze schweifen lassen, ohne weiterzugehen; dann hat er Dr. Le Masle zu einem Pfeiler gezogen, den er lange betrachtete. Schließlich hat er sich zu Dr. Le Masle umgewandt, auf die Säule gezeigt und mit Tränen in den Augen gesagt: »Hier haben Sie die Beschreibung Marcels vor sich. Alles ist darin.«

Letztlich entsprach jede seiner Romanfiguren dem, was er von seinem ganzen Werk sagte: einer Säule oder einer kleinen Kapelle in einer großen Kathedrale, die auszuschmükken er nicht fertig wurde. Das treffendste Beispiel dafür ist der Baron de Charlus seines Buches, der unter allen gewiß derjenige ist, an dem er am meisten hing, der ihn am meisten interessierte und amüsierte und den er am meisten erforscht und herausgearbeitet hat. Und es besteht kein Zweifel, daß er – selbst wenn er auch bei anderen Modellen etwas entlehnt hat – den Baron vor allem mit Zügen des Grafen Robert de Montesquiou ausgestattet hat.

Von all seinen Bekannten war Graf Robert derjenige, von dem er mir gegenüber am meisten gesprochen hat. Eines Nachts unterbrach er sich einen Augenblick, als habe er mit seiner Romanfigur die Reise ins Innere seines Denkens und seines Buches angetreten, dann kam er auf das Gespräch über Montesquiou zurück und sagte, wobei es schien, als sei die Bemerkung an ihn selbst gerichtet: »Das ist der Kernpunkt meines Anliegens.«

Er hat mir immer wieder erzählt, daß er von Anfang an von der Persönlichkeit des Grafen fasziniert gewesen sei. Er hatte ihn zum ersten Mal im Frühjahr 1893 im Salon von Madame Lemaire getroffen, der zugleich ihr Atelier war. Monsieur Proust war damals zweiundzwanzig Jahre alt; soweit ich mich erinnere, mußte der Graf nah an die Vierzig gewesen sein; etwa ein Jahr zuvor hatte er eine Gedichtsammlung unter dem Titel ›Die Fledermäuse‹ veröffentlicht, die Aufsehen erregt hatte und von der Monsieur Proust ein Widmungsexemplar in dem großen schwarzen

Bücherschrank im kleinen Salon aufbewahrte. Ich sehe das Buch noch vor mir, denn Monsieur Proust nahm es oft heraus, ebenso das von Paul Bourget, das in ein Stück Stoff von einem Kleid Laure Haymans eingebunden war, um es mir zu zeigen oder Verse daraus vorzulesen. Es war ebenfalls eine Luxusausgabe mit einem nicht gerade alltäglichen Einband: aus grüner Seide und dem Titel entsprechend mit Fledermausmotiven durchwirkt.

Die Zusammenkunft bei Madame Lemaire war ein großes Spektakel gewesen, denn seine Gedichte wurden von einer bereits sehr bekannten Schauspielerin der Comédie Française, Mademoiselle Bartet, vorgelesen.

»Alle Damen waren ohnmächtig oder schrien auf inmitten der Rosen, um den sich in die Brust werfenden Grafen geschart«, sagte Monsieur Proust zu mir.

Er selbst ging nachher zu ihm, um ihn zu beglückwünschen; an seinem Lächeln, als er mir die Szene beschrieb, ließ sich unschwer ablesen, daß er das Kompliment unter Aufbietung seines ganzen Charmes angebracht hatte. Gewiß war Montesquiou sofort davon beeindruckt, und es kostete Monsieur Proust keine Mühe, ihn wiederzusehen. Er hat mir nie verheimlicht, daß ihm sehr daran lag.

Es war die Zeit der »Kamelie«, in der er begierig war, seinen Bekanntenkreis zu erweitern; er verkehrte zwar schon in den Salons von Madame de Caillavet, Madame Straus, Madame Daudet und Madame Lemaire, hatte aber noch keinen wirklichen Zugang zur Gesellschaft des Faubourg Saint-Germain und zur Aristokratie gefunden, die ihn anzogen. Wenn man seine Ungeduld kennt, kann man sich vorstellen, daß er alle seine Möglichkeiten ausnutzte, und Graf Montesquiou, der einer so alten Familie entstammte und so viele Verbindungen hatte, besaß überall Zutritt. Es hieß, daß er sein Geschlecht sehr weit unter den Königen Frankreichs und bis zu den Kreuzzügen zurückverfolgen konnte; zu seinen Vorfahren gehörte der Marschall de Monluc, von dem alle Geschichtsbücher berichten, daß er sehr grausam zu den Protestanten war. Überdies gehörte das Schloß Artagnan zu den Besitzungen der Familie. Durch seine Tante war er mit den Fürsten Caraman-Chimay verwandt, so daß die Gräfin Greffulhe, deren Schönheit Monsieur Proust so betörte, seine Kusine war. Damit ist alles gesagt, was er repräsentieren konnte. Auch in literarischen Kreisen war er sehr anerkannt, insbesondere von dem Dichter Stéphane Mallarmé.

All das habe ich von Monsieur Proust erfahren. Selbst wenn er es nicht offen gesagt hat, so habe ich doch gespürt, daß Montesquiou einst einer derjenigen gewesen war, die er insgeheim am meisten zu umschmeicheln suchte, um ein Sprungbrett zu haben. Jedenfalls hatte er es Montesquiou zu verdanken, daß er schließlich Zutritt zur Gräfin Greffulhe bekam. Bis zu dem Tag, an dem der Graf anläßlich eines Empfangs bei sich die Begegnung mit seiner schönen Kusine ermöglichte, hatte Monsieur Proust Madame Greffulhe zwar auf Gesellschaften gesehen und war ihr vorgestellt worden, doch war es dabei geblieben. Erst nach der Begegnung bei Montesquiou wurde er zu den Greffulhes eingeladen. Er ist nicht oft dort gewesen und kein Freund des Hauses geworden, doch hat er Gelegenheit gehabt, aus nächster Nähe das zu beobachten, was er für seine Analyse brauchte.

Aber es war nur eine nützliche Beziehung gewesen. Sie wurde bald nebensächlich, oder vielmehr bekam sie eine andere Zielrichtung. Im übrigen war der Graf vor allem empfänglich für die Bewunderung seiner Person und seiner Verse; um einen irgendwo einzuführen, ließ er sich meistens lange bitten. Die Faszination seiner Persönlichkeit hat für Monsieur Proust sehr bald ebenso gezählt wie alles übrige; schon lange vor dem Kriege hatte sogar nur das gezählt.

Es war ein schwieriges und kompliziertes Verhältnis. Zu meiner Zeit sahen sich die beiden Männer nicht mehr, aber sie schrieben sich noch sehr häufig. Aus Betrachtungen von Monsieur Proust und Geschichten, die er mir über den Grafen erzählte, ging hervor, daß zwischen ihnen eine Art Gedankenaustausch stattfand und sie sich gegenseitig respektierten und sogar bewunderten – aber es war ein Respekt, bei dem gewiß eine gute Dosis Mißtrauen im Spiel war, hauptsächlich von seiten Monsieur Prousts.

Montesquiou hatte sehr viel Kultur, und das bewunderte Monsieur Proust immer. Er war auch sehr intelligent – »obwohl die Sonne seiner Eitelkeit und seines Stolzes oft verhinderte, daß man sie sah«, sagte Monsieur Proust.

»Er hat Rasse, Klasse und auf alles eine Antwort.«

Er sprach auch von seiner Eleganz, die früher sehr auffällig gewesen war – es kam vor, daß er ganz in Weiß erschien, mit einer Blume anstelle der Krawatte –, sich mit zunehmendem Alter aber beträchtlich gemäßigt hatte: er trug nur noch schwarze oder graue Anzüge von vortrefflichem Schnitt.

Auch Montesquiou hatte Monsieur Proust sofort mit Auszeichnung behandelt, selbst wenn er sich den Anschein von Herablassung dabei gab. Fast unmittelbar, nachdem sie einander kennengelernt hatten, begannen sie, sich häufig zu sehen, und mit den Jahren war es der Graf, dem daran lag, Monsieur Proust zu sehen, der sich nicht mehr so sehr um ihn bemühte. Ich glaube sogar, daß es Monsieur Proust ein teuflisches Vergnügen bereitete, sich ein wenig rar zu machen. Und von dem Tage an, an dem er seinen Charlus unter Dach und Fach hatte, war es wie bei allen anderen: er brach die Brücken ab. Aber solange er den Betreffenden studieren mußte, folgte er ihm auf Schritt und Tritt.

Ich glaube, allmählich muß sich bei dem Grafen angesichts der Zurückhaltung Monsieur Prousts ihm gegenüber eine Art Beunruhigung eingestellt haben; er mußte sich beurteilt fühlen; gleichzeitig wußte er sich vor Stolz nicht zu lassen. Zuerst hatte er nur einen charmanten jungen Mann gesehen, intelligent, zuvorkommend und höflich; dann hat er den Schriftsteller entdeckt; als man von seinen Büchern zu sprechen begann, ist er bald neidisch geworden.

Doch ist es unbestreitbar, daß er zuerst von seinem Charme gefesselt war – er nannte Monsieur Proust den »blauen Vogel«. In der ersten Zeit ihrer Bekanntschaft hatte er Monsieur Proust auf einem rosa Blatt Papier folgendes Briefchen geschrieben:

Et tout Viroflay dort encore,
»PILGRIMAGE«,
Venez, cher Monsieur Marcel Proust,
Sans dire ouf et sans venir d'oust
Ni vous inquiéter du coust
Me lire, entre leurs falbalas,
Quelques el filasoufilas
Puis, sous un joli ciel d'Helleu,
Qui ne sera rose ni bleu,
Nous irons implorer Saint-Leu.

Noch schläft ganz Viroflay,
»PILGRIMAGE«,

Kommen Sie, lieber Monsieur Marcel Proust
Aus eigenem Antrieb, ohne Zeitverlust,
Und keine Sorge, was es kust
Lesen Sie mir, zwischen deren falbalas
Einige el filasoufilas
Unter einem hübschen Himmel von Helleu,
Der weder rosa ist noch bleu,
Beschwören wir dann Saint-Leu.

Es war ein bißchen verrückt, entsprach aber seinem Stil. Monsieur Proust lachte, als er es rezitierte, und wenn er einen Band Verse von Montesquiou aus dem Bücherschrank im kleinen Salon nahm und deklamierte, dann war sein Ton immer etwas ironisch. Was die Briefe betrifft, von denen ich berichtet habe und aus denen er mir einzelne Passagen vorlas, so lachte er meist lauthals, wenn er sie las.

Die Briefe von Montesquiou waren gleichsam Kunstwerke. Er hatte eine große, schöne, korrekte und imposante Handschrift und schrieb auf sehr gepflegtem Papier. Monsieur Proust antwortete ihm auf irgendwelchem Papier. Ich erinnere mich, daß er einmal einen Fleck auf einen Brief an den Grafen gemacht hatte. Er sagte zu mir: »Schade, aber wir schicken ihn trotzdem ab; ich bin zu müde, um noch einmal anzufangen. Doch werden Sie sehen, er wird finden, daß es mir an Distinktion mangele.«

Wie üblich hatte er richtig geraten. Tatsächlich ist der Brief nach dem Tode von Montesquiou im Jahre 1920 und dem Tode von Monsieur Proust wiedergefunden worden. Neben den Fleck hatte der Graf mit seiner großen Handschrift »Kacke« geschrieben. Wörter dieser Art verfolgten ihn offenbar; denn in ›Sodom und Gomorrha‹ gibt es eine ganze Stelle, wo Charlus sich einer sehr unflätigen Redeweise bedient, die sich Monsieur Proust bestimmt nicht ganz und gar ausgedacht hat.

Was Monsieur Proust bei Montesquiou am meisten faszinierte, obwohl es ihn bodenlos erstaunte und mit Abscheu erfüllte, waren seine Unverschämtheit und Bosheit. Er konnte nicht genug Geschichten darüber erzählen: »Er verstand es großartig, eine Abendgesellschaft dadurch zu verpatzen, daß er die Dame des Hauses verärgerte. Und er konnte die Sache bis zur Flegelhaftigkeit, bis zur vorsätzlichen Beleidigung treiben.«

Von den zahlreichen Beispielen, die er mir genannt hat, erinnere ich mich an die Geschichte von einem großen Diner, bei dem seine Tischdame nicht nach seinem Geschmack war.

»Und wissen Sie, was geschah, Céleste? In diesem halben Schweigen, das zu Beginn einer Mahlzeit eintritt, wenn die Gäste ihre Gabel ergreifen, hörte man plötzlich die Stentorstimme von Monsieur de Montesquiou, der sich an die Gastgeberin wandte: ›Madame, ich verstehe nicht, wie Sie eine solche Kuh neben mich setzen konnten!‹ Die Wirkung brauche ich Ihnen nicht zu beschreiben. Die Dame des Hauses war aufs höchste erregt und wußte nicht, was sie antworten sollte. Die Tischdame des Grafen wäre am liebsten unter den Tisch gekrochen oder hätte gewünscht, daß der Kronleuchter von der Decke herabstürze. Das Schlimmste ist, daß es völlig unmotiviert war. Seine unglückliche Tischdame gehörte seiner Gesellschaftsschicht an und hatte ihm bisher nur Liebenswürdigkeiten zuteil werden lassen. Noch merkwürdiger ist, daß er selbst bei dieser Flegelhaftigkeit immer noch so sehr wie ein Grandseigneur wirkte, daß alle

Leute ihm sein haarsträubendes Benehmen durchgehen ließen; es trat ein verlegenes Schweigen ein; die Gäste senkten die Köpfe; man hätte meinen können, der ganze Tisch schließe sich wie eine Blume bei Nacht; dann setzte die Unterhaltung um so lebhafter wieder ein, als jeder vertuschen wollte, daß ihm der Vorfall insgeheim Spaß gemacht hatte. Aber niemals, nein, wirklich niemals habe ich jemanden gekannt, der so ungestraft dermaßen unverschämt sein konnte.«

Ein andermal hatte Monsieur Proust mir erzählt, daß Montesquiou in Begleitung einer Dame, auf die er einen Pik hatte, in der Straßenbahn saß, wo er plötzlich einen geheimnisvollen kleinen Weidenkorb öffnete, den er auf dem Schoß hatte. In dem Korb befand sich eine Giftschlange. Als sie das sah, wäre die arme Dame fast in Ohnmacht gefallen, während der Graf durchdringend lachte.

Der Graf hatte eine Stimme, die unschwer sehr hohe Tonlagen erreichte. Wenn er selbst seine Verse deklamierte, klopfte er mit dem Absatz den Takt dazu; selbst beim Reden in einem Salon oder auf der Straße kam das bei ihm vor. Er hielt den Kopf auf etwas hochmütige Weise sehr gerade und streckte die Brust heraus. Das war um so auffälliger, als er sehr groß und mager war und eine stark vorspringende Nase und einen mit Pomade emporgezwirbelten Knebelbart hatte.

»Man könnte ihn für eine sich aufbäumende Kobra halten«, sagte Monsieur Proust und ahmte ihn bewundernswert nach.

Tatsächlich machte er ihn so gut nach, daß zu Beginn ihrer Bekanntschaft das Gerede darüber bis zum Grafen gedrungen war, den es sehr erboste. Es hatte der ganzen Diplomatie von Monsieur Proust bedurft, um ihm zu erklären, daß das von seiner Seite nicht Ironie oder Spott sei, sondern der Beweis für die große Bewunderung, die er für ihn hege.

Aber die gesellschaftlichen Entgleisungen des Grafen waren nichts im Vergleich mit seiner abscheulichen Haltung, die er beim frühen Tod seines Bruders eingenommen hatte. Monsieur Proust war Zeuge der Szene gewesen, die er mir wie folgt beschrieben hat.

Er sagte, nach dem Tode des Bruders habe er an die Gräfin Paule de Montesquiou, die Mutter, geschrieben, um ihr sein Beileid auszusprechen. Die Gräfin sei durch seinen Brief so gerührt gewesen, daß sie ihm ihrerseits geschrieben, ihren Schmerz zum Ausdruck gebracht und ihn gebeten habe, sie zu besuchen. Er ist bei ihr gewesen. Noch Jahre später war er ganz erschüttert über das, was vorgegangen war. Er erzählte mir:

»Ich fand Graf Thierry de Montesquiou, den Vater, im Garten; er war gramgebeugt. Ich versuchte ihn zu trösten, aber er war untröstlich. Dabei war er ein stolzer Mann und bekannt für die recht zynische Härte seiner Kritik. Graf Robert war bei uns, und plötzlich, während ich noch sprach, sah er die Tränen in den Augen seines Vaters, und wissen Sie, Céleste, was er sich erkühnt hat zu sagen? ›Nur Mut, Vater! Du wirst dich auch bald im Jenseits tummeln!‹ Nur er konnte die Grausamkeit so weit treiben.

Aber das ist nicht alles. Als ich ein wenig später, ehe ich mich verabschiedete, seiner Mutter noch einmal mein Beileid aussprach, unterbrach er mich mittendrin: ›Hören Sie mal, Marcel, Sie wissen doch, was die japanischen Gärtner machen? Nein, Sie wissen es wirklich nicht? Nun, um eine Auslese prächtiger Chrysanthemen zu erhalten, brechen die japanischen Gärtner alle Knospen aus bis auf eine einzige, die dann eine unerhört schöne Blüte bringt.‹ Verstehen Sie? Vor seiner Mutter wagte er es, den Tod seines Bruders in einen Triumph für sich zu verwandeln! Es ist unglaublich. Dazu gehörte Bosheit! Und Stolz! Er hielt sich allen gegenüber für überlegen. Seine Villa in Neuilly hatte er ›Palais der Musen‹ getauft. Und später, als er sich in Le Vésinet niedergelassen hatte, ist es das ›Palais Rose‹ geworden, um mit Boni de Castellane zu wetteifern. Er hätte sich ruiniert, um ihn zu übertreffen.«

Ich habe gesagt, daß sich Monsieur Proust und Graf Robert gegenseitig mißtrauten, aber das Mißtrauen bestand vor allem bei Monsieur Proust. Das ist wahr. Selbst wenn er von ihm sprach, spürte ich die Vorsicht; er traf Feststellungen, ohne jemals ein Urteil zu fällen, das angreifbar war. Er sprach ironisch, doch niemals ein böses Wort. Man erriet, daß er ihn zwar nicht liebte, aber dennoch bestrebt war, ihn zu schonen; teils um sein Modell nicht zu verlieren, teils aus Furcht vor seiner Bösartigkeit. Er sagte zu mir: »Gott weiß, was er in seinen Memoiren über mich sagen wird, und ich bin sicher, daß er eines Tages alle meine Briefe veröffentlichen wird.«

Überraschend war, daß die Memoiren, als sie veröffentlicht wurden, nichts Boshaftes über Monsieur Proust enthielten – was der Bewunderung des Grafen zuzuschreiben ist, die stärker war. Was die Briefe betrifft, so wurden sie nach dem Tode von Montesquiou und Monsieur Proust zum Verkauf angeboten; Professor Robert Proust hat sie gekauft; ich glaube nicht, daß er ihnen sehr viel Aufmerksamkeit geschenkt hat. Die Angst Monsieur Prousts, daß diese Briefe verkauft oder veröffentlicht werden könnten, hatte sicher nichts mit ihrem Inhalt zu tun; dieselbe Angst hatte er, wie schon erwähnt, vor der Veröffentlichung seiner gesamten Korrespondenz.

Gewiß, was Monsieur Proust an der Persönlichkeit des Grafen mit am meisten faszinierte, war sein absonderliches Liebesleben. Schritt für Schritt hat er, wie alles übrige, die große Liebe verfolgt, die Montesquiou für seinen Sekretär Yturri empfand, einen Südamerikaner, der lispelte und seinen Herrn »Moussou lé Comté« nannte. Die Affäre war in der Gesellschaft von Paris in aller Munde, und ich bin sicher, daß Monsieur Proust darin eine unerschöpfliche Quelle für seinen Baron de Charlus gefunden hat. Er hat mir gegenüber oft davon gesprochen und gesagt, er habe Yturri gern gemocht und nicht recht verstanden, warum die Freunde des Grafen sich über dessen Sekretär so mokierten, denn er sei ein netter Kerl gewesen und seinem Herrn überaus ergeben, für den er alle Mißlichkeiten regelte, insbesondere finanzielle, die recht häufig waren.

»Er hat sich mit dieser Ergebenheit umgebracht«, sagte Monsieur Proust. »Als Yturri kurz nach meiner Mutter und im selben Jahr, 1905, starb, habe ich dem Grafen einen langen Brief geschrieben, um ihn wissen zu lassen, wie sehr ich seinen Schmerz begreife und teile; denn im Grunde hatte er sozusagen auch eine Mutter verloren. Ich schrieb in diesem Brief: ›Ihr Verlust ist derselbe wie meiner.‹«

Aber als Montesquiou dann Yturri gleich einen Nachfolger gab in Gestalt eines anderen Sekretärs, Henri Pinard, da war Schluß: Monsieur Proust war kaum noch interessiert; er hatte alles, was er brauchte. Mit der Zeit sah er den Grafen immer seltener. Die Beziehung wurde durch Briefe aufrechterhalten, aber es war vor allem der Graf, der ihm nachstellte.

Der Hauptgrund, warum der Graf ihm nachstellte, war

natürlich, daß Montesquiou sich im Baron de Charlus der Bücher wiedererkannte.

»Das erste Mal, als er sich wiederzuerkennen glaubte«, sagte Monsieur Proust lachend, »da war er wie ein Löwe im Käfig.«

Natürlich hat Monsieur Proust ihn mit seinen Reden eingewickelt, und der Graf hat sich von den Erklärungen überzeugen lassen.

»Zumindest hat er so getan«, sagte Monsieur Proust. »Im übrigen ist er das schon gewöhnt«, fügte er lachend hinzu.

Und er hat mir erzählt, daß Huysmans sich in seinem Roman ›A rebours‹ bereits seiner für seine Figur des Herzogs Des Esseintes bedient hatte. Man fragte sich zu guter Letzt, ob Montesquiou nicht im Grunde genommen geschmeichelt war.

Eins der Argumente Monsieur Prousts war gewesen, daß der Baron de Charlus ein dicker Mann ist, während Graf Robert dünn wie eine Bohnenstange war. Aber ich glaube nicht, daß Monsieur Proust so weit gegangen ist, ihm zu erklären, daß er die Korpulenz von Charlus vom Baron Doasan entlehnt hat, der auch zum »verfluchten Geschlecht der Weibmänner« gehörte, »den Nachkommen jener Einwohner Sodoms, die das Feuer vom Himmel verschont hat«, wie es in dem Buch heißt.

Sicher ist, daß der letzte Besuch von Montesquiou bei Monsieur Proust noch mit dem Baron de Charlus zu tun hatte.

Es war 1919, noch am Boulevard Haussmann und das einzige Mal, daß ich den Grafen gesehen habe. Es war unvergeßlich.

Monsieur Proust hatte ihn jahrelang nicht gesehen. Er

zeigte kein Verlangen mehr danach. Einerseits hatte er die Romanfigur fertig; andererseits verheimlichte er nicht, daß Montesquiou ihm ein wenig Furcht einjagte – bei ihm könne man auf alles gefaßt sein, hat er mir nach dem Besuch gestanden.

Der Graf war es gewesen, der in einem Brief das Wiedersehen gewünscht hatte. Monsieur Proust wollte es nicht. Dann kam ein Telegramm: »Marcel, ich reise in den Süden. Komme heute abend bei Ihnen vorbei.« Das bedeutete, daß er, von Le Vésinet gekommen, schon in Paris war.

»Er wird im Hôtel Garnier abgestiegen sein, in der Nähe der Gare Saint-Lazare«, sagte Monsieur Proust. »Ich kenne seine Gewohnheiten.«

Und er fügte hinzu: »Ich will ihn nicht sehen, Céleste. Absolut nicht. Wir werden uns etwas ausdenken. Ich weiß, daß er jetzt sehr früh zu Bett geht. Sie werden im Hôtel Garnier anrufen; Sie werden ihm erklären, daß Sie mich noch nicht gesehen haben, daß ich Ihnen heute morgen, als ich wegging, gesagt habe, ich wollte mich ausruhen ... Ach nein, das geht nicht; wenn Sie anrufen, dann muß ich das Telegramm ja gelesen haben ... Nein, erzählen Sie ihm, ich hätte einen schrecklichen Anfall, ich wisse nicht, wann er vorbei sei, und wenn ich ihn überhaupt empfangen könne, dann bestimmt nicht vor zwei oder drei Uhr morgens.«

Gut. Ich gehe telefonieren. Ich werde mit dem Grafen verbunden. Er läßt mich meine Geschichte erzählen, dann sagt er: »Zwei Uhr morgens. Ich werde da sein.«

Keine Widerrede möglich. Ich mußte einsehen, daß Monsieur Proust hereingefallen war; er hatte geglaubt, er könne ihn abwimmeln.

Um zwei Uhr morgens schellt es. Ich öffne die Tür, vor mir steht ein Mann von etwa sechzig, der wie ein Gutsbesitzer aussieht, mit runzligen Wangen, als ob sie angemalt seien, in einem dicken, sehr eleganten grauen Mantel und mit einem weißen Schal um den Hals. Ich schaue ihn an; auch er inspiziert mich von oben herab. Er tritt ein, und ich sehe sofort seinem Gesicht und der ganzen Erscheinung an, daß er ein bedeutender Mann ist. Kaum eingetreten, stellt er sich mit herausgestreckter Brust vor einem Gemälde auf, das in der Diele hing.

Es war ein Bild des Malers Helleu, den er ebenso wie Monsieur Proust zur Zeit der »Kamelie« im Atelier von Madame Lemaire kennengelernt hatte und der damals sehr in Mode war wegen seiner Bilder vom Paris der Kutschen und seiner Porträts. Dieses Gemälde hatte eine Geschichte. An einem Herbsttag hatte Monsieur Proust meinen Mann gebeten, ihn in den Bois de Boulogne zu fahren, am Seineufer entlang und nach Versailles, und er hatte gesagt: »Ich möchte gern die Färbung des Laubs in dieser Jahreszeit wiedersehen.« Nachdem sie bis Versailles gefahren waren, hatte Odilon an einer Stelle angehalten, wo sich gerade ein Mann, begleitet von einer jungen Dame, mit seiner Staffelei postiert hatte, um die Landschaft auf seiner Leinwand festzuhalten. Es waren Helleu und seine Tochter. Und Monsieur Proust war nicht darauf vorbereitet; denn wie in solchen Fällen üblich, wenn er plötzlich Lust bekam, mit Odilon fortzufahren, war er nicht angezogen und nicht rasiert; er zog einfach eine gestreifte Hose und seinen Pelz über das Hemd, mit einem Schal um den Hals. Er hatte zu Odilon gesagt: »Ich kann nicht einfach verschwinden. Sie haben mich gesehen und erkannt, und ich bin zu meiner großen Schande sozusagen im Nachthemd!« Schließlich ist er aus dem Wagen herausgestiegen und hat sich eine gute Weile mit dem Maler und Mademoiselle Helleu unterhalten. Kurze Zeit danach traf am Boulevard Haussmann das fragliche Gemälde ein, vollendet und in einem prächtigen, geschnitzten, antiken Rahmen. Er hat es zurückgeschickt und in einem Brief erklärt, es sei viel zu schön, als daß Helleu es ihm schenken dürfe. Aber das Bild kam zurück, diesmal mit dem Vermerk neben dem Signum: »Für meinen Freund Marcel Proust«, so daß er es nicht ablehnen konnte.

Kurzum, Graf Montesquiou ist, kaum daß er eingetreten war, vor diesem Bild stehengeblieben, Kopf und Oberkörper nach hinten gereckt. Nach einem Augenblick hat er sich umgedreht, mir noch einen durchdringenden Blick zugeworfen und mich gebeten, ihn anzumelden. Monsieur Proust hatte zu mir gesagt: »Wenn er kommt, führen Sie ihn in den kleinen Salon und verständigen Sie mich.« Ich bin mit dem Grafen durch den großen Salon gegangen und habe dabei an seine unfreundlichen Bemerkungen gedacht, die er, wie Monsieur Proust mir erzählt hatte, einmal auf einem Empfang bei Professor Adrien Proust am Boulevard Malesherbes gemacht hatte – mit lauter Stimme hatte er am Mobiliar und an der Einrichtung Kritik geübt. Nachdem ich ihn einen Augenblick im kleinen Salon gelassen hatte, führte ich ihn dann ins Schlafzimmer.

Ich weiß, daß dieser letzte Besuch dramatisiert worden ist. Man hat behauptet, Montesquiou sei sechs oder sieben Stunden bei Monsieur Proust geblieben. Tatsächlich war er nur zwei Stunden da. Ich erinnere mich ganz genau, daß er um vier Uhr morgens gegangen ist. Danach hat Monsieur Proust mich gerufen und mir einen Überblick gegeben.

Der erste Satz des Grafen war, wie Monsieur Proust mir lachend berichtete, die Frage: »Marcel, wo haben Sie eine Person wie die da aufgetrieben?«

Und das mit seinem ganzen Dünkel von oben herab, obwohl Monsieur Proust es als ein Kompliment für mich aufgefaßt hat.

Nachdem Sie sich eine Weile unterhalten hatten, hat Montesquiou das Gespräch natürlich auf seine Verse gebracht und angefangen zu rezitieren. Ich hörte das in meinem Zimmer – wegen der Korkwände nicht die Stimme, aber das Hämmern mit dem Absatz, das den Fußboden erzittern ließ. Denn der Graf stampfte jedesmal mit dem Fuß auf, wenn er die Bedeutung des Satzes oder des Verses unterstreichen wollte – und das geschah oft. Und er hat das auch bei der ganzen Unterhaltung fortgesetzt. Monsieur Proust war nachher noch ganz erregt und sagte: »Ich war unglücklich über dieses Stampfen, denn alle Mieter im Haus sind so freundlich, morgens bei der Hausarbeit keinen Krach zu machen, um mich nicht aufzuwecken oder zu stören.«

»Aber warum dieses Getue, Monsieur?«

»Weil er sich selbst überzeugen muß, Céleste. Sie würden es nicht von ihm glauben, aber er ist sehr unglücklich darüber, daß er kein bedeutender Mann ist. Er hätte es gern gesehen, wenn seine Schriften ein Triumph gewesen und geblieben wären. Ich fürchte, dem ist nicht so, und er fürchtet es noch mehr.«

Gegen Ende der Unterhaltung ließ der Graf die Katze aus dem Sack.

»Wissen Sie, was er mich gefragt hat, ehe er ging, Céleste? Er sagte: ›Marcel, nun möchte ich aber doch wissen, was aus Ihrem Baron de Charlus wird.‹«

Monsieur Proust hat mir seine Antwort nicht verraten; aber aus seinem Lächeln habe ich entnommen, daß er ihn wieder einmal beschwichtigt hat.

Zu guter Letzt hat Montesquiou zu ihm gesagt: »Ich

würde gern eine lange Reise machen, von der ich mit weißen Haaren wiederkommen werde. Ich gehe in den Süden. Aus Nizza werde ich Ihnen Pralinen schicken.«

Ich sehe Monsieur Prousts Gesicht, als er mir diesen letzten Satz berichtete, noch immer vor mir. Schon früher hatte er mir einmal anvertraut: »Wissen Sie, Céleste, ich übertreibe nicht, der Graf wäre imstande, mir vergiftete Blumen zu schicken.« Diesmal hat er zu mir gesagt: »Wenn er jemals Schokolade schickt, werfen Sie sie sofort in den Mülleimer, ohne die Packung zu öffnen. Wenn sie vergiftet wäre, würde es mich nicht wundern.«

Es ist niemals Schokolade angekommen, und auch die Briefe blieben aus. Im Jahr darauf ist der Graf in Südfrankreich gestorben. Es ist doch merkwürdig und beweist auch, wie tief die Angst saß, die seine Person einflößen konnte, so daß Monsieur Proust mir nach Montesquious Tod eines Nachts, als wir von ihm sprachen, sagte: »Es ist absonderlich, Céleste, aber es gibt Augenblicke, in denen ich nicht glaube, daß Graf Robert tot ist. So, wie ich ihn kannte, ist er absolut imstande, sich als tot auszugeben und einen anderen Namen anzunehmen, aus Neugier auf das ›Nachher‹ – ja, um zu wissen, was nach seinem Hinscheiden seinem Andenken und Ruhm widerfährt.«

Und er hat hinzugefügt, wobei er von Montesquiou im Präsens sprach, als ob er gar keine Zweifel daran habe, daß dies kein echter Tod sei: »Sie ahnen gar nicht, was er für eine Vorstellung von sich hat!«

Ich habe immer geglaubt, daß in diesem Augenblick in seinem Geist eine Verwechslung der Personen stattfand: er sah Montesquiou in Charlus noch am Leben. Im übrigen glaube ich, daß der Graf schon lange aufgehört hatte, für Monsieur Proust zu existieren. Er war eine der »Personen aus einem Traum« geworden, von denen er in ›Die wiedergefundene Zeit‹ spricht, »für die das Leben ... mehr und mehr zu einem Traum geworden war«. Die wahre Realität war Charlus.

Man muß es miterlebt haben, wie er in diesen acht Jahren Nacht für Nacht arbeitete, um wirklich ermessen zu können, mit welcher Leidenschaft er an seinen Romanfiguren und an seinem Werk hing, eine Leidenschaft, die ihn schließlich aufgezehrt hat. Man fragt sich, wann das Karussell in seinem Kopf stillstand. Erst später, im Laufe der Jahre, habe ich begriffen, daß er nie vom Weg seines Buches abwich. Wenn ich ständig »sein Buch« im Singular sage, dann deshalb, weil er zwar in diesem oder jenem Augenblick ein bestimmtes Kapitel im Kopf hatte, ihm aber stets die Gesamtheit des Werks im Geist gegenwärtig war.

Als ich am Boulevard Haussmann einzog, arbeitete er an ›Im Schatten junger Mädchenblüte‹, heute der zweite Teil seiner ›Suche nach der verlorenen Zeit‹. Aber man braucht sich nur zu vergegenwärtigen, wie alles in dem Werk miteinander verknüpft ist, um überzeugt zu sein, daß er stets den ganzen Ablauf und alle Fortsetzungen vor Augen hatte.

Wenn er auf Gesellschaften ging, dann bin ich sicher, daß es nicht anders war, als wenn wir im kleinen Salon oder in seinem Schlafzimmer waren und er redete: er wich nicht von dem Problem ab, das er sich gestellt hatte, und suchte nach dessen Lösung. Wenn ich damals nicht so jung gewesen wäre, hätte ich an seinem Lächeln ablesen können, womit er sich in Gedanken beschäftigte, wenn er beim Heimkommen den Chapeau claque hinlegte und zu mir sagte: »Kommen Sie mit in mein Zimmer, Céleste«, oder: »Wir wollen uns noch ein wenig in den kleinen Salon setzen.«

Manchmal legte er nach zwei, drei oder vier Stunden der Unterhaltung eine Pause ein, die länger war als die anderen.

Ich erkühnte mich dann zu fragen: »Warum fahren Sie nicht fort, Monsieur? Warum erzählen Sie mir nicht mehr?«

Er lächelte mich freundlich an, und seine Antwort klang ernst und traurig: »Ich muß arbeiten, Céleste. Wir machen nachher weiter.«

Ich habe schon berichtet, daß sein Bett, wenn er ausging, übersät war mit Zeitungen, Zeitschriften und all den kleinen Zetteln, auf die er sich etwas notiert hatte. Meine erste Aufgabe bestand darin, Ordnung zu schaffen und alles sorgsam aufzuräumen, damit er es nach seiner Rückkehr in Reichweite wiederfand. Ein kleiner Vorfall, an den ich mich erinnere, beweist hinlänglich, daß er mit den Gedanken immer bei seiner Arbeit war.

Eines Abends kam er früher zurück, als ich ihn erwartet hatte, mit forschendem Blick, den Hut sorgenvoll in die Stirn gedrückt. Ehe er auch nur abgelegt hatte, sagte er: »Ach, Céleste, mein ganzer Abend war verdorben, weil ich dauernd an einen Zettel dachte, den ich auf dem Bett hatte liegenlassen. Ich weiß, daß Sie nie etwas verräumen, aber trotzdem blieb ich unruhig. Wenn diese Notiz zufällig verlorengegangen wäre, Sie können es sich nicht vorstellen, es wäre schrecklich. Dieser Gedanke hat mich so verfolgt, daß ich den Abend gar nicht genießen konnte; ich bin sobald wie möglich aufgebrochen.«

Wir sind sofort in sein Zimmer gegangen, und er hat gleich in den Papieren gewühlt, die ich auf seinen kleinen Tisch gelegt hatte. Er hat den Zettel gefunden und war sehr froh.

»Ah, da ist er! Ich wußte es ja. Liebe Céleste, Sie machen Ihrem Namen Ehre: Sie sind wirklich himmlisch. Ich kann Ihnen nicht genug danken.«

Zu sagen, wieviel Stunden er arbeitete, ist ebenso schwer, wie die Frage zu beantworten: wann schlief er? Ich habe mich immer gefragt, ob er überhaupt jemals schlief. Er ruhte, ja; gewiß schlummerte er; aber ob er dem Wachsein wirklich ganz entsagte? In den Stunden, in denen in der Wohnung Stille herrschte – sei es, daß er ruhte, sei es, daß er arbeitete, ich wußte es nicht –, durfte man sich unter keinen Umständen irgendeiner Tür nähern, man konnte sich sozusagen nicht rühren; er hörte alles. Wenn ich ihn dann sah, nachdem er mich gerufen hatte, sagte er: »Dann und dann sind Sie da und da gewesen. Ich weiß es.«

Und es stimmte.

Da er allein für sein Werk lebte, kann man nur sagen, daß er unablässig arbeitete.

Es gab Abende und Nächte – vor allem, wenn er nicht ausging und keinen Besuch empfing –, an denen er kaum mit mir sprach, außer daß er mich rief, um dieses oder jenes zu fragen. Aber auch wenn er mich kommen ließ, nachdem er ausgegangen war oder ein Gast sich verabschiedet hatte, um mich seinen Bericht hören zu lassen, kam immer der Augenblick, in dem er die Unterhaltung abbrach.

»Liebe Céleste, die Zeit drängt. Ich muß arbeiten. Gehen Sie jetzt zur Ruhe.«

Ich bin sicher, daß es Tage gab, an denen er lange arbeitete, nachdem ich ihn verlassen hatte, wie spät es auch gewesen sein mag. An den Abenden, an denen er nicht ausging, machte er sich oft daran, nachdem er seinen Kaffee getrunken, die Zeitungen gesichtet und seine Post gelesen hatte. Dann konnten drei oder vier Stunden vergehen, ehe er läutete, weil er etwas brauchte oder mit mir reden wollte. Wenn er ausgegangen war, wußte ich, daß er sich an die Arbeit machen würde, und zwar nach der Zeit, die er mir –

wenn er Bericht erstattet hatte und noch ehe er sich in sein Schweigen zurückzog – für sein Frühstück angegeben hatte: War es »gegen« vier oder fünf Uhr, manchmal auch sechs Uhr, dann bedeutete das, daß er sein Thema im Kopf hatte und um ein Kapitel weiterkommen würde.

Bedenkt man, in welchem Zustand ich ihn sah, wenn er aufwachte und mit dem Räuchern fertig war, dann fragt man sich, wo er die Kraft für diese Arbeitsleistung hernahm. Nicht nur, daß er nichts aß, sondern es war auch eine ständige Beanspruchung – wann, wie und womit »lud er sich wieder auf«, wie man so sagt? Das ist ein Rätsel. Die einzige Lösung ist, daß er unablässig von der Substanz des eigenen Körpers und des Lebens zehrte. Und schon seit seiner Kindheit war es immer so gewesen. Wenn er nicht beobachtete, schrieb er. In Illiers im kleinen Pavillon des Pré Catelan; in Paris, wenn Freunde zu seinen Eltern kamen, fanden sie ihn während des Tages mit seinen Heften und Büchern am Tisch im Eßzimmer. Und sehr früh schon, noch bei seinen Eltern, hat er begonnen, nachts in seinem Zimmer das niederzuschreiben, was sich auf den Abendgesellschaften bei ihm angesammelt hatte. Als er noch ganz jung war, heimste er bereits alles ein. Er erzählte mir, daß er zu seiner Mutter sagte: »Mama, bitte vergiß nicht, mir diesen Artikel beiseite zu legen. Ich werde ihn gebrauchen können.«

Damals arbeitete er im Sitzen. Jetzt im Bett. Ich habe niemals gesehen, daß er auch nur die kleinste Notiz aufschrieb, wenn er auf war. Jedesmal, wenn ich ihn arbeitend antraf, war es in derselben Stellung; ich glaube nicht, daß er zum Schreiben aufstand, wenn ich nicht da war. Er blieb mehr als halb liegen; er hob nicht einmal den Kopf vom Kissen;

zudem hatte er als Stütze die Pullover, die sich auf seinen Schultern häuften und eine Art Sessellehne in seinem Rükken bildeten, wie ich schon erwähnt habe. Als Schreibpult hatte er nur seine Knie. Daß er in dieser Stellung keine Ankylose bekam, ist ein weiteres Rätsel. Jeder andere wäre dabei starr und steif geworden. Bei ihm habe ich nie das geringste Anzeichen davon entdeckt; nachdem er Stunden so verbracht hatte, war auch die kleinste Handbewegung, die geringste Drehung des Kopfes noch von graziöser Geschmeidigkeit und Lebendigkeit. Im Licht, das sich unter dem kleinen grünen Schirm seiner Lampe ausbreitete, lag er da, immer auf dem Rücken – nie habe ich gesehen, daß er sich auf die Seite drehte.

Sein Freund, der Bankier Horace Finaly, hatte ihm eines Tages als Geschenk einen prachtvollen Bettisch zum Schreiben schicken lassen, ein antikes und sehr kostbares Stück. An dem Tag, als er angeliefert wurde, mußte ich ihn bewundern: »Schauen Sie nur, wie schön und gut gearbeitet er ist, Céleste.«

Dann sagte er: »Stellen Sie ihn an die Seite; ich werde ihn nie benutzen.« Damit verhielt es sich wie mit allem anderen, glaube ich: es hätte bedeutet, eine Gewohnheit aufzugeben, um eine neue anzunehmen, und er war der Meinung, daß sich das nicht lohnte. Es hätte Zeit gekostet, sich umzugewöhnen und seine Bewegungen darauf abzustellen, und das hätte seinen Arbeitsrhythmus gestört.

Erstaunlich war, mit welcher Geschwindigkeit er in dieser Stellung, die nur für ihn bequem war, schreiben konnte. Man mußte es gesehen haben, wie die Feder über das Papier glitt und seine zierlichen Schriftzüge aneinanderreihte. Er benutzte nur Sergent-major-Federn, die gerade und spitz waren und oben eine kleine Vertiefung hatten, wenn ich mich recht erinnere, um einen Tropfen Tinte zu speichern. Ich habe nie gesehen, daß er einen Füllfederhalter benutzte – deren Gebrauch sich damals gerade einzubürgern begann. Die Federn kaufte ich immer schachtelweise auf Vorrat. Was die Federhalter betraf, so hatte er gut und gern immer fünfzehn in Reichweite, denn es kam vor, daß er ausgerechnet den, mit dem er gerade schrieb, fallen ließ, und es war – außer in seiner Abwesenheit – verboten, ihn aufzuheben, aus Angst vor Staub. Es waren ganz simple Holzfederhalter mit einem Metallteil, um die Feder hineinzustecken, wie Schüler sie verwendeten, ebenfalls das Tintenfaß, aus Glas und viereckig mit vier Rillen obendrauf, um den Federhalter nach Belieben abzulegen, und mit einem runden Flaschenhals für den Stöpsel.

Er sagte zu mir: »Ich mag es gern, wenn Leute schöne Federhalter zum Schreiben verwenden. Mir genügt es, wenn ich Tinte und Papier habe. In Ermangelung eines Federhalters würde ich auch mit einem einfachen Stäbchen zurechtkommen.«

Alles, was er brauchte, hatte er neben sich: im Anschluß an seinen Paravent kam der hübsche kleine Bambustisch, beladen mit Büchern, und links davon sein Vorrat an Taschentüchern; dann der Nachttisch, dessen Klappen offen waren, wo vor dem Stoß von Manuskripten, an denen er arbeitete, das ganze Zubehör untergebracht war, die ganze Sammlung von Federhaltern, ein oder zwei Tintenfässer, seine Uhr. Es waren immer ganz gewöhnliche Taschenuhren – ich zahlte damals fünf Francs dafür, wenn ich mich recht erinnere. Er wollte keine anderen.

»Wenn ich sie kaputtmache«, sagte er, »kann man sie ohne Gewissensbisse wegwerfen. Eine Uhr reparieren zu lassen, kostet mehr, als eine neue zu kaufen.«

Das gehörte zu seiner praktischen Auffassung von den Dingen, die sehr persönlich war, wie man zugeben muß.

Dazu kamen dann von einer bestimmten Zeit an die Brillen, als seine Sehkraft nachließ – was nicht überraschend ist bei der vielen anstrengenden Nachtarbeit und dem Blenden des Lichts, das grell auf das weiße Papier fiel. Ich habe irgendwo gelesen, daß er schon 1915 eine Brille trug; das ist nicht wahr. Ich erinnere mich, daß wir zwar noch am Boulevard Haussmann wohnten, als er damit anfing, aber es war gegen Ende unseres Aufenthaltes in dieser Wohnung, also etwa 1918 oder 1919, würde ich sagen. Ich sehe ihn noch in der Einrichtung seines Zimmers am Boulevard Haussmann vor mir, wenn er mich etwa zu jener Zeit bat, ein Wort im Lexikon für ihn nachzuschlagen, weil es zu klein gedruckt war und es ihm schwerfiel, das Wort zu lesen. Ich kam nicht so schnell wie er mit dem Alphabet zurecht, und er wurde ungeduldig – ich höre ihn noch: »Aber, Céleste, liebe Céleste, Sie irren sich. Nein, nein, weiter, viel weiter ... nein, jetzt davor ...«

Eines Tages hat er mich dann zum Optiker geschickt mit dem Auftrag, ihm eine ganze Auswahl von Brillen mit verschiedenen Gläsern zu bringen, um sie auszuprobieren. Ich habe mir die Bemerkung erlaubt: »Monsieur, glauben Sie nicht, es wäre immerhin besser, wenn Sie zuerst Ihre Augen untersuchen ließen?«

»Nein, nein, Céleste«, hat er mir geantwortet. »Das wäre eine Riesenangelegenheit und würde Stunden kosten. Sie wissen genau, daß ich keine Zeit habe.«

Und er hat hinzugefügt: »Bringen Sie mir das allergewöhnlichste Modell mit einer einfachen Stahlfassung.«

Er hatte mir auf gut Glück einige Dioptrienzahlen genannt. Ich habe mich, so gut ich konnte, mit dem Optiker auseinandergesetzt und bin mit einem ganzen Sortiment von Gläsern in Stahlgestellen zurückgekommen. Er hat sie ausprobiert; nachdem er gefunden hatte, was ihm einigermaßen paßte, behielt er wie üblich gleich alle. Das waren ungefähr zehn oder zwölf Brillen, von denen auf seinem Tisch jene lagen, die ihm zusagten.

Abgesehen davon brauchte er Pullover, Wärmflaschen und, wenn es kalt war, das Feuer im Kamin. Er läutete und sagte: »Liebe Céleste, wollen Sie so freundlich sein und mir noch eine ›Bolle‹ bringen? ... Liebe Céleste, entschuldigen Sie, daß ich Sie störe, aber könnten Sie mir einen Pullover geben? ... Liebe Céleste, wären Sie so gut, noch ein Scheit nachzulegen?«

Dann hatte er seinen Block mit den kleinen Zetteln, um das Räucherpulver anzuzünden, aber er verwendete sie auch, um seine Anordnungen aufzuschreiben und zu erklären, was er brauchte, wenn er nicht sprechen wollte – sei es aus Erschöpfung oder Atemnot, sei es, weil er seine Arbeit oder einen Gedankengang nicht unterbrechen wollte – und es zu kompliziert war, um es mit einer Handbewegung auszudrücken.

Ich bin in der Zeit seines Lebens bei ihm gewesen, in der er gewiß am meisten geschrieben hat. Damit will ich nicht prahlen; nur ist es zufällig eine Tatsache. Und dennoch kann ich nur das sagen, was ich gesehen habe. Ebensowenig wie mir hat er, glaube ich, jemals irgend jemandem gestanden, wie er im Geist sein literarisches Werk entworfen hat und wie er bei seiner Arbeit verfuhr. Alles, was darüber gesagt wurde, ist aus dem Zustand seiner Manuskripte gefolgert worden. Ich bin einzig und allein deshalb in einer besseren Lage, weil ich ihn am Werk gesehen und ihm, soweit es in meinen bescheidenen Kräften stand, in praktischen Dingen geholfen habe.

Er hat mich auf diese Hilfe wie auf seine anderen Lebensgewohnheiten gedrillt; ich meinerseits habe mich mit derselben Leichtigkeit darauf eingestellt, weil ich alles, was er war, liebte und bewunderte.

Ich erinnere mich, daß bei meiner Ankunft ›In Swanns Welt‹ gerade erschienen war und er seine ›Suche nach der verlorenen Zeit‹ fortsetzte, indem er ›Im Schatten junger Mädchenblüte‹ schrieb, wofür er später den Prix Goncourt bekam.

Das Wesentliche an seiner Arbeitsplanung war, daß er sein ganzes Werk in dem Maße, in dem es wuchs, ständig in Reichweite hatte, ebenso wie alle Arbeitsutensilien. Sehr rasch habe ich gelernt, die fünf Hauptkategorien seiner Arbeit zu unterscheiden; die alten Hefte, an denen er arbeitete; die Hefte mit Notizen und das, was seine »Paperassen« genannt wurde (er selbst hat diesen Ausdruck nie gebraucht), und zwar Notizen über Augenblickseinfälle, die er auf losen Zetteln festhielt, manchmal auch auf der Rückseite eines Briefumschlags oder sogar auf dem Deckblatt einer Zeitschrift.

Eine Kleinigkeit im Zusammenhang mit diesen »Paperassen«, die nicht ganz belanglos ist, kann ich klären. Fast immer haben diejenigen, die über Monsieur Proust schrieben, diese »Paperassen« mit den Zusätzen verwechselt, die in die Hefte eingeklebt wurden, wenn er eine Stelle änderte und auf der Seite wegen der vielen Korrekturen, die schon da waren, für diese Abänderung kein Platz mehr war. Diese Zusätze waren »Anlageblätter«, wie die Drucker das nennen. Aber niemals sind die »Paperassen« in die Manuskripthefte geklebt worden. Es waren einfache Notizen – ein Satz, eine Idee, die ihm gerade einfiel – wie diejenige, von der er eines Abends so gefürchtet hatte, sie könnte verloren sein, daß er früher nach Hause gekommen ist. Entweder ließ er sie, wie sie waren, oder er nahm sie später in den Text seiner Fassung auf und schrieb sie zu diesem Zweck um.

Der Ausgangspunkt waren die alten Hefte, die den Kern der ›Suche‹ und seines Werks darstellten. Sie umfaßten seine ersten Versuche, lange Bruchstücke und sogar ganze Kapitel des Buches, die er im Laufe der vorangegangenen Jahre oder in seiner Jugend geschrieben hatte. Sie waren sehr ordentlich auf einer Ecke der großen Kommode in seinem Zimmer aufgestapelt. Als wir 1914 nach Cabourg fuhren, waren sie der einzige Teil seiner Arbeit, den er nicht mitgenommen hat; in den großen Koffer, der im Zug bei uns bleiben mußte, hatte ich nur die Notizhefte und die Notizbücher und die neuen Hefte gepackt, an denen er arbeitete.

Die alten nannte er seine »schwarzen Hefte«, weil sie in schwarzes Moleskin eingebunden waren. Es waren zweiunddreißig, mit großen weißen Ziffern numeriert, die aussahen, als wären sie mit der in Farbe oder in weiße Tinte getauchten Fingerspitze geschrieben worden. Es waren dicke Schulhefte. Wenn er in einem davon etwas nachschlagen wollte, sagte er zu mir: »Céleste, wollen Sie mir bitte das schwarze Heft geben.«

Und er gab genau an: »das dritte« oder »das zwanzigste«.

Im allgemeinen nahm er sich die Hefte nie lange vor; er suchte eine Stelle, las sie, dann ließ er mich das Heft wieder weglegen. Ich habe einige davon offen vor ihm liegen sehen. Die Seiten aus glattem, weißem Papier waren mit einer regelmäßigen und vollendeten Schrift bedeckt – der seinen –, sehr sauber und lesbar, ohne daß etwas durchgestrichen war. Ich glaube nicht, daß er sie im Bett geschrieben hatte; sie stammten aus der Zeit, als er noch sitzend schrieb, einer Zeit, die ich nicht mehr kennengelernt habe. Aus der Art und Weise, wie er sich der Hefte bediente, ging eindeutig hervor, daß sie das Wesentliche seines Werks bereits enthielten.

Ebenso wie über die »Paperassen« besteht eine Unklarheit über die »schwarzen Hefte«, die ich zu beseitigen vermag. Ich fürchte, daß viele Leute sie mit den Notizheften verwechselt haben. Tatsächlich gibt es keine Spur der »schwarzen Hefte« mehr, und zwar deshalb, weil er mir von einem bestimmten Zeitpunkt an den Auftrag gegeben hatte, sie zu vernichten. Alle zweiunddreißig sind im großen Küchenherd dem Feuer überliefert worden.

Das war während des Krieges am Boulevard Haussmann, zwischen 1916 und 1917, als er ›Im Schatten junger Mädchenblüte‹ beendet und die ganze Fortsetzung im Kopf hatte. Er gab mir jeweils diejenigen, die er nicht mehr brauchte – manchmal eins, manchmal zwei oder drei. Das Unterfangen erstreckte sich über acht Monate oder vielleicht ein Jahr. Ich erinnere mich, daß ich meiner Schwester davon erzählt habe, als sie einmal aus Auxillac nach Paris kam, um mich zu besuchen. Nach dem Tode Monsieur Prousts habe ich mit André Maurois darüber gesprochen. André Maurois war untröstlich darüber und wiederholte dauernd: »Wie schade, wie schade!« Ich glaube, das letzte Mal habe ich drei oder vier Hefte auf einmal verbrannt. Ich gehorchte, ich habe nie Fragen gestellt.

Ein Beweis, daß ihm an der Vernichtung der Hefte lag, ist darin zu sehen, daß er mich eines Tages rief und mit unschuldiger Miene, aber forschenden Blickes fragte: »Céleste, verbrennen Sie auch wirklich meine Hefte?«

Gekränkt habe ich geantwortet: »Nun, Monsieur, wenn Sie kein Vertrauen zu mir haben, warum haben Sie mich dann damit beauftragt? Sobald Sie mir etwas sagen, tue ich es. Wenn Sie daran zweifeln, warum machen Sie es dann nicht selbst?«

»Nun, nun, Céleste, ärgern Sie sich nicht. Ich habe nur Spaß gemacht. Ich weiß genau, daß Sie sie verbrennen.«

Wie so oft, hatte ihn offenbar eine Anwandlung von Mißtrauen befallen; um sich zu vergewissern, daß ich die Hefte nicht für mich behielt, hatte er sehen wollen, wie ich reagiere.

Die Hefte, die heute noch vorhanden sind, sind die Hefte mit Notizen und jene Hefte, die ich die neuen Hefte genannt habe, das heißt die Manuskripte des Werks.

Diese Hefte waren nicht schwarz. Sie waren kartoniert und mit Leinen verstärkt und sehr dick, sehr viel dicker als die »schwarzen Hefte«, und mit all den eingeklebten Zusätzen waren einige dieser Manuskripthefte tatsächlich enorm angeschwollen.

Ich kaufte die Hefte je nach Bedarf in einem guten Papiergeschäft auf dem Boulevard Haussmann. Die Verkäuferin war ein sehr distinguiertes, sehr elegantes Fräulein mit dem Auftreten einer Dame von Welt – Mademoiselle Lidove, wenn ich mich recht erinnere –, die sich die erdenklichste Mühe gab, wie übrigens alle Geschäftsleute, zu denen ich ging, sobald es sich um Monsieur Proust handelte. Ich suchte die Hefte aus, und die Rechnung wurde geschickt. Auf den Deckel der Manuskripthefte klebte ich ein kleines Rechteck aus dem Papier, mit dem das Legras-Pulver angezündet wurde, und Monsieur Proust schrieb eigenhändig in römischen Ziffern die Nummern darauf.

Es gab drei Hefte mit Notizen. Die Manuskripthefte haben sich bis zum Schluß laufend vermehrt, und in der Staatsbibliothek befinden sich heute fünfundsiebzig – eine Zahl, die eine Vorstellung vermittelt.

Was die kleinen Notizbücher betrifft, die sich im Laufe der Jahre auch angesammelt haben, so waren sie im Hochformat und schmal und hatten langgezogene Silhouetten von etwas dandyhaften Personen auf dem Deckel. Madame Straus hatte sie ihm geschenkt. In der letzten Zeit hat Monsieur Proust mir ein unbenutztes geschenkt, das noch heute in meinem Besitz ist.

Während die »schwarzen Hefte« auf der Kommode lagen, waren die drei anderen Sorten von Heften ständig in Reichweite Monsieur Prousts, sorgfältig geordnet auf den Klappen des Nachttisches neben seinem Bett. Die Anordnung änderte sich nicht: in der Mitte des Tisches, neben der Lampe, die Notizbücher; hinter der Lampe die Notiz- und Manuskripthefte.

Wenn man zu den Notizen auf losen Blättern und der Auftragserteilung an mich noch die kleinen Zettel zum Anzünden des Räucherpulvers hinzuzählt, dann hatte Monsieur Proust sozusagen das ganze »Handwerkszeug«, das er für seine Arbeit brauchte, griffbereit.

Er schlug bei der Arbeit sehr wenig in Büchern nach – es lagen nie welche in Reichweite neben seinem Bett. Manchmal schaute er, wie ich schon erwähnt habe, etwas im Gotha oder im Lexikon nach, um einen Ort oder einen Namen nachzuprüfen. Von Zeit zu Zeit bat er mich, ihm ein Werk zu reichen; er überflog es, schlug es wieder zu und gab es mir zurück: »Danke, Céleste, stellen Sie es weg; ich habe gesehen, was ich wollte.«

Ich sagte zu ihm: »Immerhin, Monsieur, Sie sind komisch; Sie verlangen dieses Buch; kaum haben Sie es angesehen, da muß ich es schon wieder wegräumen.«

Lächelnd antwortete er: »Wissen Sie, Céleste, ich habe sehr viel gelesen. Ich kenne fast den ganzen Inhalt.«

Dennoch war sein Zimmer, zweifellos aus Vorsicht, voller Bücher, die er nie anrührte.

Worauf ich bei der bescheidenen Hilfe, die ich ihm leisten konnte, stolz bin, ist die Tatsache, daß ich das Problem seiner Zusätze für ihn gelöst habe. Denn ein Großteil seiner Arbeit bestand darin, daß er hinzufügte, unablässig hinzufügte und korrigierte. Eines Tages hat er mich gerufen. Als ich kam, sah er angegriffen und sorgenvoll aus.

»Liebe Céleste, ich habe scheußlichen Ärger!«

»Was gibt es, Monsieur?« fragte ich besorgt.

»Ach, alle meine Ränder sind schon voll, und ich habe noch Korrekturen zu machen und sehr viel hinzuzufügen. Ich weiß nicht, wie ich mir helfen soll. Ich könnte lose Blätter beilegen; aber wenn all das zum Setzer geht, wird er ganz durcheinanderkommen, und das Ganze wird sinnlos. Was soll man tun?«

Fast ohne nachzudenken habe ich gesagt: »Monsieur, wenn's weiter nichts ist, das ist nicht schwierig.«

»Wieso, Céleste, ist das nicht schwierig? Das möchte ich gern sehen!«

»Doch, Monsieur, das ist ganz einfach, Sie werden es sehen. Wenn Sie wollen, schreiben Sie lauter lose Blätter voll und achten Sie nur darauf, daß Sie oben und unten ein bißchen frei lassen. Und wenn Sie fertig sind, klebe ich alles an der richtigen Stelle ein, so genau wie ich nur kann. Auf diese Weise können Sie es so lang machen, wie Sie wollen; man muß es dann bloß kniffen. Der Setzer wird die lange

Fahne dann auseinanderfalten und einen Satz nach dem anderen drannehmen.«

Sein Gesicht strahlte; er wußte sich vor Freude nicht zu lassen.

»Glauben Sie, Sie könnten das machen? Liebe Céleste, wie froh ich bin! Ich bin gerettet!«

Er war so glücklich, daß er überall erzählt und sogar an mehrere Leute geschrieben hat, vor allem an die Schiffs, seine englischen Übersetzer, daß ich eine ungewöhnliche Frau sei, daß ich sein Problem gelöst habe und seine Zettel so zusammenklebe, daß man es nicht sieht.

Daher kommt es, daß die Manuskripthefte so angeschwollen sind. Eins davon ist berühmt; man hat es auf Ausstellungen gezeigt, und es hat eine Fahne dieser Art, die wie ein Akkordeon zusammengefaltet ist; ausgebreitet ist sie einen Meter vierzig lang.

Das ist die Geschichte der »Anlageblätter«.

Sollte ich sagen, woran genau ich ihn habe arbeiten sehen, außer ›Im Schatten junger Mädchenblüte‹, dann würde ich lügen, wenn ich behauptete, ich wisse es. Aber nach der Art seines Vorgehens glaube ich sagen zu können, ohne mich zu irren, daß das ganze Werk da war, und wenn es vorkam, daß er ununterbrochen schrieb, um ein Buch zu beenden, so hat er oft bald an dem einen, bald an dem anderen gearbeitet, je nach der Eingebung des Augenblicks oder den Korrekturen und Hinzufügungen, die seine Überlegungen und seine Erkundigungen ihm nahelegten – ob es sich nun um ›Die Welt der Guermantes‹, ›Sodom und Gomorrha‹, ›Die Gefangene‹, ›Die Entflohene‹ oder ›Die wiedergefundene Zeit‹ handelte. All das war für ihn durch das Zeugnis der Romanfiguren so miteinander verwoben, daß es nur ein einziges Buch ergab.

Was mich in bezug auf sein Werk und seine Arbeitsweise am meisten verblüffte, ist ein Satz, den er eines Tages zwischen vielen anderen aussprach, als er mir von der Delfter Landschaft erzählte, von Vermeer und der berühmten kleinen gelben Mauerecke – und Gott weiß, wie oft er darauf zurückkam. Es war gegen Ende, nachdem er dieses Bild auf einer Ausstellung im Museum Jeu de Paume wiedergesehen hatte. Als er nach Hause kam, war er erschöpft. Nachts hat er zu mir gesagt – und sein Blick war so verzückt, daß man hätte glauben können, er habe das Bild von Vermeer noch vor Augen: »Ach, Céleste, diese Sorgfalt im Detail, diese Subtilität! Das kleinste Sandkörnchen! Wie das ausgefeilt werden mußte! Ich sollte noch korrigieren und korrigieren und Sandkörner hinzufügen ...«

Die Sorgfalt im Detail und die Subtilität, die besaß er. Er gab sich nicht zufrieden, wenn er nicht sicher war, daß er alle Einzelheiten erfaßt hatte. Ich erinnere mich zum Beispiel, daß er Odilon befragt hat, als er in seinem Buch das Ausrufen der Straßenhändler erklingen lassen wollte.

»Odilon, Sie sind doch dauernd draußen, Sie müßten doch wissen, was die Leute ausrufen. Sie hören es, während es zu mir nur undeutlich durch die Scheiben dringt. Versuchen Sie bitte, es genau herauszubekommen, wollen Sie das tun?«

»Ja, gern, Monsieur, ich werde mich umhören.«

Und als Odilon mit den Worten zurückkam, die die Straßenhändler ausriefen, da mußte man es gesehen haben, wie er lachte und sich freute.

»Lieber Odilon, wie nett Sie sind! Ich danke Ihnen ...«

In dem Buch ›Die Gefangene‹ findet man fast alle Litaneien der Straßenhändler, so wie Odilon sie ihm berichtet hat: *»Ah, le bigorneau, deux sous le bigorneau* – zwei Sous die Strandschnecken … *Les escargots ils sont frais, ils sont beaux! Six sous la douzaine!* Frische Schnecken, schöne Schnecken, nur sechs Sous das Dutzend! *A la tendresse à la verduresse! Artichauts tendres et beaux, ar … tichauts* … Schöne zarte Artischocken, Arti-schocken! Und dann der Kesselflicker: *Tarn tarn tarn, c'est moi qui rétame, même le macadam* … der alles aufführt, was sich löten läßt.«

Es war wunderbar anzuhören, wenn Monsieur Proust diesen Straßensingsang wiederholte. Es ging gleichsam ein Hauch von Fröhlichkeit von ihm aus – es war, als ob er uns Einblick in sein Herz hätte nehmen lassen.

Augenblicke wie diese bewirkten, daß es gar kein Verdienst war, wenn man ihm gefällig sein und ihm helfen wollte. Für mich war es ein Vergnügen und eine Freude, in seine Arbeit völlig einbezogen zu sein. Es fiel mir durchaus nicht schwer, wie die Gioconda zu lächeln; ich war heiter wie eine blaue Wiesenblume.

Wenn ich für sein Werk von einigem Nutzen war, dann wahrscheinlich deshalb, weil ich über seine Arbeit, seine Gewohnheiten, seine Besessenheit auf diesem Gebiet so im Bilde war, daß ich meistens, wenn er mich rief, schon an seiner Haltung, an einer Gebärde und an seiner Blickrichtung im voraus erkannte, was er wollte. Ehe er den Satz ausgesprochen oder seine Notiz hingekritzelt hatte, sagte ich bereits: »Aber ja, Monsieur, das wollen Sie? Hier …« Und ich hielt ihm das Heft oder das Buch hin, das er gewünscht hatte.

Das erstaunte ihn immer wieder. Er lächelte und sagte: »Danke, liebe Céleste. Aber wie haben Sie das erraten?«

Ich selbst wäre in Verlegenheit gekommen, hätte ich es

erklären sollen. Es war eine Art Reflex, eine Art zweite Natur. Dabei war es nicht schwierig; ich hatte kein Verdienst daran, es zu wiederholen. Bei ihm zu sein, ihm zuzuhören, mit ihm zu reden, ihm bei der Arbeit zuzuschauen, ihm im Rahmen meiner Möglichkeiten zu helfen, das war wie ein Spaziergang auf dem Lande, wo man überall neue Quellen findet, die ständig sprudeln.

Damals erkannte ich gar nicht, in welchem Maße ich für ihn unentbehrlich geworden war. Um mir darüber klarzuwerden, bedurfte es eines Vorfalls im Jahre 1921, zu einer Zeit, da ich sehr erschöpft war und unter dem Eindruck stand, ich könne ihm nicht genügen.

Er selbst war gerade damals sehr ungeduldig in bezug auf sein Werk; alles mußte sehr rasch gehen, und alles war für ihn eine Anstrengung. Ich faßte einen Entschluß und sagte zu ihm: »Monsieur, Sie müßten jemanden um sich haben, der gebildeter ist als ich. Sie könnten diktieren, Sie würden sehr viel mehr schaffen und noch dazu schneller. Ich bin erschöpft, ich hätte es sehr nötig, mich ein wenig auszuruhen. Besser wäre es, daß ich weggehe, wenn Sie jemanden gefunden haben, der Ihnen zur Hand gehen kann. Ich möchte Sie nur bitten, wenn ich weggehe, daß Sie mich von Zeit zu Zeit empfangen, damit ich Sie wiedersehen kann.«

Sein Gesicht lag im Halbdunkel des Kopfkissens. Er hat sich nicht gerührt. Er hat sich darauf beschränkt zu sagen: »Liebe Céleste, wie dumm Sie sind! Daß Sie erschöpft sind, weiß ich. Das bin ich auch. Sehr sogar. Gut. Wir werden noch darüber reden.«

Ein wenig später hat er geläutet.

»Céleste, wenn Odilon nach Hause kommt, seien Sie doch so gut, ihn zu bitten, er möge zu mir kommen.«

Ich habe Odilon zu ihm geschickt. Mein Mann kam nicht

wieder. Als er schließlich erschien, habe ich ihn gefragt: »Du bist aber lange geblieben. Worüber habt ihr gesprochen?«

»Ach, nichts Besonderes. Du weißt schon, über die Börse und dergleichen.«

Da er sich nicht verstellen konnte, hat Odilon dann hinzugefügt: »Schließlich kann ich es dir auch genausogut sagen. Offenbar hast du ihm angekündigt, daß du weggehen willst, und er hat mich gebeten, darauf zu dringen, daß du nichts Derartiges tust.«

Ich habe meinem Mann erklärt, was meiner Überlegung zugrunde lag: daß Monsieur Proust sicherlich finde, ich sei nicht schnell genug für ihn, zum Beispiel, wenn er mir ein Stück seines Buches diktiert oder ich etwas für ihn suche, und da er erschöpft sei, sei es doch das Beste, in seinem Interesse jemanden zu Hilfe zu holen, der qualifizierter sei als ich.

»Vielleicht«, hat Odilon gesagt. »Aber er faßt es nicht so auf. Er hat mir erklärt, daß er dich verstehe; nur hat er außerdem gesagt: ›Odilon, Sie müssen bei ihr erreichen, daß sie bleibt. Sie ist die einzige, die errät, was ich sagen will, ehe ich es ausspreche. Sie ist an meine Lebensweise gewöhnt, an meine Papiere. Wenn sie ein, zwei, drei Personen zur Hilfe braucht, werde ich sie einstellen; aber vor allem versuchen Sie, daß sie hierbleibt. Sagen Sie ihr ruhig, wenn sie je weggeht, dann werde ich nicht mehr arbeiten können.‹«

Merkwürdigerweise habe ich es damals nicht wirklich geglaubt; ich habe angenommen, daß er mich hauptsächlich behalten wollte, weil es bequem war, an seinen Gewohnheiten nichts zu ändern. Aber ich bin geblieben. Heute bereue ich es nicht.

Die einzige Hilfskraft, die er außer meiner Schwester Marie, die damals schon da war, genommen hat, war meine

Nichte Yvonne, die ungefähr einen Monat in der Rue Hamelin gewohnt hat, um seine Korrespondenz mit Behörden, seine geschäftliche Post und das Manuskript von ›Die Gefangene‹ zu tippen.

Abgesehen von dem Vergnügen und der Freude war man für die Mühe, die man auf sich nahm, genug belohnt, wenn man an manchen Abenden, an denen er mit der Arbeit aufgehört und geläutet hatte, in sein Zimmer trat und feststellte, daß er mit seiner Arbeit zufrieden war. Ich kam; er war erschöpft, aber sein Gesicht strahlte im Halbdunkel, und er lächelte mich freundlich an.

»Ach, Céleste, ich bin müüüde, müüüde ... Aber schauen Sie: eins, zwei, drei ...«

Er hob die Seiten hoch, die er geschrieben hatte, während er sich mit der anderen Hand durchs Haar strich.

»Heute abend ist es sehr gut gegangen. Ich habe gut gearbeitet. Ja, ja, es ist gar nicht schlecht, was ich geschrieben habe. Ich bin recht zufrieden mit mir.«

Dann war ich auch zufrieden und freute mich, ihn so glücklich zu sehen.

Gewiß, es gab auch Tage, an denen es nicht klappte: »Ach, Céleste, ich kann nicht mehr. Ich habe gearbeitet, aber es taugt nichts. Ich bin sehr unzufrieden mit mir.«

Die Seiten lagen vor ihm, vieles war durchgestrichen, und in diesen Fällen hielt er sie mir nicht hin. Ich sagte dann: »Nun, Monsieur, morgen wird es besser gehen.«

Und sein Blick drückte eine solche Dankbarkeit aus, daß es selbst an diesen Abenden eine Belohnung war, bloß dazusein, in seiner Nähe, Rücksicht auf seine Arbeit und seine Müdigkeit zu nehmen, Mitgefühl für ihn zu empfinden, aber auch Bewunderung für all das, was er war.

Zwei Tage Angst

Ich entsinne mich einer seltsamen Geschichte, die ich nie genau habe aufklären können und über die auch er immer Schweigen bewahrt hat; aber in all den Jahren, die ich darüber nachgedacht habe, konnte ich immer nur annehmen, daß sie mit dem Geist und auch mit dem Gegenstand seiner Arbeit zusammenhing.

Hätte ich mein Tagebuch geführt, wie Monsieur Proust es angeregt hatte, dann könnte ich das genaue Datum angeben. Jedenfalls bin ich sicher, daß sich die Sache am Boulevard Haussmann abspielte – ich sehe mich noch zu genau in der Situation vor mir; es muß vor Kriegsende und ziemlich sicher im Jahr 1917 gewesen sein, denn ich war allein; Odilon war nicht da, und auch meine Schwester Marie nicht – daran erinnere ich mich sehr genau.

Wenn ich andererseits diese Geschichte erwähne, dann darum, weil sie mich damals zutiefst bewegt hat. Obwohl ich ihm damals keine andere Bedeutung zugemessen habe, war der Eindruck so stark, daß ich noch jedesmal erregt bin, wenn ich daran denke. Die Bedeutung des Vorfalls hat sich für mich erst mit der Zeit und nach langer Überlegung herausgestellt. Folgendes war geschehen.

Eines Abends – das heißt, um noch einmal daran zu erinnern, daß es gegen sechs oder sieben Uhr morgens war, denn er war an diesem Tag ausgegangen und hatte mich, als er zurückkam, bei sich behalten, um »ein bißchen« zu plaudern – eines Abends also habe ich ihn verlassen, nachdem er mir wie üblich die Zeit angegeben hatte, zu der er wahrscheinlich läuten würde, damit ich ihm seinen Kaffee bringe.

Ich gehe schlafen. Zweifellos bin ich wie gewöhnlich aufgestanden, gegen zwölf oder ein Uhr. Zur rechten Zeit bereite ich den Kaffee, die Milch, das ganze Tablett – wie ich mich erinnere, gab es damals schon kein Croissant mehr –, ich stelle die Kaffeekanne ins Wasserbad und warte auf das Läuten.

Eine Stunde vergeht, mehrere Stunden. Nichts.

Ich warte immer noch. Ich erledige alle möglichen Kleinigkeiten, vielleicht die Wäsche, oder ich räume die Küche oder mein Zimmer auf; heute weiß ich das nicht mehr. Belanglose Tätigkeiten jedenfalls, bei denen man bestimmt keinen Lärm machte. Denn das war ja so schrecklich, wie ich schon erwähnt habe: er hörte alles; von dem Augenblick an, in dem man annehmen konnte, daß er ruhte, und solange er kein Zeichen gab, daß das Leben wieder begann, war man praktisch zur Reglosigkeit gezwungen.

Mit der Reglosigkeit wächst die Unruhe. Man kann nicht stundenlang still auf einem Stuhl sitzen, selbst mit einer Stickerei, um über das Enervierende der Zeit hinwegzukommen, ohne daß es quälend wird. Um so mehr, als das Haus, das sich immer schon bemühte, alle Geräusche, das ganze Kommen und Gehen während des Tages zu dämpfen, um Monsieur Proust nicht zu stören, mit Einbruch der Nacht in völlige Stille verfällt. Oben ist die Praxis des Zahnarztes Williams geschlossen und verlassen; seine Wohnung liegt im dritten Stock. Unten, im Erdgeschoß, sind Dr. Gagey, seine Frau und ihre Köchin, Madame Chevalier, eher Leute, die früh zu Bett gehen.

Als gegen Mitternacht immer noch nichts geschehen war, wurde die Unruhe zur Angst. Alle möglichen Gedanken gingen mir durch den Kopf: Warum läutet er nicht? Was ist passiert? Mein Gott, ob er womöglich einen Anfall erlitten hat ... Und wenn er tot wäre? Was soll man tun?

Es sind alle möglichen Märchen über mein Tun und Lassen erzählt worden – ich hätte den Kopf verloren, Madame Chevalier geweckt und sie um Rat gefragt, und sie hätte mir gesagt, das einzig Vernünftige wäre, sich über Monsieur Prousts Anordnung hinwegzusetzen und in sein Zimmer zu gehen, um nachzusehen, was los sei. All das gehört wie so vieles andere in das Kapitel der Erfindungen, auch wenn man mir den Bericht hat zuschreiben wollen. Zu liebenswürdig!

Die Wahrheit ist einfach, daß ich es schließlich nicht mehr aushalten konnte. Aber sowenig ich es je gewagt hätte, wen auch immer in die persönlichen Angelegenheiten von Monsieur Proust hineinzuziehen – es wäre ihm allzu verdrießlich gewesen –, so wenig hätte ich es je auf mich genommen, sein strengstes Gebot zu übertreten, nämlich sein Zimmer nur zu betreten, wenn er mich rief.

Nachdem Mitternacht vorbei war, habe ich mich dann entschlossen, mir so viel herauszunehmen, wie ich mir erlauben zu können glaubte. Ich bin aus der Küche hinausgegangen und habe den üblichen Weg eingeschlagen, wobei ich darauf achtete, auf Zehenspitzen und auf den dicken Teppichen zu gehen, um sicher zu sein, daß ich nicht das geringste Geräusch machte.

Als ich zur vierten Tür kam, seiner Zimmertür, bin ich stehengeblieben, habe den Atem angehalten und an der Tür gelauscht, die ja überdies auf der anderen Seite noch durch den Vorhang geschützt war.

Ich hörte nichts. Nicht einmal einen Atemzug.

Ich habe den Rückweg angetreten, und zwar durch den kleinen Korridor, wo sich auf der einen Seite das Ankleidezimmer und auf der anderen die Tür dicht an seinem Bett befindet.

Ich habe wieder gelauscht. Nichts.

Ich bin in mein Zimmer zurückgegangen. Ich glaube nicht, daß ich sehr viel geschlafen habe. Niemals war es bisher vorgekommen, daß er so lange nicht geläutet hatte; auch später ist es übrigens nicht wieder vorgekommen. Meine einzige Hoffnung war, daß er vielleicht beschlossen hatte, zu arbeiten und ein Kapitel fertigzumachen. Immerhin war es das erstemal, daß er nicht nach seinem Kaffee geläutet hatte. Oder war er vielleicht sehr erschöpft gewesen und wollte schlafen und sich ausruhen?

Aber als er dann am nächsten Tag bis zum Abend immer noch nicht nach mir gerufen hatte, war ich wirklich voller Angst und wußte nicht mehr, was ich tun sollte.

Noch heute frage ich mich, wie ich eigentlich hatte standhalten können. Man mußte einen jungen Kopf haben, wie ich ihn hatte, um ihn nicht völlig zu verlieren.

Es war elf Uhr abends am zweiten Tag – ich erinnere mich genau an die Zeit –, als er endlich geläutet hat.

Es bedarf keiner Erwähnung, daß ich angerannt kam, zugleich beunruhigt, neugierig und erleichtert. Er lag im Bett, bleich und schweigend, als hätte er gerade das Räuchern hinter sich gebracht. Er hat mir nur ein Zeichen gemacht, daß er seinen Kaffee haben wollte. Ich respektierte seine Gepflogenheit zu sehr, um es mir einfallen zu lassen, als erste zu reden, geschweige denn, ihn zu befragen. Wenn er bei meinem ersten Kommen sprach, dann hatte er eine wichtige Neuigkeit mitzuteilen, oder irgend etwas quälte ihn ernstlich – ich glaube nicht, daß es in diesen ganzen Jahren mehr als zwei- oder dreimal vorgekommen ist. Außerdem ist es gut möglich, daß er bloß meinen Gesichtsausdruck an diesem Tag zu sehen brauchte, um sich obendrein den Spaß zu machen, absichtlich noch länger zu schweigen; er war imstande, einen auf diese Weise schmoren zu lassen.

Erst nachdem er seinen Kaffee getrunken hatte, richtete er das Wort an mich.

»Nun, Céleste, was haben Sie von mir gedacht?«

»Ich habe gar nichts gedacht, Monsieur; aber Sie haben mir einen großen Schrecken eingejagt, und ich war sehr beunruhigt.«

»Waren Sie wirklich beunruhigt?«

»Sehr sogar, Monsieur. Natürlich, wenn Sie es wünschen, daß man nicht zu Ihnen kommt, dann gehorche ich; aber ich habe mich gefragt, was ich tun sollte.«

Ich erinnere mich, daß ich noch hinzugefügt habe: »Es war nicht sehr nett. Ich war froh, als Sie geschellt haben.«

Er war einen Augenblick still und schaute mich an, dann sagte er ganz friedlich, und sein Lächeln blieb ernst: »Liebe Céleste ... auch ich habe geglaubt, daß wir uns vielleicht nicht wiedersehen würden.«

Ich war so bestürzt und eingeschüchtert, daß ich nicht zu fragen wagte, warum.

Kurz danach hat er mich gefragt: »Sie sind hergekommen, nicht wahr?«

»Glauben Sie, Monsieur?«

»Ja, Sie sind gekommen. Ich weiß es. Ich habe Sie genau gehört. Sie sind dahin gekommen und dahin.«

Er deutete auf die beiden Türen.

Das war der ganze Kommentar. Niemals haben wir wieder darüber gesprochen. Niemals habe ich mehr darüber erfahren. Wir konnten plaudern, Scherze machen, aber jeder an seinem Platz; um nichts in der Welt hätte ich mir erlaubt, ihm Fragen zu stellen.

Es ist erzählt worden, gegen Ende des Jahres 1921 habe

es einen in etwa ähnlichen Vorfall gegeben – er habe damals eine zu starke Dosis Veronaltabletten und Opium genommen, und die Folge sei eine schwere Vergiftung gewesen, aus Versehen natürlich, aber vielleicht habe es sich doch nicht nur um einen Unglücksfall gehandelt, sondern unbewußt um einen Selbstmordversuch.

Welche Albernheit! Abgesehen davon, daß Monsieur Proust den Selbstmord mißbilligte – wie es sich im Zusammenhang mit dem seines Freundes Jacques Bizet zeigen sollte –, hätte er eine solche Maßnahme um sein Leben abzukürzen, nie ins Auge gefaßt: sein Buch war sein ein und alles, und sein Wunsch, es zu vollenden, war viel zu stark, als daß er die Vollendung durch einen Freitod verhindert hätte. Er hat das bewiesen, indem er bis zum letzten Atemzug arbeitete. Die Behauptung des Gegenteils ist eine der Lügen, die mich zum Reden veranlaßt haben, ehe ich die Welt verlasse.

Nein, das Wahrscheinliche – ich sage nicht: die Wahrheit, denn Monsieur Proust hat sie mir nie gesagt – das Wahrscheinliche ist also, und das habe ich seitdem immer angenommen, daß es auch kein Zufall gewesen ist, als er mich fast zwei Tage lang nicht gerufen hat.

Unglückliche Zufälle hat es bei ihm niemals gegeben, mit einer Ausnahme, als Dr. Bize ihm ein Medikament verschrieben hatte, das ihm nicht bekam und das er absetzte, nachdem er den Arzt davon verständigt hatte. Zweifellos ist das diese aufgebauschte Angelegenheit gewesen, auf die ich angespielt habe.

Ich bin nach wie vor überzeugt, daß bei dem einzigen wirklichen Fall, von dem ich spreche, Monsieur Proust eine Erfahrung, die er für sein Buch brauchte, soweit wie möglich auszudehnen versuchte. Ja, ich bin der festen Meinung, daß er die Erfahrung des Todes machen und mit einer ganz starken Empfindung des Bewußtseinsverlusts experimentieren wollte. Nur bin ich, da ich ihn schließlich kannte, ebenfalls überzeugt, daß er die Dosis – wahrscheinlich Veronal – sehr genau berechnet hatte, um sicher zu sein, daß er für seine Analyse einen klaren Verstand behielt.

Vielleicht dachte er damals an das langsame Sterben einer der Hauptfiguren seines Buches, des Schriftstellers Bergotte, den er an Urämie sterben läßt, der auch seine Mutter, Madame Adrien Proust, erlegen war. Obwohl er, wie es scheint, den Tod von Bergotte erst kurz vor seinem eigenen vollständig und endgültig beschrieben hat, also etwa 1921, darf doch nicht vergessen werden, daß er immer die Gesamtheit seines Buches im Kopf hatte.

Was ich meinerseits von dieser Geschichte vor allem im Gedächtnis behalten habe, ist seine menschliche Größe und seine willige Hingabe an sein Werk. Und auch dieser bewundernswerte Scharfblick und zugleich diese Feinfühligkeit, als er zu mir, die ich doch nichts dergleichen angedeutet hatte, sagte: »*Auch ich* habe geglaubt, daß wir uns vielleicht nicht wiedersehen würden.«

Das abgelehnte Manuskript

Wenn man bedenkt, mit welcher Leidenschaft er an seinem Werk hing – und die eben geschilderte Episode ist dafür nur ein Beispiel unter vielen, denn letztlich war sein ganzer Lebensinhalt sein Werk –, und wenn man sich der unerhörten Willenskraft erinnert, mit der er einen einmal gefaßten Gedanken verwirklichte, und zwar mit einer Ungeduld, die es ihm dennoch erlaubte, ein Ziel geduldig zu verfolgen, dann kann man ermessen, was der Tag für ihn bedeutete, an dem er den Entschluß faßte, sein Buch zu veröffentlichen. Denn das war in solchen Fällen das Verblüffendste bei ihm – und ich weiß es, weil ich es miterlebt habe: sobald er erkannt hatte, daß es Zeit kosten würde, etwas zu erreichen, war er den anderen gegenüber ungeduldig, die er mit Vorbedacht von seinem Bett aus steuerte wie ein Admiral sein Schiff.

Über den Beginn seiner Beziehungen zu Verlegern weiß ich nur das, was er mir erzählt hat – man darf nicht vergessen, daß damals, als ich zuerst als »Botin« zum Boulevard Haussmann kam, sein Buch ›In Swanns Welt‹, der erste Teil der ›Suche nach der verlorenen Zeit‹, nach den alten Moleskin-Heften umgearbeitet, soeben erschienen war. Er hatte seinen Vertrag mit dem Verleger Bernard Grasset im Frühjahr 1913 unterzeichnet, im März, also etwa zur Zeit meiner Hochzeit mit Odilon, als ich von seinem Namen und seiner Existenz noch nicht die geringste Ahnung hatte. Und davon, wie ein Buch entsteht, hatte ich überhaupt keinen Schimmer – ich war einundzwanzig Jahre alt und gerade frisch vom Lande nach Paris gekommen.

Später habe ich aus seinen Berichten entnommen, daß er

das Erforderliche getan hatte, um diese Veröffentlichung zu erreichen. Er hatte seine Beziehungen ausgenützt, sowohl zu seinen Freunden und den Salons, in denen er verkehrt hatte und noch verkehrte, als auch zur Leitung des ›Figaro‹, für den er gelegentlich Artikel geschrieben hatte, und insbesondere zu Calmette, den kurz darauf die Frau des Ministers Caillaux erschoß.

Dort wie auch anderswo liebte er es nicht, sich als Unbekannter vorzustellen. Die Vorarbeiten mußten daher von anderen geleistet werden. Aber ihm lag nicht nur an einer einfachen Empfehlung – diejenigen, die es übernahmen, diese Vorarbeit zu leisten, mußten sich über den Wert seines Buches und dessen, was er selbst repräsentierte, klar sein. Ich glaube mich nicht zu täuschen, wenn ich sage: Wäre er sich nicht im Grund seines Herzens darüber klar gewesen, so hätte er auch nicht darauf gedrängt, etwas zu unternehmen.

Bei ›In Swanns Welt‹ ging die Sache jedenfalls nicht ganz von selbst. Erstens war es ein sehr umfangreiches Manuskript – in seiner Handschrift waren es zwölfhundert Seiten, in Maschinenschrift ungefähr siebenhundert; zweitens hatte das Buch keinerlei Ähnlichkeit mit dem, was zu jener Zeit gangbare Münze war. Die ersten Schritte waren 1912 getan worden. Monsieur Proust hatte sich hauptsächlich auf zwei Verlage konzentriert: Fasquelle, damals ein gut eingeführtes Unternehmen, für das er Empfehlungen hatte, und den Verlag der ›Nouvelle Revue Française‹, der noch ganz neu war, den er aber vorzog, weil er mit seiner literarischen Zeitschrift – der NRF – etwas darstellte und Aufsehen erregte, ebenso mit seinen Autoren, die sich gegenseitig unterstützten und von denen es hieß, sie seien die Vertreter einer neuen Schriftstellergeneration – André Gide, Paul

Claudel, Francis Jammes, Jean Schlumberger und Jacques Copeau, der sich mit seinem Vieux-Colombier hauptsächlich dem Theater widmete. Zu ihnen gesellte sich als kaufmännischer Leiter Gaston Gallimard, der eine Tochter des mächtigen Bankhauses Lazare geheiratet hatte, übrigens eine sehr hübsche Person, schlank, sehr elegant, mondän und geistvoll.

Fürst Antoine Bibesco, immer begeistert für das Neueste vom Neuen, hatte Monsieur Proust die ›Nouvelle Revue Française‹ wärmstens empfohlen und ihn veranlaßt, zuerst die Zeitschrift zu abonnieren. Monsieur Proust seinerseits hatte schon früher bei einem seiner Sommeraufenthalte in Cabourg Gaston Gallimard kennengelernt, und zwar auf einem Gut in der Nachbarschaft, in Bénerville, soviel ich mich erinnere. Ich glaube auch, daß er mir einmal erzählte, er habe ein Diner im Grand Hôtel in Cabourg gegeben, zu dem er unter anderem Gaston Gallimard einlud, der damals noch nicht Verleger war.

André Gide war ihm ebenfalls nicht unbekannt; vor fünfzehn oder zwanzig Jahren hatte er ihn auf Abendgesellschaften getroffen.

Kurz, Monsieur Proust hätte durchaus, wenn er gewollt hätte, seine Sache selbst in die Hand nehmen können. Aber das entsprach nicht seiner Verhaltensweise. Sowohl bei Fasquelle als auch bei der ›Nouvelle Revue Française‹ übernahmen es Freunde, das dicke Manuskript dort abzugeben. Calmette vom ›Figaro‹ übergab Fasquelle Anfang 1912 eine erste durchgesehene und korrigierte Kopie, und obwohl Monsieur Proust durch Vermittlung des Fürsten Antoine Bibesco eine Besprechung mit Jacques Copeau hatte, obwohl er sich entschloß, einmal an Gaston Gallimard zu schreiben, hat schließlich Fürst Antoine die zweite, nicht völlig durchkorrigierte Kopie mitgenommen, um sie bei einem Diner, das er mit seinem Bruder extra zu diesem Behufe im Herbst desselben Jahres 1912 gab, André Gide zu überreichen.

Die beiden Brüder Bibesco, Emmanuel wie Antoine, waren nämlich glühende Verteidiger von Monsieur Proust und seinen Schriften. Sie hatten das Manuskript von ›Swann‹ gelesen, das ihnen sehr gefallen hatte.

»Ich wußte, daß sie so nett und intelligent waren«, hat mir Monsieur Proust später erzählt, »deshalb habe ich es ihnen gegeben, damit sie zumindest den Anfang lesen. Und alle beide haben mir mit der etwas südländischen Überschwenglichkeit der Rumänen erklärt: ›Marcel, das ist ein Wunderwerk! Niemand schreibt wie Sie!‹«

Nun war das Manuskript also zweimal abgegeben worden. Aber Schweigen auf beiden Seiten. Keine Antwort von Fasquelle, nun schon seit Monaten. Und seit zwei, drei, vier Wochen – auch nichts von der ›Nouvelle Revue Française‹. Fürst Antoine kam bei Monsieur Proust vorbei: »Nun, Marcel, gibt es etwas Neues? Was haben Sie gehört?«

»Nichts. Ich habe noch immer keine Antwort.«

»Wie? Sie haben keine Antwort bekommen?«

Schließlich hat Fürst Antoine Gide in der ›Nouvelle Revue Française‹ aufgesucht, die ihre Redaktion damals in der Rue Madame im Viertel der Kirche Saint-Sulpice hatte. Gide ist aus seinem Büro heruntergekommen, um ihn zu empfangen, und hat ihm gesagt, das Manuskript sei abgelehnt worden; als Erklärung führte er an: »Unser Verlag bringt seriöse Werke heraus. Es kommt gar nicht in Frage, ein Buch wie dieses zu veröffentlichen, das zur mondänen Dandy-Literatur gehört.«

Er hat Antoine Bibesco das Manuskript zurückgegeben. Es war, glaube ich, zwei Tage vor Weihnachten. Dann kam ein Brief von Jacques Copeau, etwas nuancierter, aber im selben Sinne, der die Ablehnung bestätigte.

Daran knüpfte sich die berühmte Geschichte, die fast ein Streit ist, ob nämlich Gide, der als einziger das Manuskript in den Händen gehabt hatte, es nun gelesen hatte oder nicht, und ob er das Paket überhaupt aufgemacht hatte. Denn mit dem Bindfaden, mit dem es verschnürt war, war ein ziemlich komisches kleines Drama verknüpft, das Anlaß zu allen möglichen Märchen gab.

Wenn Gide sich auch später eines Fehlurteils schuldig bekannte, so hat er doch immer steif und fest behauptet, er habe das Manuskript gelesen. Um seine Ablehnung zu begründen, hat er eine Stelle zitiert, die ziemlich zu Anfang von ›In Swanns Welt‹ vorkommt: sie erschien ihm als falsches Französisch. An dieser Stelle spricht Monsieur Proust von »Tante Leónie« (mehr oder weniger seine eigene Tante Elisabeth) und »ihrer traurigen, bleichen und reizlosen Stirn«, und um die Magerkeit der Person, die sich sogar auf die Stirn erstreckt, zu unterstreichen, bedient er sich einer bildhaften Sprache: die Stirn, »auf der die Halswirbel durchschimmerten wie die scharfen Spitzen einer Dornenkrone oder die Kügelchen eines Rosenkranzes«. Es seien »Halswirbel« auf der Stirn von Tante Léonie gewesen, die André Gide, wenn man ihm Glauben schenken will, den Appetit auf die weitere Lektüre des Buches verdorben hätten.*

Ich will's ihm glauben. Aber das Mißliche ist, daß diese Erklärung erst sehr viel später abgegeben wurde und ich

* Die deutsche Übersetzung in der ›Frankfurter Ausgabe‹ der Werke Prousts findet für diese Stelle eine neue, überzeugende Lösung (Anm. d. Verl.)

bezeugen kann, daß Monsieur Prousts Version völlig anders lautete. Denn er hat sehr oft davon gesprochen und jedesmal kategorisch erklärt: »Céleste, mein Paket ist bei der ›Nouvelle Revue Française‹ überhaupt nicht geöffnet worden, das kann ich Ihnen versichern.«

Der Beweis, den er dafür angab, kam mir immer sehr überzeugend vor. Aber in diesem Zusammenhang muß ich etwas weiter zurückgehen, und zwar bis zu Nicolas Cottin, denn er hatte das Manuskript eingepackt, um es dem Fürsten Bibesco zur Weiterleitung an André Gide zu übergeben.

(Nebenbei sei bemerkt, daß ich nicht weiß, wie der englische Kritiker Painter dazu kommt, in seinem Buch über Monsieur Proust außer anderen Erfindungen kaltblütig zu behaupten, ich, Céleste, damals »Verlobte von Odilon Albaret« und in Paris lebend, habe das Paket verschnürt. Das ist absolut falsch und glatterdings unmöglich. 1912, als sich die Sache abspielte, war ich nicht mit Odilon verlobt, ich war aus meinem Dorf Auxillac überhaupt noch nicht herausgekommen, geschweige denn in Paris; ich war nicht einmal besuchsweise dort gewesen, wie ich zu Beginn dieses Buches gesagt habe; die Hauptstadt habe ich erst nach meiner Hochzeit im folgenden Jahr, 1913, kennengelernt, und von Monsieur Proust wußte ich vorher überhaupt nichts. So verbiegen diese Herren die Wahrheit, wenn es ihnen in den Kram paßt!)

Um auf Nicolas zurückzukommen ... Ich habe schon erzählt, daß zu Anfang, als ich die »Botin« spielte, er es war, der die Bücher mit Widmung einpackte, die ich dann wegtrug. Ich habe auch erwähnt, daß er überaus gewissenhaft war: Die Pakete waren wunderbar verpackt. Vor allem verwandte er eine minutiöse Sorgfalt darauf, den Knoten zu binden. Mehr als das: es war geradezu eine Knüpfkunst in einem ganz besonderen und unnachahmlichen Stil. Und das war für Monsieur Proust immer der unwiderlegbare Beweis, daß das Paket mit seinem Manuskript niemals geöffnet worden war, weder von André Gide noch von sonst jemandem bei der ›Nouvelle Revue Française‹.

»Ich habe das Paket vorher und nachher gesehen, Céleste«, sagte er. »Und ich bin absolut sicher, daß es unversehrt zu mir zurückgekommen ist, wie ich es hingeschickt hatte. Ein solcher Künstler kann niemand sein, daß er diese besondere Art von Knoten, wie Nicolas sie machte, aufknüpft und dann wieder genauso verknüpft, und noch dazu an derselben Stelle – Sie werden zugeben, daß das sehr schwierig und sogar unmöglich ist.«

Auch Nicolas war überzeugt, daß der Knoten nicht aufgemacht worden war.

Das vorausgeschickt, amüsierte sich Monsieur Proust sehr über die ganze Geschichte. Er lachte noch, als er sie mir erzählte. Mit viel Humor berichtete er mir davon: »Da das Manuskript sehr dick und schwer war, hat Nicolas unten im Papiergeschäft sehr starkes Papier gekauft. Und wenn ich daran denke, wieviel Mühe er sich mit seinem Bindfaden gegeben hat!«

Jedenfalls war er bis zum Schluß überzeugt, daß die Ablehnung durch André Gide auf Voreingenommenheit zurückzuführen war. Da er Monsieur Proust in den Salons kennengelernt hatte und auch später in ebendiesen Kreisen von ihm gesprochen wurde, tat er ihn von vornherein und nach Hörensagen als »mondänen Dandy« ab, ohne sich auch nur die Mühe zu machen, das Werk zu lesen.

»Er hat mich nach der Vorstellung beurteilt, die er sich von meinem Leben und meinem Auftreten in der Gesellschaft machte. Meine Kamelie im Knopfloch hat ihm und seinen Freunden wahrscheinlich den Gedanken eingegeben, ich sei ein Taugenichts«, sagte Monsieur Proust mit einem ironischen Augenzwinkern.

Aber niemals, nicht einmal in der ersten Zeit meines Dortseins und als unsere Vertrautheit begann, zu einer Zeit also, in der die Erinnerung noch relativ frisch war, hat er auch nur die mindeste Spur von Schärfe, Groll oder Verdruß erkennen lassen – nicht einmal, als er sagte, daß Gide, wenn er von ihm in mondänen Kreisen habe reden hören, schließlich selbst in diesen Kreisen verkehrt hatte und daher vielleicht ein ebensolcher »Dandy« sei wie er.

Als ich eine Bemerkung darüber machte, daß er über die Ungerechtigkeit doch Zorn oder Schmerz empfunden haben müsse, schüttelte er lächelnd den Kopf. Offenbar kannte er die Menschen zu gut, um die Sache mit Hochherzigkeit und Großmut nicht als einen simplen Zwischenfall aufzufassen. Selbst wenn er sich darüber amüsierte und ironische Bemerkungen machte, geschah es immer noch voll Nachsicht und Freundlichkeit.

Indes brachte das Ende des Jahres 1912 eine zweite Enttäuschung für ihn: Zwei oder drei Tage nach der Rücksendung des Manuskripts durch die ›Nouvelle Revue Française‹ erhielt er einen Tag nach Weihnachten einen Brief von Fasquelle, der ›In Swanns Welt‹ ebenfalls ablehnte, auf eine feinere Weise allerdings, und nachdem er das Manuskript aufmerksam gelesen hatte.

Immerhin muß man sagen, daß er für die Enttäuschung gerächt worden ist, und so, wie ich ihn kannte, hat er gewiß nie daran gezweifelt, daß die Rache bald kommen würde.

Ich will hier keinen historischen Überblick über das Erscheinen seines Werks und über seine Verleger geben. Das gehört nicht hierher. Ich erwähne nur, daß er nach dem doppelten Mißerfolg bei Fasquelle und der NRF Beziehungen zu dem jungen Verleger Bernard Grasset aufnahm, und zwar durch Vermittlung von René Blum, mit dem er seit Jahren befreundet war, dem Bruder des Sozialisten Léon Blum, zu dem Monsieur Prousts Mutter einmal gesagt hatte: »Mein lieber Léon, ich verstehe nicht, wie Sie so fortschrittliche Ideen vertreten und dabei Ihr ganzes Vermögen behalten können, statt es zu verteilen.«

Nach dem Vertrag, der Anfang 1913 unterzeichnet wurde, bezahlte Monsieur Proust die Herstellungskosten für sein Buch; das hatte er von Anfang an vorausgesehen, weil er sich über die Schwierigkeiten infolge der Neuartigkeit seines Werks klar war. Im übrigen spielte in dem Augenblick, in dem er etwas wollte, Geld keine Rolle; und er hat nie mit der Absicht geschrieben, etwas damit zu verdienen.

Fast sofort nach Erscheinen hat ›In Swanns Welt‹ in literarischen Kreisen ziemlich viel Aufsehen erregt, und deswegen gab es bei der ›Nouvelle Revue Française‹ großen Krach. Jacques Rivière, der Chefredakteur der Zeitschrift, war wütend über die Ablehnung durch André Gide, und seit Anfang des Jahres 1914 gaben Gallimard und die anderen sich die erdenklichste Mühe, die Sache wiedergutzumachen.

Und jetzt hat Monsieur Proust seinerseits herzlich gelacht. Darüber kann ich aus eigener Anschauung sprechen, denn ich war dabei. Es ging zwei Jahre lang, fast Tag für Tag: vom Februar 1914, als das Lektorat von Gallimard brieflich seine Reue aussprach, bis zum Februar 1916, als Gide seinen Canossagang antrat und sich am Boulevard

Haussmann an die Brust schlug, wie weiter unten beschrieben.

Ich glaube, das war einer der Augenblicke seines Lebens, in denen Monsieur Proust sich am köstlichsten amüsiert hat. Er berichtete mir jeweils darüber. Wieder einmal leitete er das ganze Manöver vom Bett aus. Einerseits wünschte er im Grunde genommen, von Gallimard verlegt zu werden – er hat es mir nie verheimlicht. Er sagte: »Ich möchte einen guten Verlag für mein Werk haben. Nicht daß ich mit Grasset unzufrieden wäre, weit entfernt. Aber jetzt im Krieg ist er eingezogen; sein Verlag ist lahmgelegt; mein zweites Buch, das erscheinen sollte, ist *ad calendas graecas* verschoben. Und dann habe ich das Gefühl, daß es bei der ›Nouvelle Revue Française‹ Leute wie Jacques Rivière gibt, die es sich angelegen sein lassen, eine wirkliche Auswahl wertvoller Neuheiten zu bieten, und das gefällt mir.«

Andererseits hatte er, der gewöhnlich so ungeduldig war, es jetzt keineswegs eilig, und zwar teilweise wegen seines schlechten Gewissens gegenüber Bernard Grasset und teilweise aus Schadenfreude, denn er wollte Gide, Copeau und Gallimard, die sich geirrt hatten, für die Leichtfertigkeit ihres Vorurteils ein wenig büßen lassen. Er lachte darüber wie ein Kind; ich auch, denn ich sah die Dinge gleichsam durch seine Brille.

»Ah, jetzt interessieren sie sich für den mondänen Dandy. Gut, gut, Céleste, lassen wir uns Zeit. Ich habe sie in der Hand und weiß, worauf sie hinauswollen. Jetzt habe ich das Wort. Ja, lassen wir uns Zeit, lassen wir sie kommen …« Dieses Spiel machte ihm närrischen Spaß.

Ich erinnere mich, daß in den beiden ersten Kriegsjahren Gaston Gallimard und Jacques Rivière im amtlichen Auftrag, ich glaube, um für Frankreich Propaganda zu machen, in die Vereinigten Staaten gereist sind, und sogar von dort aus verfolgten sie Monsieur Proust weiter. In der ›Nouvelle Revue Française‹ gab es eine Sekretärin, die Madame Lemarié hieß; sie hatte den Auftrag, die Verbindung aufrechtzuerhalten. Mein Gott, wie oft hat sie an der Tür am Boulevard Haussmann geläutet und mich gebeten, Monsieur Proust die Botschaft zu übermitteln und ihn zu drängen. Er empfing sie nie; ich war es immer. Arme Madame Lemarié, ich höre sie noch – dieses muß sein, jenes muß sein ...

»Monsieur Gallimard hat geschrieben, daß Monsieur Proust sich entscheiden müsse. Mit all diesen Problemen, die der Krieg für den Verlag aufwirft, verstehen Sie, gibt es so viele Schwierigkeiten, die gelöst werden müssen ... Und Monsieur Gallimard möchte so gern, daß daraus etwas wird. Aber dazu müßte Monsieur Proust sich rasch entscheiden ...«

Es war ein regelrechtes Flehen. Und Monsieur Proust sagte darauf nur, wenn ich ihm von diesen Besuchen berichtete: »Lassen wir sie kommen, Céleste, wir haben Zeit. Dieser Monsieur Gallimard hat etwas von einem Schmetterling an sich; jetzt hat er eine Blüte gesehen und möchte sich draufsetzen. Lassen wir ihn noch ein wenig flattern.«

Dennoch bin ich ziemlich sicher, daß die Frage für ihn insgeheim schon entschieden war: trotz seiner Zuneigung zu Grasset waren es Gallimard und seine Freunde, denen er sein zweites Buch, ›Im Schatten junger Mädchenblüte‹, geben wollte, weil er glaubte, sein Werk sei dort besser am Platz.

Gleichzeitig quälte ihn sein Gewissen, wenn er an Grasset dachte. Als er nach vielen Briefen und Demarchen dieser Herren 1916 schließlich Gallimard sein Jawort gab, sprach er mit mir mehrfach und lange über Grasset, so plagte ihn das Schuldgefühl. Er sagte zu mir: »Einerseits bin ich froh bei dem Gedanken, von der ›Nouvelle Revue Française‹ verlegt zu werden. Andererseits ist es mir sehr ärgerlich, meinen Vertrag mit Bernard Grasset brechen zu müssen. Ich weiß sehr wohl, daß ich frei bin, denn er hat zwar ›In Swanns Welt‹ verlegt, aber auf meine Kosten, ich habe alles bezahlt und schulde ihm nichts. Ich kann mich zurückziehen, wann ich will. Aber es ist mir unendlich schmerzlich, ihn zu verlassen, denn er ist nicht nur ein Mann von Welt – er hat es in seinem Verhalten mir gegenüber immer bewiesen –, sondern auch sehr intelligent, sehr tüchtig, er wird bestimmt ein großer Verleger werden, und außerdem ist er ein Mann mit Herz. Ja, er war großartig zu mir, Céleste. Aber andererseits, wie ich Ihnen schon erklärt habe, ist sein Verlag durch seine Abwesenheit infolge des Krieges unbeweglich und wird auf lange Zeit hinaus meine anderen Bücher nicht herausbringen können. Und ich bin krank, die Zeit drängt, ich kann nicht abwarten. Ich hoffe und wünsche nur, daß er das verstehen wird, denn ich muß ihm schreiben, obwohl es mir sehr schwerfällt.«

Sie haben miteinander korrespondiert, und Bernard Grasset hat ihn freigegeben, voll Liebenswürdigkeit, Bedauern und Würde. Monsieur Proust hat zu mir gesagt: »Ich habe ihn sehr bewundert, ich bin glücklich, und ich habe es ihm zu danken, daß sich die Trennung reibungslos vollzieht. Ich habe Ihnen ja gesagt, daß er großherzig ist!«

Er ist Bernard Grasset stets dafür dankbar gewesen und hat ihm sein Wohlwollen immer bewahrt.

Seine Gefühle für Gaston Gallimard waren ganz anderer Art. Da ich mir im Andenken an Monsieur Proust vorgenommen habe, hier nur die Wahrheit zu schreiben, muß ich sagen, daß er nie wirkliche Sympathie für diesen Verleger empfunden hat. Monsieur Proust war zu wohlerzogen, zu verbindlich und zu höflich, um sich auch nur das geringste anmerken zu lassen. Aber zum Beispiel hat er sich nur ein einziges Mal bereit erklärt, Gaston Gallimard zu empfangen – und auch das nicht so ohne weiteres; es geschah drei Jahre, nachdem er sein Verleger geworden war, und zwar unter besonderen Umständen, von denen ich zu gegebener Zeit sprechen werde. Wir waren damals gerade in die Rue Hamelin gezogen. Am Boulevard Haussmann hat er ihn nie gesehen, und meiner Erinnerung nach hat Monsieur Proust nie davon gesprochen, daß er ihn außer Haus getroffen habe, auch nicht mit anderen zusammen auf Gesellschaften. Mir ist so, als habe Gaston Gallimard einige Wochen vor dem Tode Monsieur Prousts an ihn geschrieben und um eine Unterredung gebeten; ich kann mich aber nicht erinnern, ihm zu jener Zeit die Tür geöffnet zu haben, und ich bin sicher, daß der letzte Mitarbeiter der ›Nouvelle Revue Française‹, den Monsieur Proust gesehen hat, Jacques Rivière war, der Chefredakteur der Zeitschrift, den er zu einem langen Gespräch empfangen hatte.

Menschliche Beziehungen im eigentlichen Sinne des Wortes haben zwischen Gaston Gallimard und übrigens auch zwischen den anderen Mitarbeitern des Verlages und Monsieur Proust nicht bestanden, mit zwei Ausnahmen, auf die ich noch zurückkommen werde; eine davon war Jacques Rivière.

Es bestanden ausschließlich geschäftliche Beziehungen, und dabei handelte es sich um den Druck seines Werks. In diesem Zusammenhang schickte er mich mit Botschaften hin oder ließ mich telefonieren, um Einzelheiten nachzuprüfen und sich zu vergewissern, daß Änderungen und Korrekturen berücksichtigt wurden. Ich erinnere mich zum Beispiel, daß er einmal ärgerlich wurde – mit aller Höflichkeit, aller Sanftheit, aber auch aller Entschlossenheit, die bei ihm dazugehörte –, weil ›Im Schatten junger Mädchenblüte‹ – zweifellos aus Sparsamkeit, denn das Buch war sehr umfangreich – in ganz kleinem Druck gesetzt war, um nur einen Band daraus zu machen. Er hat ihnen erklärt, daß das sinnlos sei.

»Schauen Sie sich das an, Céleste ... das ist nicht lesbar! Wie sollen die Leute das Buch kaufen? Das wird sie abschrecken. Es ist Wahnsinn. Es muß neu gesetzt werden, auch auf die Gefahr hin, daß es notfalls mehrere Bände ergibt.«

Wegen Angelegenheiten dieser Art bin ich auf seine Bitte oft spät abends in die Wohnung der Sekretärin, Madame Lemarié, in der Rue de Liège gegangen.

Und was die finanziellen Beziehungen betrifft ... Seit sein erstes Buch von der ›Nouvelle Revue Française‹ verlegt worden war bis zu seinem Tode erinnere ich mich nur an zwei Überweisungen, eine zu Beginn in Höhe von zehntausend damaligen Francs und eine weitere, sehr viel später, fast gegen Ende, von dreißigtausend Francs. Wären noch andere Beträge eingegangen, so hätte ich Bescheid gewußt.

Im übrigen amüsierte sich Monsieur Proust darüber. Ihm kam es nur darauf an, sein Buch gedruckt zu sehen: dafür brachte er gern Opfer. Nach der Ironie zu urteilen, mit der er davon sprach, wollte er sie vor allem ein wenig ärgern. Wenn er manchmal mahnte, dann nicht so sehr, weil ihm seine finanziellen Interessen am Herzen lagen. Er sagte lachend zu mir: »Wenn ich Gaston Gallimard fragen lasse, ob er mir nichts zu geben habe, dann bekomme ich immer eine gute Ausrede zur Antwort, es sei dies oder jenes, ich möge doch bitte etwas warten, jetzt sei nicht der richtige Augenblick, die Konten seien nicht abgeschlossen.«

In meiner Naivität habe ich einmal zu ihm gesagt: »Immerhin, Monsieur, meinetwegen kann Monsieur Gallimard Ihnen erzählen, daß er kein Geld hat, aber dahinter steht doch die Bank Lazare!« (Das wußte ich, weil er es mir erzählt hatte.)

Er war entzückt. Spöttisch hat er geantwortet: »Liebe Céleste, tatsächlich! Ein Grund mehr!«

Als er die zweite Überweisung bekam – die dreißigtausend Francs –, hat er mich ebenfalls spöttisch angeschaut.

»Dreißigtausend Francs ... Nun, liebe Céleste, es beginnt. Warten Sie nur ab, es wird schon werden, es wird schon werden.«

Es gab, wie ich schon gesagt habe, zwei Ausnahmen – zwei sehr unterschiedliche Männer, die Monsieur Proust sehr schätzte, die einzigen von der ›Nouvelle Revue Française‹, die er gern bei sich sah. Der eine war der bereits erwähnte Jacques Rivière, anerkanntermaßen ein hervorragender Chefredakteur, auf den das ganze Renommee und Prestige der Zeitschrift NRF zurückzuführen war; der andere war Tronche, der kaufmännische Leiter, wenn ich mich recht entsinne.

Monsieur Proust hatte großes Vertrauen zu Jacques Rivière. Er fand ihn intelligent und unendlich nett – ich hoffe deutlich gemacht zu haben, welch nachdrückliche Bedeutung es für ihn hatte, wenn er dieses Adjektiv auf jemanden anwandte.

»Er ist wie ein Kind«, sagte er zu mir über Jacques Rivière. »Er verdient es, daß man ihn gern hat, Céleste. Er hat etwas unendlich Reines an sich.«

Er empfand ihm gegenüber große Hochachtung und Mitgefühl, denn Rivière war nicht sehr gesund, arbeitete aber dabei verbissen, wie Monsieur Proust selbst. Rivière seinerseits bewunderte das Werk Monsieur Prousts so sehr, daß er in seiner Gegenwart ganz eingeschüchtert war.

»Er wagt nicht, mit mir zu sprechen, Céleste. Und dennoch bin ich gern mit ihm zusammen, mir gefällt sein Empfindungsvermögen, wenn ich mich mit ihm unterhalte.«

Bei Tronche lag die Sache anders. Monsieur Proust sagte von ihm: »Das ist ein braver Mann und ein ehrlicher Mann. Ich fürchte, er ist im Verlag nicht sehr beliebt.«

Gewiß hatte Monsieur Proust zu ihm ebensoviel Vertrauen wie zu Rivière. Er hörte sogar darauf, wie er seine Bücher beurteilte. Ich glaube mich zu erinnern, daß Tronche es war, der Monsieur Proust vorschlug, dem Band ›Die Gefangene‹ einen eigenen Titel zu geben, denn ursprünglich sollte dieser Teil des Werks ›Sodom und Gomorrha III und IV‹ heißen. Als guter Kaufmann hatte Tronche darauf hingewiesen, daß bei diesem Titel viele Leute, die ›Sodom und Gomorra I und II‹ gekauft hatten, vielleicht nicht auf die Numerierung achten und glauben würden, sie hätten das Buch schon.

Obwohl er sehr respektvoll war, nahm Tronche indes kein Blatt vor den Mund, und das war es, was Monsieur Proust an ihm gefiel. Ich erinnere mich, wie entzückt er war, als er mir eines Abends – es muß wohl 1920 gewesen sein, zu einer Zeit, als er in der Öffentlichkeit zu Ruhm und Ehre gelangte – nach einem Besuch von Tronche erzählte: »Stellen Sie sich vor, Céleste, offenbar sind Gallimard und seine Leute jetzt heilfroh, daß sie mich haben. Daß Rivière froh ist, verstehe ich; er war der erste, der anläßlich des abgelehnten Manuskripts zu André Gide sagte:

›Wie konnten Sie so etwas nur tun? Das ist doch unmöglich! Sie hatten es nicht gelesen!‹ Aber die anderen! Obwohl sie einen guten Grund haben, sich zu beglückwünschen, glaube ich. Denn wissen Sie, was Tronche mir noch verraten hat? Er hat gesagt: ›Ich kann Ihnen versichern, Monsieur, daß Sie den Verlag der ‚Nouvelle Revue Française' gerettet haben. Ich gestehe es Ihnen: wir waren in einer entsetzlichen Lage.‹«

Ich glaube, Jacques Rivière hat es Monsieur Proust seinerseits auch bestätigt.

Im übrigen bestand eine große Übereinstimmung der Ansichten zwischen Tronche und Rivière, und sie waren unzertrennliche Freunde. Auch das gefiel Monsieur Proust an ihnen.

»Ihre Anständigkeit ist es, die sie verbindet«, sagte er.

Monsieur Proust war nicht mehr am Leben, als Jacques Rivière starb; wäre er noch unter uns gewesen, hätte er gewiß geweint. Tronche war untröstlich: er hatte für Rivière, der an Leukämie litt, sein Blut gespendet. Ich habe ihn damals gesehen; er hat mir von der Transfusion mit schlichten Worten, wie es seine Art war, berichtet: »Ich habe mich neben ihn gelegt, und das Transfusionsgerät wurde angeschlossen; aber es hat nicht zum Erfolg geführt.«

Ich habe es immer verstanden, daß Monsieur Proust diesen beiden Männern zugetan war; auch ich mochte sie sehr. Sie waren mit dem Herzen bei ihrem Beruf, aber sie hatten auch außerhalb des Berufs Herz. Das ist es, was Monsieur Proust »nett« nannte. Und das ist auch der Grund, warum er einen Unterschied zwischen ihnen und den anderen machte.

Ich kann nicht behaupten, daß ich Gaston Gallimard gekannt habe, und es steht mir nicht zu, ein Urteil über ihn abzugeben, da ich nie direkt mit ihm zu tun hatte. Bei der Feier anläßlich des hundertsten Geburtstags von Monsieur Proust im Jahre 1971 im Pariser Rathaus hat man mich nach einer sehr schönen Rede von Jacques de Lacretelle zu einem Herrn gebracht und gesagt, es sei Claude Gallimard, der Sohn. Nun, er hat einen großen Eindruck auf mich gemacht. Von seinem Vater weiß ich nur noch, daß er eine Vorliebe für Querbinder hatte, die ja in Frankreich Schmetterling genannt werden – vielleicht eine Ideenverbindung, weil Monsieur Proust ihn so bezeichnet hatte.

Dieser Monsieur Gide, der wie ein scheinheiliger Mönch aussieht

Ebenso, wie sich Monsieur Prousts Beziehungen zu seinem nunmehr einzigen Verleger bei aller Höflichkeit auf den Meinungsaustausch über die Veröffentlichung seiner Bücher beschränkten, kann man sagen, daß er den Verkehr mit literarischen Kreisen nicht gepflegt hat, abgesehen von gesellschaftlichen Bekanntschaften und Begegnungen, und ebensowenig hat er sich sehr um Freundschaft bemüht. Wenn ich an die Namen denke, die bei unseren nächtlichen Unterhaltungen vorkamen, dann waren es nicht viele. Ich glaube, er war sich zu sehr der Selbstgefälligkeit, die in diesen Kreisen herrschte, und auch des einzigartigen Wertes seines Werkes bewußt, als daß ihm an einer Erweiterung der Beziehungen hätte gelegen sein können – ganz abgesehen von dem Zeitverlust.

Wenn er zum Beispiel den Schriftsteller Daniel Halévy sehr schätzte, der sein Altersgenosse war, dann deshalb, weil einmal die Erinnerung an die leidenschaftlichen Kämpfe für Dreyfus und zum anderen die große Zuneigung zu Madame Straus sie verband, der Schwester von Halévy. Er schätzte ihn auch, weil Halévy ein überaus gebildeter Historiker war, der sich dem Studium eben dieser Gesellschaft gewidmet hatte, deren Niedergang sie beide, jeder auf seine Weise, analysierten. Monsieur Proust erwähnte auch die Gelehrsamkeit von Halévy, und ich bin sicher, daß er ihre Gespräche als eine Quelle der Bereicherung für sein Werk ansah.

Von den anderen Namen, die vorkamen, erinnere ich mich noch an den des Dichters Fernand Gregh, eines alten

Jugendfreundes; mit einigen anderen hatten sie damals eine kleine literarische Zeitschrift gegründet.

»Oh, sie hat keine lange Lebensdauer gehabt«, sagte Monsieur Proust belustigt, als er sich daran erinnerte. »Nach acht Nummern wurde sie wieder eingestellt. Wir hatten sie ›Le banquet‹ genannt. Sie ist nicht aus Mangel an Ideen eingegangen; deren hatten wir wahrscheinlich zu viel; es wird wohl eher deren Unverdaulichkeit gewesen sein, die ihr Ende herbeiführte.« Er sprach auch von René Boylesve, den er eine Zeitlang schätzte, von dem er sich aber gelöst hatte wie von so vielen anderen; manchmal erwähnte er mit einer gewissen Geringschätzung die Romane von Paul Bourget: »Er interessierte sich ein wenig für dieselbe Gesellschaft, aber seine Analyse gefällt mir nicht. Er will zu viel beweisen.«

Zu meiner Zeit hat er einige Korrespondenz mit Paul Claudel geführt – ich erinnere mich, daß meine Schwester Marie Briefe zu diesem Schriftsteller hingebracht hat. Monsieur Proust hegte nicht sehr viel Sympathie für ihn.

»Ich bin nicht gottesfürchtig genug für diese Art Welt«, sagte er.

Ähnlich reagierte er auf François Mauriac, wenn auch herzlicher; er hat mir immer gesagt, er habe dessen Schriften von Anfang an hoch geschätzt.

»Aber ich finde ihn ein wenig zu fromm, und mir wirft er vor, ich sei nicht fromm genug. Ich glaube, er muß sich sehr zusammenreißen, um keine Bekehrungsversuche bei mir anzustellen«, sagte er lachend, aber wohlwollend und freundschaftlich.

Sie haben sich sehr viel mehr geschrieben als gesehen. Es bestand eine wirkliche Zuneigung zwischen ihnen. Ich erinnere mich, wie bewegt François Mauriac bei der Hochzeit seines Sohnes Claude mit der Großnichte von Monsieur Proust lange nach dessen Tod war. Ich war dort. Man hat mich zu ihm gebracht. Er hat mich in den Arm genommen und mit seiner berühmten »verwundeten« Stimme gesagt: »Ah, Céleste, wie freue ich mich, Sie endlich kennenzulernen!«

Jedenfalls fühlte sich Monsieur Proust zweifellos mehr hingezogen zu jüngeren Schriftstellern oder zu solchen, die zwar seiner Generation angehörten, aber zehn oder fünfzehn Jahre jünger waren. Sie brachten seinem Werk viel mehr Verständnis entgegen als seine wirklichen Altersgenossen. Denn um es zu wiederholen – für ihn hatte alles nur im Zusammenhang mit seinem Werk Bedeutung. Selbst das, was andere dabei wahrgenommen hatten und ihm berichteten, war für ihn noch eine Form der Bereicherung.

Darum waren in diesen letzten acht Jahren seine vertrautesten Freunde, die am häufigsten Zutritt zu ihm hatten, Männer wie Jacques de Lacretelle, Paul Morand, Jean-Louis Vaudoyer und eine Zeitlang sogar Jean Cocteau, der ihn, wie ich schon erzählt habe, mit seinen Albernheiten, seinen Lügen und seinem Bemühen, um jeden Preis originell zu sein, amüsierte.

Ich erinnere mich auch an Jean Giraudoux. Sie haben sich selten gesehen, weil es an Zeit mangelte; aber Monsieur Proust schätzte ihn sehr, und Giraudoux brachte ihm eine ungeheure Bewunderung entgegen. Ich glaube, Monsieur Proust hat ihn eines Nachts von einer Gesellschaft bei Jeanne Hugo, die damals von Léon Daudet schon geschieden war, mit nach Hause gebracht. Ich sehe ihn noch vor mir: groß, schlank, ein wenig gebeugt, charmant und liebenswürdig, freundlich und intelligent aussehend. Es war in der Rue Hamelin, in den letzten Jahren. Ich erinnere mich, daß ich Monsieur Proust zum Lachen brachte, denn er hatte mir erklärt, Giraudoux stamme aus dem Limousin, und ich rief aus: »Ach, da ist er ja aus der Heimat von Madame Chevalier!« – das war die Köchin von Dr. Gagey, die meine einzige Freundin in der Zeit am Boulevard Haussmann war. »Das werde ich in mein Buch aufnehmen«, hatte Monsieur Proust gesagt – und er hat es auch getan.

Zu den Leuten, die sich um ihn sehr viel mehr bemühten als er sich um sie, gehörte André Gide. Mit ihm muß ich mich etwas ausführlicher befassen, erstens, weil er allein an der Ablehnung des ›Swann‹-Manuskripts bei Gallimard schuld war, und zweitens, weil nach dem Tod von Monsieur Proust eine Unklarheit über eine angebliche geistige Vertrautheit und über Beziehungen zwischen ihnen entstanden ist – eine Unklarheit, die André Gide selbst in seinen Reden und Schriften erzeugt und aufrechterhalten hat, vielleicht aus dem Wunsch heraus, seinen Irrtum in den Augen der Welt auszulöschen.

Jedenfalls kann ich bestätigen, daß Monsieur Proust Gide weder geliebt noch geschätzt hat. Nicht, daß er ihm die Ablehnung des ›Swann‹-Manuskripts verübelt hätte – ich wiederhole, dafür besaß er zu viel Großzügigkeit, Hochherzigkeit und Toleranz gegenüber den Menschen. Es war die Gesinnung des Menschen und auch des Werkes, die er nicht billigte, wenn er auch dem Stil und dem Talent des Schriftstellers eine gewisse Bewunderung zollte – zum Beispiel sagte er über die ›Verliese des Vatikan‹: »Das ist nicht übel.« Aber im übrigen: »Er möchte mich jetzt in seinen Clan hineinziehen«, sagte er. »Und da er nur seine Idee sieht, versteht er mich ganz falsch. Ich bin trotz allem kein ›Immoralist‹.«

Tatsächlich hat es keine Übereinstimmung zwischen ihnen gegeben. Nach allem, was Monsieur Proust mir darüber sagte, war er überzeugt, daß das, was Gide wieder zu ihm gebracht hatte, das Bewußtsein war, einen solchen Schnitzer begangen zu haben, als er ›Swann‹ für die ›Nouvelle Revue Française‹ ablehnte, daß er sich in den Augen seiner Freunde lächerlich gemacht hatte und es nun wiedergutmachen wollte.

Nachdem ›In Swanns Welt‹ 1913 bei Grasset herausgekommen und die ersten lobenden Rezensionen erschienen waren, haben sie bei der ›Nouvelle Revue Française‹, wie schon erwähnt, um die Wette an Monsieur Proust geschrieben: Rivière, Copeau, Gide – alle. Monsieur Proust zweifelte nie an der Aufrichtigkeit von Rivière. Antoine Bibesco, der über allen Klatsch auf dem laufenden war, hatte Monsieur Proust sofort von Jacques Rivières Zornesausbruch im Lektorat der NRF berichtet; und ohne die Geschichte von dem von Nicolas geknoteten Bindfaden zu kennen, hatte auch er Gide ganz offen vorgeworfen, er habe das Manuskript abgelehnt, ohne es gelesen zu haben. Aber was die Aufrichtigkeit der Briefe von Copeau und vor allem von Gide betraf, so war Vorsicht am Platz.

Jahre später hat Monsieur Proust noch über die schönen Phrasen André Gides gelacht, der das Werk plötzlich entdeckt hatte: »Seit einigen Tagen lege ich Ihr Buch nicht mehr aus der Hand; ich lese es mit Genuß und kann nicht genug davon bekommen; ich gehe ganz und gar darin auf …«

Man muß schon sagen, daß es Grund gab, sich zu amüsieren; denn auch der Verleger Fasquelle wachte nun gleichzeitig mit den Leuten von Gallimard auf und bot an, die folgenden Bücher herauszubringen.

Wie dem auch sei, nachdem Monsieur Proust sie zwei Jahre hatte zappeln lassen, wie ich berichtet habe, war er 1916 der Meinung, nun sei es an der Zeit, von *sich* aus zu *seinen* Bedingungen mit der ›Nouvelle Revue Française‹ Frieden zu schließen, und so schrieb er einen Brief an Gide, der ja im Namen des Lektorats der NRF gesprochen hatte; dieser Brief hatte Gides Besuch zur Folge, voller Zerknirschung und Reue und Demut.

Ich erinnere mich sehr genau an die ganze Geschichte, auch an das Datum, denn ich war unmittelbar beteiligt. Es war am 25. Februar 1916, zwei Jahre nach Gides erstem Brief, in dem er eingestanden hatte, daß er an der Ablehnung des ›Swann‹ »sehr schuldig« gewesen sei – das war das mindeste, was er sagen konnte –, und erklärt hatte, daß er das Buch jetzt sehr genieße.

Am 25. Februar also hat Monsieur Proust mich gerufen und mir einen Umschlag hingehalten, der anscheinend einen dicken Brief enthielt. Er sagte: »Céleste, ich habe an Monsieur André Gide geschrieben, um Frieden zu schließen, da er zu glauben scheint, daß ich Krieg gegen ihn führe. Sie werden sich einen Wagen nehmen und mit diesem Brief direkt zu ihm fahren und ihn ihm persönlich übergeben. Die Adresse steht da: Villa Montmorency. Das ist irgendwo in Auteuil, im 16. Arrondissement. Es ist nicht sehr leicht zu finden, aber der Taxichauffeur wird Bescheid wissen.«

Gut. Ich fuhr los, ich kam dort hin, ich sah eine kleine, schmale Tür, ich läutete. Nach einem Augenblick wurde die Tür von einer Frau geöffnet, die eine Lampe in der Hand hielt. Es war Krieg, und es mußte wohl eine Zeit gewesen sein, als es kein elektrisches Licht gab. Hinter der Frau nahm ich eine große Loggia wahr, die sich im Dunkel verlor und von der eine Treppe mit Holzgeländer herabführte. Ich sah die Frau an, die ein langes, dunkles und ganz einfaches Kleid trug. Ich erinnere mich, daß mir diese dunkle Kleidung und ihr sehr trauriger Gesichtsausdruck auffielen. »Wie merkwürdig, man könnte sie für eine Bäuerin halten«, dachte ich.

»Was wünschen Sie?« fragte sie und hob die Lampe, um mich sehen zu können.

»Könnte ich bitte diesen Brief Monsieur Gide persönlich übergeben?«

»Von wem ist er?«

Ich nannte den Namen. Sofort sagte sie: »Warten Sie einen Augenblick. Ich werde Monsieur Gide verständigen.«

Sie hatte mir nicht gesagt, wer sie sei; sie hätte das Mädchen sein können. Ich sah sie in der Dämmerung die Treppe hinaufgehen und oben verschwinden.

Gide ist sogleich heruntergekommen. Er hat den dicken Brief genommen und mich gefragt, ob ich auf Antwort warten solle. Ja, sagte ich. Er hat mich gebeten, Platz zu nehmen, während er die Seiten las. Ich habe ihn die ganze Zeit über genau angeschaut. Er trug ein Cape aus dickem Wollstoff, aus dem seine Hände herausragten. An seiner Erscheinung, seinem Gesicht und seinem Blick war irgend etwas Undefinierbares, das mir nicht gefiel – etwas Unwahres, eine unechte Aufrichtigkeit, oder vielmehr eine Art pflichtgemäßer Aufrichtigkeit. Davon abgesehen war er sehr liebenswürdig.

Ich bin zum Boulevard Haussmann zurückgekommen mit der Antwort, er werde noch am selben Tag kommen, sofort, denn dazu war er aufgefordert worden. Ich hatte den Eindruck, er würde hinrennen.

Tatsächlich fand ich kaum Zeit, meinen Bericht zu erstatten, ehe er kam – jedesmal, wenn ich eine Botschaft irgendwohin oder zu irgend jemandem gebracht hatte, mußte ich Monsieur Proust nicht nur die Antwort ausrichten und das dort geführte Gespräch wiederholen, sondern auch möglichst ausführlich beschreiben, was ich gesehen hatte, die Szenerie ebenso wie die Personen.

Ich erinnere mich, daß er an jenem Tag besonders wißbegierig war. Kaum hatte ich die Antwort übermittelt, da fragte er mich: »Gut. Und nun erklären Sie mir, wie das da ist in der Villa Montmorency.«

Ich habe ihm die kleine Tür beschrieben, die Treppe, die Loggia, die Dunkelheit.

»Und wer hat Ihnen aufgemacht?«

Ich beschrieb meine »Bäuerin«. Er schüttelte bedächtig den Kopf: »Ach, Céleste, das war die arme Madame Gide.« Er sah ganz betrübt aus. Dann: »Und wie fanden Sie Monsieur Gide selbst?«

»Oh, sehr liebenswürdig, Monsieur. Ich weiß nicht, wie ich es ausdrücken soll ... etwas an ihm gefällt mir nicht. Nein, ich mag den Mann nicht.«

»Warum denn, Céleste? Sie müssen es doch wissen.«

»Nachdem ich ihn gesehen habe, wundert es mich nicht, daß er Ihnen diese Antwort auf Ihr Manuskript gab, ohne es gelesen zu haben. Das paßt zu ihm.«

Ich merkte, daß er sich amüsierte, während er mich prüfend ansah. Dann kam ich plötzlich darauf; ich sagte: »Er sieht nämlich aus wie ein scheinheiliger Mönch, Monsieur. Sie wissen schon, wie diese Mönche, die einen besonders fromm ansehen, um ihren Mangel an Aufrichtigkeit zu verbergen.«

Er hat unbändig gelacht. Offensichtlich war er entzückt.

In diesem Augenblick wurde geläutet, es war Gide, der kam. Ich erinnere mich, daß es sehr früh am Abend war –

das heißt, für Monsieur Proust sehr früh, etwa sechs oder sieben Uhr. Ich ging öffnen. Er war barhäuptig und hatte sein wollenes Cape anbehalten. Ich führte ihn in den kleinen Salon, dann verständigte ich Monsieur Proust: »Der scheinheilige Mönch ist da.«

Ich brachte Gide mit seinem Cape ins Schlafzimmer. Monsieur Proust lag natürlich im Bett. Gide ist ganz dicht herangegangen, eine Hand kam unter dem Cape hervor, die er sich auf die Brust legte, seine Lieblingshaltung beim Gehen. Am Kamin blieb er stehen. Wie üblich habe ich mich geräuschlos zurückgezogen. Kurz darauf hat mich Monsieur Proust gerufen, um mich etwas zu fragen, ich weiß nicht mehr, was es war. Ich sehe Gide noch vor mir. Sein Cape hing jetzt glatt an ihm herunter; den Kopf hatte er ein wenig zur Seite geneigt, und er sagte mit seiner Stimme, die ernst klang, weil sie so tief war – eine metallene Stimme, nennt man das wohl: »Ja, Monsieur Proust ... ja, ich gestehe es Ihnen ... das war der größte Fehler meines Lebens ...«

Offenbar sprach er von der Ablehnung des Manuskripts.

Er ist noch einen Augenblick dageblieben, nachdem ich wieder gegangen war – aber es war keine sehr lange Unterredung.

Nachdem er fort war, hat mich Monsieur Proust natürlich wieder kommen lassen, um mir Bericht zu erstatten. Er lächelte triumphierend. Schon als ich während der Unterhaltung mit Gide hereingekommen war, hatte ich die vertraute Bewegung seiner Lider gesehen, die sich senkten und dann wieder rasch hoben, um dem Gesprächspartner einen durchdringenden Blick zuzuwerfen, ein Zeichen dafür, daß er dessen Aufrichtigkeit erforschte, aber auch ein Zeichen, daß er mit seiner Analyse zufrieden war. Diesmal besagte das eindeutig: »Was immer du bist, ich habe dich in der Hand.«

Er hat mir dann erzählt, daß Gide restlos Abbitte geleistet und er ihm in seiner Antwort nicht verhehlt habe, wie leichtfertig er die Ausrede vom »mondänen Dandy« finde.

Ich war hartnäckig: »Monsieur, es ist ja schön und gut, wenn er zugibt, daß er den größten Fehler seines Lebens begangen hat; aber hat er Ihnen gesagt, ob er das Paket aufgemacht hat oder nicht?«

»Natürlich hat er es nicht aufgemacht! Aber das ist nicht mehr wichtig. Und dann, Céleste: Irren ist menschlich.«

Lachend hat er hinzugefügt: »Wie dem auch sei, ich stimme Ihnen zu, daß er wirklich keinen sehr aufrichtigen Eindruck macht.«

Jedenfalls hat er den Spitznamen »scheinheiliger Mönch« in unseren Gesprächen behalten. Ich erinnere mich, daß wir ihn bei unseren nächtlichen Unterhaltungen mehrmals mit seiner Cape-Spielerei nachgeahmt und aus ›Uns nährt die Erde‹ rezitiert haben: »Nathanael, ich werde mit dir von diesem oder jenem sprechen ...«

Ich glaube, der grundlegende Irrtum André Gides bestand darin, daß er durch seine eigenen Ideen und seine eigenen Neigungen so verblendet und so von sich eingenommen war – trotz seiner falschen Bescheidenheit –, daß er das Werk Monsieur Prousts gern als ein Bekenntnis derselben Ideen und derselben Neigungen seinem eigenen Werk einverleibt hätte, und um einiger Stellen und Figuren aus der ›Suche nach der verlorenen Zeit‹ willen, wo jene besonderen Sitten und Laster analysiert sind. Und wahrscheinlich ist es auf ihn zurückzuführen, daß so viele Menschen ihren Sinn auf diesen Aspekt des Werks und auf Romanfiguren wie de Charlus richteten und zu guter Letzt glaubten, darin das Wesentliche gefunden zu haben.

Es steht diesen Leuten weiterhin frei zu denken, was sie wollen. Und ich wiederhole, daß es nicht meine Absicht ist, Monsieur Proust freizusprechen – wovon übrigens? Wäre er das gewesen, was manche Leute behaupten, dann wäre es seine Sache gewesen. Aber was das betrifft, so habe ich schon gesagt, was ich gesehen habe, was ich weiß, was ich in aller Aufrichtigkeit darüber denke; ich will darauf nicht zurückkommen. Ich füge nur hinzu: Wollte man Monsieur Proust allein diese Absicht zuschreiben, dann hieße das, ihn ungerechtfertigt zu verkleinern und sein Genie zu unterschätzen. Wenn es nur das wäre, dann wäre sein Werk nicht die Kathedrale, die er sich vorgestellt hat und die seine Leser in aller Welt noch immer in seinen Büchern besichtigen. Ich weiß, André Gide spricht irgendwo von Notizen, die er nach zwei weiteren Besuchen bei Monsieur Proust aufgezeichnet habe. Sie fanden nach seiner Aussage im Mai 1921 statt, also in der Rue Hamelin. Es ist merkwürdig, daß ich mich an keinen zweiten Besuch – vor allem von ihm – erinnern kann, während ich mich um so genauer an andere Besucher erinnere, die damals nicht eben zahlreich waren. Und ich wiederhole, daß ich sie alle zu Monsieur Proust geführt habe. Noch mehr verwundert es mich, daß er behauptet, Monsieur Proust habe Odilon geschickt, um ihn abzuholen – und daran würde ich mich erinnern –, und er fand, Monsieur Proust sei »so dick geworden, daß er Jean Lorrain ähnlich sah, und er fröstelte in einem überheizten Zimmer«. Nun, es stimmte, daß Monsieur Proust zum Schluß Ödeme gehabt hat, aber Gide ist gewiß der einzige, der ihn je »dick« gefunden hat. Und daß sein Zimmer überheizt war, ist schon deshalb unmöglich, weil in der Rue

Hamelin bei uns überhaupt nicht geheizt wurde. In Wirklichkeit froren wir dort, worauf ich noch zurückkommen werde.

Wenn Gide nicht da war, dann sei zu seiner Entschuldigung gesagt, daß er nicht der einzige war, der das Gegenteil behauptete. War er aber tatsächlich da, dann hat er wieder einmal, fürchte ich, Mißbrauch getrieben mit der angeblichen Übereinstimmung seiner Ideen vom »Uranismus« mit Monsieur Proust. Wenn dagegen Monsieur Proust, wie er ebenfalls behauptet, zu ihm gesagt haben soll, er – Gide – könne »alles erzählen unter der Bedingung, daß er nie ich sagt«, ja, daran würde ich eine der spitzen Bemerkungen von Monsieur Proust erkennen, besonders in bezug auf Gide, der unablässig mit dem »ich« wedelte.

Aber an etwas erinnere ich mich sehr genau, und zwar an einen Ausspruch Monsieur Prousts, der meines Erachtens sehr bedeutungsvoll ist und über den Skeptiker wie auch Anhänger nachdenken sollten.

Es war an einem Spätnachmittag, als er wie üblich seine Post öffnete, nachdem er seinen Kaffee getrunken hatte. Es war ein Brief von André Gide dabei, der ihm einen jungen Mann empfahl und ihn bat, etwas für ihn zu tun. Monsieur Proust hat den Brief gelesen, dann hat er mir den Inhalt mitgeteilt, den Brief weggelegt und gesagt: »Damit befasse ich mich nicht.«

Es trat ein langes Schweigen ein, als ob er plötzlich mit seinen Gedanken weit weg sei. Dann war er wieder da, sah mich ernst an und fügte hinzu, wobei er sehr deutlich sprach: »Wissen Sie, meine liebe Céleste, nach meiner Ansicht wird man eines Tages erkennen, daß André Gide der Mann ist, der unserer Jugend moralisch am meisten geschadet hat.«

Er hat die Augen geschlossen und ist wieder in seine Gedanken versunken, und dann hat er noch ganz leise vor sich hin gesagt: »Das ist traurig ... sehr traurig.«

Er war seines Ruhms gewiß

Eine Frage habe ich mir oft gestellt: Wenn er deshalb andere Leute so gut durchschaute, weil er sich selbst durchschaute, wenn es ihm leichtfiel, von ihnen zu lassen und ohne sie auszukommen, nachdem er seine Untersuchung abgeschlossen hatte und sie nicht mehr brauchte – war das nicht die Folge davon, daß er sich seines Wertes im Vergleich zu diesen Leuten bewußt war? Das kam zum Beispiel deutlich in seiner Haltung angesichts des Erfolgs und der Ehrungen zum Ausdruck, die ihm schließlich zuteil wurden.

Ich sehe ihn noch vor mir, wie er im Dezember 1919 den Prix Goncourt für ›Im Schatten junger Mädchenblüte‹ erhielt.

Für diesen ersten Goncourt nach dem Kriege – während des Krieges war der Preis nicht vergeben worden – gab es zwei Anwärter. Viele rühmten Roland Dorgelès mit seinem Roman von der Front, ›Les croix de bois‹, während Monsieur Proust manchen Leuten, die nicht wußten, wie schwer krank er war, und die auch die Gründe nicht kannten, warum er nicht eingezogen worden war, als ein Schriftsteller der »Etappe« erschien.

Es ist behauptet worden, er habe den Preis nur durch Intrigen und dank der Freundschaft von Léon Daudet erhalten, der der Jury angehörte. Von seiner Seite hat es keine Intrigen gegeben; es waren seine Freunde, die den Prix Goncourt für ihn im Auge hatten. Er hat sie schalten und walten lassen und nicht mehr getan, als auf einen Brief des Schriftstellers J. H. Rosny, der anfragte, ob er den Preis annehmen würde, wenn er ihn bekäme, bejahend zu antworten und zu erklären, daß er sich sehr geehrt fühle – im übrigen glaube ich, daß es zweier Briefe von Rosny und zweier Besuche in der Rue Hamelin bedurfte, ehe er diese Antwort erhielt.

Daß Léon Daudet für ihn eine Kampagne geführt hat, ist gewiß. Aber einerseits war er nicht der einzige, obwohl der Lautstärkste, wie es seiner Art entsprach – auch Rosny der Ältere verhehlte nicht, daß er für Monsieur Proust stimmen würde. Andererseits war die Freundschaft in diesem Fall nur ein Zufall. Léon Daudet bewunderte das Buch von Monsieur Proust aufrichtig, und da er ein Kämpfer war, ging er geradenwegs auf sein Ziel los.

Nach der Preisverteilung hat Monsieur Proust natürlich von Antoine Bibesco und einigen anderen das ganze Gerede über die Abstimmung der Jury erfahren. So erzählte er mir, daß Léon Daudet während der Beratungen auf die Anhänger von Roland Dorgelès wütend geworden sei; sie hatten nämlich eingewandt, nach dem Testament der Brüder Goncourt müsse der Preis unbedingt einem jungen Schriftsteller zuerkannt werden, während Monsieur Proust damals schon achtundvierzig Jahre alt war – einige Mitglieder der Jury, falsch unterrichtet oder voreingenommen, meinten sogar, er sei über fünfzig.

»Anscheinend hat Léon Daudet einen fürchterlichen Wutanfall bekommen, Céleste«, hat mir Monsieur Proust erzählt, »und hat sie angebrüllt: ›Sie kennen das Testament der Brüder Goncourt ja gar nicht. Ich kenne es, und ich werde es herausholen und Ihnen vorlesen. Die Bestimmung besagt nicht, daß sie den Preis einem jungen Menschen hinterlassen haben. Nein, es handelt sich um ein junges *Talent*. Und das ist genau der Fall von Monsieur Proust; denn das sage ich Ihnen, er ist ein Schriftsteller, der seiner Zeit um hundert Jahre voraus ist.‹«

Ich erinnere mich, daß er mir auch anvertraut hat, Reynaldo Hahn sei einer der ersten und jedenfalls einer derjenigen gewesen, die am energischsten darauf bestanden, daß er kandidieren solle.

Zu guter Letzt trug ›Im Schatten junger Mädchenblüte‹ mit sechs gegen drei Stimmen den Sieg über ›Les croix de bois‹ davon.

Es war am 11. Dezember, und der Preis mußte vor etwa vier oder fünf Stunden vergeben worden sein – soweit ich mich erinnere, war es gegen fünf oder sechs Uhr nachmittags, als es läutete; unser Tag hatte gerade begonnen. Ich ging zur Tür. Ich sehe auf dem Treppenabsatz einen Mann, der mir sofort sagt, er sei Gaston Gallimard, und mit ihm waren zwei andere Besucher gekommen: Jacques Rivière und Tronche. Gallimard war sehr aufgeregt. Er sagte: »Ich nehme an, Sie wissen, daß Monsieur Proust den Prix Concourt bekommen hat?«

Woher sollten wir es wissen? Wir hatten schon lange kein Telefon mehr; wir waren von der Welt abgeschnitten; selbst die guten Bekannten Monsieur Prousts respektierten seine Gewohnheiten zu sehr, um ihn außerhalb seiner Stunden zu stören, und wäre es auch wegen einer Neuigkeit wie dieser.

Ich habe sofort, als ich es erfuhr, erkennen lassen, wie sehr ich mich für Monsieur Proust freute. Gallimard selbst war ganz aus dem Häuschen. Kaum war er in der Diele, sagte er: »Ich muß Monsieur Proust unbedingt sehen, sofort.«

Jacques Rivière und Tronche hinter ihm waren sehr viel zurückhaltender; sie hatten sozusagen keinen Mucks von sich gegeben, seit sie gekommen waren.

Ich habe Gallimard geantwortet: »Gut, Monsieur, ich werde zu Monsieur Proust gehen und ihn verständigen.«

Monsieur Proust war wach; er hatte sein Räuchern beendet und seinen Kaffee getrunken. Ich konnte im Falle einer ungewöhnlichen Neuigkeit selbstverständlich immer zu ihm gehen, ohne daß er mich gerufen hatte. Ich kam also in sein Zimmer. Er lag friedlich im Bett auf seinen Kopfkissen und machte sich langsam für seinen Tagesablauf bereit.

»Monsieur«, sagte ich, »ich habe Ihnen eine große Neuigkeit zu verkünden, die Ihnen gewiß Freude machen wird. Sie haben den Prix Goncourt erhalten!«

Er hat mich angesehen und nur gesagt: »Ah?«

Als ob ihm das höchst gleichgültig sei – dabei wußte ich, daß er im Grunde seines Herzens entzückt war. Aber so war er immer, ausgeglichen und beherrscht in allen Situationen, und nie verlor er seinen Gleichmut.

»Ja, Monsieur. Und Monsieur Gallimard ist da mit Monsieur Jacques Rivière und Monsieur Tronche. Er ist schrecklich aufgeregt und möchte Sie sofort sehen.«

»Na, sagen Sie ihm, daß das nicht möglich ist, liebe Céleste. Ich werde ihn nicht empfangen. Ich will nicht. Später vielleicht ... ja, gegen zehn Uhr heute abend ... vielleicht.«

»Aber, Monsieur, offenbar hat er dringende Dinge mit Ihnen zu besprechen.«

»Nein, Céleste. Sagen Sie Monsieur Gallimard, ich danke ihm unendlich, daß er sich herbemüht hat, aber ich bin nicht in der Lage, ihn zu sehen. Er möge heute abend um zehn Uhr wiederkommen ... oder morgen.«

Mit diesem Bescheid kam ich zu Gallimard zurück, der voll Zorn mit dem Fuß aufstampfte.

»Aber das geht nicht, ich muß ihn sehen. Ich habe Ihnen doch gesagt, daß es unerhört wichtig ist! Er ist sich darüber nicht klar. Heute abend muß ich um neun Uhr den Zug nach Deauville bekommen, ich muß zu meinem Drucker in Abbeville, um die Neuauflagen in Gang zu bringen. Wenn nicht, gibt es eine Katastrophe, uns fehlen Bücher! Ich flehe Sie an, ich muß ihn sehen, es ist dringend! Erklären Sie ihm, es wäre nicht in seinem Interesse, wenn er mich abweist.«

Ich bin wieder zu Monsieur Proust gegangen!

»Monsieur, er besteht darauf. Soviel ich verstanden habe, muß er heute abend wegfahren, um irgendwelche Sachen mit Neuauflagen und Papier zu regeln. Er scheint wirklich Schwierigkeiten zu haben. Ich glaube, Sie sollten ihn trotz allem empfangen.«

Als er nicht antwortete, habe ich noch gesagt: »Ach, Monsieur, ich bitte Sie darum, geben Sie sich einen Stoß.«

Er hat lächelnd geseufzt: »Na schön, sagen Sie ihm, er kann kommen – aber nur für eine Minute. Und allein.«

Ich habe Gaston Gallimard also hereingeführt, und es war das einzige Mal, daß Monsieur Proust ihn empfing. Jacques Rivière und Tronche brauchten übrigens nicht lange in der Diele zu warten, denn die Zusammenkunft war sehr kurz.

Als ich hinter den drei Besuchern die Tür geschlossen hatte, läutete Monsieur Proust. Ich bin zu ihm gegangen. Er schmunzelte befriedigt und amüsiert.

»So. Meine liebe Céleste, nachdem ich Monsieur Gallimard jetzt wieder an die Arbeit geschickt habe, bleibt mir noch, Ihnen folgendes zu sagen ... Wahrscheinlich wird an unserer Tür jetzt sehr viel geläutet werden, denn zu guter Letzt werden sie mich finden. Ich will niemanden empfangen. Vor allem keine Journalisten und keine Photographen ... sie sind gefährlich und wollen immer zu viel. Werfen Sie alle hinaus.«

Und mit spöttischer Strenge hat er hinzugefügt: »Und

was Sie betrifft, wenn Sie ausgefragt werden, sagen Sie ja nichts.«

Die Anweisung wurde strikt befolgt. Nicht ein Journalist, nicht ein Photograph ist in die Rue Hamelin vorgedrungen, wo wir nun wohnten, nachdem wir den Boulevard Haussmann verlassen hatten.

Daß er über den Goncourt glücklich war, selbst wenn er es nicht zeigte, steht außer Zweifel. An jenem Abend oder kurz danach hat er mir dessen Bedeutung mit Worten erklärt, in denen seine Befriedigung zum Ausdruck kam.

»Wissen Sie, Céleste, es gibt sehr viele literarische Preise, um Schriftsteller zu belohnen und auszuzeichnen. Sie sind sogar so zahlreich, daß man gar nicht weiß, wie viele es gibt. Aber es gibt wenige bedeutende, die sich lohnen. Es gibt den Prix Femina und den großen Literaturpreis der Académie Française. Aber selbst diese beiden sind nichts im Vergleich zum Goncourt. Er ist heute der einzige wertvolle Preis, weil er von Männern vergeben wird, die wissen, was ein Roman ist und was er wert ist.«

In Wirklichkeit war er sehr stolz auf diese Auszeichnung und die Glückwünsche, die ihm zuteil wurden – darunter auch die der drei Jury-Mitglieder, die sich bis zum Schluß für Dorgelès eingesetzt hatten. Letztlich war es also, als habe er den Preis einstimmig bekommen.

Eine der Gesten, die ihn am meisten gerührt haben, war die der großen Schauspielerin Réjane, die er bewunderte, seit er sie im Alter von zehn oder zwölf Jahren zum erstenmal auf der Bühne gesehen hatte. Sie ließ ihn durch ihren Sohn, Jacques Porel, den Monsieur Proust gut kannte und schätzte, fragen, was sie ihm zum Zeichen ihrer Freude über den Goncourt schenken könne. Er antwortete, das schönste Geschenk wäre eine Photographie von ihr, wenn sie eine habe, im Kostüm des Prinzen von Sagan, der Starrolle einer berühmten Revue im Theater l'Epatant. An dem Abend, an dem Jacques Porel ihm die Photographie mit einer Widmung der Réjane brachte, hat er sie mir gezeigt und wie üblich Erklärungen dazu abgegeben.

»Schauen Sie, Céleste ... Von allen Frauen konnte nur sie sich die Kühnheit erlauben, mit dieser Eleganz und Raffinesse Männerkleidung zu tragen, Frack, Zylinder und Monokel. Und sehen Sie sich die Gardenie im Knopfloch an ... Nur eins ist schade, daß sie ihre Perlenohrringe anbehalten hat.«

Er war beglückt wie ein Kind.

Ansonsten hat der Prix Goncourt nichts an seinem täglichen Leben geändert. In manchen Berichten wird behauptet, er habe die fünftausend Francs, die damals mit dem Preis verbunden waren, für Diners und Empfänge ausgegeben, um sich so erkenntlich zu zeigen. Ich kann mich ganz und gar nicht erinnern, daß sich an seinem gewohnten Lebensablauf auch nur das mindeste geändert habe. Wenn er Diners dieser Art gegeben hätte, dann wären die ersten Gäste doch gewiß jene Mitglieder der Akademie Goncourt gewesen, die für ihn gestimmt hatten, vor allem Léon Daudet und Rosny. Dem ist aber nicht so gewesen, das weiß ich genau.

Dagegen hat er, glaube ich, nach der Preisverleihung einige Rezensenten gesehen, vor allem den der großen Zeitung ›Le Temps‹, Paul Souday, der in der Literatur tonangebend war. Souday hatte über ihn einen zurückhaltenden Artikel geschrieben, und aus diesem Grunde wollte Monsieur Proust ihn gern kennenlernen – denn alles, was sein Werk betraf, stand bei ihm an erster Stelle. Er gab überaus viel auf die Meinung der Kritiker, nicht weil er empfindlich war, sondern weil er wissen wollte, warum sie anderer Ansicht waren, und auch – das muß man schon sagen – weil er wünschte und hoffte, die anderen zu überzeugen und soweit zu bringen, seinen Standpunkt zu verstehen.

Die genauen Umstände habe ich vergessen, aber wahrscheinlich schlug er alle notwendigen Umwege ein, damit das Zusammentreffen möglichst natürlich wirkte. Jedenfalls weiß ich, daß Paul Souday bei zwei Diners oder Soupers in einem separaten Salon im Ritz anwesend war. Das erste war kein voller Erfolg. Beide beharrten mehr oder weniger auf ihrer Meinung – höflich natürlich, denn es handelte sich um ein geselliges Beisammensein mit anderen Gästen. Ich erinnere mich, daß Monsieur Proust mir darüber sagte: »Er ist ein bißchen dickköpfig, dieser Monsieur Souday. Es fällt ihm schwer, den Standpunkt von anderen zu verstehen. Er möchte, daß alle Welt so denkt wie er. Aber ich halte ihn für anständig und ehrlich bei all seinen Vorurteilen; das ist immerhin schon etwas.«

Und gleichsam zu sich selbst hat er dann noch gesagt: »Ich werde es schon schaffen ...«

Das zweite Diner hat alles geregelt. Ich erinnere mich, daß ich für Monsieur Proust die Gräfin de Noailles und ihren Sohn sowie Walter Berry eingeladen habe, einen sehr gebildeten und kultivierten Amerikaner, der Präsident der amerikanischen Handelskammer in Paris und ein begeisterter Leser von Monsieur Prousts Büchern war. Diesmal kam Monsieur Proust triumphierend zurück: »Alles ist in Ordnung, Céleste. Alles war großartig.«

Ich glaube, die Artikel von Paul Souday trugen danach dem Wert von Monsieur Prousts Werk mehr Rechnung. Monsieur Proust seinerseits hat ihn immer geschätzt. Ich weiß nicht, wer auf die närrische Idee gekommen ist, Paul Souday die Geschichte von einer Packung Schokolade anzuhängen, die er zu Neujahr geschickt und die ich auf Befehl von Monsieur Proust ins Feuer geworfen haben soll, weil er fürchtete, die Schokolade könnte vergiftet sein. Er soll zu mir gesagt haben: »Dieser Mann ist zu allem fähig.« Die Geschichte bezieht sich, wie ich schon erwähnt habe, auf den Grafen de Montesquiou – der übrigens niemals Schokolade geschickt hat, weder vergiftete noch sonst welche. Das ist ein weiteres Märchen unter den Hunderten von kolportierten, entstellten und übertriebenen Klatschgeschichten, die – was noch schlimmer ist – in angeblich seriöse und »endgültige« Bücher aufgenommen worden sind. Muß eine alte Frau wie ich diese Herren darüber belehren, daß es nicht genügt, Zettel zu sammeln und sie dann aneinanderzureihen, ohne sich die Mühe zu machen, sie zu überprüfen? Sie hätten besser daran getan, sich an Monsieur Proust ein Beispiel zu nehmen, der nichts schrieb, ohne es verifiziert zu haben. Nur kam das ihren kleinlichen Vorstellungen zugute, während er einer großen Idee diente.

Die einzigen offiziellen Ehrungen, die ihm zuteil wurden, erhielt er gegen Ende seines Lebens. Es waren nicht viele. Abgesehen vom Prix Goncourt hat er nur das Ritterkreuz der Ehrenlegion bekommen. Er mußte sich darum bewerben, denn so war es Brauch; und wenn er sich darum beworben hat, dann deshalb, weil es ihm Freude machte, es zu haben. Aber die Mehrzahl seiner Freunde hatte ihn gedrängt, darum nachzusuchen. Wenn er es getan hat, so würde es mich nicht wundern, wenn er dabei an seinen Vater und seine Mutter gedacht hat und an die Freude, die er ihnen damit bereitet hätte. Professor Adrien Proust besaß eine eindrucksvolle Sammlung von Orden, nicht nur französische, sondern aus allen möglichen Ländern. Von seinen Inspektionsreisen oder jedesmal, wenn er zur Beratung ins Ausland gerufen worden war, kehrte er mit der Auszeichnung eines Potentaten zurück. In den Schubladen seiner Kommode hob Monsieur Proust all diese Orden mit ihren großen Ordensbändern sorgfältig auf.

Er hat die Ehrenlegion genau ein Jahr nach dem Prix Goncourt erhalten, im Dezember 1920, zugleich mit der Gräfin de Noailles und kurz nach Colette – zwei Monate später, scheint mir. Es fand keine Zeremonie statt. Sein Bruder Robert hat sie ihm ausgehändigt; kaum war die Nachricht eingetroffen, da hatte er zu ihm gesagt: »Ich werde kommen, um dich zu umarmen und sie dir zu geben, mein Brüderchen.« Eines Tages ist er gekommen und hat, wie schon berichtet, am Bett von Monsieur Proust zu Abend gegessen, allein mit ihm; sie sind lange zusammengeblieben und haben sehr friedlich von ihrer Kindheit geplaudert.

Sein Kreuz war das einzige wirkliche Geschenk, das er meines Wissens in den Jahren, in denen ich bei ihm war, angenommen hat – er haßte Geschenke. Er selbst machte gern Geschenke, mochte aber keine bekommen. Es ist erzählt worden, das Kreuz sei ihm von einem Kunsthändler geschenkt worden. Nein, er bekam es von dem Maler Jean Béraud, mit dem er seit seiner Jugend sehr verbunden war und den er im Atelier-Salon von Madame Lemaire kennengelernt hatte; Jean Béraud war übrigens auch sein Sekundant bei dem berühmten Duell mit Jean Lorrain gewesen. Ich erinnere mich sehr genau, daß Béraud ihm geschrieben und ihn gebeten hatte, dieses Kreuz, das er bei dem Juwelier Cartier ausgesucht hatte, als Freundschaftsgabe anzunehmen, und er bat ihn, es bitte abholen zu lassen, da er es nicht durch die Post schicken wollte. Meine Schwester Marie ist dort hingegangen. Es war ein kleines Kreuz, sehr fein, sehr hübsch, mit Diamantsplittern.

Als Monsieur Proust wach war, hat er mich gefragt: »Ist Marie schon zurück?«

»Ja, Monsieur.«

»Hat sie das Kreuz?«

»Ja, Monsieur.«

»Wie ist es?«

»Sehr geschmackvoll, Monsieur.«

»Ich werde Sie gleich rufen, um es mir anzusehen.«

Ich habe es ihm gebracht, als er mich dann rief. Er hat es in die Hand genommen und es mit dem Ausdruck kindlicher Freude, den ich sehr oft bei ihm sah, lächelnd betrachtet.

»Das ist wirklich nett von Jean Béraud! Es ist nicht das Geschenk als solches, das mich entzückt, Céleste, sondern daß er auf diesen reizenden Gedanken gekommen ist.«

Ob er sich über die Auszeichnung gefreut hat, hat er mir nie gesagt. Aber ich sah, daß er von einer inneren Freude erfüllt war, und ich glaube, er war über die freundschaftliche Geste ebenso beglückt wie über die Auszeichnung.

Er wäre vermutlich auch in die Académie Française aufgenommen worden, und ich glaube mich bestimmt nicht zu irren, wenn ich sage, daß er stolz darauf gewesen wäre, weil dann die Voraussage seines Vaters wahr geworden wäre, der überall verkündet hatte: »Sie werden sehen, daß Marcel eines Tages in die Académie Française aufgenommen wird.« Ich weiß, daß Monsieur Proust es in einem Brief an den Schriftsteller Maurice Barrès, der Mitglied der Académie war, erwähnte. Ich habe diesen Brief gesehen. Mit mir hat er nie darüber gesprochen. Aber zweifellos hätte er sich über die Ehre gefreut. Die kleinen Angelegenheiten interessierten ihn nicht; er zog es vor, sich die großen vorzubehalten – diejenigen, die bedeutenden Menschen ihren Platz in der Gesellschaft zuweisen, und infolgedessen fand er, daß auch er dort hingehöre.

Denn einer seiner ungewöhnlichen Charakterzüge war, wie ich schon gesagt habe, daß er sich seines Wertes so sicher und bewußt war. Er hatte eine hohe Meinung von seiner Überlegenheit, hütete sich aber, es sich anmerken zu lassen. Wenn er wollte, zog er sich in eine unverbindliche, äußerliche Höflichkeit zurück. Er verstand es, sich kleinzumachen. Aber das bedeutete ganz und gar nicht, daß er sich für klein *hielt*!

Ich sehe ihn noch vor mir, wie er mir eines Abends die Photographie des blonden Kindes gezeigt hat, das er einmal gewesen war – das Bild vom »kleinen Prinzen« mit seinem kleinen Spazierstock, wie ich es genannt hatte. In einer Aufwallung von Zuneigung hat er es mir hingestreckt, nachdem er es mit mir betrachtet hatte, und gesagt: »Das war die Lieblingsphotographie meiner Großmutter Weil, nehmen Sie sie, liebe Céleste, ich schenke sie Ihnen.«

Ich habe sie aufbewahrt und später dem Museum in Illiers gestiftet. Sie befindet sich in einem Lederrahmen mit Goldprägung. An dem Abend habe ich, wie ich mich erinnere, zu ihm gesagt: »Ach, Monsieur, Ihre Großmutter hatte erkannt, daß Sie Ruhm ernten würden, denn sie hat die Lilien des Königs und der Zukunft auf dem Rahmen anbringen lassen.«

Darüber hat er sehr gelacht, aber man spürte gleichzeitig den Stolz.

Es war keine Eitelkeit – ebensowenig wie seine Empfindlichkeit gegen die Artikel von Kritikern. Lobsprüche schätzte er nur, wenn sie auf Wahrheit beruhten, und vor allem kam es ihm dabei auf die Befähigung der Verfasser an. Als der große deutsche Kritiker Curtius ihm geschrieben hatte, in seinen Augen sei er der größte klassische Schriftsteller des 20. Jahrhunderts, da hat er mir den Brief gezeigt; ich höre ihn noch: »Ich bin sehr stolz; ›klassisch‹, das ist großartig! Vor allem, wenn es ein Mann mit dem Können und der hohen Bildung von Curtius gesagt hat.«

Wenn ich einen Brief oder eine Botschaft zu jemandem brachte, wurde ich immer gefragt: »Wie geht es ihm? Wie weit ist er mit seinem Werk?« Fast jedesmal wurde von seinen Büchern gesprochen. Wenn ich zurückkam, mußte ich Bericht erstatten, er hörte aufmerksam zu und ließ mich wiederholen, was ihn interessierte, um die Genauigkeit des Berichts nachzuprüfen. Ich erinnere mich zum Beispiel, daß ich einmal zu dem Bankier Gans gegangen bin, von dem ich schon gesprochen habe. Gans war nicht verheiratet und lebte mit seiner Mutter und seiner Tante zusammen. Während ich im Salon auf ihn wartete, fragte seine Mutter, die bei mir geblieben war: »Und was macht Monsieur Proust? Wie steht es mit seiner Gesundheit? Arbeitet er tüchtig? Wissen Sie, wir leben nur mit ihm. Wann wird es eine Fortsetzung seines Buches geben? Wir erwarten sie voll Ungeduld. Es ist so reich, so dicht! Alles findet man darin; unaufhörlich gibt es etwas zu entdecken!«

Als ich nach Hause kam, habe ich Monsieur Proust von dieser Unterhaltung erzählt. Er hat mir mit einem kleinen zufriedenen Lächeln zugehört: »Dicht ... Hat sie wirklich ›dicht‹ gesagt? Das gefällt mir. Ja, das Wort gefällt mir, Céleste.«

In solchen Fällen gab er sich im allgemeinen den Anschein von unbefangener Bescheidenheit, als ob er es nur halb glaubte; aber in Wirklichkeit war er stolzgeschwellt.

Nur beeinträchtigte das nicht im mindesten seinen Scharfblick. Wenn er auf Gesellschaften gewesen war, erzählte er mir, daß die Leute ihn angesprochen und ihm gratuliert hatten. Lachend wiederholte er, was sie gesagt hatten.

»Ich habe ihnen gedankt, Céleste, und sie glauben, mich eingewickelt zu haben. Wenn sie wüßten! Sie haben kein Wort davon gelesen. Ich habe sie sehr schnell durchschaut!«

Als er einigen Leuten seine Bücher mit Widmung schickte, machte er sich keine Illusionen. Über die Gräfin Greffulhe und Madame de Chevigné sagte er zum Beispiel: »Sie lesen sie gar nicht. Und wenn sie sie lesen, werden sie sie jedenfalls nicht verstehen.«

Viele Leute haben sich eingebildet, er sei rachsüchtig gewesen, wenn man ihn nicht nach seinem Wert würdigte. Nichts ist so falsch wie das. Er hielt sich nicht mit Kleinigkeiten auf. Wenn ihn jemand verletzte, dann zog er sich voll Verachtung zurück, das war alles. Aber er vergaß es nicht; er hatte ein Gedächtnis, in dem alles nach Soll und Haben eingetragen war, nur daß er, um es zu wiederholen, die anderen nicht für ihre Kleinlichkeit büßen ließ. Er begnügte sich damit, sie zu beurteilen. Ich würde sogar sagen, daß er seine Befriedigung darin fand, diese Leute zu analysieren, und meistens sah er in der Art ihrer Motive eine Entschuldigung für sie.

Zur Zeit des Goncourt war der Verleger von Dorgelès, Albin Michel, wenn ich mich recht erinnere, fixer als Gallimard. Er brachte ›Les croix de bois‹ mit einer Bauchbinde in den Buchhandel, auf der großgedruckt das Wort »GONCOURT« und ganz kleingedruckt darunter »drei Stimmen«

stand. Mehrere Freunde von Monsieur Proust und auch die ›Nouvelle Revue Française‹ waren dafür, den Verleger wegen Irreführung der Öffentlichkeit zu verklagen. Monsieur Proust aber schrieb an Gaston Gallimard, ein Prozeß dieser Art erscheine ihm nicht sehr geschmackvoll, und dabei blieb es, wenn mich meine Erinnerung in diesem Punkt nicht täuscht.

In der ganzen Zeit, in der ich ihn kannte, hat er nur ein einziges Mal sich ein wenig gerächt (und dabei war es nicht einmal sehr boshaft). Das hatte sich in seinen letzten Lebensmonaten anläßlich einer großen Gesellschaft abgespielt, zu der er unbedingt hatte gehen wollen, obwohl er sehr erschöpft und schon von der Grippe befallen war, die sich noch verschlimmern sollte. Es war auf einem Empfang bei der Gräfin de Mun. Ich erinnere mich, daß er sehr krank war und befürchtete, Schwindelanfälle zu bekommen. Als ich eine Bemerkung darüber machte, wie unvorsichtig er sei, in seinem Zustand diese Anstrengung auf sich zu nehmen, sagte er: »Ich werde mich von Paul Morand begleiten lassen. Es stimmt, da gibt es eine große runde Treppe, die gar kein Geländer hat; wenn mir schwindlig würde, möchte ich nicht gern ausgleiten oder hinfallen ... ich könnte mich zu Tode stürzen. Vor Paul Morand geniere ich mich nicht; notfalls könnte ich seinen Arm nehmen; so wird also alles gutgehen.«

Als er spät nachts nach Hause kam, wirkte er trotz seiner Erschöpfung belustigt und zufrieden. Er erzählte mir: »Ach, meine liebe Céleste, was lange währt, wird endlich gut. Heute abend habe ich etwas gemacht, das mich sehr erheitert hat. Gott und die Welt waren auf dieser Gesellschaft – ein bißchen zuviel, es war recht gemischt. Und wie es eben so geht: ausgerechnet der Romancier Marcel

Prévost war da, von dem ich Ihnen oft erzählt habe. Er schwänzelte um mich herum. Ich war mit Leuten zusammen, die von meinen Büchern sprachen und mich beglückwünschten. Er ist herangekommen und hat gesagt: ›Guten Tag, Monsieur Proust.‹ Ich habe mich umgedreht und so getan, als hätte ich ihn weder gesehen noch gehört. Einen Augenblick später ist er wiedergekommen: ›Mein lieber Kollege ...‹ Ich tat wiederum so, als hätte ich ihn weder gesehen noch gehört, aber er begriff es immer noch nicht. Ein drittes Mal ist er direkt hinter mich getreten und hat gesagt: ›Lieber Monsieur Proust, stellen Sie sich vor, neulich hat uns jemand verwechselt.‹ Daraufhin habe auch ich mich umgedreht und geantwortet, ganz laut, damit es keinem der Umstehenden entgehe: ›Nur nach den Anfangsbuchstaben!‹ Danach, das versichere ich Ihnen, Céleste, wird er keine Lust mehr haben, mich zu begrüßen, und das ist genau das, was ich beabsichtigte.«

Und lachend hat er hinzugefügt: »Ich schreibe nämlich keine Romane, die man zwischen einem Bahnhof und dem nächsten liest.«

»Was hat er Ihnen denn getan, dieser Monsieur Prévost?« habe ich gefragt.

Er machte eine abfällige Handbewegung. »Ach, das ist schon lange her ...«

Später erfuhr ich dann, daß Marcel Prévost einmal einen boshaften Artikel über ihn geschrieben hatte. Was mich in diesem Augenblick verblüffte, obwohl es vielleicht paradox erscheinen mag, war die Freundlichkeit, die sogar in seiner Ironie zum Ausdruck kam. Er lachte, als er mir die Geschichte erzählte, aber ohne irgendwelchen nachtragenden oder boshaften Triumph. Er hatte sich amüsiert. Das war alles.

Niemals habe ich gehört, daß er sich seines Erfolgs brüstete. Er sprach bescheiden von seinem Werk. Aber es ist eine Tatsache, daß in seinen Reden fast immer eine Wendung vorkam, in der sich seine Gewißheit offenbarte.

Eines Abends kam er von einer Gesellschaft und sagte: »Kommen Sie, Céleste, ich muß Ihnen etwas erzählen.«

Ich entsinne mich, daß er schon in der Diele, während er seinen Mantel auszog, zu reden begann.

»Wissen Sie, was man mir heute abend gesagt hat? ›Marcel, passen Sie auf. Sie werden es mit Ihrem Monsieur de Charlus so weit bringen, daß Sie verboten werden.‹ Nun, Céleste, was halten Sie davon? Ich glaubte in Sicherheit zu sein, nachdem Monsieur Gide mich beschuldigt hatte, keine Nachsicht mit dem ›Uranismus‹ zu haben.«

Ich war im Begriff, seinen Mantel und Hut wegzuhängen; ich drehte mich um und sagte impulsiv: »Und wenn das der Fall wäre, Monsieur? Wenn Sie verboten würden, könnte man keine bessere Werbung für Sie machen! Aber ich bin überzeugt, daß Sie nie verboten werden.«

Er hat unbändig gelacht.

»Im Grunde ist das nicht so dumm, was Sie da sagen, Céleste. Es stimmt, das wäre eine schöne Werbung für mich. Aber ebenso wie Sie glaube ich, daß ich nicht verboten werde.«

Dann hat er aufgehört zu lachen und mit einer Nachdrücklichkeit und Bestimmtheit, die ich nie vergessen werde, hinzugefügt: »Und wissen Sie, warum, Céleste? Weil man alles sagen kann, wenn man sich auszudrücken versteht. Und Marcel Proust versteht es, sich auszudrücken.«

Seine Augen leuchteten dabei so sehr, daß man spürte, es kam ihm aus tiefstem Herzen und entsprach seiner innersten Überzeugung.

Lange war er nämlich für die meisten Menschen, mit denen er verkehrte, »der kleine Proust« oder der »kleine Marcel« gewesen, immer sehr höflich, sehr charmant, fast zu beflissen und zu empfindlich. Und plötzlich schien er sie durch sein Werk alle weit zu überragen. Aber er hat nie daran gezweifelt, daß ihm dieser hohe Platz zukam: nur die anderen waren überrascht. Ich erinnere mich noch, wie er hochbeglückt gelacht hat, als er zum ersten Mal einen Brief des Grafen de Montesquiou erhielt, in dem er ihn mit »liebster Marcel« anredete. Nicht, daß er diese Vertrautheit mit Montesquiou erreicht hatte, entzückte ihn oder schmeichelte ihm. Das gehörte zu all dem, was er mir von dem Grafen erzählt hatte. Es war ein innerliches Lachen. Für ihn war dieser Brief im Gegenteil der Beweis, daß er es verstanden hatte, Montesquiou zu unterwerfen, daß er Montesquiou jetzt beherrschte und dieser eines Tages erkennen würde, daß der »kleine Marcel« ihm überlegen war – was, so schmerzlich es für Graf Robert auch sein mochte, zu seiner Demütigung tatsächlich eingetreten ist.

Diese Überzeugung von seinem zukünftigen Ruhm zeigte sich manchmal an kleinen Bemerkungen. Da sein erstes Buch, ›Tage der Freuden‹, das 1896 mit einem Vorwort von Anatole France erschienen war, sich gar nicht verkaufte, schrieb ihm sein Verleger eines Tages, er wolle die restlichen Exemplare abstoßen. Monsieur Proust hat mir den Brief vorgelesen und dann gesagt: »Ach, Céleste, wie schade, daß ich keinen Raum habe, um sie einzulagern, denn ich versichere Ihnen, es wird der Tag kommen, an dem sie sich verkaufen lassen.«

Bei anderen Gelegenheiten brach das mit einer so durchschlagenden Überzeugungskraft aus ihm hervor, daß ich immer ganz überwältigt war.

Nie werde ich den Abend vergessen, an dem wir im kleinen Salon saßen und er von einem Artikel über Stendhal sprach, den zu lesen ihm empfohlen worden war. Ich sehe ihn noch auf seinem Sessel; er hielt die Zeitschrift in der Hand. Plötzlich richtete er seinen ernsten und strahlenden Blick auf mich und sagte: »Hören Sie gut zu, Céleste. Ich werde bald sterben ...«

Das äußerte er oft, und jedesmal protestierte ich: »Aber nein, Monsieur! Warum sagen Sie das? Warum sprechen Sie dauernd von Ihrem Tod? Ich mag das nicht. Außerdem werde ich vor Ihnen sterben.«

Das war aufrichtig gemeint. Es war seltsam, aber wahr. Ich war in all diesen Jahren überzeugt, daß ich vor ihm sterben würde, ohne sagen zu können, woran oder warum.

»Nein, Céleste, Sie werden noch am Leben sein. Und wenn ich tot bin, werden Sie sehen, daß das stimmt, was ich Ihnen sage: Ich werde gelesen werden, ja, die ganze Welt wird mich lesen. Sie werden es miterleben, wie mein Werk im Laufe der Zeit vom Publikum erkannt und verstanden wird. Und Sie werden sehen, Céleste, merken Sie es sich gut: wenn, wie es in diesem Artikel heißt, Stendhal hundert Jahre gebraucht hat, um anerkannt zu werden, dann wird Marcel Proust kaum fünfzig Jahre brauchen.«

Entwurzelung

Für ihn hat der Tod mit unserem Auszug aus der Wohnung am Boulevard Haussmann begonnen, der wirklich ein seelisches Herausreißen war. Damit will ich nicht sagen, daß der Verschleiß durch Arbeit und Krankheit nicht ohnehin genügt hätte, um seinen Organismus zugrunde zu richten. Aber ich bin immer der Meinung gewesen und glaube mich nicht zu täuschen, daß Monsieur Prousts Ende, wäre er am Boulevard Haussmann geblieben, zweifellos hätte hinausgezögert werden können.

Um diesen Aspekt seines Lebens richtig zu verstehen, muß man sich vergegenwärtigen, welche Bedeutung seinem Festhalten am Andenken seiner Eltern und an der Herkunft der Familie einerseits und an seinen Gewohnheiten andererseits zukam.

Schon daß er die elterliche Wohnung in der Rue de Courcelles, in der er mit seiner Mutter geblieben war, nach deren Tod im Jahre 1905 aufgegeben hatte, ist ihm sehr zu Herzen gegangen. Nachdem Madame Proust nicht mehr da war, ist er gewissermaßen aus der großen Wohnung geflohen, von der sie nach dem Hinscheiden Professor Adrien Prousts nur noch einen Teil bewohnt hatten. Grundsätzlich hätte er die Räume seiner Eltern übernehmen müssen.

»Eine derart große Wohnung war damals schwer zu vermieten«, hat er mir einmal erklärt. »Diese Wohnung gehörte der Gesellschaft Phénix, und als ich den Mietvertrag kündigte, weil ich mich nicht dazu verstehen konnte, sie allein zu bewohnen, ganz abgesehen von dem Kummer, den es mir bereitet hätte, wurde mir zuerst erwidert, das sei unmöglich: die Satzungen der Gesellschaft ließen es nicht zu. Dann sind die Leute freundlicherweise zu dem Schluß gekommen, sie wollten in Anbetracht der Persönlichkeit meines lieben Papas und der Dienste, die er der Stadt Paris und der ganzen Welt geleistet hatte, eine Ausnahme machen, und sie haben mich aus dem Vertrag entlassen.«

Aber er selbst hat sich um nichts gekümmert. Als es soweit war, hat sein Bruder Robert die ganze Wohnungsauflösung bewerkstelligt, und er konnte die Erbteilung nach Gutdünken vornehmen; Monsieur Proust hat sich derweil mit Félicie, der treuen Dienerin seiner Mutter, nach Versailles in das Hôtel des Réservoirs geflüchtet.

Vor Versailles hatte er bereits das Bedürfnis verspürt, für einige Wochen in ein Sanatorium in Billancourt zu gehen, in die Klinik von Dr. Sollier, von dem Léon Daudet oft gesprochen hatte, weil er während seines Medizinstudiums bei Sollier gearbeitet hatte. Was hatte ihn eigentlich dazu veranlaßt? Glaubte er wirklich an die Notwendigkeit und den Nutzen einer psychologischen Behandlung? Oder hatte ihn seine Neugier dorthin getrieben? Bei ihm war es immer schwierig, die Motive genau zu unterscheiden. Vielleicht traf beides zu? Er hat es mir nie gesagt. Mißtrauisch, wie er war, hatte er übrigens seine Vorsichtsmaßnahmen getroffen.

»Ich hatte nur halbes Zutrauen zu diesem Sollier«, sagte er zu mir. »Wenn ich da hingegangen wäre, und er hätte mich eingesperrt und nicht wieder weggelassen! Das wollte ich ganz und gar nicht. Ich habe ihm, ehe ich dort eintrat, erklärt, ich sei bereit, mich behandeln zu lassen unter der Bedingung, daß es mir freistehe, wieder zu gehen, wann immer es mir gut erschiene.«

Ich glaube nicht, daß er diese Behandlung jemals sehr ernst genommen hat. Er behielt sie eher in lächerlicher Erinnerung. Ich entsinne mich, daß er mir erzählt hat: »An Zerstreuung mangelte es nicht. Die Klinik war von einem recht hübschen Garten umgeben. Eines Tages bin ich hinuntergegangen und habe mich auf eine Bank gesetzt. Einen Augenblick später kam ein sehr gut aussehender, sehr eleganter junger Mann und setzte sich neben mich. Fast sofort begann er, mir seine Geschichte zu erzählen. Er sagte, man habe ihn hier eingesperrt, um ihm das Erbe seiner Eltern vorzuenthalten. Ich war voller Mitleid, spürte aber gleichzeitig, wie mein Mißtrauen wach wurde. Am nächsten Tag oder zwei oder drei Tage später, das habe ich vergessen, setzte er sich wieder neben mich und fing wieder mit derselben Geschichte an. Dann plötzlich deutete er mit dem Finger auf den leeren Raum vor sich und sagte: ›Schauen Sie, Monsieur, sehen Sie sie?‹ – ›Wen?‹ – ›Die Jungfrau Maria, Monsieur! Sehen Sie sie nicht, sie kommt doch über den Rasen auf uns zu!‹ Da habe ich es begriffen, Céleste.«

Ich glaube nicht, daß der Vorfall sein Vertrauen zu Sollier gestärkt hat.

Was seinen Aufenthalt im Hôtel des Réservoirs in Versailles betrifft, so habe ich nicht den Eindruck, daß er ihn in sehr guter Erinnerung behalten hat. Zu mir sagte er nur darüber: »Ich weiß nicht, ob es das Hotel selbst war oder die Zeit; aber mir steht noch ein Bild düsterer Langeweile vor Augen. Ich habe in meinen Briefen an Reynaldo Hahn davon gesprochen.«

Er hat sich erst wirklich wieder wohl gefühlt, als Félicie ihm 1906 die Wohnung am Boulevard Haussmann eingerichtet hatte. Dort war er zu Hause. Es war die Wohnung, in der sein Großonkel Louis seine Tage beschlossen hatte, nachdem er die Villa in Auteuil aufgegeben hatte. Da er kinderlos starb, hatte »Onkel Louis« sein Vermögen und seinen Besitz seiner Nichte, Madame Proust, und ihrem Bruder, Georges Weil, hinterlassen. Nach dessen Tod war seine Witwe, also die Tante von Monsieur Proust, die Eigentümerin des Hauses. Er ist ihr Mieter geworden. Sehr viele Möbel, die er von seinen Eltern und über seine Mutter von »Onkel Louis« geerbt hatte, waren verkauft worden – es waren zu viele. Aber selbst nach der Teilung mit seinem Bruder war er noch bis über den Kopf mit Möbeln eingedeckt, wie ich schon erwähnt habe. So war das Eßzimmer notgedrungen zum Möbelspeicher geworden und bis zur Decke vollgestapelt; es wurde nie betreten.

Aber er fühlte sich wohl inmitten der Möbel seiner Wahl, die voller Erinnerungen waren. Und hier hatten sich seine Gewohnheiten ausgeprägt. Im Grunde genommen war die Wohnung nur für ihn da, und der Mittelpunkt war sein Schlafzimmer. Man ging durch den großen Salon, ohne sich dort aufzuhalten. Er gab keine Empfänge. Für die seltenen Besucher – und niemals mehr als einer auf einmal – war der kleine Salon nur eine Zwischenstation, ehe sie ins Schlafzimmer gingen. Nur Monsieur Proust und ich verbrachten dort gelegentlich einige Stunden.

Und dann war ihm das ganze Haus fast untertänig. Die Mieter wußten nicht, was sie tun sollten, um ihm gefällig zu sein. Ohne andere Beziehungen mit ihnen zu unterhalten als eine zufällige Begegnung oder einen Dankesbrief für eine erwiesene Freundlichkeit, mochte er sie gern. Dr. Gagey im Erdgeschoß hatte eine Tochter, die Monsieur Proust reizend fand. Ich erinnere mich, daß sie bei Wohltätigkeitsbasaren mitarbeitete, und jedesmal, wenn sie Monsieur Proust davon verständigte, ließ er ihr eine Banknote zukommen. Einmal hat sie für ihn ein kleines Kissen mit Spitze abgegeben, eine Handarbeit, aber er fand ihren Brief »entzükkend«, voller Herz und Seele. Nach Monsieur Prousts Tod und angesichts seines Ruhmes hat Madame Gagey mir gestanden, daß sie es sehr bereue, alle Briefe verbrannt zu haben, die sie von ihm erhalten hatten.

Oben war der ungewöhliche Williams, der amerikanische Zahnarzt. Er beschäftigte Techniker, die den ganzen Tag über bei ihm arbeiteten; aber die Fenster gingen auf den Hof, und man hörte nichts. Williams war ein Sportler, der jeden Samstag mit seinem Chauffeur zum Golfspielen fuhr. Er hatte eine Künstlerin geheiratet, die sehr distinguiert, sehr parfümiert war; sie bewunderte Monsieur Proust und hatte es ihm auch geschrieben. Ich erinnere mich, daß sie Harfe spielte. Ihre Wohnung lag im dritten Stock, über der Praxis ihres Mannes. Monsieur Proust fand, daß sie ein »ungleiches Paar« seien. Ich glaube nicht, daß er Madame Williams persönlich kannte, aber sie haben miteinander korrespondiert, und ich weiß, daß er ihre gewählte Ausdrucksweise in ihren Briefen sehr schätzte.

All das erklärt, warum der Tag, an dem er den Boulevard Haussmann verlassen mußte, wahrlich eine Entwurzelung war.

Die Tragödie, denn es war eine, wurde noch verschlimmert durch die Umstände, unter denen es sich abspielte. Denn Monsieur Prousts Tante verkaufte das Haus, ohne ihn vorher zu verständigen, so daß er sich Ende Dezember 1918 plötzlich einer vollendeten Tatsache gegenübersah. Eine Bank, die Bank Varin-Barnier, hatte das ganze Untergeschoß gekauft und wollte zum Hof hin Schalterräume einrichten. Anfang 1919 begannen die Arbeiten, und Monsieur Proust, der verzweifelt gehofft hatte, trotz allem wohnen bleiben zu können, hat eingesehen, daß es mit seiner Ruhe vorbei sei und sein ganzes Leben ebenso verhunzt werden würde wie das Haus, an dem er so hing.

Daraus, wie er damals und sehr häufig auch später noch darüber gesprochen hat – »Ich bin doch immer so nett zu meiner Tante gewesen, und wenn man bedenkt, daß sie verkauft hat, ohne mir vorher etwas davon zu sagen!« –, habe ich entnehmen können, wie tief verletzt er war. Obwohl er nie die geringste Andeutung mir gegenüber gemacht hat, habe ich die Überzeugung gewonnen, daß er, wenn seine Tante ihn von ihrer Absicht verständigt hätte, ohne Zögern das Haus selbst gekauft hätte. Denn im Gegensatz zu dem, was erzählt worden ist – es ist sogar behauptet worden, er sei seiner Tante die Miete für drei Jahre schuldig gewesen –, hatte er genug Geld, um diese Ausgabe ins Auge zu fassen, ohne seine Lebenshaltung ändern zu müssen. Hätte er die Geldsorgen gehabt, die ihm zugeschrieben werden, hätte ich es gewußt.

Jedenfalls genoß er als Schriftsteller gesetzlichen Schutz: Er hätte noch achtzehn Monate am Boulevard Haussmann bleiben können. Aber er wollte es nicht.

»Statt diesen unaufhörlichen Krach zu ertragen, verzichte ich lieber auf meine Rechte«, sagte er mir damals.

Nun erhob sich das Problem der Möbel. Und das war ein weiteres Drama, eine weitere Liquidierung einer Vergangenheit, die sein ganzes Leben und fast seine Seele war. Das Eßzimmer und die Möbel aus der Zeit seiner Eltern, die hier seit dreizehn Jahren aufgestapelt waren, sind zu einem Auktionator gekommen. Es war eine Firma in der Rue Chauveau-Legarde im Madeleine-Viertel, die den Verkauf übernommen hatte – übrigens war es dieselbe Firma, die für seine Tante das Haus am Boulevard Haussmann verkauft hatte. Ein Teil der Möbel aus dem großen Salon kam auch dorthin, darunter ein großer Kristall-Leuchter, wie ich mich erinnere. Ich erinnere mich sogar an den Angestellten der Firma, der den Verkauf durchführte, Monsieur Dubois. Alles wurde ohne Sinn und Verstand verscherbelt. Monsieur Proust lehnte es ab, sich darum zu kümmern; er war verzweifelt. Er bat mich nur, in das Versteigerungslokal zu gehen.

»Schauen Sie es sich an, wie sich das Geschäft abspielt, Céleste«, sagte er zu mir.

Monsieur Dubois ließ sich den Zuschlag erteilen, auf den Schreibtisch von Monsieur Proust, mit dem er geliebäugelt hatte. Der große Kristall-Kronleuchter sollte für fünf damalige Francs verkauft werden; ich habe es auf mich genommen, ihn für Monsieur Proust zurückzukaufen, denn ich dachte an den Schmerz, den es ihm bereitet hätte. Er erklärte, daß ich es gut gemacht habe. Und alles übrige ging zu entsprechenden Preisen weg. Wenn er, wie behauptet worden ist, das Mobiliar verkauft hat, um zu Geld zu kommen, dann muß man zugeben, daß das Unterfangen fehlgeschlagen ist!

Noch eine weitere Lüge muß ich erwähnen. Es hieß, aus »Sparsamkeitsgründen« habe er seinen Freund, den Herzog de Guiche, gebeten, die Korkplatten, die für den Schallschutz seines Zimmers sorgten, an einen Flaschenkorkenhändler zu verkaufen. Das stimmt nicht. Er hat Anweisungen gegeben, die Platten sehr sorgfältig abzunehmen. Dann wurden sie auf seinen Wunsch in einer Garage eingelagert, bis sie neu verlegt werden könnten, sobald er eine neue Wohnung hatte, die ihm zusagte. Daß der Herzog de Guiche sich erboten hat, diese Arbeit zu überwachen, oder daß Monsieur Proust ihn darum gebeten hat, ist möglich; aber darin bestand auch seine ganze Intervention.

Denn als wir nach mehreren Monaten der Suche endlich die Wohnung in der Rue Hamelin gefunden haben, ist Monsieur Proust nicht mit der Absicht eingezogen, dort zu bleiben. Er hat die Wohnung immer als ein Provisorium und einen Übergang angesehen.

Zuerst kam ein anderer Übergang. Wir mußten irgendwo bleiben. Aber eine Wohnung zu finden, die ihm zusagte, war keine Kleinigkeit. Alle Welt suchte. Ich erinnere mich, daß Odilon eines Tages mit der Adresse eines schönen Hauses am Boulevard Péreire zurückkam. Aber unten fuhr zwischen ihren baumbestandenen Böschungen die Ringbahn vorbei.

»Der Zug, der vorbeifährt! Nie und nimmer, Odilon!«

Madame Gagey, die Frau des Arztes vom Boulevard Haussmann 102, hatte ihn wissen lassen, da sie selbst unter dem Zwang der Umstände auf Wohnungssuche sei, könne sie sich für ihn mitbemühen. Sie hat uns Adressen gegeben. Nichts paßte ihm. Sie selbst hat etwas im selben Viertel gefunden, in der Nähe des Parks Monceau, Rue de Prony.

»Rue de Prony!« hat Monsieur Proust ausgerufen, als er es hörte. Damit war alles gesagt.

Einmal sagte ihm das Viertel nicht zu. Dann wieder fehlte der Fahrstuhl, der wegen seines Asthmas unerläßlich war. Oder die Wohnung lag nicht unter dem Dach; es wären Leute über seinem Kopf herumgelaufen, ferner hätten Schalldämmarbeiten durchgeführt werden müssen, die doch nie befriedigend ausgefallen wären. Es war die Rede von einer Adresse oben am Boulevard Malesherbes, in der Nähe eines alten Kameraden aus der Kindheit, Robert

Dreyfus; aber das zerschlug sich. Es war auch die Rede von einer fünften Etage in der Rue Rivoli, ganz dicht am Ritz, was verlockend war. Aber: »Das würde laut sein, und dann ertrage ich nicht den Nebel von der Seine.«

Da alle Bekannten verständigt waren, kam zwischenzeitlich ein Angebot von der Schauspielerin Réjane, die ein Haus in der Rue Laurent-Pichat hatte, einer kleinen Straße zwischen der Avenue Foch und der Rue Pergolèse. Réjane bewohnte die zweite Etage; ihr Sohn, Jacques Porel, den Monsieur Proust gut kannte, die dritte. Ihre Tochter, für die der vierte Stock reserviert war, hielt sich damals in Amerika auf. In diese Etage sind wir vorübergehend gezogen und haben, da die Räume möbliert waren, Monsieur Prousts Schlafzimmer, so gut es eben ging, dorthin mitgenommen, ohne den Kork natürlich.

Réjane war damals schon eine alte Dame und sehr herzleidend; aber Monsieur Proust bewunderte sie immer noch sehr. In seinem Buch kommt eine große Schauspielerin vor, die Berma, und für diese Figur hat sie ihm sehr weitgehend als Vorbild gedient. Gewiß hat der Gedanke, in der Rue Laurent-Pichat in der Nähe eines Idols seiner Kindheit und Jugend zu wohnen, ihn sehr verlockt. Er hat mir damals viel von ihr erzählt. Er sagte: »Wissen Sie, Céleste, Sarah Bernhardt ist sicherlich eine große Schauspielerin; aber sie kann nur bestimmte Rollen spielen. Réjane kann alle Rollen spielen, von der Tragödie bis zum Boulevardstück. Sie ist mehr als eine Schauspielerin, sie ist wirklich eine große Künstlerin. Der Unterschied zwischen den beiden Frauen ist derselbe wie zwischen einem guten Romancier und einem großen Schriftsteller. Wissen Sie, daß Hunderte von Menschen sie am Ausgang erwarteten, als sie vom Theater abtrat? Sie mußte durch eine kleine Tür flüchten.

Während eines Aufenthalts in Spanien feierte sie solche Triumphe, daß der König ihr als Geschenk eine Kutsche mit Mauleseln schickte, und als sie nach Paris zurückkam, habe ich sie mit diesem Gespann die Champs-Elysées hinauffahren sehen. Es war großartig!«

Er mochte auch Jacques Porel sehr gern. Ich erinnere mich, daß wir mit ihm in der Rue Laurent-Pichat einen sehr vergnügten Abend mit dem Vortragen von Parodien verbracht haben. Nachher hat mich Monsieur Proust gefragt, was ich von ihm halte. Ich habe geantwortet: »Er sieht gut aus und ist sehr liebenswürdig, aber ein bißchen leichtfertig.«

»Ja, Céleste, das stimmt. Aber er ist angenehm und charmant wie ein Windstoß an einem Sommerabend.«

Tatsächlich machte sich Réjane Sorgen über die Leichtfertigkeit ihres Sohnes. Nachdem wir aus der Rue Laurent-Pichat ausgezogen waren und nun in der Rue Hamelin wohnten, hat sie Monsieur Proust einen langen Brief geschrieben und ihn gebeten, wenn sie nicht mehr da sei – denn sie fühlte den Tod nahen –, ihrem Sohn als Berater zu dienen, Monsieur Proust war sehr gerührt. Diese flehentliche Bitte, denn es war eine, hat ihn gequält. Er hat zu mir gesagt: »Céleste, es ist entsetzlich. Ja, Monsieur Porel ist nicht sehr charakterfest; aber ich bin krank; ich kann diese Verantwortung nicht übernehmen.«

Er hat seinerseits in diesem Sinne einen langen Brief an Réjane geschrieben und mich beauftragt, ihr den Brief zu überbringen. Sie lag im Bett, als sie mich empfing. Sie hat lange von ihrer Bewunderung für Monsieur Proust und ihrer Zuneigung zu ihm gesprochen. Und davon, wie lästig ihr die Ruhe sei, die ihr die Ärzte wegen ihres Herzens verordnet haben. Aber sie hatte sich ihre ungewöhnliche Seelenstärke und Fröhlichkeit bewahrt. Als sie erwähnte, daß ihr auch eine salzlose Kost vorgeschrieben sei, sagte sie: »Wer hätte gedacht, daß Réjane in ihrem Alter nicht das Salz zum Brot haben würde?«

Kurz danach ist sie gestorben. Sie hatte wieder auftreten und ›La vierge folle‹ von Henry Bataille spielen wollen, wo sie das Publikum ihrer Triumphe wiederfand. Ich erinnere mich, daß Monsieur Proust darüber sehr beunruhigt war: »Sie werden es sehen, Céleste ... Krank, wie sie ist, wird sie im Theater sterben. Ach, wie ich es bedaure, daß sie sich bereit erklärt hat, zu spielen!«

Eines Abends hatte er eine Loge in der Oper genommen für eine Aufführung von ›Antonius und Kleopatra‹ von André Gide mit Ida Rubinstein, einer damals sehr gefeierten Tänzerin; während der Vorstellung wurde er davon verständigt, daß Réjane soeben verschieden sei. Er hat alles stehenlassen, Oper und Gäste, und ist in die Rue Laurent-Pichat geeilt.

An jenem Abend ist er früh nach Hause gekommen. Er war erschüttert und sehr betrübt. Es ist erzählt worden, er habe in jener Nacht lange geweint und über diesen Tod meditiert. Ich frage mich, wer das gesehen haben kann. Ja, in der ersten Erregung hat er mit mir zusammen Erinnerungen an Réjane wiedererlebt. Aber Erinnerungen waren für ihn niemals tote Dinge. Im Gegenteil.

Um auf unseren kurzen Aufenthalt in der Rue Laurent-Pichat zurückzukommen, so war die Unterbringung dort gewiß nicht ideal. Monsieur Proust war nicht genügend isoliert. Die Nähe der Bäume in der Avenue Foch brachte, wie er fand, eine gewisse Feuchtigkeit mit sich, die in ihm die Furcht vor neuen Asthma-Anfällen erweckte. Es ist vom Lärm die Rede gewesen; das ist sehr übertrieben worden, auch von ihm, zweifellos – aber das gehörte bei ihm dazu. Ich erinnere mich, daß auf der anderen Seite des Hofs der Schauspieler Le Bargy von der Comédie Française wohnte, den man in seinem Badezimmer auf und ab gehen sah, wobei er manchmal laut schrie – ob er deklamierte oder sich mit seiner Frau stritt, war oft schwer zu unterscheiden; und das amüsierte Monsieur Proust.

Vor allem aber fühlte sich Monsieur Proust dort nicht zu Hause. Die Wohnungssuche wurde fortgesetzt, und so fanden wir schließlich die Rue Hamelin. Wir hatten uns an eine Maklerfirma an der Place Victor-Hugo gewandt. Mir wurde das Haus genannt; die Gegend gefiel mir recht gut; er hat sich angeschaut, wer da wohnte; dann sagte er zu mir: »Gehen Sie hin und berichten Sie mir.«

Es war im vierten Stock, mit Fahrstuhl. Die Wirtin hatte das Haus gerade gekauft und wollte es möbliert vermieten. Es hatte die Hausnummer 44. Ich bin mit den Einzelheiten zurückgekommen, und er hat seine Entscheidung getroffen: »Sagen Sie dieser Dame, sie möge uns die Wohnung darüber, im fünften Stock, geben. Ich werde ihr die Möbel bezahlen; aber sie soll sie unten einlagern.«

Der Mietvertrag wurde unterzeichnet – ich habe ihn vor einiger Zeit wiedergefunden, er trägt die Unterschrift Monsieur Prousts. In die Rue Laurent-Pichat waren wir gegen Ende Mai 1919 gezogen, in die Rue Hamelin Anfang Oktober, nachdem zuerst einige Arbeiten durchgeführt worden waren. Monsieur Proust wollte als Lärmschutz überall Teppiche haben, die ich auf seine Anordnung hin annageln ließ. Über seinem Bett wurde eine elektrische Leitung verlegt in derselben Anordnung wie am Boulevard Haussmann – die drei Schalter: Klingel, Nachttischlampe und Wasserkessel.

Über uns lagen ein kleines Appartement – ein Zimmer mit Küche – und einzelne Zimmer. Die Zimmer waren leer, das Appartement bewohnte eine Dame, Madame Pelé, die Haushälterin von Aristide Briand, der in der Rue Lauriston an der Ecke Avenue Kleber wohnte, gegenüber von uns. Es haben nie Kinder dort gewohnt, denen Monsieur Proust Filzpantoffeln geschenkt haben soll, um ihr Herumrennen zu dämpfen, wie behauptet worden ist. Nur diese Dame, die keineswegs störte; Monsieur Proust ließ ihr durch mich Geld geben, wofür sie versprach, keinen Lärm zu machen.

Am Tag des Umzugs ist er ausgegangen, bis an sein Zimmer die letzte Hand gelegt war.

Allmählich hat sich das Leben mehr oder weniger wieder eingespielt. Die Straße war ruhig, bürgerlich, mit gutem Publikum; wie ich bereits erzählt habe, sah man vom Küchenfenster aus die Stadtvilla von Madame Standish. Im Erdgeschoß befand sich eine Bäckerei; der Bäcker war ein sehr gutmütiger Mann aus dem Departement Puy-de-Dôme, völlig zahnlos, aber er hatte immer ein liebenswürdiges Wort für einen übrig. Ich erinnere mich sogar seines Namens: Montagnon. Ich habe mich mit ihm geeinigt, daß ich alle Telefonate bei ihm führen konnte – wegen des Brotbackens hatte er natürlich die ganze oder fast die ganze Nacht offen. Ich ging direkt in sein Eßzimmer und brauchte gar nicht erst zu fragen. Ich weiß nicht, wo manche Leute es herhaben wollen, daß er der Eigentümer und Concierge des Hauses war. Es gehörte einer Frau, wie ich schon gesagt habe – Madame Boulet. Und eine Concierge gab es auch, eine alte Frau, deren Mann bei einer Explosion des Zentralheizungskessels im Keller ums Leben gekommen war. Eine weitere Legende besagte, der »Concierge-Bäcker« habe eine kleine Tochter gehabt, die Monsieur Proust häufig besuchte, wenn sie die Post hinaufbrachte. Dieses Kind hat nur in der Phantasie von ich weiß nicht wem existiert. Ich entsinne mich lediglich, daß Monsieur Proust, der einen Artikel über Brot schreiben wollte, mich ein einziges Mal gebeten hat, den Bäcker Montagnon zu fragen, ob er wohl seinen Gesellen eines Abends heraufschicken wolle, damit er ihm die Brotherstellung erkläre. Der kleine Bäckergeselle ist heraufgekommen, Monsieur Proust hat ihm ein paar Fragen gestellt und ihn dann wieder fortgeschickt, nachdem er ihm ein Geldstück in die Hand gedrückt hatte.

Wenn ich mich nebenbei mit diesen lächerlichen kleinen Märchen aufhalte, dann immerhin deshalb, weil man sich – sobald man sieht, daß angeblich intelligente Menschen aufgrund solcher unbedeutender Vorfälle derartigen Faseleien Glauben schenken – mit Recht fragt, wo bei ihren grandiosen Konzeptionen von Monsieur Proust und seinem Werk die Wahrheit steckt. Wenn ich daran denke, daß selbst ein Schriftsteller wie Edmond Jaloux, der als seriös galt, in bezug auf die Rue Hamelin schreiben konnte: »An den Wänden hingen große Papierfetzen und zerrissene Tapeten«, dann bin ich betrübt über die Lüge eines Mannes von Rang.

Ich weiß sehr wohl, daß Monsieur Proust selbst in einem Brief – an Montesquiou, glaube ich – geschrieben hat, in seinem Zimmer sei gerade Platz genug für sein »elendes Lager«. Aber das war ein Scherz und bildlich gemeint.

Gewiß, die Rue Hamelin war nicht der Boulevard Haussmann – der Beweis dafür ist, daß Monsieur Proust diese Wohnung immer als eine Zwischenlösung ansah, wie ich schon erwähnt habe. Aber es herrschte dort nicht das nackte Elend. Gewiß, ich erinnere mich auch, daß ich beim Anblick der drei Kochtöpfe und der drei Teller, die die Hauseigentümerin dagelassen hatte, gelacht habe, während sie die Möbel herausnahm (sie ließ sich nach Monsieur Prousts Tod die drei Teller nach dem Bestandsverzeichnis bezahlen).

Dennoch war in einem gewissen Ausmaß die verzauberte Atmosphäre wiedererstanden. Die Anordnung war schließlich annähernd gleich, mit weniger Raum, weniger Möbeln. In kleinerem Maßstab die Aufeinanderfolge von Salon, kleinem Salon (der eher ein Boudoir war) und Schlafzimmer. Das war der Weg, den die Besucher einschlugen. Ich selbst kam meistens durch den Flur und das Boudoir und gelangte wie am Boulevard Haussmann durch eine Doppeltür in sein Zimmer. Und ebenfalls gab es eine zweite, einflügelige Tür dicht neben seinem Bett, durch die er ins Badezimmer ging, das gerade gegenüber am Flur lag. Hinter dem Bad lag ein Zimmer, in dem sich Bücher und das Silber türmten, das er nie verwendete. Mein eigenes Zimmer lag gleich rechts neben der Wohnungstür.

In Monsieur Prousts Zimmer fehlte so mancherlei – der Flügel, die große Kommode und der Spiegelschrank waren mit vielen anderen Möbeln in einem Speicher eingelagert. Doch das vom Räuchern verfärbte Bett war da und stand wie am Boulevard Haussmann dicht am Kamin, dahinter der Paravent, nur war jetzt am Fußende des Bettes gerade eben noch Platz genug, um die Tür zu öffnen und durchzugehen. Auch das kleine chinesische Möbel, das er so liebte, stand etwa am gleichen Platz. Und ein großer Sessel für die Besucher. Dann seine drei kleinen Tische mit allem, was er für seine Arbeit brauchte, in Reichweite, die Manuskript- und Notizhefte, der Stoß Taschentücher, die Schachtel mit den Papieren zum Anzünden des Pulvers Legras, die Brillen, die Uhr. Auf dem Kamin lagen Bücher. Die Hefte in schwarzem Moleskin waren verschwunden: verbrannt, wie ich erzählt habe. (Ich weiß nicht, wer geschrieben hat, daß er mich vor dem Auszug vom Boulevard Haussmann eine Menge Papiere, Photographien und anderes habe vernichten lassen. Das stimmt nicht.) An den Fenstern hingen die sehr schönen Vorhänge aus blauem Satin.

Im Boudoir stand jetzt der schwarze Bücherschrank aus dem kleinen Salon mit seinen Lieblingsbüchern: Madame de Sévigne, Ruskin, Saint-Simon in einem sehr schönen Einband mit dem eingeprägten Monogramm »MP«. Niedrige Sessel hatten die großen Lehnsessel ersetzt.

Wir hatten vom Boulevard Haussmann auch ein sehr hübsches Porträt einer Infantin mitgebracht, das in der Rue Hamelin im Salon aufgehängt wurde, die Porträts von Madame Proust und Professor Adrien Proust auf einer Staffelei, das Gemälde von Helleu und selbstverständlich das Porträt von Monsieur Proust von Jacques-Emile Blanche.

Ja, das Leben begann wieder und wurde von seinen Gewohnheiten geprägt. Das Läuten, der Kaffee am Nachmittag, die nächtlichen Plaudereien, die Arbeit an den Büchern, die Perioden des Schweigens. Der einzige Unterschied war, daß Monsieur Proust immer weniger ausging, je mehr er sich in sein Werk vertiefte, und immer häufiger äußerte er: »Die Zeit drängt, Céleste ...«

Wenn ich heute daran zurückdenke, scheint mir, daß er in der Rue Hamelin auch sehr viel weniger »geraucht« hat, obwohl für den Räucherritus stets alles bereit lag; die Kerze im Flur brannte ständig, genau wie am Boulevard Haussmann.

Aber wenn ich mir diese Wohnung wieder ins Gedächtnis rufe und die Wörter lese, die oft gebraucht werden, wenn davon gesprochen wird, daß es die »letzte Behausung«

war, in der er lebte, dann erhalten diese Wörter für mich ihren tragischen Sinn. Denn es war der Beginn einer Grabesatmosphäre, in der er die beiden letzten Jahre seines Lebens verbracht hat. Im Vergleich zum Boulevard Haussmann war es gewissermaßen eine Art Entblößung und sehr schmerzlich, von Dingen getrennt zu sein, die ihm lieb waren. Aber nicht ein einziges Mal hat er sich bei mir darüber beklagt.

Gegen die großen Kamine vom Boulevard Haussmann waren die in der Rue Hamelin ganz klein oder erschienen jedenfalls so. Da er wegen des Staubes die Zentralheizung nicht ertragen konnte, habe ich versucht, sie anzuheizen, um ihm ebenso die Gemütlichkeit wie die Wärme des Feuers von einst zukommen zu lassen. Der Kamin zog keineswegs so gut: der Rauch drang ins Zimmer. Monsieur Proust sagte: »Dieser Rauch macht mich krank, Céleste. Ich habe einen Geschmack von Holz im Mund und in den Bronchien. Ich kann nicht mehr atmen. Damit müssen wir aufhören.«

Ich habe kein Feuer mehr angezündet.

Ich sehe ihn noch in seinem Bett, den kleinen grünen Lichtschein auf den Seiten, die er schrieb oder korrigierte, während sich die Pullover in dem Maße hinter ihm ansammelten, in dem sie herunterrutschten und er mich bat, ihm noch einen zu geben, den er sich dann über die Schultern legte. Und nichts, keine einzige Klage. Niemals: »Wie schlecht es mir geht, Céleste ...« Ich sagte zu ihm: »Sie werden sich erkälten, Monsieur.«

Nur ein Lächeln manchmal, ohne ein Wort, oder ein Blick, der bedeutete: »Wir sind hier ja nur vorübergehend. Wenn ich fertig bin, wird es uns bessergehen.« Oder er sagte: »Sie werden sehen, liebe Céleste, wenn ich das Wort

›Ende‹ geschrieben habe, fahren wir in den Süden. Wir werden uns erholen, wir werden Ferien machen. Wir haben es alle beide bitter nötig; denn Sie sind auch erschöpft.«

Aber zuerst mußte er fertig werden; allein das zählte. Alles andere waren nur materielle Dinge ohne Bedeutung.

Ja, die Rue Hamelin war wirklich seine letzte Behausung. Hier hat er gearbeitet, unablässig gearbeitet, oft in einer Grabeskälte. Und hier hat er sich zu Tode gearbeitet.

Hauskonzert

In dieser verkleinerten Szenerie der Rue Hamelin hat Monsieur Proust sich – oder besser gesagt, seinem Werk – einen letzten Luxus geleistet. Um auf die Idee zu kommen, mußte man wie er die Geisteshaltung eines Grandseigneurs haben und gleichzeitig diese außerordentliche Gewißheit, seine Ziele zu erreichen.

Es war ein Wunsch, den er schon lange gehegt hatte; es handelte sich dabei um ein musikalisches Werk, das er gehört und das ihn sehr beeindruckt hatte, und um Künstler, die er für die fähigsten hielt, es auf nahezu ideale Weise zu Gehör zu bringen. Das Werk war das ›Quartett‹ von César Franck, die Musiker die Mitglieder des Poulet-Quartetts.

Monsieur Proust hatte von seiner Mutter eine große Liebe zur Musik geerbt; wie ich schon erwähnte, hatte er alle Partituren von Madame Proust aufbewahrt. In der ganzen Periode der »Kamelie« ging er sehr häufig ins Konzert. Im übrigen galt sein Interesse allen Kunstgattungen. Ebenso, wie er mit mir über Kathedralen und Vermeer oder über Renoir und Degas sprach, die er unter den Modernen der Epoche sehr bewunderte, und ebenso, wie er mir von Diaghilews Ballet Russe erzählte, erwähnte er auch oft die Namen Debussy, Fauré und Ravel. Und alle, die sein Werk kennen, wissen, welche bedeutende Rolle darin der Komponist Vinteuil spielt; in dieser Romanfigur verwob er, was er über tote Musiker wie Beethoven, Mozart oder Franck erfahren hatte, mit dem, was er von lebenden Komponisten wie Debussy wußte und bei anderen festgestellt hatte, die er persönlich kannte, wie Fauré und Vincent d'Indy.

Was das Poulet-Quartett betrifft, so habe ich schon erwähnt, daß ihn diese jungen Künstler in einem Konzert von Fauré sehr begeistert hatten. Es war damals sein Wunsch gewesen, sie kennenzulernen, vor allem den Geiger Massis, dessen Spiel ihm aufgefallen war.

Nachdem ich mitten im Krieg und mitten in der Nacht einen Brief zu Massis gebracht hatte, war Massis verschiedentlich – dreimal, wenn ich mich recht erinnere – am Boulevard Haussmann gewesen, um sich mit ihm über Musik zu unterhalten, denn Monsieur Proust wollte sich gewiß informieren, damit die Musik, die er seinem Vinteuil zuschrieb, sachlich richtig dargestellt wäre. Ich sehe den jungen Geiger noch genau vor mir, wie er eines Abends in Uniform an der Tür läutete; zweifellos war es gegen Ende des Krieges von 1914, und ich höre noch, wie Monsieur Proust ihn fragte: »Haben Sie keinen Hunger?«

Dann wandte er sich an mich: »Céleste, wie wäre es, wenn Sie ihm Pommes frites machten?«

Ich habe ihm die Pommes frites gemacht, er hat sie gegessen und dazu Cidre oder Champagner getrunken, das habe ich vergessen, während er sich mit Monsieur Proust unterhielt. Aber damals ist er immer allein gekommen. Abgesehen von einem seiner Kollegen und von Reynaldo Hahn habe ich nie andere Musiker bei Monsieur Proust gesehen, bis auf den einen Abend, von dem ich jetzt berichten will. Und zu meiner Zeit war dieser Abend in jeder Hinsicht einmalig. Es ist erzählt worden, daß Monsieur Proust, Anfang 1914 offenbar, ein anderes Quartett, das Capet-Quartett, zum Boulevard Haussmann »bestellt« habe. Ich kann bezeugen, das war damals nicht der Fall, und es würde mich sehr wundern, wenn es auf eine frühere Zeit zuträfe, denn Monsieur Proust hätte es mir gegenüber gewiß erwähnt, und wäre es auch nur andeutungsweise gewesen, als die Sache mit dem Poulet-Quartett spruchreif wurde.

Wie dem auch sei, es war in der Rue Hamelin, als er wieder Lust verspürte, das ›Quartett‹ von César Franck noch einmal zu hören, das er als junger Mann in den 1890er Jahren gehört und das ihn stark beeindruckt hatte.

Vielleicht hat er, als ihn dieses Verlangen überkam, am Manuskript von ›Die Gefangene‹ gearbeitet, wo Vinteuils Musik wiederauftaucht und sich voll entfaltet. Ich kann es nicht garantieren, denn er beschäftigte sich einmal mit diesem, einmal mit jenem Teil seines Werks. Dennoch ist die Koinzidenz recht auffällig.

Jedenfalls hat der Wunsch einige Zeit gebraucht, um auszureifen. Er hat darüber nachgedacht, er hat davon gesprochen und zu mir gesagt, das Einfachste sei wahrscheinlich, das Poulet-Quartett kommen zu lassen. Ich glaube sogar, daß er Massis davon Mitteilung gemacht hat, sei es, daß er ihn bat, bei ihm vorbeizukommen, sei es, daß er ihm schrieb.

Der Gedanke hat ihn verfolgt, bis er eines Tages zu mir sagte: »Céleste, ich glaube, ich muß mich dazu durchringen, Monsieur Poulet zu fragen, ob er mit seinem Ensemble nicht zu mir kommen könnte. Ich werde einen Brief an ihn schreiben, den Odilon ihm bringen soll.«

Der Brief ist hingebracht worden. Gaston Poulet war im Prinzip einverstanden. Aber der Plan wurde nicht sofort verwirklicht. Erst mußte Sorge getragen werden, daß alles vollkommen wäre. Auf Bitten von Monsieur Proust ist der Cellist der Gruppe, Louis Ruyssen, eines Abends gekommen. Sie haben miteinander beraten. Dann hat Monsieur Proust an einem anderen Abend zu später Stunde Odilon gebeten, ihn mit dem Wagen zu Gaston Poulet zu fahren.

Er hatte seinen Besuch nicht angekündigt; aber als er zurückkam, war er entzückt. Er sagte: »Monsieur Poulet war schon im Bett. Er hat mir im Pyjama die Tür geöffnet, und wir haben uns gegenseitig entschuldigt. Er war sehr nett. Wir haben ein Datum verabredet.«

Er hat hinzugefügt: »Es ist eine große Ausgabe, die ich mir da auflade, Céleste, aber das macht nichts. Manche Leute würden viel, sehr viel darum geben, um einer solchen Soiree beizuwohnen ... dieses großartige Werk und diese großen Künstler in so kleinem Kreis zu hören. Ich habe daran gedacht, ein paar Gäste einzuladen; aber in diesem Fall müßte ich mich mit ihnen beschäftigen und könnte gar nicht oder nur schlecht zuhören. Und da ich für mich persönlich dieses Bedürfnis verspüre, ist es besser, wenn niemand dabei ist.«

Dann kamen die Anweisungen für die Vorbereitungen. Aber ehe ich fortfahre, möchte ich einen Punkt klarstellen. Einerseits wurde erzählt, Monsieur Proust habe das Poulet-Quartett mehrmals kommen lassen. Das ist absolut falsch. Es war nur das eine und einzige Mal da. Andererseits wurde das Hauskonzert an den Boulevard Haussmann und sogar in das Schlafzimmer von Monsieur Proust verlegt. Das ist ebenso falsch, wie übrigens auch andere Phantasien und Ausschmückungen, die zu der Geschichte hinzugedichtet wurden und die ich jeweils berichtigen werde.

Ich weiß nicht, wer diese Aussagen gemacht hat. Wenn es Massis war, der früher am Boulevard Haussmann gewesen war, dann hat er vielleicht die beiden Wohnungen verwechselt und im Geist die Korkplatten an den Wänden dort gesehen, wo sie nicht waren. Jedenfalls weiß ich es genau: das Hauskonzert fand 1920 in der Rue Hamelin statt. Und die Musiker spielten nicht im Schlafzimmer von Monsieur

Proust. Und außerdem war es, wie ich wiederholen möchte, das einzige Hauskonzert.

Ich habe nicht nur die Szene vor Augen, sondern ich war es auch, die alle Vorbereitungen getroffen hatte. Die Anweisungen von Monsieur Proust waren viel zu genau gewesen, als daß es in meiner Erinnerung eine Verwechslung geben könnte. Ich habe noch seine Stimme im Ohr, wie er mir sagte: »Liebe Céleste, Sie werden also dafür sorgen, daß der Salon entsprechend hergerichtet wird. Vergessen Sie vor allem nicht, den Kamin zu verkleiden. Monsieur Poulet hat darauf großen Wert gelegt. Der Klang, hat er gesagt, müsse konzentriert sein, damit möglichst wenig verlorengeht.«

Ich sehe mich noch, wie ich die Stühle bereitstellte und aus dem Boudoir neben seinem Schlafzimmer eine Chaiselongue in den Salon brachte, die mit kastanienbraunem Samt bezogen und in der Mitte mit einem Stickereistreifen verziert war, damit er sich während des Konzerts ausstrekken konnte. Die Musiker saßen genau in der Mitte des Zimmers. Nein, es ist unmöglich, daß mich mein Gedächtnis hier täuscht.

Man hat auch ein ganzes kleines Drama ausgesponnen, wonach Monsieur Proust in Odilons Taxi Punkt Mitternacht losgefahren sein soll, um die Künstler auf gut Glück in ihren Wohnungen abzuholen; er habe sie geweckt, einige hätten protestiert, aber er habe sie einfach mitgenommen. Das ist widersinnig, wenn man weiß, daß der Termin verabredet und in der Wohnung alles dafür vorbereitet war. Wer Monsieur Proust kennt, weiß auch, daß er sie in diesem Augenblick höchstens von Odilon abholen ließ. Aber sie wurden nicht gezwungen.

In dem Märchen heißt es dann weiter, Monsieur Proust

sei im Taxi fast unter einem Federbett verschwunden, und auf dem Fußboden des Taxis habe eine Suppenterrine mit dampfendem Kartoffelbrei gestanden! Ich verstehe nicht, wie man derartige Absurditäten veröffentlichen kann, ohne sie nachzuprüfen. Erstens, das einzige Federbett, das es im Hause gab, war immer in einem Wandschrank verwahrt und ist dort erst herausgeholt worden, als Monsieur Proust im Sterben lag. Im Auto hat er nie etwas anderes als seinen Pelzmantel angehabt und sich auch keine Decke und kein Plaid übergelegt. Was die Suppenterrine mit dampfendem Kartoffelbrei betrifft, so ist das einfach lächerlich. Monsieur Proust aß nie Kartoffelbrei. Ich habe weiter oben erwähnt, daß ich für Odilons Diät Kartoffelbrei bereitete, aber daß der Arme ihn dann im Taxi gegessen haben soll!

In Wirklichkeit sind die Musiker tatsächlich abgeholt worden, sie sind gegen ein Uhr morgens eingetroffen; Monsieur Proust hat sich auf die Chaiselongue gelegt, während sie ihre Noten und Instrumente vorbereiteten und ich sorgsam die Vorhänge zuzog. Danach bin ich hinausgegangen, alle Türen waren geschlossen, und ich bin in der Diele geblieben, um erreichbar zu sein, falls Monsieur Proust mich brauchte.

Sie haben das ›Quartett‹ gespielt, er hat zugehört, die ganze Zeit liegend und mit geschlossenen Augen – ich weiß es, denn ich habe es in einem bestimmten Augenblick gesehen. Es gab eine Unterbrechung, während der ich, wie in einem Bericht behauptet wird, Pommes frites und Champagner serviert haben soll, wie ich es bei Massis damals am Boulevard Haussmann tat. Das stimmt nicht; ich habe nichts vorbereitet und nichts serviert. Nach dieser Pause hat Monsieur Proust die Musiker gebeten, wenn sie nicht zu müde seien, ihm nicht das ganze ›Quartett‹, sondern eine bestimmte Stelle noch einmal vorzuspielen – ich bin nicht musikalisch genug, um genau zu wissen, welche Stelle.

Als alles vorbei war, hat er ihnen sehr gedankt und ist mit ihnen hinuntergegangen. Ich erinnere mich nicht, daß unten vier Taxis auf diese Herren warteten, wie behauptet wurde. Ich bezweifle es sehr stark, denn Monsieur Proust begleitete sie, und er hatte ja Odilon. Ich bin ziemlich sicher, daß er noch mit ihnen mitgefahren ist, wahrscheinlich, um sich noch weiter zu informieren. Falls er mit ihnen zum Souper in die Brasserie Lipp am Boulevard Saint-Germain gegangen ist, dann würde mich das nicht wundern.

Ehe sie hinuntergingen, hat er ihnen Geld gegeben. Es ist mit Zahlen herumgeworfen worden, die sich auf hundertfünfzig bis fünfhundert damalige Francs für jeden beliefen. Ich bin sicher, daß es mehr als fünfhundert Francs waren. Er knauserte in solchen Fällen nicht, im Gegenteil: er war immer mehr als großzügig. Monsieur Proust hat mir keineswegs verheimlicht, daß es eine beträchtliche Summe war. Er hat wiederholt, was er mir schon vorher gesagt hatte: daß er es sich etwas habe kosten lassen.

»Es ist eine große Ausgabe, Céleste, und welch ein Umstand und welche Anstrengung! Aber es mußte sein. Ich brauchte es.«

Er hat nicht hinzugefügt: »Für mein Werk«. Das stand außer Zweifel.

Um mit den Märchen zu Ende zu kommen: natürlich ist auch erzählt worden, er habe die Musiker gebeten, das *ganze* ›Quartett‹ noch einmal zu spielen, weil er beim ersten Mal, als er es hörte, eingeschlafen sei. Das ist eine Albernheit und betrüblich dazu. Ich habe gesagt, daß er die Augen geschlossen hatte; ich habe ihn oft so gesehen mit einem Besucher – aber welche Präsenz und welche Aufmerksamkeit hinter den geschlossenen Lidern! Bei den Unterhaltungen mit mir geschah das immer, ob er nun weitersprach oder zuhörte, ohne daß ihm ein Wort entging.

Der einzige Grund, warum ich diese Lügen wieder aufgreife, liegt natürlich in erster Linie darin, daß ich es mir zur Pflicht gemacht habe, die Wahrheit zu sagen. Aber mir ist auch der Gedanke schmerzlich, daß manche Leute nicht gezögert haben, um die Geschichte ein wenig pittoresker zu gestalten, die Leidenschaft eines Mannes zu entstellen, der sich ganz seinem Werk hingab, sogar sein Leben dafür opferte, und dessen einziges, großes Anliegen die Wahrheit war, wie ich nie oft genug wiederholen kann.

Wenn man ihn nach einem Konzert wie dem eben beschriebenen strahlend und ganz erfüllt davon gesehen hat, dann war man sicher, daß das nicht das Gebaren eines Dilettanten sein konnte, und man begriff, was das alles für ihn bedeutete.

Er war dann ganz verklärt und von innen heraus heiter, wie wenn er von der kleinen gelben Mauerecke auf dem Gemälde von Vermeer sprach. Mit Dingen dieser Art vermochte er in sich die Lebensflamme zu nähren, und er unterhielt sie nur für sein Werk, das ihn aufzehrte.

»Céleste, ich habe das Wort ›Ende‹ geschrieben«

Was ihn bei seinem Werk verzehrte, war die Zeit. In seinen Büchern lief er ihr nach, und dennoch war er es, der sich im Leben von ihr eingeholt fühlte. In all den Jahren, die ich bei ihm verbrachte, in dieser verkehrten und fast völlig abgeschlossenen Welt, in der es schien, als hätten wir unseren eigenen Kalender, lauter Sonntage oder alle Tage Werktage, unsere eigene Uhr, deren Stunden von Monsieur Proust bestimmt wurden und die überhaupt nichts mit den Stunden anderer Menschen gemein hatten – in all diesen Jahren wird es wohl keinen Tag gegeben haben, an dem nicht irgendwann seine Angst zum Durchbruch kam, das Begonnene nicht vollenden zu können. Niemals ist das als Klage oder Ungeduld geäußert worden; jedesmal wurde es freundlich lächelnd gesagt. Es war gleichsam ein Seufzer seiner Willenskraft, der aus der Tiefe seiner Erschöpfung aufstieg, wenn er von einer Abendgesellschaft zurückkehrte, die für seine Suche enttäuschend verlaufen war, oder ganz am Schluß unserer langen nächtlichen Unterhaltungen.

»Céleste, ich bin für nichts und wieder nichts ausgegangen. Es war so langweilig! Alle diese Stunden vergeudet, ein ganzer Abend verloren! Und das mir, der ich doch keine Zeit habe!«

»Immerhin, Monsieur, Sie müssen doch einmal ausspannen und ein wenig verschnaufen.«

»Nein, Céleste, ich muß mich beeilen. Ich habe noch so viel Arbeit! Ich hätte besser hierbleiben und in Ruhe arbeiten sollen.«

Oder er sagte plötzlich um neun Uhr morgens: »Mein

Gott, Céleste, wie lange wir geredet haben! Ich ahnte gar nicht, daß es schon so spät ist. Wieviel Zeit wir verloren haben!«

Er hat es nicht gesagt, aber ich bin sicher, daß er sich dann, statt sich auszuruhen, an die Arbeit machte.

Wenn ich einmal zu fragen wagte: »Aber, Monsieur, wann schlafen Sie eigentlich?«, dann bekam ich zur Antwort: »Ich weiß nicht, Céleste, ich weiß nicht ...«

Ich denke mir, daß in seinem Halbschlaf die Arbeit weiterging. Es war wie ein Fieber in ihm.

Einmal, als er mir gegenüber wieder von der verlorenen Zeit sprach, habe ich einen Ausspruch meiner Mutter zitiert: »Monsieur, meine Mutter sagte in bezug auf die Zeit häufig: ›Wer sie gemacht hat, hat sie nicht verkauft.‹«

Er hat es mich wiederholen lassen.

»Das ist aber hübsch, Céleste. Das ist schön! Das werde ich in mein Buch aufnehmen.«

Und der Satz steht tatsächlich darinnen.

Dennoch blieb das Leitmotiv seines Lebens die Zwangsvorstellung, daß er nicht alles schaffen würde, was er sich vorgenommen hatte.

»Liebe Céleste, ich bin erschöpft, ich kann nicht mehr, und dennoch muß ich vorankommen ... Wenn ich nicht fertig werde, hätte ich mein ganzes Leben und alles umsonst geopfert!«

Wie oft hat er mir das gesagt. Und wie oft habe ich gehört: »Die Zeit drängt ...«

Und eines Tages: »Céleste, ich schaffe es nicht, und der Tod ist hinter mir her, er ist mir auf den Fersen.«

Ich habe mich zu einem Scherz gezwungen und harmlos geantwortet: »Nun, Monsieur, warum machen Sie nicht Schluß, statt immer etwas dranzuhängen?«

Er hat mich angeschaut mit seinem geduldigen und nachsichtigen Lächeln, das niemals schmerzlich wirkte: »Liebe Céleste, glauben Sie, das ginge so leicht? Ich kann es nicht. Es ist nicht so einfach, wie Sie glauben, das Wort ›Ende‹ zu schreiben.«

»Jedenfalls, Monsieur, ist das kein Grund, dauernd von Ihrem Tod zu reden.«

»Doch, Céleste. Denn ich werde sterben.«

»Bestimmt nicht, Monsieur. Ich sage es Ihnen ja immer: Sie werden länger leben als ich.«

»Und ich sage Ihnen: nein, Céleste. Sie werden mir die Augen zudrücken. Und hören Sie gut zu, ich muß Ihnen etwas beibringen ... Sie müssen lernen, den Leuten gut zuzuhören, wenn sie von ihrem Tod sprechen. Unseren Tod tragen wir in uns und spüren ihn, wenn er da ist ... ich mehr als jeder andere, denn ich führe nicht das Leben von jedermann. Ich führe ein Leben, das nicht normal ist, ohne Luft, ohne Nahrung. Schon seit meiner Kindheit haben die Asthma-Anfälle meine Gesundheit völlig ruiniert. Ich weiß nicht, wie oft ich es Ihnen schon gesagt habe: meine Bronchien sind nur noch wie gekochter Gummi, mein Herz atmet nicht mehr, es ist verbraucht durch die Anstrengung, so viele Jahre lang die Luft heranzuschaffen, die mir fehlt. Ich bin ein sehr alter Mann, Céleste ... alt wie meine alten Bronchien und wie mein altes Herz. Ich werde nicht mehr lange leben.«

»Reden Sie nicht so, Monsieur. Das ist nicht wahr.«

»Doch, es ist wahr, Céleste. Und darum möchte ich so gern fertig werden.«

Nach seinem Tode hat der Kritiker Paul Souday geschrieben: »Seit der Zeit, da er uns sagte, daß er im Sterben liege, kann man nicht mehr glauben, daß er tot ist.« Im Grunde ist es das, was ich schon zu seinen Lebzeiten unwillkürlich dachte. Nicht, daß ich damals auch nur einen Augenblick geglaubt hätte, das sei von seiner Seite ein Betteln um Mitleid oder Mitgefühl gewesen; das sah ihm gar nicht ähnlich. Da ich immer feststellte, daß er stets Mittel und Wege fand, weiterzumachen, sein jugendliches Äußeres zu bewahren und sich immer gleichzubleiben, ganz zu schweigen von den häufigen Anwandlungen von Fröhlichkeit und Gelächter, schrieb ich seine Anspielungen auf den Tod seiner Erschöpfung zu, die damals besonders stark war – so wie man manchmal sagt: »Ich bin todmüde.« Er brauchte bloß gut gearbeitet zu haben oder begeistert von einer Abendgesellschaft zurückzukommen – schon war die ganze Mattigkeit verschwunden.

Ein Morgen – ein Morgen für uns, in Wirklichkeit war es nachmittags – verlief außergewöhnlich.

Da ich zu meinem Bedauern kein Tagebuch geführt habe, kann ich das genaue Datum nicht angeben. Ich erinnere mich indes genau, daß es im frühen Frühjahr des Jahres 1922 gewesen sein muß, denn es war unvergeßlich.

Wir hatten uns lange unterhalten. Ich habe ihn kurz vor neun Uhr morgens verlassen. Gegen ein oder zwei Uhr mittags war ich aufgestanden, um alles in Gang zu bringen und seinen Kaffee zu bereiten. Damals nahm er schon lange keine Croissants und auch sonst nichts zu sich außer der Milch im Kaffee.

Es war etwa vier Uhr, als er läutete. Ich bin durch den kleinen Salon gegangen. Er hatte nur einmal geläutet, ich kam also mit leeren Händen – wenn ich das Tablett bringen sollte, läutete er zweimal. Als ich eintrat, lag er ruhend auf dem Bett, Oberkörper und Kopf wie üblich leicht erhöht auf den Kissen, die kleine Lampe brannte, doch sein Gesicht lag im Schatten, nur seinen Blick spürte man, der immer intensiv war, wenn er einen beobachtete oder einem folgte. Ich habe es sofort gemerkt, daß er nach dem Aufwachen nicht geräuchert hatte. Daß er an diesem Tag nicht »geraucht« hat, hat mich seitdem immer gewundert.

Wie ich berichtet habe, spielte sich bei diesem ersten Kontakt gewöhnlich alles schweigend ab – eine leichte Handbewegung als Dank, gegebenenfalls eine andere oder einfach eine Blickrichtung, wenn er andeuten wollte, daß er etwas brauchte; es war nicht nötig, zu reden, ich verstand das kleinste Zeichen.

Er wirkte sehr erschöpft, aber er lächelte, als er mich kommen sah. Mir fiel sofort sein strahlender Ausdruck auf.

Als ich in die Nähe des Betts kam, drehte er den Kopf ein wenig zu mir, seine Lippen öffneten sich, und er sprach. Seit ich bei ihm lebte, war es das erste Mal, daß er nach dem Aufwachen und noch vor der ersten Tasse Kaffee das Wort an mich richtete. Bis zu seinem Tode ist es auch nicht wieder vorgekommen. Ich war so überrascht, daß ich wie angewurzelt dastand.

»Guten Morgen, Céleste ...«

Er hielt einen Augenblick inne; sein Lächeln schien meine Überraschung auszukosten. Dann fuhr er fort: »Wissen Sie, heute nacht hat sich etwas Wichtiges ereignet.«

»Was ist geschehen, Monsieur?«

»Raten Sie.«

Er amüsierte sich sehr. Rasch ließ ich mir durch den Kopf gehen, was geschehen sein könnte. Ein unerwarteter Besuch konnte es nicht sein – ich hätte es gewußt und gehört; niemals war er selbst zur Tür gegangen, um zu öffnen. Daß er aufgestanden sein könnte, um auszugehen, war gleichermaßen unvorstellbar; niemals hatte er eigenhändig seinen

Mantel und Hut aus der Garderobe genommen; immer mußte alles vorbereitet sein. Immer noch überlegend, inspizierte ich das Zimmer. Ich sagte mir: »Gekommen ist niemand; seine Kleider hat er nicht verlangt; ausgegangen ist er nicht; den elektrischen Wasserkessel hat er nicht durchbrennen lassen; zerbrochen hat er nichts; alles ist an Ort und Stelle.«

Ich sagte: »Monsieur, ich habe keine Ahnung, was das sein mag; ich kann es nicht erraten. Es muß ein Wunder sein. Sie müssen es mir verraten.«

Er sah ganz glücklich und verjüngt aus und jubilierte wie ein Kind, das sich einen lustigen Streich ausgedacht hat.

»Nun, meine liebe Céleste, ich werde es Ihnen sagen. Es ist eine große Neuigkeit. Heute nacht habe ich das Wort ›Ende‹ geschrieben.«

Immer noch lächelnd und mit strahlenden Augen hat er hinzugefügt: »Jetzt kann ich sterben.«

Ich hörte, wie seine Stimme diese letzten Worte betonte: man hätte es für einen Ausbruch von Befriedigung und Freude halten können.

Ich habe gesagt: »Ach, Monsieur, reden wir nicht davon. Ich sehe sehr wohl, daß Sie so glücklich sind, und auch ich bin sehr froh, daß Sie geschafft haben, was Sie schaffen wollten! Aber so, wie ich Sie kenne, fürchte ich, daß wir noch nicht damit fertig sind, die kleinen Papiere einzukleben und Korrekturen anzufügen.«

Er hat gelacht.

»Das, Céleste, ist eine Sache für sich. Wichtig ist nur, daß ich von jetzt an nicht mehr besorgt bin. Mein Werk kann erscheinen. Ich werde mein Leben nicht umsonst geopfert haben!«

Was er mir an jenem Tage gesagt hat, ist jedenfalls der Beweis für den eisernen Fleiß, den er in diesen ganzen Jahren unablässig an den Tag gelegt hat. Ich habe gesagt, daß ich nicht wußte, wann er schlief. Damit er das Wort »Ende« schreiben konnte, mußte er noch sehr oft gearbeitet haben, nachdem ich ihn verlassen hatte, und dabei bedeuteten diese Stunden, obwohl draußen hellichter Tag war, für ihn die Nacht. Und ich bin sicher, daß es fast jedesmal so war, wenn ich mich nach Beendigung unserer nächtlichen Unterhaltungen zurückzog.

Denn seit wir in der Rue Hamelin wohnten, ist er fast gar nicht mehr ausgegangen und hat immer weniger Besuch empfangen. Während des ganzen Jahres 1921 war nur ein Anlaß zum Ausgehen erinnernswert, und zwar, als er im Frühjahr in Begleitung von Jean-Louis Vaudoyer, den er sehr schätzte, die Ausstellung holländischer Gemälde im Museum Jeu de Paume besichtigte; und das tat er hauptsächlich, um dort die Bilder seines geliebten Vermeer wiederzusehen, und insbesondere die kleine gelbe Mauerecke. Jean-Louis Vaudoyer war Punkt elf Uhr vormittags gekommen, um ihn abzuholen. Soweit ich mich erinnere, kam er gegen Abend erschöpft nach Hause. Auf der Ausstellung hatten ihn Schwindelanfälle befallen. Ich glaube nicht, daß er ohnmächtig geworden ist, wie man behauptet hat – er hätte es mir gewiß erzählt. Sicher ist, daß seine ganze Mattigkeit ihn nicht hinderte, mich in jener Nacht sehr lange bei sich zu behalten und davon zu sprechen, welche Freude ihm die Vermeers bereitet hatten; und es war ein junger Mann, den ich sah und hörte.

Für 1922 – das letzte Jahr – erinnere ich mich nur, daß er ein paarmal groß ausgegangen ist. Er war auf der Soiree bei der Gräfin de Mun, wo er sich mit zwei Worten Marcel

Prévost vom Halse schaffte, wie ich schon berichtet habe, und sich darüber mokierte, daß er der Académie Française angehöre. Er war auch auf zwei großen Diners – das eine im Ritz, das seine englischen Freunde, die Schiffs, gaben und an dem außer vielen anderen Diaghilew vom Ballet Russe und der damals noch wenig bekannte irische Schriftsteller James Joyce teilnahmen, wenn mein Gedächtnis mich nicht täuscht; das zweite Diner in den allerersten Junitagen war bei Madame Hennessy. Von diesem Abend habe ich schon gesprochen; er hatte hier die wiederverheiratete Witwe von Gaston de Caillavet wiedergesehen – die Jeanne Pouquet mit den beim Tennis im Wind fliegenden blonden Zöpfen, seine große, unglückliche Jugendliebe; jetzt war sie Fürstin Radziwill und eine Dame mit weißen Haaren geworden, der er anbot, sie nach Hause zu begleiten; und als sie sagte: »An einem anderen Abend vielleicht«, da erklärte er ihr, daß er sie dann nicht wiedersehen werde. Was sich bewahrheitete.

Ich kann mich auch nicht erinnern, daß er noch viel Besuch empfing, abgesehen von einigen vertrauten Freunden wie Reynaldo Hahn und Paul Morand. Es war zu dieser Zeit, daß die beiden Fürstinnen Bibesco, Marthe und ihre Kusine Elisabeth, die Frau des Fürsten Antoine, eines Abends nach dem Theater vorbeikamen, aber nicht weiter als bis in die Diele gingen.

Der letzte Besuch, der bemerkenswert war, abgesehen von Paul Morands Besuch, über den ich berichtet habe, war der von Lucien Daudet im Laufe des Juni 1922. Die beiden Besuche hatten etwas gemein: sie waren gleichsam ein Abschied. Ebenso wie Paul Morand konnte sich auch Lucien Daudet nicht trennen. Monsieur Proust und er hatten sich lange nicht gesehen. Beide spürten wohl, daß sie sich nicht wiedersehen würden. Ich weiß, daß Monsieur Proust während des langen Zusammenseins diesem alten, treuen Freund etwas zum Andenken schenkte. Ich habe vergessen, was es war.

Nachdem Lucien Daudet gegangen war, rief mich Monsieur Proust, wie es in solchen Fällen üblich war. Er schien bewegt zu sein, aber er sprach von dem Besuch in heiterem Ton.

»Ich habe ihn heute abend recht sonderbar gefunden, Céleste. Ja, er war ganz komisch. Er war nicht gesprächig; er kam mir eingeschüchtert und traurig vor. Im Augenblick des Aufbruchs fragte er mich, ob er mich küssen dürfe. Ich habe gesagt: ›Nein, nein, mein lieber Lucien, Sie sehen doch, ich bin nicht rasiert und nicht gewaschen, und ich rieche schlecht.‹ Das stimmt doch, nicht wahr?« fügte er lachend hinzu.

Ich ahnte nicht im entferntesten etwas von der Tragik, die sich hinter dieser Fröhlichkeit und diesem heiteren Ton verbarg. Ich glaube, ich war gegenüber der Vorstellung von seinem Tod einfach mit Blindheit geschlagen. Und dann sah ich, daß er trotz des Wortes »Ende« genauso weiterarbeitete, wie ich es vorausgesagt hatte (ohne großes Verdienst). Er korrigierte, sei es am Manuskript der ›Entflohenen‹ oder an dem Teil, der nach seinem Tode ›Die wiedergefundene Zeit‹ wurde, sei es an den Fahnen der ›Gefangenen‹, deretwegen er gelegentlich Jacques Rivière empfing. Und natürlich klebten wir Anlageblätter ein.

Indes entsinne ich mich eines späteren Abends, der mir hätte die Augen öffnen müssen. Ich zermartere mir noch heute das Hirn, um mich zu erinnern, wann das genau war. In einem Punkt bin ich jedoch sicher: die Angelegenheit ist beiläufig als eine Anekdote berichtet und dem

Abend nach seinem Besuch der Ausstellung im Museum Jeu de Paume in Begleitung von Jean-Louis Vaudoyer zugeschrieben worden. Das ist bestimmt nicht wahr; denn die Ausstellung war 1921, wie ich bereits gesagt habe, und ich erinnere mich sehr genau, daß er nach dem fraglichen Abend bis zu seinem Tode den Fuß nicht mehr vor die Tür gesetzt hat. Abgesehen von den großen Gesellschaften, die ich erwähnt habe, ist er noch ein paarmal ausgegangen, und wahrscheinlich hat sich die Szene bei einer dieser Gelegenheiten abgespielt.

Er war äußerst erschöpft, als er am Spätnachmittag, gegen sechs oder sieben Uhr, nach Hause kam. Er hatte Odilon gebeten, mit ihm nach oben zu kommen. Meine Schwester Marie war noch da, das heißt, es war zwar Abend, aber noch nicht sehr spät, denn sonst wäre Marie schon fortgegangen, um sich schlafen zu legen.

Beim Heimkommen ging er oft durch den großen Salon und dann durch das Boudoir, um in sein Zimmer zu gelangen. Aber niemals zuvor hatte er sich im Salon aufgehalten, geschweige denn sich dort hingesetzt.

Diesmal hat er nicht einmal gewartet, bis ich ihm seinen Pelz abgenommen hatte – denn er trug den Pelz, ein Zeichen, daß es im Winter oder jedenfalls in der Übergangszeit war.

Er ist in den Salon gegangen und hat sich dort, immer noch im Pelz, auf einen Sessel niedergelassen. Das ist ein Bild, das sich mir fest eingeprägt hat und mir wohl bis zu meinem Tode vor Augen stehen wird.

Er saß ein wenig schräg geneigt auf dem Sessel, und die Schöße des offenen Mantels hingen an seinen beiden Seiten herab. Er schien am Ende seiner Kräfte zu sein, aber niemals habe ich sein Gesicht von solcher Traurigkeit erfüllt gesehen.

Ich habe uns noch alle vier vor Augen, als wenn wir auf einem Bild festgehalten wären. Marie war im Vorzimmer geblieben. Odilon stand genau auf der Schwelle zum Salon im Türrahmen und ich zwei Schritt von Monsieur Prousts Sessel entfernt.

In der Diele hatte er zu mir gesagt: »Ich habe Odilon gebeten, mit mir heraufzukommen, weil ich eigentlich noch einmal fortgehen müßte. Aber ich bin so müde, daß ich vorher noch darüber nachdenken wollte. Ich weiß nicht, ob ich den Mut habe ...«

Wir waren alle still, während er mit geschlossenen Augen überlegte. Schließlich hat Odilon sich ein Herz gefaßt und gesagt: »Monsieur, es ist nicht verwunderlich, daß Sie so erschöpft sind, wenn Sie nichts essen. Was würden Sie sagen, wenn ich Ihnen zum Beispiel ein schönes zartes Hühnchen hole, das Céleste Ihnen dann kocht? Wenn Sie davon ein wenig essen, gibt es Ihnen Kraft, noch einmal auszugehen.«

Als er die Stimme meines Mannes hörte, schlug er die Augen wieder auf und sah uns alle drei an – Marie stand jetzt hinter Odilon. Es war ein Blick von solcher Traurigkeit und gleichzeitig so voller Güte und Zuneigung, daß wir überwältigt waren.

Er hat meinem Mann geantwortet: »Richtig, Odilon; gehen Sie und kaufen Sie ein Huhn. Sie haben recht. Aber ihr werdet es essen, ihr drei; ich möchte, daß ihr gut für euch sorgt ...«

Er schaute uns an und fügte mit einem erschütternd liebevollen Lächeln hinzu: »Ich habe euch so gern.«

Und dann, noch inniger: »Ihr seid meine Kinder.«

Zu mir gewandt, fuhr er fort: »Ich glaube, ich werde nicht mehr ausgehen. Mein Bett ist bereit, es ist besser, wenn ich mich hinlege.«

Und zu Odilon: »Lieber Odilon, wollen Sie so gut sein und hierbleiben, falls ich noch irgend etwas brauche.«

Aber er brauchte nichts, und ich erinnere mich nicht, daß er mich in jener Nacht noch einmal rief, um sich mit mir zu unterhalten.

Über die drei letzten Monate vor seinem Ende hat man sich nicht gescheut, alle möglichen Romane zu erdichten – ich habe schon davon gesprochen, erwähne es aber der Ordnung halber noch einmal. Er soll von so häufigen und heftigen Schwindelanfällen befallen worden sein, daß er zu Boden stürzte, sobald er aus dem Bett aufstand; er soll Sprachstörungen, eine Minderung des Denkvermögens und Gedächtnislücken gehabt und seine Sehkraft soll stark nachgelassen haben; zu einer bestimmten Zeit sei er überzeugt gewesen, daß seine Beschwerden durch das Ausströmen von Gas aus Rissen im Kamin seines Schlafzimmers hervorgerufen worden seien ... Und was nicht noch alles! Soviel Geschichten, soviel Übertreibungen oder Erfindungen.

Ich weiß sehr wohl, daß er selbst in seinen Briefen auf Unwohlsein und Störungen dieser Art angespielt hat. Schon zu Anfang dieses Buches habe ich erklärt, was es damit auf sich hatte. In diesen letzten Monaten hat er sich mehr denn je gegen die Außenwelt abgekapselt, um seine ganze Kraft für sein Werk aufzusparen. Ich glaube, daß es sich zu einem großen Teil um Ausreden gehandelt hat, um Besucher abzuwimmeln oder weil er einen Brief zu spät beantwortet hatte.

Muß ich wiederholen, daß ich es gehört und erfahren hätte, wenn er in seinem Zimmer gestürzt wäre? Er hätte es mir nicht verheimlicht. Und muß man glauben, wenn er an Sprachstörungen, Bewußtseins- oder Gedächtnisstörungen gelitten hätte, daß er mir die Augenblicke vorbehalten hätte, in denen seine Stimme klar und präzise und er bei vollem Verstand war? Wenn ich auch nur das mindeste Zeichen festgestellt hätte, warum sollte ich es verschweigen? Warum sollte ich lügen? Was wäre daran für Monsieur Proust ehrenrührig, wenn ich es zugäbe? Es war vielleicht das Bemerkenswerte an ihm, daß er sich bis zum Schluß absolut in der Gewalt hatte.

Was das Ausströmen von Kohlenmonoxyd betrifft, so ist das überhaupt nicht vorgekommen. Von Anfang an wurde in der Rue Hamelin nicht geheizt, von dem Augenblick an, als wir gemerkt hatten, daß die Kamine zu eng waren und der Rauch ins Zimmer drang.

Zweifellos ist es auf diese Eiseskälte in der ungünstigen Jahreszeit zurückzuführen, daß er sich im Frühjahr 1922 eine Grippe zuzog. Er arbeitete stundenlang bewegungslos im Bett mit keiner anderen Wärmequelle für seinen geschwächten Organismus als seinen Pullovern und den »Bollen«.

Es ist behauptet worden, zu dieser Zeit sei sein Asthma verstärkt wieder aufgetreten. Auch das, fürchte ich, ist reine Erfindung. Aber sicherlich war er sich der Schwäche bewußt, die ihn immer mehr befiel. Mehr denn je hatte er Angst vor Mikroben. Es war in diesen letzten Monaten, daß er mich den langen Metallkasten kaufen ließ, in dem die Post mit Formalin desinfiziert wurde, ehe er sie öffnete.

Anfang Oktober ist er zum letzten Mal groß ausgegangen, und zwar zu einer Soiree beim Grafen und der Gräfin de Beaumont, zu der sich das damalige Tout-Paris einfand. Es war für ihn ein höchst feierliches Defilee jener Gesellschaft, die er in seiner Jugend hatte kennenlernen wollen, um zu sehen, wie sie lebte. Unter den Anwesenden war er wahrscheinlich der einzige, der das Ende dieser Gesellschaft und auch das seine, das noch früher kam, vorausahnte.

Es peinigt mein Gewissen, daß ich keine Erinnerung mehr an den Bericht habe, den er mir darüber gab. Damals war das nur eine unter so vielen anderen Gesellschaften. Ich weiß auch nicht, ob er selbst das Gefühl hatte, daß es ein Abschied war. Darüber hat er mir nichts gesagt und nichts erkennen lassen. Ebensowenig hat er mir gegenüber zugegeben, daß er sich auf dem Nachhauseweg noch zusätzlich zu seiner Grippe erkältet hatte.

Indes hat er, als er an jenem Abend ausging, den Fuß in das Vorzimmer des Todes gesetzt.

Die Zeit steht still

Er wußte, daß er sterben werde, und ich war nach wie vor überzeugt, daß er sehr alt werden würde. Seit so vielen Jahren war er schwer krank gewesen, so daß niemand glauben konnte, nicht einmal seine vertrauten Freunde, daß für ihn die Zeit so bald stillstehen würde. Vor allem ich nicht, die ich Tag für Tag dort lebte und mit ansah, wie er dauernd in Lebensgefahr schwebte und alles überstand. Und dann hatten er und ich vielleicht miteinander gemein, daß ich immer über die Sache stolpern muß, um zu begreifen, daß ein Augenblick kommt, in dem die Anstrengung vorbei ist.

Seit dem Tag, an dem sich die Krankheit in seinem armen, verbrauchten Körper verschlimmerte, habe ich kein Auge mehr zugetan. Als mir später gesagt wurde, ich sei sieben Wochen lang überhaupt nicht im Bett gewesen, habe ich geantwortet, ich wisse es nicht, und das stimmt: ich habe es gar nicht gemerkt. Für mich war das völlig natürlich: er litt, und ich hatte nur den einen Gedanken, alles zu tun, was er verlangte und was sein Leiden ein wenig zu erleichtern vermochte.

Er selbst schlief nicht mehr. Wenn er nicht von Husten- oder Erstickungsanfällen geplagt war, arbeitete er unter der Zwangsvorstellung, er könne der ›Nouvelle Revue Française‹ nicht rechtzeitig die korrigierten Fahnen der ›Gefangenen‹ liefern. Er läutete dauernd, bald wollte er eine warme »Bolle«, bald einen Pullover, dann dieses, dann jenes; ein Buch, ein Heft, ein Zettel mußte eingeklebt werden. Ich ging, ich kam. Später mußten Telefongespräche mit Dr. Bize und Professor Robert Proust (als Bruder, nicht als Arzt wie Dr. Bize) geführt werden. Ich ging hinunter, ich kam wieder herauf. Ich machte ihm eine heiße Milch, den Kaffee. Er wollte Kompott, es mußte sofort sein. Er verlangte eiskaltes Bier; ich schickte Odilon los. Aber was machte das schon? Was war meine Müdigkeit im Vergleich zu seinem Leiden? Ich hätte mir lieber den kleinen Finger abgehackt, als ihn nicht zufriedenzustellen.

Diese letzten Wochen waren wie ein langer Tunnel, mehr denn je ohne Tage und Nächte – eine anhaltende Dunkelheit, kaum erhellt durch den grünen Lichtschein der kleinen Lampe, in der sich indes die Einzelheiten des Endes jetzt mit einer Deutlichkeit abhoben, die ich nicht vergessen werde, solange ich lebe.

Darüber, wie sich diese letzten Wochen abspielten, ist viel phantasiert worden, und wiederum sind viele Märchen und Albernheiten erzählt und geschrieben worden, ebenso wie man mir Aussprüche in den Mund gelegt hat, die entweder entstellt wiedergegeben wurden oder die ich gar nicht getan habe. Bisher bin ich auf diese Dinge nie eingegangen, weil ich mich damit begnügte, mir zu sagen, daß Monsieur Proust mich weiterhin sieht und weiß, was ich wirklich denke – nämlich, daß ich ihn nicht betrügen konnte.

Aber heute, ehe ich meinerseits diese Welt verlasse, ist mir der Gedanke, es könne noch ein Zweifel bestehen oder eine Lüge über all das, was ich gesehen habe und was die Wahrheit ist, so unerträglich geworden, daß ich ein für allemal erklären möchte, daß die folgenden Seiten eine wahrheitsgetreue Wiedergabe meiner Erinnerung sind und ich die Tatsachen ausreichend überdacht, nachgeprüft und verifiziert habe, um sicher zu sein, daß mein Gedächtnis die wirklichen Vorgänge genau bewahrt hat. Es ist ein Testament, das ich hier niederschreibe, keine Aussage.

Ich habe gesagt, es habe mit einer kleinen Grippe angefangen und er habe sich zusätzlich erkältet, als er von der Gesellschaft beim Grafen und der Gräfin de Beaumont nach Hause kam. Aber schon davor hatte es Anzeichen gegeben, daß die außergewöhnliche Widerstandskraft seines Organismus nachließ: ich hatte ihm sehr zureden müssen, zur Geburtstagsfeier seiner Nichte Suzy zu gehen, und darauf hingewiesen, daß es für seinen Bruder und vor allem für seine Nichte, die darum gebeten hatte, schmerzlich wäre, wenn er nicht käme. Später, als die Krankheit zum Ausbruch gekommen war und ich Professor Robert Proust gebeten hatte, zu ihm zu kommen, hat er mir bestätigt, er habe seinen Bruder an dem Abend »etwas aufgeschwemmt« gefunden und sicherlich von Ödemen befallen.

Heute bin ich mir darüber klar, daß es in Wirklichkeit schon ein Jahr zuvor angefangen hatte, mit seiner Gesundheit bergab zu gehen. Ein Zeichen dafür war das Unwohlsein auf der holländischen Gemäldeausstellung im Museum Jeu de Paume im Jahre 1921 gewesen, das ihn vor den Bildern von Vermeer überfiel – nicht, als er die Treppen zum Museum hinaufstieg, wie behauptet worden ist.

Als er die Grippe bekam, sagte er zu mir: »Ich glaube, es wäre gut, Dr. Bize kommen zu lassen. Was meinen Sie dazu, Céleste?«

Da die Grippe ziemlich festzusitzen und nicht von allein wegzugehen schien, habe ich ihm geantwortet, er habe recht, er müsse sich unbedingt pflegen und etwas weniger arbeiten. Was ich über die Arbeit gesagt habe, beachtete er nicht, aber wir riefen Dr. Bize.

Dr. Bize ist mehrmals gekommen. Zuerst hat er Medikamente verschrieben, die Monsieur Proust nicht genommen hat. Weil er durch die Grippe in Verbindung mit dem Asthma nur schwer atmen konnte und dadurch gelegentlich heftige Hustenanfälle und Niesen hervorgerufen wurden, hat Dr. Bize dann Kampferölspritzen empfohlen, um die Lunge und die Bronchien zu entlasten. Monsieur Proust hat auch das abgelehnt.

Wenn ich jetzt darüber nachdenke, so war mit das Schlimmste an diesen letzten Wochen seine hartnäckige Weigerung, sich behandeln zu lassen. Dr. Bize hat mir gesagt: zu Anfang war es wirklich nur eine kleine Grippe; hätte er sich die Kampferölspritzen geben lassen, wären die Bronchitis und die Lungenentzündung vermieden worden. Für den Fall, daß er gleichzeitig bereit gewesen wäre, einige Zeit nicht mehr zu arbeiten und sich in einem warmen Raum aufzuhalten, hätte er sich zweifellos wieder erholt. Aber Monsieur Proust bestimmte allein über sich. Niemand konnte ihm etwas gegen seinen Willen aufzwingen. Ich glaube, daß seine Willenskraft an dem Tag erlahmte, an dem er mir erklärt hatte, sein Werk könne jetzt erscheinen. Diese Willenskraft hatte es ihm ermöglicht, sein körperliches Leiden zu beherrschen, um sein Werk zu beenden. Ich bin sicher, daß er weiterzuleben hoffte; aber die Spannkraft hatte nachgelassen von dem Augenblick an, da er das Wort »Ende« geschrieben hatte.

Ich erinnere mich, daß Dr. Bize an dem Tag, als er das Kampferöl verordnete, gesagt hatte: »Meister, ich versichere Ihnen, daß diese Grippe nicht schlimm ist. Wenn Sie einverstanden sind, sich behandeln zu lassen, wie ich es vorschlage, dann ist es eine Sache von acht Tagen.«

Und mit leiser Stimme und nach Luft ringend hat Monsieur Proust geantwortet: »Lieber Doktor, ich muß und will diese Fahnen korrigieren; Gallimard wartet darauf.«

»Schonen Sie sich erst einmal, Meister; Sie können sie nachher korrigieren.«

Als Dr. Bize ging, ließ er seine Rezepte da. Wie üblich hat Monsieur Proust mich gebeten, alle Medikamente holen zu lassen; so pflegte es zu sein: was verordnet war, wurde gekauft, selbst wenn es nie genommen wurde, und zu guter Letzt wurde es weggeworfen. Aber die Kampferölampullen wurden nicht geholt, denn Monsieur Proust lehnte grundsätzlich alle Spritzen ab.

Angesichts der Dickköpfigkeit seines Patienten und der Hartnäckigkeit, dann der Verschlimmerung der Bronchitis, des Hustens und der daraus folgenden Erstickungsanfälle hat sich Dr. Bize eines Abends, als er Monsieur Proust verließ, entschlossen, zu Professor Robert Proust zu gehen, seinem alten Kommilitonen und Freund. Er hat zu ihm gesagt: »Ihr Bruder lehnt es ab, sich behandeln zu lassen. Er beharrt darauf, in einem eiskalten Zimmer, das wegen seines Asthmas nicht geheizt werden kann, zu arbeiten. Nur Sie haben genug Einfluß auf ihn, um ihn umzustimmen. Aber es muß um jeden Preis etwas geschehen, denn ich fürchte, die Krankheit wird ein Stadium erreichen, in dem es keine Heilung mehr gibt. Ich selbst habe nicht die notwendige Autorität.«

Noch am selben Abend ist Professor Robert Proust in die Rue Hamelin gekommen. Es hat eine peinliche Szene zwischen den beiden Brüdern gegeben. Ich selbst war über diesen Besuch überrascht: Dr. Bize hatte mir kein Wort von seinem Entschluß gesagt. Später erklärte er mir: »Es war meine Pflicht. Ich befürchtete eine Lungenentzündung.«

Der Professor hat zuerst versucht, seinem Bruder gut zuzureden. Monsieur Proust hat mich anschließend von dem Gespräch verständigt. Nach dem, was er mir berichtete, hat es sich im wesentlichen folgendermaßen abgespielt.

Sein Bruder sagte : »Mein lieber Marcel, du mußt dich unbedingt behandeln lassen. Ich bin Arzt und dein Bruder. Was ich darüber sage, ist zu deinem Besten und im Interesse deiner Arbeit.«

Als alles nichts fruchtete, hat er schließlich erklärt: »Dann mußt du also gegen deinen Willen behandelt werden.«

Dieser Satz hat Monsieur Proust sehr verdrossen, und er erwiderte: »Wie? Du möchtest mir etwas aufzwingen?«

»Ich will dir nichts aufzwingen, mein lieber Marcel, das weißt du genau. Ich möchte dich nur aus diesem eisigen Zimmer herausholen. Hier ganz in der Nähe, in der Rue Piccini, gibt es eine großartige Klinik, sehr gut geführt, sehr gut geheizt, mit guten Ärzten. Du hättest eine Krankenschwester, die dich pflegt, wie es nötig ist. Und im Handumdrehen wirst du gesund sein.«

Monsieur Proust hat geantwortet: »Ich brauche deine Krankenschwestern nicht. Nur Céleste versteht mich, ich will nur Céleste.«

»Aber Céleste kannst du bei dir behalten, lieber Bruder. Sie wird ein Zimmer neben deinem bekommen. Sie wird dich nicht verlassen.«

Worauf Monsieur nicht »gebrüllt« hat, wie erzählt worden ist, sondern wütend wurde. Er hat zu seinem Bruder gesagt: »Geh, ich will dich nicht mehr sehen. Ich verbiete dir, wieder herzukommen, wenn du mir bloß etwas aufzwingen willst.«

Professor Robert Proust ist gegangen. Er hat sich nichts anmerken lassen, aber ich glaube, er war erschüttert. Ehe er ging, hat er mich gebeten, ihn zu verständigen, wenn sich der Zustand seines Bruders verschlechtern sollte.

Kaum war er fort, da hat Monsieur Proust mich gerufen.

Ehe er mir auch nur erzählt hatte, was geschehen war, erklärte er: »Liebe Céleste, Sie werden niemanden mehr hereinlassen, weder meinen Bruder noch Dr. Bize oder sonst jemanden. Ich will nur Sie hier haben.«

Dann hat er mich unterrichtet. Ich habe ihm Vorhaltungen gemacht: »Aber, Monsieur, Ihr Bruder will Ihnen doch nichts aufzwingen. Was er sagt, ist zu Ihrem Besten.«

»Und ich sage Ihnen, Céleste, ich werde bis zum Schluß das tun, was ich tun will.«

»Immerhin, meinen Sie das wirklich, was Sie sagen, Monsieur? Wenn Ihr Bruder kommt, kann ich ihn doch nicht wegschicken.«

»Tun Sie, was ich Ihnen sage, Céleste.«

Und er hat es wiederholt: »Ich will nur Sie hier haben. Und ich verbiete Ihnen, Dr. Bize zu rufen.«

Auch er war offensichtlich erschüttert. Als ich hereingekommen war, saß er auf dem Bett.

Es war ein wenig später am selben Tag, nachdem er sich etwas beruhigt hatte – und nicht, wie behauptet wurde, in den allerletzten Tagen vor seinem Tode –, da hat er wiederholt, was er mir schon viel früher bei unseren nächtlichen Unterhaltungen gesagt hatte, wie sehr er Spritzen verabscheute.

»Céleste, es ist ein fürchterlicher Gedanke, daß die Ärzte einen Kranken quälen können, indem sie ihm Spritzen geben oder ihm Serum injizieren. Und warum? Um ihn länger am Leben zu erhalten? Um ein elendes Leben um zehn Minuten, vielleicht um einen halben Tag zu verlängern?«

Und wie früher schon, wenn er davon sprach, bat er mich: »Céleste, versprechen Sie mir, daß Sie nie zulassen werden, daß mir eine Spritze gegeben wird.«

Ich erinnere mich, daß ich ihm geantwortet habe: »Nun, Monsieur, wer bin ich denn? Ein Nichts. Sie wissen sehr wohl, wenn der Arzt kommt, dann haben Sie ihn gerufen. Alles, was Sie tun, haben Sie selbst bestimmt, und wenn der Arzt Ihnen eine Spritze geben will und Sie sind dagegen, wer könnte Sie dann zwingen? Aber ich verspreche es Ihnen, Monsieur.«

Mir ist immer gesagt worden, ich hätte mir nichts vorzuwerfen, ich hätte in diesen Jahren jederzeit alles für ihn getan, was ich tun konnte. Dennoch kann ich mich eines schlechten Gewissens nicht erwehren, weil ich am letzten Tag gegen zwei Gebote verstoßen habe: ohne Monsieur Prousts Wissen habe ich Dr. Bize gerufen und trotz meines Versprechens zugelassen, daß er ihm eine Spritze gab.

Dieses ganze letzte Ende ist ein Alptraum für mich geblieben. Ich weiß, daß Paul Morand an Madame de Chambrun, die Tochter von Pierre Laval, über mich geschrieben hat: »Man fragt sich, wie sie sich aufrecht hält.« Aber was soll man von dem armen Körper unter der Bettdecke sagen, gefoltert vom Husten und den Erstickungsanfällen und gequält von dem Wunsch, seine Arbeit zu beenden?

Die Krankheit peinigte ihn jetzt schon über einen Monat. Er hustete sehr viel, ohne je zu expektorieren. Er sagte zu mir: »Ich kann es nicht, Céleste. Ich habe die Kraft nicht ... Ich ersticke daran.«

Und der Husten und die Erstickungsanfälle wurden immer schlimmer. Manchmal hielt er mit seinen Korrekturen inne und richtete seinen seelenvollen Blick auf mich: »Wenn Sie wüßten, wie ich leide, Céleste ...«

Das war keine Klage – es war im sanften, resignierten Ton einer Feststellung gesagt.

Ich flehte ihn an: »Ruhen Sie sich doch aus, Monsieur!«

»Nein, ich bin noch nicht fertig.«

Und mit einem strahlenden Lächeln: »Aber Sie werden es sehen, Sie werden es sehen, liebe Céleste ... ich bin ein besserer Arzt als die Ärzte ...«

Schon lange hatte er nicht nur überhaupt nichts mehr gegessen, sondern auch manchmal sogar seinen Kaffee nicht mehr getrunken. Ich versuchte ihn zu überreden, er solle doch wenigstens ganz heiße Milch trinken, um sich zu stärken und sich gegen die Kälte des Zimmers zu wappnen. Meistens trank er sie nicht. Ihm stand der Sinn nur noch nach seinem Werk, und nichts schmeckte ihm mehr. Wenn er einen Tee verlangt hatte, nippte er einmal daran, dann stellte er die Tasse hin oder gab sie mir. Genauso war es mit dem Kompott, das er manchmal haben wollte; er kostete es kaum. Zweifellos lag es am Fieber, daß er nur noch Appetit auf eiskaltes Bier hatte, das in seinem Zustand und bei der Temperatur des Zimmers Wahnsinn war. Aber alles war besser, als ihm zu widersprechen. Im übrigen hätte er es nicht geduldet; allein sein vorwurfsvoller Blick hätte einen in ein Mauseloch kriechen lassen. Ich weiß nicht, wieviel Fahrten Odilon zum Ritz gemacht hat, um in der verlassenen Küche Bier zu holen.

Als seine Erschöpfung den Höhepunkt erreichte, sprach er möglichst wenig. Ich war da, ich lauerte auf die Zeichen oder den Blick, um seinem Wunsch zuvorzukommen. Oder er schrieb auf die kleinen Zettel, was er wollte. Ich war so daran gewöhnt, daß er mir das Blatt gar nicht zu reichen brauchte: ich las, während er schrieb. Ich kannte seine (nicht immer einfache) Schrift so gut, daß ich sie umgekehrt las, während er noch schrieb.

Diese kleinen Zettel habe ich fast alle weggeworfen – im

Laufe der Jahre hätten sie ein ganzes Buch ergeben. Manchmal brachte er hier seine Ungeduld zum Ausdruck, wenn sich etwas entgegen seinem Wunsch nicht schnell genug erledigen ließ. Zum Beispiel schrieb er unten auf den Zettel: » ... sonst werde ich mehr als ärgerlich sein.« Aber während er das Wort »ärgerlich« schrieb, blickte er lächelnd zu mir auf, um anzuzeigen, daß es so war, als ob er es laut gesagt und zum Spaß »örgerlich« ausgesprochen hätte – das gehörte zu dem scherzhaften Vokabular, das Reynaldo Hahn und er in ihrer Jugend gebrauchten.

Denn das war ja so entsetzlich, daß er bis zur letzten Minute bei klarem Verstand war. Er sah sich nicht nur, sondern er sah sich auch sterben. Und dennoch fand er die Kraft zu lächeln.

Zweifellos hat man sich um der Literatur willen eingebildet, er habe sich seiner Wahrnehmungen vom Tod, vom Ende bedient, um Notizen zu machen, mit denen er seine Beschreibung vom Todeskampf des Schriftstellers Bergotte in seinem Buch vervollständigen wollte. Das ist nicht wahr; aber er wäre dazu imstande gewesen.

Dr. Bize kam vorbei und war machtlos. Es war nur noch ein Kampf zwischen dem Willen des Kranken und der Krankheit.

Professor Robert Proust ist auch wiedergekommen. Am Tag nach ihrer Szene war alles vergessen. Ein paar Tage später hat Monsieur Proust mich gebeten, seinen Bruder anzurufen. Der Professor hatte eingesehen, daß er nichts tun konnte. Von dem Augenblick an, da er nicht mehr versuchte, irgend etwas durchzusetzen, konnte er kommen, sooft er wollte. Aber schließlich kam er fast in derselben Eigenschaft wie andere Freunde, etwa wie Reynaldo Hahn. Es waren Besuche des liebevollen Bruders; der Arzt mußte schweigen und war dazu verurteilt, nur den Fortgang der Krankheit mit anzusehen.

Der Oktober hatte dem November das Feld überlassen. Ich weiß nicht, woher man es hat, daß Monsieur Proust unter Betonung der Koinzidenz und seiner Vorahnung mir gesagt haben soll, daß der November der schicksalhafte Monat sei, der einst seinen Vater dahingerafft habe. Plumpe Anspielungen dieser Art sahen ihm gar nicht ähnlich. Mir gegenüber hat er in diesen Tagen den Tod von Professor Adrien überhaupt nicht erwähnt. Auch von seiner Mutter hat er nicht besonders viel gesprochen; nur einmal hat er, soweit ich mich erinnere, gesagt, sie habe ihn unvergleichlich gut gepflegt, wenn er als Kind krank war.

Am 17. November, dem Tag vor seinem Tod, ist Professor Robert Proust gegen acht oder neun Uhr abends vorbeigekommen. Kurz vorher hatte Monsieur Proust gesagt: »Céleste, ich fühle mich heute abend nicht so schlecht. Ihr wollt ja alle, daß ich esse und mich stärke ... na schön, machen Sie mir eine Scholle, und ich werde sie essen.«

Ich war mit der Scholle beschäftigt, als sein Bruder kam.

»Kann ich zu ihm hineingehen?«

»Ja, Monsieur, er ist wach.«

»Wie geht es ihm heute?«

»Ein wenig besser, sollte man denken. Er hat eine Scholle verlangt; ich wollte sie ihm gerade servieren.«

»Servieren Sie sie nicht sofort; ich möchte ihn gern erst sehen.«

Sie waren eine Weile zusammen, dann hat Monsieur Proust mich gerufen und gesagt: »Céleste, ich glaube, ich werde diese Scholle schließlich doch nicht essen.«

Dann ist der Professor aus dem Schlafzimmer herausgekommen und hat mir in der Diele, ehe er ging, erklärt:

»Ich habe ihm von der Scholle abgeraten, weil ich sein Herz, als ich ihn abhörte, etwas matt fand. Aber ich bin froh, Céleste, daß er mir gesagt hat, er wolle Sie die ganze Nacht bei sich behalten.«

Er ist gegangen, ohne mir andere Anweisungen zu geben.

Es war ein Freitag.

Am selben Tag, dem 17. November, hat sich noch ein herzzerreißender Vorfall ereignet. War es vor oder nach dem Besuch seines Bruders? Ich kann es nicht genau sagen. Jedenfalls hat Monsieur Proust im Laufe des Abends geläutet, um mich etwas zu fragen. Während ich im Zimmer war, bat er mich, beiseite zu treten und ihm den Rücken zuzukehren, um ihn nicht anzusehen.

»Ich würde gern aufstehen und mich auf den Bettrand setzen«, fügte er hinzu.

Einige Augenblicke später sagte er: »Sie können sich umdrehen, Céleste. Es ist vorbei.«

Ich habe mich umgedreht. Er lag schon wieder im Bett, auf den Kissen und unter den Decken. Er hat mich angeschaut und mit matter und unendlich trauriger Stimme gesagt: »Ach, Céleste, was wird mit mir, wenn ich nicht mehr ohne Hilfe anderer auskomme!«

Ich habe erwidert: »Das hat doch nichts zu bedeuten, Monsieur. Das ist ein wenig Schwäche.«

Er hat nichts darauf erwidert. Er hat nur die Augen geschlossen. Vielleicht hatte er mich gerufen, damit ich da sei, während er aufstand, falls ihn ein Schwindel überkäme. Wenn man weiß, wie schamhaft er war, wie er bei allem auf Würde und Eleganz hielt, dann ist der Gedanke bestürzend, was ihn das gekostet haben muß.

Gewiß wütete in diesem Augenblick bereits die Lungenentzündung mit einem Lungenabszeß, die Dr. Bize und Professor Robert Proust so gefürchtet hatten, obwohl sie sehr viel später zum Ausbruch gekommen ist, als behauptet wurde – in den allerletzten Tagen und nicht in der ersten Novemberwoche.

Wahrscheinlich war ich die einzige, die sich noch der falschen Hoffnung hingab, er werde sich wieder erholen. Nicht, daß ich mich gegen die Idee seines Todes sträubte – sie kam mir einfach gar nicht. Es quälte mich, mit ansehen zu müssen, wie er immer schwächer wurde und jede Pflege und jede Nahrung ablehnte; aber ich war nach wie vor überzeugt, daß er durchkommen würde.

Dennoch gab es Anzeichen und Gesten, die mich hätten stutzig machen müssen. In der Woche vor seinem Tode hat er mich beauftragt, Dr. Bize einen Blumenstrauß schikken zu lassen. »Schlechtes Gewissen«, hieß es später. Warum ein schlechtes Gewissen? fragt man sich. Weil er seine Verordnungen nicht befolgt hat? Nein, ich bin sicher, daß es aus Erkenntlichkeit und Dankbarkeit für die Pflege und Fürsorge geschah, die der Arzt ihm jahrelang hatte zuteil werden lassen. Ebenso ließ er mich einen Blumenstrauß zu Léon Daudet bringen, der gerade einen weiteren großen Artikel über ihn veröffentlicht hatte. Es war an einem Sonntag, wie ich mich erinnere. Nach meiner Rückkehr erwartete er mich zur Berichterstattung. Ich erzählte ihm, daß ich Léon Daudet selbst gesehen habe, daß er lange mit mir gesprochen, mich bis zur Treppe gebracht und gesagt habe: »Ich liebe Monsieur Proust so, daß ich alles für ihn hergeben würde. Ich kenne keinen Menschen und keinen Freund, der sich in bezug auf Intelligenz, Sensibilität und Herz mit ihm vergleichen ließe. Madame, ich weiß, was Sie ihm bedeuten. Ich bitte Sie, wenn Sie mich brauchen, nicht zu zögern: ich komme zu jeder Tages- und Nachtzeit.« Ich erinnere mich, daß ihm die Tränen in den Augen standen, als er das sagte. Monsieur Proust hat zugehört. Er hat sich nicht dazu geäußert. Er schien gerührt und befriedigt zu sein. Er hat nur gesagt: »Sehr schön, also noch ein Punkt, der erledigt ist.«

Ich hatte nicht darauf geachtet, trotz der Tränen von Léon Daudet. Wenn ich eine Botschaft überbrachte, war ich so an die Zeichen der Zuneigung gewöhnt, die man zum Ausdruck brachte. Ich hatte in seinem Auftrag so viele Blumen, und immer die schönsten, schicken lassen oder selbst hingebracht ...

In jener Nacht vom 17. und 18. November rief er mich um Mitternacht, damit ich bei ihm bleibe, wie er es seinem Bruder erklärt hatte. Er empfing mich mit einer fast heiteren Stimme: »Nun, meine liebe Céleste, setzen Sie sich dort auf diesen Sessel, und wir beide werden schön arbeiten.«

Er hat hinzugefügt: »Wenn ich diese Nacht überstehe, werde ich den Ärzten beweisen, daß ich stärker bin als sie. Aber ich muß sie überstehen. Glauben Sie, daß ich es schaffe?«

Natürlich habe ich in aller Aufrichtigkeit erklärt, daß ich davon überzeugt sei. Ich war nur besorgt bei dem Gedanken, er könne sich überanstrengen, das war alles.

Ich habe mich hingesetzt und ihn erst Stunden später und nur für kurze Zeit verlassen. Zuerst haben wir uns ein wenig unterhalten; dann hat er sich wieder an die Korrekturen und Zusätze gemacht. Bis zwei Uhr morgens hat er mir diktiert. Wahrscheinlich bin ich nicht sehr fix gewesen, denn ich war selbst fast am Ende meiner Kräfte, und außerdem war es entsetzlich kalt im Zimmer; ich fror erbärmlich.

Dann hat er zu mir gesagt: »Ich glaube, es strengt mich mehr an, zu diktieren, als zu schreiben, wegen des Atmens.«

Er hat seinen Federhalter genommen und allein mehr als eine Stunde weitergearbeitet.

Das Bild der Zeiger auf dem Zifferblatt seiner Uhr zu der Zeit, als seine Feder aufhörte, über das Papier zu gleiten, und er den Federhalter hinlegte, steht mir immer noch vor Augen. Es war genau halb vier.

Er sagte: »Ich bin zu erschöpft. Hören wir auf, Céleste. Ich kann nicht mehr. Aber bleiben Sie da.«

Später hat Professor Proust mir erklärt, daß zu dieser Zeit wahrscheinlich der Lungenabszeß aufgebrochen ist und eine Sepsis hervorgerufen hat.

Monsieur Proust hat noch zu mir gesagt: »Sie werden es nicht vergessen, diese Papiere dort einzukleben, Céleste? Vergessen Sie es ja nicht, es ist wichtig.«

Er hat mir alle Stellen genau angegeben. Dann hat er wiederholt: »Sie werden es richtig machen, nicht wahr, Céleste? Sie vergessen es nicht?«

»Aber nein, Monsieur«, habe ich geantwortet. »Seien Sie unbesorgt. Aber jetzt ruhen Sie sich aus. Wie wäre es, wenn Sie etwas Warmes zu sich nähmen?«

Er hat es abgelehnt und mit diesem liebevollen Blick, den ich niemals bei einem anderen Menschen gesehen habe, gesagt: »Danke, meine liebe Céleste ... Ich wußte, daß Sie nett sind, aber nicht so ...«

Diesen Satz hat er vielleicht zwanzigmal wiederholt, ehe die Nacht vorbei war.

Er hat mich gebeten, seine Hefte und Papiere ordentlich wegzuräumen; dann hat er weiter mit mir gesprochen, auch über Dinge, die er gern für mich getan hätte. Später habe ich erfahren, daß er, als die Grippe begann, noch die Kraft und die Zeit besaß, meinetwegen seinen Freund, den Bankier Horace Finaly, um Rat zu fragen – er hat es mir später gesagt. Schon am Sonntag abend, als ich die Blumen zu Léon Daudet gebracht hatte, hatte Monsieur Proust mir nachts erklärt: »Céleste, wenn ich einen Brief schriebe mit Ihrem Namen drauf und ihn in mein kleines chinesisches Möbel legte, versprechen Sie mir, daß Sie ihn nicht aufmachen, ehe ich tot bin? Ich würde diesen Brief gern schreiben und dort hinlegen.«

Ich, die ich nie einen Schrank oder eine Schublade aufmachte, wenn er mich nicht darum gebeten hatte, antwortete, um ihn zu necken: »Nun, Monsieur, Frauen sind neugierig. Wie soll ich da widerstehen? Natürlich werde ich ihn aufmachen, diesen Brief!«

»Und Sie würden ihn lesen? Also gut, dann schreibe ich ihn nicht!«

Und ich, im gleichen Ton: »Das finde ich gut, Monsieur. Sie haben Besseres zu tun, als mir zu schreiben. Sie brauchen es mir nur zu sagen.«

In den frühen Morgenstunden des 18. erwähnte er Wertpapiere, die er verkauft hatte – Aktien der Zuckerfabrik Say, glaube ich –, und einen Scheck, den er für mich ausschreiben wollte.

»Aber wenn dieser Scheck angefochten werden würde?« fragte er. »Immerhin müßte man doch die Unterschrift eines Sterbenden anerkennen?«

Ich sagte zu ihm: »Monsieur, sprechen Sie nicht davon, ich bitte Sie, das ärgert mich.«

Er sah mich unverwandt an. Dann meinte er: »Mein Gott, Céleste, wie leid mir das tut ... wie leid mir das tut!«

»Ich bitte Sie, Monsieur«, sagte ich, »reden Sie nicht,

strengen Sie sich nicht an. Denken Sie nur daran, wieder gesund zu werden.«

Ich spürte, daß er sich quälte. Als ich da in dem Sessel neben ihm saß, sah ich vor allem, daß er sich veränderte und es ihm schlechter zu gehen schien: Seine Augenlider zuckten manchmal, und seine Atmung war sehr behindert.

Nach einem Augenblick, als er nichts mehr sagte, aber die Augen wieder öffnete und sich offenbar ein wenig erholt hatte, fragte ich ihn: »Fühlen Sie sich besser, Monsieur?«

Er hat den Blick auf mich gerichtet und geantwortet: »Um so besser, wenn Sie es glauben, liebe Céleste.«

Gegen sieben Uhr morgens hat er den Wunsch geäußert, Kaffee zu trinken: » ... um Ihnen Freude zu machen, Ihnen und meinem Bruder, werde ich ihn heiß trinken, wenn er fertig ist und Sie ihn mir sofort servieren.«

Ich erinnere mich, daß ich wie eine Schlafwandlerin aus dem Sessel aufgestanden bin, um in die Küche zu gehen. Ich konnte nicht mehr laufen. Zu meiner Schwester Marie habe ich gesagt: »Bis jetzt habe ich durchgehalten, aber ich glaube, ich bin fertig; ich kann mich nicht mehr aufrecht halten.«

Tatsächlich glaube ich, daß ich es nicht viel länger hätte durchstehen können.

Ich bin mit dem Kaffee und der Milch auf dem Tablett zurückgekommen. Er war so schwach, daß ich ihm vorgeschlagen habe: »Monsieur, wollen Sie, daß ich Ihnen helfe, daß ich Ihnen die Untertasse halte?«

»Nein, Céleste, danke.«

Er hat die Tasse genommen und sie an die Lippen geführt, dabei hat er mich angesehen und wiederholt: »Um Ihnen Freude zu machen, Ihnen und meinem Bruder ...«

Dann hat er ein wenig getrunken und mir die Tasse zurückgegeben. Ich habe sie auf das Tablett gestellt. Er sagte, ich solle sie dort lassen: »Ich glaube, ich werde jetzt einen Augenblick ruhen.«

Und er hat mir ein Zeichen gegeben, daß er allein sein wollte.

Ich bin hinausgegangen. Aber ich war so bestürzt über die Veränderung, die bei ihm eingetreten war, daß ich von einer großen Unruhe befallen wurde.

Statt in die Küche oder in mein Zimmer zu gehen, habe ich dasselbe getan wie damals am Boulevard Haussmann, als er mir zwei Tage lang kein Lebenszeichen gegeben hatte. Ich bin durch den Flur zwischen seinem Zimmer und dem Bad zurückgekommen und habe mich bemüht, keinerlei Geräusch dabei zu machen, dann habe ich den Atem angehalten und mich nicht hinter eine Portiere drinnen gestellt, wie erzählt worden ist – das hätte ich mir nie erlaubt –, sondern hinter die Tür, die gleich neben seinem Bett war.

Es mußte um diese Zeit etwa acht Uhr morgens gewesen sein. Die Situation hat sich mit einer fast unglaublichen Genauigkeit wiederholt. Ich hatte ziemlich lange dort gestanden, reglos und frierend, als Monsieur Proust läutete. Wie damals bin ich leise außen herumgegangen, um seinen Verdacht nicht zu wecken und durch die Tür vom Boudoir in sein Zimmer zu gelangen. Kaum war ich eingetreten, bemerkte ich seinen forschenden Blick.

»Was haben Sie hinter meiner Tür gemacht, Céleste?«

»Aber, Monsieur, ich war nicht an der Tür.«

»Céleste, Céleste, lügen Sie nicht.«

»Ja. Monsieur, es stimmt, ich war da. Ich fürchtete, Sie würden irgend etwas brauchen. Ich wollte nur in Ihrer Nähe sein, um sofort zu Ihnen kommen zu können.«

Darauf hat er nicht geantwortet, sondern gefragt: »Sie knipsen doch nicht meine Lampe aus, nicht wahr?«

»Monsieur, Sie wissen doch genau, daß ich es mir nie erlauben würde, Ihre Lampe an- oder auszuknipsen. Sie befehlen hier doch.«

»Machen Sie das Licht nicht aus, Céleste ... Im Zimmer ist eine dicke Frau ... eine dicke Frau in Schwarz, entsetzlich ... Ich möchte deutlich sehen können ...«

»Warten Sie einen Augenblick, Monsieur; quälen Sie sich nicht; ich werde sie gleich weggejagt haben, diese garstige Frau! Macht sie Ihnen angst?«

Er hat gesagt: »Ein bißchen, ja. Aber man darf sie nicht anrühren ...«

Er hatte im Laufe der Jahre oft vom Tod gesprochen, aber nie in Gestalt der häßlichen Frau in Schwarz, von der behauptet worden ist, daß sie ihn heimsuche und ihm insbesondere am Todestag seiner Mutter erscheine – alles erdichtet und erfunden, wie ich schon gesagt habe. Wenn er bis dahin den Tod erwähnt hatte, dann nur, um mir zu sagen, daß er vor dem Sterben keine Angst habe.

Als er von der schrecklichen dicken Dame sprach, glaubte ich, er habe einen Alptraum oder phantasiere im Fieber. Kurz darauf, als ich sah, daß er sich beruhigt hatte und wieder zu schlummern schien, habe ich das Zimmer verlassen. Und in diesem Augenblick habe ich mich über Monsieur Prousts Verbot hinweggesetzt, irgend jemanden zu rufen, und ich habe Odilon gesagt, er solle sofort Dr. Bize verständigen. Und ich selbst bin zum Bäcker hinuntergegangen, um Professor Robert Proust anzurufen.

Mir stand noch ein anderes beunruhigendes Bild von Monsieur Proust vor Augen: Während er von der Frau in Schwarz sprach, hatte er eine Bewegung gemacht, um sein

Laken heraufzuziehen, und begonnen, mit den Händen die Zeitungen zusammenzuraffen, die nicht vom Bett genommen werden durften, solange er da war, weil das Staub machen würde. Ich war noch nie bei einem Todeskampf dabeigewesen; aber in meinem Dorf hatte ich die Bauern sagen hören, daß »die Sterbenden raffen«. Und diese Bewegung der Finger von Monsieur Proust hatte mir angst gemacht.

Sonderbarerweise hat viele Jahre später mein lieber Odilon, ehe er starb, dieselben Worte gebraucht wie Monsieur Proust. Eines Tages habe ich in seinem Krankenhauszimmer bemerkt, daß er unverwandt in eine Ecke des Zimmers starrte, und ich habe ihn gefragt, warum. Er hat mir geantwortet: »Ich sehe den Tod.« – »Aber du stirbst doch nicht!« – »Doch, ich werde sterben.« – »Du siehst den Tod, und du hast Angst?« Und wie Monsieur Proust hat Odilon geantwortet: »Ja, ein bißchen.«

Es muß zehn Uhr vormittags gewesen sein an diesem 18. November, als Dr. Bize kam. Inzwischen hatte Monsieur Proust wiederum nach eiskaltem Bier verlangt, und Odilon war weggefahren, es zu holen.

Trotz allem war ich nach wie vor überzeugt, daß Monsieur Prousts Zustand vor allem auf äußerste Schwäche zurückzuführen war, und ich hatte meinem Mann aufgetragen, Dr. Bize zu bitten, er möge das mitbringen, was nötig sei, um ihn wieder zu Kräften zu bringen. Aber andererseits war ich ziemlich erschreckt und ein bißchen verzweifelt, denn ich erkannte die Notwendigkeit, daß jemand von der Familie dasein müßte. Als ich von der Bäckerei aus mit Monsieur Prousts Schwägerin telefonierte, sagte sie: »Ach, es ist also eingetreten, was wir befürchtet hatten.«

Dann hatte sie mir erklärt, daß ihr Mann nicht da sei: Er hielt an diesem Tag seine Vorlesung im Krankenhaus Tenon. Aber sie hatte mir versichert, sie werde ihn sofort verständigen lassen.

Als ich Dr. Bize die Tür öffnete, habe ich zu ihm gesagt – und das war meine zweite Mißachtung seiner Befehle: »Herr Doktor, ich bitte Sie, retten Sie ihn. Er ist jetzt noch schwächer. Geben Sie ihm eine Spritze.«

»Sie wissen doch, daß er das nicht will.«

»Herr Doktor, er hat keine Widerstandskraft mehr. Sie müssen etwas tun, damit er wieder zu Kräften kommt.«

Wir sind in sein Zimmer gegangen, und ich habe gelogen. Ich habe Monsieur Proust gesagt, Dr. Bize sei zufällig in der Gegend der Rue Hamelin gewesen, und da sei er heraufgekommen, um sich zu erkundigen, wie es ihm gehe.

»Ich habe gedacht, sein Besuch würde Ihnen Freude machen, und deshalb habe ich mir erlaubt, ihn gleich hereinzuführen.«

Monsieur Proust hat nicht geantwortet. Er hat sich damit begnügt, mich scharf anzublicken – bloß damit ich wieder einmal merke, daß man ihn nicht anlügen konnte.

Im selben Augenblick ist Odilon gekommen. Kurz vorher hatte Monsieur Proust mich gefragt, ob er mit dem Bier schon vom Ritz zurück sei. Ich hatte ihm geantwortet: »Noch nicht, Monsieur.«

»Dann, Céleste«, sagte er, »wird es mit dem Bier wie mit allem anderen sein: es wird zu spät kommen.«

Dr. Bize, der näher getreten war, hatte gerade gesagt: »Guten Tag, Meister.«

Monsieur Prousts Blick war über ihn hinweggeglitten; er schaute auf meinen Mann, der das Bier brachte. Und seine Stimme ging gleichsam durch Dr. Bize hindurch, ohne ihm zu antworten, und wandte sich an Odilon: »Ah, guten Tag, mein lieber Odilon. Ich freue mich, Sie zu sehen.«

Aber das Bier hat er nicht genommen.

Dr. Bize bereitete die Spritze vor. Ich konnte sehen, daß ihm in seiner Haut nicht wohl war. Er murmelte: »Wie soll man das machen?« Ich habe ihn gefragt, wo er spritzen wolle.

»Im Schenkel.«

»Ich werde dann die Decke anheben, Herr Doktor.«

Wir sind alle beide auf das Bett zugegangen. Ich habe die Decke vorsichtig angehoben und mich bemüht, Monsieur Prousts Schamgefühl nicht zu verletzen.

Er lag am Rand des Bettes. Sein Arm hing herunter und war ein wenig geschwollen, zweifellos weil der Kreislauf fast unterbrochen war. Ich legte seinen Arm wieder auf das Bett und hob die Decke an. Der Arzt beugte sich vor.

Was dann geschah, hat sich mir für immer eingeprägt. Monsieur Proust hat den anderen Arm unter der Decke hervorgezogen und mit den Fingern die Haut an meinem Handgelenk gepackt und mich gezwickt. Gleichzeitig – und wenn ich auch wollte, ich könnte den Ausruf nie aus meinen Ohren verdrängen – hat er gesagt: »Ach, Céleste ... ach, Céleste!«

Es war schlimmer, als wenn er mir ausdrücklich vorgeworfen hätte, mein ihm gegebenes Versprechen gebrochen zu haben, nie zuzulassen, daß ihm eine Spritze gegeben wird, wenn er nicht mehr in der Lage sei, sich selbst dagegen zu wehren.

Und mein Gewissen ist um so schlechter, als die Injektion in diesem Stadium zwecklos war: die Flüssigkeit konnte in seinen Adern nicht mehr zirkulieren.

Dr. Bize war fortgegangen. Fast gleich danach kam Monsieur Prousts Bruder. Ich war noch so bestürzt, daß ich ihm, ehe ich ihn in das Zimmer führte, sagte, was für ein schlechtes Gewissen ich habe. Er hat mich getröstet: »Sie brauchen sich keine Vorwürfe zu machen, Céleste. Sie haben es sehr gut gemacht.«

Er hat hinzugefügt: »Ich bin sofort hergekommen, nachdem Sie mich verständigt hatten. Ich war vor Dr. Bize unten, aber ich wollte ihn als ersten hinaufgehen lassen. Ich habe in meinem Wagen gewartet. Ich fürchtete, mein Bruder würde sich einbilden, daß ich veranlaßt habe, was er nicht wollte.«

Er ist nur einen Augenblick bei Monsieur Proust gewesen und hat dann gesagt, ich soll bei ihm bleiben. Es muß elf oder zwölf Uhr mittags gewesen sein. Kaum eine Stunde später ist er wiedergekommen. Sicherlich wußte er, daß es vorbei und alles vergeblich war, obwohl er mir nichts darüber sagte. Er hat meinen Mann gebeten, Schröpfköpfe zu kaufen; ich sollte ein Federbett holen. Ich habe aus einem Wandschrank das berühmte Federbett von Liberty genommen, das Monsieur Proust wegen der Federn und seines Asthmas nie hatte benutzen wollen. Odilon ist mit den Schröpfköpfen zurückgekommen. Auf Wunsch des Professors habe ich weitere Kopfkissen herbeigeschafft. Er hat Monsieur Proust so vorsichtig wie nur möglich angehoben, während ich die Kopfkissen zurechtlegte.

»Ich plage dich, mein lieber kleiner Marcel ...«, sagte er.

»O ja, mein lieber Robert ...«

Es war ungefähr ein Uhr. Die Schröpfköpfe sind wirkungslos geblieben: sie haben gar nicht gehaftet. Der Professor hat Odilon dann gebeten, ein Sauerstoffgerät zu holen, denn das Atmen fiel Monsieur Proust immer schwerer.

Professor Proust hat ihm ein wenig Sauerstoff gegeben. Dann hat er sich über seinen Bruder gebeugt und ihn gefragt: »Tut dir das gut, mein kleiner Marcel?«

»Ja, Robert.«

Etwas später wollte der Professor, daß Dr. Bize wiederkommen sollte. Er kam gegen halb drei. Sie haben miteinander beraten und beschlossen, Professor Babinski hinzuzuziehen, eine der größten Kapazitäten der damaligen Zeit. Im Laufe seiner Krankheit hatte Monsieur Proust selbst zu mir gesagt: »Ich würde gern Dr. Babinski bitten, zu mir zu kommen, Céleste. Aber ich habe ihn seit Mamas Tod nicht gesehen. Was für einen Eindruck würde es machen, wenn ich mich jetzt an ihn wende?«

Dr. Babinski ist gekommen. Es muß vier Uhr gewesen sein. Die drei Ärzte haben im Schlafzimmer konferiert. Monsieur Proust hörte alles – ich war da, ich sah es an seinen Augen. Sein Bruder hat seinerseits vorgeschlagen, ihm intravenös Kampfer zu spritzen. Professor Babinski hat abgewinkt und gesagt: »Nein, mein lieber Robert, quäle ihn nicht. Es lohnt sich nicht mehr.«

Dr. Bize ist gegangen. Kurz danach hat Professor Babinski Professor Robert Proust die Hand gedrückt und sich verabschiedet. Ich habe ihn bis zur Wohnungstür begleitet. Ehe ich sie öffnete, habe ich mich zu ihm gedreht. Ich war verzweifelt; ich habe gesagt: »Herr Professor, Sie werden ihn doch retten können?«

Er war sehr bewegt. Er hat meine beiden Hände genommen und erwidert: »Madame, ich weiß, was Sie alles für ihn getan haben. Seien Sie mutig. Es ist vorbei.«

Ich bin wieder in das Schlafzimmer gegangen und neben Professor Robert Proust stehengeblieben. Nur noch wir beide waren da.

Monsieur Proust hat uns nicht aus den Augen gelassen. Es war grausam.

So blieben wir ungefähr fünf Minuten. Dann ist der Professor plötzlich vorgetreten, hat sich sacht über seinen Bruder gebeugt und ihm die Lider zugedrückt, während sein Blick noch immer auf uns gerichtet war.

Ich habe gefragt: »Ist er tot?«

»Ja, Céleste. Es ist vorbei.«

Es war halb fünf Uhr.

Ich taumelte vor Erschöpfung und Schmerz, aber ich konnte es nicht glauben, so würdevoll war er verschieden, ohne ein Erzittern, ohne einen Atemzug; nicht einmal in seinen Augen, die uns bis zuletzt anschauten, schien die Lebensflamme zu erlöschen. Seine letzten Worten waren die beiden Antworten an seinen Bruder gewesen. Er hat nicht »Mama« gesagt, wie man sich erzählt hat (zweifellos der Literatur zu Gefallen).

Mit dem Professor zusammen habe ich weggeräumt, was auf dem Bett lag, leise, als ob wir fürchteten, ihn aufzuwekken. Es war seltsam für mich: Es war das erste Mal, daß ich in seiner Gegenwart etwas wegnahm und aufräumte. Da lagen Zeitungen, Zettel, eine Nummer der NRF mit einer darauf gekritzelten Notiz.

Dann hat Professor Robert Proust zu mir gesagt: »Céleste, Sie werden ihm jetzt zusammen mit mir einen letzten Dienst erweisen. Wir werden ihn herrichten.«

Ich kam mit Wäsche zurück. Der Professor hat ihm ein sauberes Nachthemd angezogen, wir haben die Laken gewechselt und die Kopfkissen frisch bezogen. Ich wollte Monsieur Proust die Hände so zusammenlegen, wie ich es bei Verstorbenen auf ihrem Totenbett in meinem Dorf gesehen hatte. Ich war so verwirrt, daß ich in diesem Augenblick den Wunsch vergessen habe, den er ausgesprochen hatte: daß ich ihm den von Lucie Faure aus Jerusalem mitgebrachten Rosenkranz um die Finger legen sollte. Hätte ich das nicht vergessen, hätte der Professor es mich sicher tun lassen und nicht gesagt: »Nein, Céleste. Er ist bei der Arbeit gestorben. Lassen wir ihn mit ausgestreckten Händen.«

Daraufhin hat er die Arme entsprechend hingelegt.

Wir haben die kleine Lampe ausgeknipst und die Deckenlampe in der Mitte des Zimmers angemacht. Der Professor fragte mich dann, ob Monsieur Proust einen Wunsch bezüglich seiner Beerdigung geäußert habe. Ich antwortete, daß er nie mit mir darüber gesprochen habe.

»Gut«, sagte der Professor. »Dann werde ich es so halten, wie wir beide es bei unseren Eltern gehalten haben.«

Ich habe nur Monsieur Prousts Wunsch erwähnt, Abbé Mugnier möge verständigt werden, damit er an seinem Totenbett bete. Der Professor hat das übernommen. Ich habe schon erzählt, daß Abbé Mugnier bettlägerig war und nicht kommen konnte.

Der Professor hat mich gebeten, eine Haarlocke für ihn und für mich abzuschneiden. Das habe ich gemacht.

Später ist Reynaldo Hahn gekommen. Er hat die Freunde von Monsieur Proust angerufen, um sie zu unterrichten. Er ist die ganze Nacht dageblieben. Zuerst hat er mit mir im Schlafzimmer Totenwache gehalten, dann hat er sich in ein anderes Zimmer zurückgezogen, um zu arbeiten; er hat komponiert. Von Zeit zu Zeit ist er gekommen, um sich vor der sterblichen Hülle auf dem Bett zu sammeln.

Der erste, der am Todestag nach ihm kam, war Léon Daudet, der sehr weinte. Professor Proust hat zu ihm gesagt: »Ich danke Ihnen, Léon, für Ihre Freundlichkeit Marcel gegenüber.«

»Danken Sie mir nicht«, antwortete Léon Daudet. »Er ist uns allen um mehr als ein Jahrhundert voraus gewesen. Nach ihm bleibt einem nichts mehr zu tun.«

Monsieur Proust war am Samstag gestorben. Professor Proust fand ihn »so gut« – das waren seine Worte –, daß er beschloß, das Begräbnis hinauszuzögern, um seinen Freunden Gelegenheit zu geben, ihm die letzte Ehre zu erweisen. Die Einsargung fand am Dienstag statt, die Beerdigung am Mittwoch, dem 22. November. In diesen drei Tagen strömten die Menschen herbei. Ich will die Namen nicht alle aufzählen. Ich erinnere mich, daß die Gräfin de Noailles mich schluchzend umarmte: »Liebe Céleste ... oh, was sind Sie für ihn gewesen, ich weiß es!«

Am Sonntag, dem 19. November, kam Paul Morand. Als er das Sterbezimmer verlassen hatte, sagte er im Flur zu mir: »Wenn ich ihn besuchte, sagte er manchmal zu mir: ›Entschuldigen Sie, mein lieber Paul, wenn ich ein wenig die Augen schließe. Ich bin müde. Aber sprechen Sie weiter, ich bitte Sie darum, ich werde Ihnen auch antworten. Ich ruhe mich nur aus.‹ Und er schloß die Augen«, fuhr Paul Morand fort, »nur daß er sie immer ein wenig offenhielt, um einen zu beobachten. Nun, Céleste, falls Sie es bemerkt haben, das tut er auch im Tode. Auf der einen Seite ist das Lid ein klein wenig hochgezogen.«

Der Maler Helleu, den Monsieur Proust sehr geschätzt hatte und der, weil seine Sehkraft nachgelassen hatte, damals auf das Malen verzichten mußte, kam auf Bitten von Professor Robert Proust an diesem Sonntag gegen zwei Uhr nachmittags, um einen Kupferstich anzufertigen. Er erklärte mir, er wolle sein ganzes Gefühl in dieses Porträt des Toten legen, aber das Licht spiegele sich in seiner Kupferplatte und störe ihn. Ich schlug vor, in der Zeit, die er brauche, die Fensterläden zu öffnen. Er lehnte das ab, weil er fürchtete, die in das Zimmer eindringende Luft könne sich nachteilig auf die Leiche auswirken, die – wie Professor Proust gesagt hatte – erstaunlich wohlerhalten war.

Von dieser Platte wurden später zwei Abzüge gemacht, die Helleu dem Professor schenkte; er sagte, es tue ihm leid, daß er sie nicht besser habe machen können, und er werde die Platten vernichten. Professor Proust gefielen die Kupferstiche sehr, und er schenkte mir einen Abzug. Ich weiß, daß Helleus Erben die beschädigte Kupferplatte später wiederfanden und Abzüge machen ließen, die natürlich weniger scharf und weniger gut waren als die beiden ersten.

Als Helleu an diesem Sonntag ging, begegnete er noch dem großen Zeichner Dunoyer de Segonzac, der seinerseits gekommen war, um eine Kohlezeichnung zu machen. Dann war der Photograph Man Ray an der Reihe.

Zusammen mit Reynaldo Hahn und Professor Robert Proust war ich die einzige, die in diesen Tagen in Gesellschaft von zwei Nonnen die Totenwache hielt. Ich bin nicht boshaft, aber um der Wahrheit willen kann ich nicht verheimlichen, daß ich mit diesen beiden Drachen darum kämpfen mußte, im Zimmer bleiben zu dürfen; ich habe immer angenommen, daß meine Anwesenheit sie störte, weil sie nicht einzuschlafen wagten, solange ich da war.

Ich konnte mich vor Müdigkeit kaum aufrecht halten, aber ich wollte Monsieur Proust nicht verlassen. Ich erinnere mich, daß ich den Leichnam auf dem Bett betrachtete, das kaum abgezehrte Gesicht voll Heiterkeit, wie ich es immer gekannt hatte. Ich flehte im stillen: »Mein Gott, laß ihn mir etwas sagen ...«

Vor der Einsargung am Dienstag nachmittag blieb Professor Robert Proust lange allein im Sterbezimmer, dann ließ er mich zu einem letzten Abschied hereinkommen, ehe er den Leuten des Beerdigungsinstituts einschärfte, möglichst behutsam ans Werk zu gehen.

Am Mittwoch, dem Tag der Beerdigung, nahm mich der Professor in seinem Wagen mit.

»Sie bleiben bei der Familie, Céleste. Denn niemand stand ihm näher als Sie.«

Auch ließ er das kleine Blumenkreuz, das ich bestellt hatte, mitten auf den Sarg legen.

Ich habe Monsieur Proust erst auf dem Friedhof verlassen, und selbst da glaubte ich es noch nicht.

Und dann ist eines Tages diese seltsame Sache geschehen. Aus der Wohnung, in der wir noch wohnten, Odilon, meine Schwester und ich, um alles aufzuräumen, kam ich auf die Straße und sah plötzlich das Schaufenster der Buchhandlung in der Nähe des Hauses in der Rue Hamelin. Es war hell erleuchtet, und hinter der Scheibe waren die bereits erschienenen Werke Prousts jeweils in drei Exemplaren ausgestellt.

Wieder einmal staunte ich über sein Vorherwissen und diese seine Gewißheit, als ich an die Seite seines Buches dachte, auf der er vom Tod des Schriftstellers Bergotte spricht: »Er wurde begraben, aber während der ganzen Trauernacht wachten in dem beleuchteten Schaufenster seine jeweils zu dreien angeordneten Bücher wie Engel mit entfalteten Flügeln und schienen ein Symbol der Auferstehung dessen, der nicht mehr war.«

Es war zu Ende. Was kann ich sonst noch sagen?

In den Wochen nach seinem Tode hatte ich nur den Wunsch zu sterben. Ich fand mich nicht mehr zurecht.

Bis April 1923 sind wir in der Rue Hamelin geblieben, um

alles zu ordnen und zu regeln. In die Fahnen der ›Gefangenen‹ habe ich die letzten Zettel eingeklebt, wie Monsieur Proust es mir angegeben hatte, und zusammen mit Professor Robert Proust alles gesichtet. Ein Möbelstück nach dem anderen verschwand. Zum Beispiel hat der Professor das Bett seines Bruders behalten, während ich den Paravent und die drei kleinen Nachttische bekam, die kleine grüne Lampe, die Lehnsessel und die niedrigen Sessel aus den Schlafzimmern am Boulevard Haussmann und der Rue Hamelin sowie den Toilettentisch. Auf einem der Nachttische hatte noch, wie ich mich erinnere, eine Luxusausgabe von ›Im Schatten junger Mädchenblüte‹ gelegen, weil Monsieur Proust mir eine Widmung hineinschreiben wollte.

»Ich möchte, daß Ihr Exemplar eine schöne Widmung hat, Céleste«, hatte er zu mir gesagt.

Dieses Exemplar habe ich Reynaldo Hahn geschenkt, der zu seinem Bedauern das Buch nicht besaß.

Dann hieß es, sich losreißen. Auch ich habe die große Entwurzelung erlebt. Auf den Rat von Professor Robert Proust bin ich zu einer Kur nach Nagnoles-de-l'Orne gefahren.

1924 hat Odilon ein Hotel in der Rue des Canettes im Viertel Saint-Sulpice in Paris gekauft – unsere bescheidenen Ersparnisse reichten dafür nicht, wir mußten Geld leihen. Ich hatte in einer so wunderbaren Welt, bei einem so einzigartigen Mann gelebt, daß es mir nicht gelang, mich wieder an die Banalität des Alltags zu gewöhnen. Selbst die normale Zeiteinteilung war ein Problem. Ich war wie ein Nachtvogel, der plötzlich dazu verurteilt war, nur noch am hellichten Tag zu leben. Unablässig flüchtete ich mich heimlich in die Erinnerung an die verzauberten Nächte.

Viele Menschen kamen, um mich zu besuchen, wie Monsieur Proust es vorausgesagt hatte. Viele andere schrieben mir. Ich antwortete ihnen nicht, was er ebenfalls vorausgesagt hatte. Aber manche kamen nicht. Gaston Gallimard hat mir einen schönen Brief geschrieben und erklärt, er könne gar nicht genug für mich tun. Nicht einmal ein Buch von Monsieur Proust hat er mir geschickt.

Immer mehr habe ich mich in die Erinnerung zurückgezogen. Dort lebte ich. Ich besaß einige Möbel, einige Bücher, einige Papiere, die mir von Monsieur Proust geblieben waren. Oft hatte er zu mir gesagt: »Céleste, wenn ich tot bin, nehmen Sie sich hier, was Sie wollen. Es gehört Ihnen.« Ich hatte nie geglaubt, daß er vor mir sterben würde, und ich habe niemals daran gedacht, auch nur irgend etwas zu nehmen. Am Tag nach der Beerdigung ist Professor Robert Proust in die Rue Hamelin gekommen. Er hat mich gefragt, ob ein Letzter Wille von Monsieur Proust in bezug auf mich da sei.

»Wenn ja, werde ich ihn respektieren.«

Ich habe ihm geantwortet, daß meines Wissens keiner vorliege. Das stimmte: er ist gestorben, ohne ein Testament zu hinterlassen.

Der Professor hat sehr freundlich darauf beharrt: ob ich denn keine Ahnung habe, was sein Bruder mir gern vermacht haben würde?

»Nichts, Monsieur. Danke. Und ich will auch nichts haben.«

Der Bankier Horace Finaly und Madame Straus fragten ebenfalls an, was sie für mich tun könnten. Auch ihnen habe ich gesagt: »Nichts«, und mich von Herzen bedankt.

Die Jahre vergingen. Das Hotel in der Rue des Canettes haben wir wieder verkauft. Odilon ist gestorben. Einige Jahre habe ich das Ravel-Museum in Montfort-l'Amaury in der Nähe von Paris betreut. Man suchte mich dort auf;

ich muß gestehen, daß ich mit den Museumsbesuchern sehr viel mehr über Monsieur Proust als über Ravel gesprochen habe.

Odilon und ich hatten eine Tochter bekommen, Odile, und sie ist der einzige Mensch auf der Welt, für den ich die Sterne vom Himmel holen würde, wie ich es für Monsieur Proust getan hätte, wenn er es von mir verlangt hätte.

Eines Tages ist sie schwer krank geworden, und überdies hatten wir gerade zu der Zeit den Bau eines Häuschens für unsere alten Tage, für meine Schwester Marie und mich, in Angriff genommen. Sehr viele von den Andenken, die mir von Monsieur Proust geblieben waren, mußte ich verkaufen. Als ich es tat, habe ich mir gedacht, daß er es mir nicht zum Vorwurf machen würde. Aber dennoch war es überaus schmerzlich.

Das Bild, das ich von ihm im Herzen trage, ist das schönste von allen und die schönste Erinnerung. Ich sehe ihn so überragend vor mir, wie er es immer gewesen ist. Ein Fürst unter den Menschen und ein Fürst unter den geistigen Größen.

Niemals hat er mich im Stich gelassen. Jedesmal, wenn ich einen wichtigen Schritt unternehmen mußte, habe ich einen Bewunderer von Monsieur Proust gefunden, der mir die Schwierigkeiten aus dem Weg räumte, und es war, als ob er mich auch im Tod noch beschützte. Wenn ich ein persönliches Problem zu lösen habe, hole ich mir, wie ich schon am Anfang dieses Buches gesagt habe, in der Erinnerung an ihn Rat, und die Sache wird dadurch einfacher.

Kürzlich erst ist mir etwas Seltsames widerfahren. Eines Abends am Boulevard Haussmann, als er mir die Schmuckstücke zeigte, die ich auf seine Bitte aus der Kommodenschublade genommen hatte, in der die Souvenirs aufbewahrt wurden, vor allem sehr schöne lange Korallenohrringe, die seiner Mutter gehört hatten, sagte er zu mir: »Ich glaube, die würden meiner Nichte Suzy gut stehen. Legen Sie sie wieder weg, Céleste.«

Als ich dann zu ihm zurückkam: »Ach, sieh da, meine Opalnadel. Leider bin ich einmal draufgetreten. Schade, der Opal ist so hübsch. Wollen Sie ihn haben? Ich schenke ihn Ihnen.«

Ich habe mir sofort einen Ring daraus machen lassen, den ich ständig trug. Später, sehr viel später, wollte ich meiner Tochter diesen Opalring schenken. Aber Odile hatte Angst, ihn zu verlieren, und da sie wußte, wie ich daran hing, hat sie ihn mir lieber gelassen. Ich trug ihn Tag und Nacht. Dann habe ich ihn eines Tages verloren. In meiner Verzweiflung habe ich es wie meine Mutter gemacht: ich habe zum heiligen Antonius gebetet – sie hatte mir versichert, daß sie dank seiner immer alles wiedergefunden habe. Auch das war umsonst.

Am selben Tag hatte Odile Salat mitgebracht, den ich verlesen, gewaschen, gekocht und gewogen habe. Schließlich setzten wir uns alle drei zu Tisch – die dritte war meine Schwester Marie, die mit mir zusammenlebt. Wir aßen den gekochten Salat. Plötzlich hielt Odile inne und sah ganz bestürzt aus. Ich fragte sie: »Was ist los? Hast du dir einen Zahn ausgebissen?«

Es war Monsieurs Prousts Opal. Da habe ich gesehen, daß er mich ebensowenig im Stich läßt, wie ich von ihm lassen kann.

Register

Zu dieser Ausgabe

insel taschenbuch 3047: Céleste Albaret, Monsieur Proust. Erinnerungen, aufgezeichnet von Georges Belmont. Aus dem Französischen von Margret Carroux. Alle Rechte an der Übersetzung ins Deutsche bei Rowohlt Verlag GmbH, Reinbek bei Hamburg. Der Text folgt der Ausgabe im Kindler Verlag, München 1974. Er wurde für die vorliegende Ausgabe leicht überarbeitet. Bilder und Bildlegenden dieser Ausgabe wurden nur teilweise übernommen. Frontispiz: Céleste Albaret. Foto: Coll. Musée Marcel Proust, SAMP. Weitere Nachweise über das Archiv des Insel Verlages. Umschlagabbildung: Marcel Proust. Ölgemälde von Jacques-Emile Blanche, 1892. © VG Bild-Kunst, Bonn 2004.

Marcel Proust
im Suhrkamp und im Insel Verlag
Eine Auswahl

Marcel Proust Werke. Frankfurter Ausgabe. Herausgegeben von Luzius Keller. 12 in 13 Bänden in Kassette. 8150 Seiten. Leinen oder Leder

Werke I
Erzählungen, Essays, Kleine Schriften

- Band 1: Freuden und Tage und andere Erzählungen und Skizzen aus den Jahren 1892-1896. Übertragen von Luzius Keller. 342 Seiten. Leinen

- Band 2: Nachgeahmtes und Vermischtes
  Übersetzt von Henriette Beese, Ludwig Harig und Helmut Scheffel. 374 Seiten. Leinen

- Band 3: Essays, Chroniken und andere Schriften
  Übersetzt von Henriette Beese, Luzius Keller und Helmut Scheffel. 664 Seiten. Leinen

Werke II
Auf der Suche nach der verlorenen Zeit

- Band 1: Unterwegs zu Swann
  Übersetzt von Eva Rechel-Mertens. Revidiert von Luzius Keller. 720 Seiten. Leinen

- Band 2: Im Schatten junger Mädchenblüte
  Übersetzt von Eva Rechel-Mertens. Revidiert von Luzius Keller und Sibylla Laemmel. 856 Seiten. Leinen

NF 39/1/3.04

- Band 3: Guermantes
Übersetzt von Eva Rechel-Mertens. Revidiert von Luzius Keller und Sibylla Laemmel. 1000 Seiten. Leinen

- Band 4: Sodom und Gomorrha
Übersetzt von Eva Rechel-Mertens. Revidiert von Luzius Keller. 892 Seiten. Leinen

- Band 5: Die Gefangene
Übersetzt von Eva Rechel-Mertens. Revidiert von Luzius Keller und Sibylla Laemmel. 696 Seiten. Leinen

- Band 6: Die Flüchtige
Übersetzt von Eva Rechel-Mertens. Revidiert von Luzius Keller und Sibylla Laemmel. 500 Seiten. Leinen

- Band 7: Die wiedergefundene Zeit
Übersetzt von Eva Rechel-Mertens. Revidiert von Luzius Keller. 644 Seiten. Leinen

Werke III
Aus dem Nachlaß

- Bände 1-2: Jean Santeuil
Herausgegeben von Mariolina Bongiovanni Bertini. Übersetzt von Eva Rechel-Mertens. Revidiert und ergänzt von Luzius Keller. Zwei Bände. 1220 Seiten. Leinen

- Band 3: Gegen Sainte-Beuve
Herausgegeben von Mariolina Bongiovanni Bertini in Zusammenarbeit mit Luzius Keller. Übersetzt von Helmut Scheffel. 300 Seiten. Leinen

NF 39/2/3.04

Auf der Suche nach der verlorenen Zeit

- Sieben Bände in Kassette. Herausgegeben von Luzius Keller. Übersetzt von Eva Rechel-Mertens. Revidiert von Luzius Keller und Sibylla Laemmel. 5300 Seiten. Leinen

- Geschenkausgabe in zehn Bänden mit Dekorüberzug im Schmuckschuber. 4185 Seiten. Kartoniert

- Dünndruckausgabe in drei Bänden. Übersetzt von Eva Rechel-Mertens. 4198 Seiten. Seidenleinen

- Drei Bände in Kassette im suhrkamp taschenbuch. Übersetzt von Eva Rechel-Mertens. 4195 Seiten

Einzelausgaben

Combray. Übersetzt von Eva Rechel-Mertens. Revidiert von Luzius Keller. Mit einer Proust-Studie von Vladimir Nabokov. BS 1321. 367 Seiten

Combray. Übersetzt von Eva Rechel-Mertens. Revidiert von Luzius Keller. it 2878. 250 Seiten

Eine Liebe Swanns. Übersetzt von Eva Rechel-Mertens. Revidiert von Luzius Keller. BS 1185. 306 Seiten

Der Gleichgültige. Erzählung in zwei Sprachen. Übersetzt von Elisabeth Borchers. Mit einem Nachwort von Philip Kolb. st 1004. 96 Seiten

NF 39/3/3.04

Sur la lecture – Tage des Lesens. Faksimile der Handschrift aus der Bibliotheca Proustiana Reiner Speck. Mit Transkription, Kommentar und Essays herausgegeben von Jürgen Ritte und Reiner Speck. Faksimile und Begleitband in Schmuckkassette. Zusammen 212 Seiten

In Swanns Welt. Übersetzt von Eva Rechel-Mertens. st 2671. 564 Seiten

Tage des Lesens. Drei Essays. Übersetzt von Helmut Scheffel. it 2718. 124 Seiten

Proust für Gestreßte. Ausgewählt von Reiner Speck. it 2866. 140 Seiten

Biographien

Ronald Hayman. Marcel Proust. Die Geschichte seines Lebens. Übersetzt von Max Looser. Mit Abbildungen. 840 Seiten. Gebunden. st 3311. 848 Seiten

Marcel Proust. Leben und Werk in Texten und Bildern. Von Renate Wiggershaus. it 1348. 350 Seiten

Über Marcel Proust

Kleider wie Kunstwerke. Marcel Proust und die Mode. Von Ursula Voß. Mit zahlreichen Abbildungen. IB 1232. 104 Seiten

Marcel Proust oder Vom Glück des Lesens. Von Olof Lagercrantz. Übersetzt von Angelika Gundlach. BS 1249. 204 Seiten

NF 39/4/3.04

Marcel Proust. Leseerfahrungen deutschsprachiger Schriftsteller von Theodor W. Adorno bis Stefan Zweig. Herausgegeben von Achim Hölter. st 2791. 365 Seiten

Das Marcel-Proust-Lexikon. Von Philippe Michel-Thiriet. Übersetzt von Rolf Wintermeyer. st 3049. 528 Seiten

Marcel Proust – ein Schriftsteller zwischen Belle Époque und Moderne. Katalogbuch zur Ausstellung. Herausgegeben von Reiner Speck und Michael Maar. 360 Seiten. Broschur

Proust im Engadin. Von Luzius Keller. Mit zahlreichen, teils farbigen Abbildungen. 130 Seiten. Gebunden

Prousts Figuren und ihre Vorbilder. Fotos von Paul Nadar. Text von William Howard Adams. Übersetzt von Christoph Groffy. it 2640. 228 Seiten

Proust und die Liebe zur Photographie. Von Brassaï. Mit 16 Photographien von Brassaï. Übersetzt von Max Looser. 192 Seiten. Gebunden

Mit Proust durch Paris. Literarische Spaziergänge. Von Rainer Moritz. Mit farbigen Fotografien von Angelika Dacqmine. it 2992. 156 Seiten

Zeit und Erinnerung in Marcel Prousts »A la recherche du temps perdu«. Ein Beitrag zur Theorie des Romans. Von Hans Robert Jauß. stw 587. 366 Seiten

Briefwechsel

Briefwechsel mit der Mutter. Ausgewählt und übersetzt von Helga Rieger. Mit einem Nachwort und Anmerkungen von Philip Kolb. BS 239. 176 Seiten

NF 39/5/3.04

- Madame Bovary. it 1864. 432 Seiten
- November. it 1865. 160 Seiten
- Reise in den Orient. it 1866. 464 Seiten
- Salammbô. it 1867. 464 Seiten
- Die Versuchung des heiligen Antonius. it 1868. 272 Seiten

Edmond de Goncourt/Jules de Goncourt. Tagebücher. Aufzeichnungen aus den Jahren 1851-1870. Ausgewählt, übertragen und herausgegeben von Justus Franz Wittkop. Mit zeitgenössischen Abbildungen. it 1834. 447 Seiten

Victor Hugo. Der Glöckner von Notre-Dame. Übersetzt von Else von Schorn. Mit zeitgenössischen Illustrationen. it 1781. 560 Seiten

Guy de Maupassant
- Bel-Ami. Übersetzt von Josef Halperin. Mit zeitgenössischen Illustrationen. it 280. 415 Seiten
- Pierre und Jean. Die Geschichte zweier Brüder. Übersetzt von Ernst Weiß. it 3027. 176 Seiten

Honoré-Gabriel Riquetti Comte de Mirabeau. Der gelüftete Vorhang oder Lauras Erziehung. Übersetzt von Eva Moldenhauer. Mit einer Nachbemerkung von Norbert Miller. it 32. 240 Seiten

Molière
- Der eingebildete Kranke. Übersetzt von Johanna Walser und Martin Walser. it 1014. 96 Seiten
- Der Menschenfeind. Übersetzt von Hans Magnus Enzensberger. it 401. 128 Seiten

Michel de Montaigne
- Essais. Herausgegeben und mit einem Nachwort versehen von Ralph-Rainer Wuthenow. Revidierte Fassung der Übertragung von Johann Joachim Bode. it 220. 307 Seiten

NF 29/2/1.07

- Tagebuch einer Reise durch Italien, die Schweiz und Deutschland in den Jahren 1580 und 1581. Herausgegeben und übersetzt von Otto Flake. it 1074. 368 Seiten

Marcel Proust
- Combray. Übersetzt von Eva Rechel-Mertens, revidiert von Luzius Keller. it 2878. 272 Seiten
- Tage des Lesens. Drei Essays. Übersetzt von Helmut Scheffel. it 2718. 125 Seiten

François Rabelais. Gargantua und Pantagruel. Herausgegeben von Horst und Edith Heintze. Erläutert von Horst Heintze und Rolf Müller. Mit Illustrationen von Gustave Doré. it 77. 880 Seiten

Arthur Rimbaud. Sämtliche Werke. Französisch und deutsch. Übertragen von Sigmar Löffler und Dieter Tauchmann. Mit Erläuterungen zum Werk und einer Chronologie zum Leben Arthur Rimbauds, neu durchgesehen von Thomas Keck. it 1398. 478 Seiten

Jean-Jacques Rousseau.
- Bekenntnisse. Übersetzt von Ernst Hardt. Mit einer Einführung von Werner Krauss. it 823. 917 Seiten
- Vom Gesellschaftsvertrag oder Grundlagen des politischen Rechts. Übersetzt von Erich Wolfgang Skwara. it 2606. 202 Seiten

Marquis de Sade. Justine oder Die Leiden der Tugend. Roman aus dem Jahre 1797. Übersetzt von Raoul Haller. Mit einem Essay von Albert Camus. it 1257. 574 Seiten

George Sand
- Geschichte meines Lebens. Aus ihrem autobiographischen Werk. Auswahl und Einleitung von Renate Wiggershaus.

NF 29/3/1.07

Mit Abbildungen und Fotografien. it 313. 254 Seiten
- Lélia. Übersetzt von Anna Wheill. Mit einem Essay von Nike Wagner. it 737. 289 Seiten
- Ein Winter auf Mallorca. Übersetzt von Maria Dessauer. it 2102. 220 Seiten

Madame de Staël. Über Deutschland. Vollständige und neu durchgesehene Fassung der deutschen Erstausgabe von 1814 in der Gemeinschaftsübersetzung von Friedrich Buchholz, Samuel Heinrich Catel und Julius Eduard Hitzig. Herausgegeben und mit einem Nachwort versehen von Monika Bosse. Mit einem Register, Anmerkungen und einer Bilddokumentation. it 623. 864 Seiten

Stendhal
- Amrance. Übersetzt von Arthur Schurig. it 3033. 253 Seiten
- Die Kartause von Parma. Übersetzt von Arthur Schurig. Bearbeitet von Hugo Beyer. it 1222. 640 Seiten
- Rot und Schwarz. Zeitbild von 1830. Vollständige Ausgabe. Übersetzt von Arthur Schurig. Bearbeitet von Hugo Beyer. it 1210. 630 Seiten
- Über die Liebe. Übersetzt und mit einer Einführung von Walter Hoyer. it 2573. 430 Seiten

Voltaire. Candide oder Der Optimismus. Übersetzt von Jürgen von Stackelberg. it 3510. 127 Seiten

Emile Zola
- Das Geld. Übersetzt von Leopold Rosenzweig.it 1749. 554 Seiten
- Germinal. Übersetzt von Armin Schwarz. Mit Illustrationen von Renate Sendler-Peters. it 720. 587 Seiten
- Nana. Übersetzung und Nachwort von Erich Marx. it 398. 533 Seiten
- Thérèse Raquin. Roman. Übersetzt von Ernst Hardt. it 1146. 274 Seiten

NF 29/4/1.07